南开饭店管理译丛

饭店业战略管理
Handbook of
Hospitality Strategic Management

Abraham Pizam　主编
Michael Olsen
Jinlin Zhao　　　编著

王琳　等译

南开大学出版社
天津

图书在版编目(CIP)数据

饭店业战略管理 /（美）匹赞姆（Pizam, A.）主编；
王琳等译. —天津：南开大学出版社，2011.5
（南开饭店管理译丛）
ISBN 978-7-310-03702-5

Ⅰ.①饭… Ⅱ.①匹… ②王 Ⅲ.①饭店—企业管理 Ⅳ.①F719.2

中国版本图书馆 CIP 数据核字(2011)第 071051 号

版权所有　侵权必究

南开大学出版社出版发行
出版人：肖占鹏
地址：天津市南开区卫津路94号　邮政编码：300071
营销部电话：(022)23508339　23500755
营销部传真：(022)23508542　邮购部电话：(022)23502200

*

天津市蓟县宏图印务有限公司印刷
全国各地新华书店经销

*

2011年5月第1版　2011年5月第1次印刷
787×960毫米　16开本　25.25印张　2插页　466千字
定价：42.00元

如遇图书印装质量问题，请与本社营销部联系调换，电话：(022)23507125

本书翻译小组成员及分工

王　琳：原序、第1~2章及全书的统稿和校对
施　光：第2~6、18章
付　迎：第7~10章及部分校对
张颖超：第11章
杜肖寒：第12~16章
李枚珍：第12、17、19章及部分校对
冯艳昌：第20章
许　彬：贡献者、结语

致 谢

本书由 31 位国际知名学者和科研人员参与编著。在此谨对他们献上最诚挚的谢意：

Dr. Fred J. DeMicco，美国德拉华大学（the University of Delaware）

Dr. Marvin J. Cetron，国际预测中心协会（Forecasting International）

Dr. António Jorge Costa，葡萄牙旅游规划和发展研究所（Instituto de Planeamento e Desenvolvimento do Turismo of Portugal）

Mr. Paul Slattery，英国伦敦奥特斯咨询有限公司（Otus & Co. Advisory Ltd., London, UK）

Mr. Ian Gamse，英国伦敦奥特斯咨询有限公司（Otus & Co. Advisory Ltd., London, UK）

Dr. Angela Roper，英国萨里大学（University of Surrey, UK）

Dr. Nicolas S. GRAF，美国休斯顿大学（the University of Houston）

Mr. Eie Younes，喜达屋饭店与度假村（Starwood Hotels & Resorts）

Mr. Russell Kett，华盛国际（HVS）

Dr. Melih Madanoglu，美国佛罗里达高尔夫海岸大学（Florida Gulf Coast University）

Mr. Wei He，美国佛罗里达国际大学（Florida International University）

Dr. Francis Kwansa，美国德拉华大学（the University of Delaware）

Dr. Cynthia R. Mayo，美国德拉华州立大学（Delaware State University）

Mr. Tevfik Demirciftci，美国德拉华大学（the University of Delaware）

Dr. John W. O'Neill，美国宾夕法尼亚州立大学（the Pennsylvania State University）

Dr. Prakash K. Chathoth，香港理工大学（the Hong Kong Polytechnic University）

Dr. Robert Harrington，美国阿肯色大学（the University of Arkansas）

Dr. Michael Ottenbacher，美国圣地亚哥州立大学（San Diego State University）

Dr. Kevin S. Murphy，美国中佛罗里达大学（the University of Central

Florida)

　　Dr. Daniel J. Connolly，美国丹佛大学（the University of Denver）

　　Dr. Peter Jones，英国萨里大学（the University of Surrey）

　　Mr. Mark H. Maloney，英国金巴斯集团（Compass Group）

　　Dr. Joseph J. West，美国佛罗里达国际大学（Florida International University）

　　Mrs. Sabina Tonarelli-Frey，美国佛罗里达国际大学（Florida International University）

　　Dr. Chris Roberts，美国马萨诸塞大学（the University of Massachusetts）

　　Dr. Marcia Taylor，美国东卡罗来纳大学（East Carolina University）

　　Mr. Sander Allegro，荷兰海牙酒店管理学院（Hotelschool The Hague，The Netherlands）

　　Dr. Rob de Graaf，荷兰格罗宁根大学（the University of Groningen，The Netherlands）

　　Dr. Amit Sharma，美国宾夕法尼亚州立大学（the Pennsylvania State University）

　　Dr. Levent Altinay，英国牛津布鲁克斯大学（Oxford Brooks University）

　　Dr. Fevzi Okumus，美国中佛罗里达大学（the University of Central Florida）

本书贡献者

Sander M. Allegro：理科硕士，酒店管理学学士（荷兰，1968）。海牙酒店管理学院高级讲师并同时经营着自己的咨询公司 Allegro Innovations。Sander 是一位精通酒店业的专业顾问和培训师，在战略管理、培训引导、组织学习与发展等领域经验丰富。在多家酒店学院担任访问教授，并为两种酒店业出版物担任专栏作家。

Dr. Levent Altinay：牛津布鲁克斯大学商学院战略管理专业副教授。研究兴趣包括国际化、国际特许经营权授予、企业管理和少数族裔企业管理。目前正负责一项探究文化与企业管理互动的研究项目。是《酒店和旅游业策划研究》一书的合著者。

Dr. Marvin J. Cetron：国际预测协会创办者、主席。40 多年的职业生涯里，Cetron 博士提供的咨询服务覆盖了被《财富》评为世界 500 强企业里的 350 家企业以及 200 家学术或专业组织和 100 个美国及国外的政府机构。作为顾问，他曾为从约翰·肯尼迪到比尔·克林顿的历届美国总统服务过。其长期法人客户包括多家跨国酒店。Cetron 博士出版了 12 余本著作，其中《际遇与未来》销售量超过 140 000 本，并被译为 9 种语言。

Dr. Prakash K. Chathoth：香港理工大学酒店与旅游管理学院助理教授。研究领域包括战略管理、应用法人财务和服务管理。2002 年在美国弗吉尼亚州弗吉尼亚理工大学取得博士学位。

Daniel J. Connolly，Ph.D：丹佛大学丹尼尔商学院信息技术和电子商务专业副教授，兼任酒店、餐厅与旅游管理学院副教授。

Dr. Jorge Costa：旅游计划和开发研究所主席、战略管理专业教授、酒店业与旅游业趋势研究中心创建董事、葡萄牙波尔图市福尔南多·潘索娜大学（Fernando Pessoa University）研究生院科研主管。一直以来作为未来趋势有限公司的创建合作者积极参与应用性研究和管理咨询工作。

Owen Davies：预测家、自由撰稿人。和 Cetron 博士合著 6 本书，独著 5 本。其中独著作品：《NEXIS 使用指南》（圣马丁出版社）介绍了复杂的在线数据库系统；《OMNI 在线数据库名录》（麦克米伦出版社）被包括"每月图书"在内的 7 大图书俱乐部作为主要或者备选主要书目购入。作为 OMNI 杂志前高级编辑，曾为《医界通讯》、《管理自动化》、《福布斯》、《自我》、《一周国际要闻》等期刊撰稿。

Rob de Graaf：创新推助者、企业家、荷兰格勒宁根大学（University of Groningen）经济学与商学系助理教授、荷兰海牙酒店管理学院兼职教师。在荷兰爱德何文大学（Eindhoven University）取得工业设计专业硕士学位和技术管理专业博士学位。Rob 在著作中聚焦于互动创新过程，从战略开发、管理创新研究到新产品、新服务的成功引进。他同时也负责着他和别人合作开发的"创新领导力"管理项目。

Dr. Frederick J. DeMicco 特拉华大学（University of Delaware）教授兼宾馆与餐厅管理专业爱玛客（ARAMARK）主席、宾夕法尼亚州立大学酒店与餐饮管理专业教授。有关酒店领域的专著和合著逾 75 部。国际上酒店业的学术文献被转引最多的 119 名学者里，DeMicco 博士排第十二名。

Tevfik Demirciftci：土耳其贝尔坎特大学（Bilkent University）学士。在特拉华大学攻读研究生期间，专攻酒店信息管理专业。

Dr. Nicolas S. Graf：休斯顿大学康拉德北希尔顿酒店与餐饮管理学院酒店财务与战略专业教授。取得弗吉尼亚理工大学博士学位和洛桑酒店管理学院工商管理硕士学位。研究兴趣包括酒店与餐饮评估和财务。

Dr. Robert J. Harrington：21 世纪美国阿肯色大学酒店专业首席主席。持有战略管理专业博士学位、华盛顿州立大学工商管理硕士学位和波利斯州立大学（Boise State University）工商管理学士学位。美国烹饪联合会认证执行厨师。他有 18 年的业内经历，主要研究兴趣包括战略管理和创新、烹饪旅游业、食品和葡萄酒。

Mr. Wei He：讲师、科研助理。佛罗里达国际大学酒店与旅游管理博士研究生以及查普曼工商管理学院(Chapman School of Hospitality & Tourism Management)博士研究生。取得英国利兹都市大学酒店管理专业硕士学位后，又在利兹大学取得信息系统专业硕士学位。在进入博士研究生项目之前，He先生曾在若干国际酒店的连锁店供职。当下参与了立足于服务组织、国际酒店商务、全球知识管理和服务业企业扩张发展的、与战略管理相关的多个主题的研究。

Professor Peter Jones，Ph. D.：萨里大学(University of Surrey)管理学院生产与操作管理系国际培训认证协会主席。在酒店管理领域，除了大量的专著、合著和编著作品外，Jones还在世界级大会上发表过多篇主旨演讲和在权威刊物发表研究论文。1992年，成为欧洲宾馆餐厅和制度教育委员会创建主席，2007年和2008年就任国际宾馆餐厅和制度教育委员会主席。

Russell Kett：全球酒店服务组织伦敦办事处经理。近30年来，Russell专职于酒店顾问、投资与房地产，一般侧重于估价、可行性、财产、经纪人业务、投资、资产管理、战略以及相关的咨询服务等。他是国际酒店常见的演讲人，并经常在国际顶级酒店管理学院中开办讲座。

Francis A. Kwansa，Ph.D：特拉华大学财政管理专业副教授和宾馆餐厅惯例管理(HRIM)系研究生学业主管。之前在弗吉尼亚理工大学和康奈尔大学任教。曾任《饮食服务经营研究》副主编，现任《酒店财务管理》副主编。美国酒店与寄宿协会财务管理委员会成员。

Melih Madanoglu，Ph. D CHE：迈尔森要塞的佛罗里达海湾海滨大学度假胜地和酒店管理专业副教授，《度假胜地业评论》合作编辑。在弗吉尼亚理工大学取得博士学位。其专长领域包括公司风险分析、资本预算和企业内部基于价值的管理。

Cynthia R. Mayo：特拉华州立大学商学院酒店与旅游管理项目专业副教授、主管。在弗吉尼亚技术学院和州立大学取得博士学位，在汉普顿大学和特拉华大学取得工商管理硕士学位。担任过弗吉尼亚州立大学酒店项目主管。《霍斯特》(Hosteur)网络杂志和《酒店和旅游管理协会》合作编辑。合著出版了若干与酒店和旅游管理或青年领导才能发展的相关书籍。

Kevin S. Murphy：酒店管理专业助理教授，专长于战略、人力资源和饮食服务领域。持有班特里学院(Bentley College)会计学学士学位，先后在弗吉尼亚技术学院和州立大学就读，取得理科学士学位、理科硕士学位以及酒店和旅游管理博士学位。2003年秋开始在罗森学院(Rosen College)任教。在来到佛罗里达大学之前，就职于詹姆士曼蒂森大学(James Madison University)和弗吉尼亚理工大学的酒店与旅游管理专业，主要教授饮食服务管理方面的课程。已在饮食服务和酒店业工作逾20载，做过各式各样的酒店、餐厅和备食的操作管理。持有以下行业认证：美国烹饪联合会执行厨师资格、食品安全经理资格和NSF国际认证的HACCP经理资格。

Dr. Fevzi Okumus：美国中佛罗里达大学罗森酒店管理学院酒店服务系主任。1995年取得国际酒店管理硕士学位，2000年在牛津布鲁克林大学取得酒店战略管理专业博士学位。发表过90多个作品和报告。他在各类核心期刊上发表文章，这些期刊包括《旅游研究编年史》、《国际当代酒店管理杂志》、《服务业杂志》、《旅游管理》、《管理决策》、《国际酒店管理杂志》和《酒店和旅游业研究杂志》。他的著作为高校科研人员和业内人士在大量学术和业内出版物里引用达110多次。Fevzi现任《国际当代酒店管理杂志》编辑，该杂志被列为酒店管理领域顶级学术期刊之一。他在包括《旅游研究编年史》在内的六家刊物的编辑部供过职。曾担任用土耳其语出版的学术期刊《Seyahat ve Otel Isletmeciligi Dergisi》的创始编辑。他的研究领域包括战略实施、替代管理、竞争优势、学习组织、知识管理、危机管理、跨文化管理以及目的地营销。其教授领域涉及领导才能开发、战略营销和国际酒店管理。

John W. O'Neill, MAI, CHE, Ph. D.：是坐落在宾西法尼亚州大学园区的宾夕法尼亚州立大学的寄宿所战略与房地产专业副教授。O'Neill博士曾是位于纽约的库伯斯和莱布兰德国际会计及咨询公司(International Accounting and Consulting Firm of Coopers & Lybrand)酒店业顾问团的高级伙伴。在那之前，他曾在位于波士顿的假日酒店东部地区办事处担任市场策划总监，也曾为凯悦和万豪酒店在芝加哥、堪萨斯城和华盛顿担任单位级、区域级和集团级经理职务。

Michael D. Olsen：弗吉尼亚理工学院和州立大学酒店与旅游管理系战略管理退休教授。担任为全球酒店业提供战略憧憬领导才能的欧意森集团公司(Olsen Group Inc.)主席。他是全球酒店业顶级研究员，国际酒店业常见的演讲者,业已出版数百部(篇)作品。

Dr. Michael Ottenbacher:美国圣地亚哥州立大学副教授。新西兰欧特格大学(University of Otago)市场营销专业博士,美国佛罗里达国际大学酒店管理专业理学士。曾在美国、英国、法国、德国的酒店担任高级职务。在包括《酒店和旅游业研究期刊》和《科内尔酒店季刊》在内的一线期刊广泛发表过著作。

Chris Roberts,Ph. D.:马萨诸塞艾姆赫斯特大学(University of Massachusetts Amherst)依森伯格管理学院(Isenberg School of Management)和酒店旅游管理系战略管理专业教授。有17年酒店、旅游和电信业从业经验。在包括《酒店与旅游业研究期刊》、《旅游研究期刊》、《酒店与旅游业教学期刊》和《酒店和有闲市场营销》在内的酒店业研究期刊上广泛发表过文章。

Dr. Angela Roper:英国萨里大学管理学院酒店管理专业瑟沃依教学信托(Savoy Educational Trust)高级讲师。她在教学、学习和战略管理领域以及酒店与旅游公司国际化方面有逾16年的研究经历,如今在这一领域里已成为享有国际声誉的研究员。业已发表相关学术论文和会议报告70余篇。Angela在酒店和旅游管理的核心期刊编辑部挂职,并已在其中几家任客座编辑。现任酒店管理教师委员会(CHME)副主席。在进入萨里大学之前,Angela在牛津布鲁克林大学供职14年,是商学院准教授和博士项目带头人。在开始学术生涯之前,她在苏格兰集团银行某部门的财产和休闲分部担任分析员。

Amit Sharma:宾夕法尼亚州立大学酒店学院助理教授,教授财政管理课程。研究兴趣是酒店及旅游业企业的金融和经济。2006年8月进入佩恩州立大学(Penn State University)。之前,他曾在爱荷华州立大学(Iowa State University)工作4年,做助理教授。并在2002年获得弗吉尼亚理工大学博士学位。教育背景包括(印度)德里大学(University of Delhi)经济学学士,(英格兰)赛尔福德大学酒店管理国家高等技术学校毕业证书(HND),(法国)国际酒店管理学院酒店管理硕士。

Paul Slattery:奥特斯公司(Otus & Co.)董事,该公司旨在为酒店业、旅游业、交通业提供战略咨询和法人财政服务。Paul曾在德斯特纳凯文沃特公司(Dresdner Kleinwort)效力逾15载,2002年退出。当时,他是股本研究项目中酒店业研究和投资银行子项目的负责人。他在酒店业的竞技场里建立起了银行的特权,为诸如指南针集团、斯坎迪克酒店(Scandic Hotels)、汤普森旅游集团和维特布莱德(Whitbread)等公司做顾问服务。奥特斯公司常为酒店连锁店、私人股本基金和房地产公司就酒店连锁店交易做顾问服务。奥特斯公司也通过经济运营模式、酒店需求和酒店供给数据库,为大型国际酒店连锁店、网上旅行社和股本提供者就战略进度进行中期或长期的咨询服务。早年,Paul 曾在若干国际酒店公司工作,做过一些研究工作。他时常为学术和业内出版物撰稿,担任过国际酒店投资委员会主席。

Marcia Taylor:东卡罗莱纳大学酒店管理系酒店管理专业助理教授。在佛吉尼亚理工学院和州立大学取得酒店管理专业博士学位,专攻战略管理。在从事教学之前,Marcia 在酒店业多个管理岗位上工作。

Sabina Tonarelli-Frey, PHR, MBA:佛罗里达国际大学酒店与旅游管理学院助理讲师。在 STF 咨询公司任南佛罗里达区人力资源管理顾问。在从事教学和人力资源管理顾问工作之前,在多家大型酒店里担任过人力资源主管,其中包括鲁斯酒店(Loews Hotels)和希尔顿酒店。2002 年和 2003 年,任南佛罗里达人力资源酒店协会主席。毕业于佛罗里达国际大学酒店管理学院,在诺娃东南大学(Nova Southeastern University)取得工商管理硕士学位,1998 年取得人力资源管理从业资格。

Dr. Joseph J. West:佛罗里达国际大学酒店与旅游管理学院院长。从事酒店教学和管理已有 20 年。之前在两家高端饭店担任领导职务,并在三家地区性主要医疗中心任饮食服务主管。他是一名退役海军军官,现和妻子 Liz 生活在佛罗里达好莱坞地区。

Elie Younes:喜达屋度假酒店收购与发展小组成员。之前曾任 HVS 伦敦办事处主管,和 Bernard Forster 一同负责中东和非洲地区事务。在 HVS 工作期间,Elie 为多家度假胜地提供咨询和评估服务,延长了 STAY 项目/工程,对在中东和非洲进行的中、大规模的开发和投资工程给予战略性建议。

Dr. Jinlin Zhao:佛罗里达国际大学酒店与旅游管理学院副教授、研究生部主管。赵博士是一位在学术方面比较活跃的研究员。研究兴趣在于竞争方法、国际环境与冲击分析、跨国企业战略。已合著多本著作,其中包括 3 部国际宾馆与餐厅协会(IH&RA)全球旅游业白皮书。并在核心学术期刊上发表了多篇论文,指导了很多博士和硕士研究生的科学研究。

　　Ian Gamse:奥特斯公司董事,该公司旨在为酒店业、旅游业、交通业提供战略咨询和企业财务服务。Ian 在投资银行业务和战略咨询方面有 20 年工作经验,现在是复杂数据的分析和报告专家。在奥特斯公司,他主要负责经济和酒店需求与酒店供给数据库以及在酒店业方面给奥特斯以启示的分析工具。

　　Dr. Anna S. Mattila:宾夕法尼亚州立大学酒店管理学院服务市场营销专业教授。持有康奈尔大学服务市场营销专业博士学位。她的研究兴趣集中在服务冲突,特别对服务失败和服务补救感兴趣。他的作品出现在《营销科学学术期刊》、《零售期刊》、《服务研究期刊》、《消费者心理期刊》、《心理学与营销》、《服务市场营销期刊》、《国际服务业管理期刊》、《康奈尔宾馆与酒店管理季刊》、《旅游研究期刊》、《国际酒店管理期刊》、《旅游业管理》和《酒店和旅游业研究期刊》。Mattila 博士合著过多部著作,现在 13 家专业于服务管理的期刊编辑部挂职。获约翰·威力和其儿子们终生研究奖(John Wiley & Sons Lifetime Research Award)和特拉华大学麦克·D·奥森终生研究成就奖(Michael D. Olsen Lifetime Research Achievement Award)。

原 序

在商业竞争异常激烈的今天,战略管理已经成为一种非常重要的管理工具。《饭店战略管理》一书共有 20 章,由 31 位国际知名的学者、教授、专家和业界管理者共同编撰而成。本书全面地回顾了当代有关饭店战略管理的文献,探讨了战略管理研究领域最热门的问题,更充分地将这些理论和概念与饭店业的实际案例结合起来。

本书强调了战略管理中的适配性原则,该原则建议一个饭店企业如果想在商业竞争中赢得先机,必须要使其竞争战略、核心竞争力和战略执行过程同外部市场机会达到适配一致。所以,企业要全面地监察其运营环境以便发现机遇。本书由以下七篇构成:战略概述、竞争态势中的战略投入、核心竞争力、执行竞争力、决策、实施、战略和多元化问题。

在战略概述部分,Marvin J. Cetron、Frederick J. DeMicco 和 Owen Davies 共同分析了经济、人口变动、劳动力短缺、市场改变、科技的进步、能源问题和世界性的恐怖主义对于饭店商业环境的冲击。他们预计这些环境的改变将会对休闲旅游、商务旅游、会展市场、俱乐部市场、疗养、主题公园、绿色旅游,邮轮及航空业以及健康食物都会有所冲击。

Jorge Costa 从理论层面分析了商业环境监测的概念、过程、内容和结果,以及商业扫描手段与战略的关联。他同时探讨了几个在商业环境扫描领域的重要模型及其应用。Costa 也专为饭店组织推荐了一款模型,它可以持续监控商业环境变化,更可以显示这种变化将会对组织产生怎样的冲击。

在竞争态势中的战略投入部分,本主题关注于经济环境以及经济环境对饭店需求、供给和发展的冲击。根据 Paul Slattery、Ian Gamse 和 Angela Roper 的研究,目前学术界在这个问题上对小型的、资金匮乏的饭店关注不足,所以这三位作者介绍了一个适用于全饭店行业的,可以对经济结构、饭店供给和需求进行持续跟踪的综合性方法。通过对纵向数据的评估分析,他们更好地解释了国际饭店集团在欧洲的发展现状以及经营战略。

Nicolas Graf 认为关键成功因子(CSFs)是一种战略暗示,即在企业获得竞争优势之前,必须经营好他们的核心业务。在追逐无限的利润增长时,某些企业也许会放弃某些管理理念,但是历史经验证明,缺乏 CSFs 的企业必将失败。

Elie Younes 和 Russell Kett 针对不同类别的饭店，如有限服务型、延时居住型、共享产权型、全服务型和奢侈型，分析了它们在不同的运营阶段（发展、经营和衰退/退市）中所可能遇见的危险因素。其中相对于奢侈型和全服务型饭店，有限服务型饭店的运行风险较少。

针对投资规模和经营风险的双重选择，Melih Madanoglu 为投资新兴市场的饭店提供了两个过渡性的解决方案：投资人和学者可以在以下两个方案中任选其一：(1)聚焦项目未来的现金流；(2)用推演法（例如蒙特卡洛法）来创造与新型市场投资环境类似的情形模拟。

Jinlin Zhao 和 Wei He 回顾相关文献得到了几个非常重要的概念，并且特别针对国际饭店业解释了这些概念之间的关联。他们更对从 2000 年到 2007 年间被国际饭店使用的竞争模型进行了综合而深入的内容分析和概括。

Francis A. Kwansa、Cynthia Mayo 和 Tevifik Demirciftci 相信在股票市场上投资人非常认可企业的公众认知度、消费安全性和杠杆无形资产。作者认为企业的无形资产，比如领导力、战略执行力、品牌权益、名誉、网络、人力资本等不仅可以帮助企业保持竞争优势，更可以长久地帮助企业维持良好的资金周转。他们分析了 10 家饭店的无形资产和其市场价值的比重关系，结果显示，在这些饭店里无形资产的比重有上升的趋势。

从企业战略角度，John O'Neill 认为一个饭店品牌对于饭店资产市场价值的提升有着非常显著的贡献力，而有着良好品牌管理的饭店可以获得更大的市场份额。O'Neill 更深入地探讨了以下的一些问题：品牌力、品牌是创造价值者，品牌与消费满意度，品牌拓展和品牌与特许经营权转让。

Prakash K. Chathoth 认为战略联盟可以让联盟内的成员共享彼此的资源和能力，从而可以让企业得到快速的成长。Chathoth 相信在全球经济一体化的今天，饭店联盟是企业迅速获得国际市场的基本手段。但是如果联盟成员私下获取或者开发资源，可能会面临联盟起诉甚至会被联盟驱逐，这将要付出更昂贵的代价。

在核心竞争力部分，Robert J. Harrington 和 Michael Ottenbacher 为本书做了一个全面的饭店业和其他行业关于现代资源联盟决策和组织结构的文献回顾。两位作者比较了有关零售业和餐饮业渠道模糊化新倾向的文献，从而获得环境的掌控性、资源的可获得性和需求的不确定性对结构性决策产生影响的相关例证。这个比较分析为企业的战略选择概括了资源联盟决策的关键要素。两位作者的研究也涉及到了影响零售业和餐饮业渠道模糊化结构决策的其他因素，例如，垂直整合、所有制形式和品牌联合机会。

在执行竞争力部分，Kevin S. Murphy 和 Michael D. Olsen 概述了在美国

饭店业高绩效人员系统(HPPS)的发展,并例证这个系统应该被纳入企业人力资源的核心竞争力中。执行这个系统的企业可以增强其内部的员工契合度,从而为企业无形的人力资本(员工)和有形资产增值。这样的组织可以更有效率地参与行业竞争。作者用澳拜客有限公司(Outback Steakhouse Inc.)为例来佐证他们的研究。

Daniel J. Connolly 认为信息技术(IT)是企业成功的一种至关重要的资源。信息技术曾被视为在企业战术应用中简单的管理支持和先进的操作手段,在过去,IT 技术被用在降低成本,降低劳动成本以及提高生产力,提高效率。而现在 IT 技术已经成为组织的一个战略性角色,它既可以创造竞争优势也可以发现新的商机。目前,对于 IT 技术的关注点放在了差别化的产品和服务、新产品和服务的提供以及构建和维持企业核心竞争力上。

Peter Jones 和 Alan Parker 指出关于饭店行业战略性运营管理的研究和讨论相对较少,其部分原因在于,运营、市场和人力资源之间的管理边界比较模糊;也因为,很难将管理运营从战略性管理运营中分离出来。尽管如此,一旦企业开发和使用一个战略性手段去管理他们的运营,这种战略性手段将会为企业的成功做出巨大的贡献。作者举了维特布莱德饭店管理公司(Whitbread)的案例去说明一个企业怎样面对不同层面的竞争:从公司层面,可以通过例如合并、收购以及出让其他公司;在商业单元层面,可以利用运营、人力资源和市场的战略整合模式;在运营层面,可以采用正确的定位战略、通用性或是其他运营战略方法。

在决策部分,Joseph J. West 和 Sabina Tonarelli-Frey 介绍了领导力的概念,他们也指出什么才可以称之为优秀的领导力,即优秀领导者应该具备高瞻远瞩、责任心强以及具有号召力等素质。领导者一般是以结果为导向的人,从下属的行为就可以判断一个领导的能力。领导必须以下属为荣,且包容下属的错误。优秀的领导者需要懂得领导力不是万能的,必须及时调整他们的行为和心态以赢得目标。他们必须知道若想在当今复杂的竞争环境中获得成功,除了要具备聪明的头脑和专业的技术技巧,还需要拥有过人的情商。他们需要懂得无论是今天还是未来,如果想要领导高学历、高素质的员工,情商是一个关键性要素。优秀的领导也要知道他们甚至需要为企业的道德表现负责。

Chris Roberts 认为组织文化一直是决定组织成功最关键的要素之一。如果组织文化中包含那些不利于组织获得成功以及制定战略计划的因素,组织就不会有任何获得成功的机会。因此,理解组织文化的构成和怎样改进它对于成功制定和执行战略计划是非常重要的。

Marcia H. Taylor 和 Michael D. Olsen 研究了一致性模型中各个要素的协调一致性:战略选择、企业结构和企业绩效。根据对"企业资源基础观"(resource-based view)的研究,本篇通过对 5 家牙买加饭店的总经理和其他管理人员进行深入访谈;对饭店进行直观观察;对客人进行调查以及相关的二手数据,揭示了饭店管理协调一致性原则的重要性,即当饭店管理可以做到协调一致时,饭店绩效最佳。另外,研究结果表明为饭店奉献最大价值的顾客不一定是饭店下最大力气争取过来的那些客人。

在实施部分,Sander Allegro 和 Rob de Graaf 研究了三个关于创新性的概念,这些概念有助于帮助企业在创新中做出正确的抉择,包括:预测思维、改革者的窘境和新服务的开发。其他行业已经使用这些概念很多年,事实证明它们可以有效地增加产品和服务的销售额和利润率,这些概念同样适用于饭店行业。本章作者以奎比克饭店(Qbic hotels)为例,介绍了奎比克饭店的故事,这是一个在欧洲饭店市场发生的真实的创新性案例。

Amit Sharma 认为在饭店和旅游行业中小型企业的数量非常大,它们扮演着非常重要的角色。然而绝大多数有关饭店战略的研究都是基于某些特定的战略模型,这些模型却只以大企业为研究对象。Amit Sharma 认为对小企业的战略研究是非常必要的。研究人员需要对已有的模型和理论进行拓展,以增加对小企业的理论支持和对小企业管理战略的评估。

在战略和多元化问题部分,Levent Altinay 和 Fevzi Okumus 讨论和评估了在饭店和旅游行业影响中小型企业定位的关键性因素。他们相信这些中小企业的所有者对于决定和影响企业文化和管理是一个关键性角色。他们认为企业的所有者需要有着较强的语言驾驭能力,尤其对于企业所在地的语言要可以灵活运用;企业的所有者必须要拥有良好的商业教育背景才能去与股东进行有效的沟通以便达成共识以及制定适合的发展战略。作为回报,这些技巧将会带来更好的绩效和更高的商业增长。因此,研究人员需要去理解和评估这些企业家的文化背景、宗教信仰、语言技巧、教育和工作经验。

我们相信本书每一个研究主题的深度和广度都具有一定的创新性。对于饭店业的研究和教育人员、学生以及对饭店战略管理感兴趣的业界人士都值得一读。

Michael Olsen,博士,弗吉尼亚科技大学
Jinlin Zhao,博士,佛罗里达国际大学

目 录

致谢
本书贡献者
原序

Ⅰ篇　战略概述
第一章　2015年的旅游业：环境扫描——旅行和旅游业的下个新里程　/3
第二章　商业环境扫描　/13

Ⅱ篇　竞争态势中的战略投入
第三章　欧洲的国际连锁饭店的发展　/33
第四章　行业成功要素及其在战略上的重要性　/53
第五章　饭店投资风险：机遇何在？　/79
第六章　饭店业战略管理中的资金成本分析　/88
第七章　新世纪（2000～2007）跨国饭店公司的竞争方式　/116
第八章　无形资产的重要性：趋势和模型　/142
第九章　关于饭店品牌和战略的近期研究成果　/160
第十章　饭店业的战略联盟　/171

Ⅲ篇　核心竞争力
第十一章　资源分配决策和组织结构　/187

Ⅳ篇　执行竞争力
第十二章　战略性人力资源管理——形成核心竞争力的高绩效人力体系　/213
第十三章　以信息技术的投入带动公司价值增值　/240
第十四章　战略执行和实施——通过运营实现战略目标　/266

V篇　决策
第十五章　饭店业领导力　/285
第十六章　组织文化及其在战略执行中的角色　/299
第十七章　战略适配性测评　/315

VI篇　实施
第十八章　创新和战略实施：当前竞争环境下的主要挑战　/323
第十九章　战略模型及其在中小型企业中的应用　/338

VII篇　战略和多元化问题
第二十章　中小饭店企业发展方向的影响因素　/361

结语　/379
译后记　/380

I篇
战略概述

第 1 篇

治療總論

第一章 2015年的旅游业:环境扫描——旅行和旅游业的下个新里程

Marvin J. Cetron[①], Frederick J. DeMicco[②] 和 Owen Davies[③]

导言

无论是在美国还是在全世界其他国家,旅行与旅游业都是规模最大、发展速度最快的产业之一。该产业自身也在发生迅速的变化。在本章中(本章节选自即将出版的《旅行2015:旅行与旅游业的下一件大事》一书),两位资深作者(一位是德高望重的预测师,另一位是特拉华大学饭店与餐厅制度管理专业爱玛客主席)对旅行与旅游业这一多元领域的未来进行了清晰而令人信服的预测和展望。此外,他们也给读者提供了可以用于对他们自己的公司和事业进行预测的有用工具。

本章探讨旅游、旅行、交通以及相关服务业的未来发展趋势。

概要

旅行与旅游业的日子一直都很好过。然而,最近几年旅游业受到了打击。由于没有做好应对困境的准备,它实际遭受的损失大于应有的损失。如今,旅行业已恢复了繁荣,但有迹象表明,我们仍可能再次遭遇旅行业的不景气以及收入的锐减。本章将告诉读者未来会出现的情况,并向读者介绍经济波动时期的一种重要的经营管理方法——预测。

2001年的"9·11"恐怖袭击事件沉重地打击了旅游业。美国的国际旅游锐

[①] 国际预测中心主席(美国弗吉尼亚州阿林顿市)
[②] 特拉华大学商业与经济学院饭店与餐厅制度管理专业教授、爱玛客全球战略与发展中心主席,宾夕法尼亚州立大学饭店、餐厅与娱乐管理学院荣誉教授(美国特拉华州纽华克市)
[③] 国际预测中心研究助理(美国弗吉尼亚州阿林顿市)

减70％。甚至连迪士尼乐园、华盛顿、拉斯维加斯等经久不衰的旅游目的地的游客数量也大大减少，整个行业的利润全线下滑。在美国，仅航空运输业预计就有十万人下岗。欧亚各国旅游相关产业也遭受了相似的打击。非典（SARS）的肆虐以及欧洲各国人民反对伊拉克战争的斗争使得原本已经很严峻的形势更加恶劣。

上述问题无法回避，但却是有可能做好应对准备的。早在1994年，Marvin Cetron与他在国际预测中心的同事们为五角大楼进行了一项有关恐怖主义的研究。他们的研究报告《恐怖主义2000》预测到了当时在很多人看来是无法想象的恐怖事件。这些恐怖事件包括：对世贸中心大楼发动的大规模袭击，使用被劫持的飞机对五角大楼发动的攻击，穆斯林极端分子对多处目标同时进行的炸弹袭击。如果该研究当时是为服务业开展的，它的启示意义将会是明显的。饭店、度假胜地以及航空公司的老板们至少会整合他们的资源以应对即将到来的危机。

这些在后"9·11"时代仍然非常重要的思虑只是本章内容的一小部分。本章将告诉读者在未来几年当中旅行与旅游业将发生什么。在本书中，我们将不仅讨论一般性的问题，如当前总体经济状况以及相关劳动力的供应问题，也将论及那些正在给旅游业的一些重要领域带来变化的具体发展趋势。我们的讨论将涉及饭店、度假胜地、航空公司、游轮公司以及其他相关方面。此外，我们将介绍国际预测中心用于对未来进行预测的一些具体的发展趋势的情况，并告诉读者如何依据这些发展趋势来预测他们自己的未来。

最近几年，人们已深刻认识到，人类迫切需要对未来进行预测。经济的繁荣与萧条，技术的发展变化，国际竞争，恐怖主义以及其他可预测的力量毁掉了一些产业，催生了另一些产业，所有的产业都受其影响，无一例外。所有中层管理及其以上阶层人士以及准备开始其事业的学生，如果不密切关注未来，就无从开展工作。

我们相信许多旅行与旅游业的老板、老师和学生们都渴望了解对未来几年的预测的情况。未来几年将是一个极具挑战的时期，上述这些潜在的读者们将需要我们所能提供的所有帮助。

服务业的共同关切

预测：简要介绍

对未来进行预测并不是一件神秘或特别困难的事。然而，合理的预测则需要对当今世界所发生的重大事件有正确的认识,需要具备客观对待新信息的能力,需要具有把一般趋势与某一行业或公司的具体情况相结合的一定的实践经验。本章将说明预测的长处和不足,介绍国际预测中心进行预测所使用的方法。这将使持怀疑态度的读者认识到本书所做的预测是值得关注的。

经济问题

对旅行与旅游业的未来产生影响的最重要的因素是美国经济的发展状况。当美国经济繁荣的时候,全世界的饭店、航空公司、游轮公司以及旅游景点等都跟着繁荣。当美国经济不景气的时候,全世界都会受到牵连。从地区来看,欧洲和日本的经济可对旅游业这一消费者主导的产业产生相似的影响。在未来,中国和印度的经济将会具有与美国经济几乎一样的影响力。

国际预测中心一直都相信美国经济至少在这十年当中将总体走强,只是会临时产生一些轻微波动。"9·11"之后的经济衰退并没有动摇我们的这一观点,而且,当前的数据也表明:美国经济已经开始复苏。这预示着至少到2010年旅行与旅游业都将会健康发展。此外,经济的健康发展将在很大程度上取决于联邦税收和消费政策。

对于其他经济体,情况尚不明朗。我们将在今后对它们做出具体的预测。

灰色力量

所有发达国家的人口都呈现出老龄化特征。由于健康的生活方式以及优越的医疗条件,老年人的寿命变得更长。人数众多的婴儿潮一代现在已接近退休年龄,他们后面的几代人人数都相对较少。到2025年,德国、意大利、日本和西班牙等国(还有其他一些国家)15~64岁年龄段人口的数量将出现两位数的下降,而老年人口的数量将迅速上升。日本人均寿命全球第一,出生率则是全球最低,到2050年,其总人口将预计下降30%,而老年人口将增长到占总人口的37%。到2025年,美国65岁或以上的老年人口将占到18%以上,而当前这一比例是12%。从世界范围来看,60岁或以上的老年人口每年将以1.9%的比例增长,这一比例比世界总人口增长的速度高出60%。2000年,发达国家65岁以上的人口只占总人口的15%,但是在接下来的半个世纪中将增长到27%。

此外,由于挣钱和投资的时间更长以及大多数发达国家社会福利的保障,财富不断向老年人手里集中,这将会对服务业和旅游业产生深远的影响。服务业的顾客会有越来越多的老年人。他们中的很多人将比他们的父母或祖父母同龄时更健康,他们会要求参与比他们的前辈所能承受的更积极、更刺激的旅游活动。然而,另外一些老年人身体病弱,需要特别照顾,而这恰是各旅游景点所驾轻就熟的业务。所有的老年人可能会因需要的变化而提出特殊的住宿要求。饭店要在门和水龙头上安装易于关节炎患者使用的(杠杆形的而不是旋钮形的)把手,需要采用更明亮的照明设备,安装更容易识别的(字体更大而不花里胡哨的)标牌。餐馆则需要提供口味更重的饮食以适合老年人不再灵敏的味觉。所有服务业的从业人员都需要接受培训以便更好地为老年人服务。上述及其他正在变化的需求将会不断对旅行和旅游业提出新的挑战。

员工

在所有发达国家中,低收入的初级员工的供应量都在减少,而旅行与旅游业则需要形象好、训练有素、更加廉价的员工来为客人服务。在未来几年中,旅行与旅游业将通过招聘退休人员和其他相对不常被作为招聘对象的群体来应对这一问题。当然,该行业也会不可避免地招收年轻人,而这些年轻人的价值观和理想与他们的父母、哥哥、姐姐以及公司主管们存在很大的差异。最后,新的教育技术和考证机会将会改变培训新员工和教授新员工公司文化的方式。很多公司将会要求新员工学习作为第二语言的英语。所有这些因素都将会给人事和管理工作带来重要的,有时是出乎意料的变化。

新交通技术的影响

在未来几年中,飞机将变得更大、更快、更高效。游轮也将变得更大、更高效并装备即时上网设备等高科技娱乐设施。美国最终可能会用高速飞机取代区域飞机。所有发达国家的"智能"公路将使地面交通大大提速。随着高速铁路的迅猛发展,铁路将在中距离旅行方面扮演更加重要的角色。网上交易将继续蚕食旅行代理在该产业中所占有的市场份额。这些变化将与其他的变化一同在未来几年里改变旅行与旅游企业的经营方式,这一点将在后文中予以解释。

市场分割

在全世界,参观那些少数人感兴趣的景点的人越来越多,参与那些少数人感兴趣的活动的人越来越多。这一点并非自相矛盾,而是旅游市场的最新行情:市场在努力迎合人数较少的有着特殊的常常是独一无二的兴趣和价值观的各种群体。牌友、业余宇航员、悬疑小说发烧友、男女同性恋等已都成为游轮公司和旅游景点成功开发的特殊而赚钱的市场。这些特殊市场的开发已被迅速证明是旅行和旅游业最富有成果的发展方向之一。

在今后的十几年中,至少下列五类市场将会迅速发展:冒险旅游、生态旅游、悲剧和恐怖主义相关景点旅游、非洲—美洲历史旅游(美国)以及所谓的医疗旅游(这一点我们将在第十一章深入探讨)。

能源:旅游的命脉

这一点在航空公司那里表现得最明显。各航空公司在飞机的经济舱中安放更多的座位,调整航班并在票价中加入燃油附加费。然而,游轮公司、饭店以及旅行与旅游业的其他企业也有同感:2008年4月时原油价格达到每桶120美元,居高不下的能源价格已给旅游业带来不利影响。明、后两年能源价格仍将持续走高。

那么,长期的走势将会怎样?油价几乎不可能回落到仅仅在几年前还属正常得让人很惬意的每桶30美元或35美元的水平。2015年以后,石化能源仍将是世界上最重要的能源来源,而石油无疑是其中最重要的一种。

然而,即使能源永远不会降价,它也不会一直保持近期的高价。与很多悲观的预测相反,并没有证据表明我们的能源很快就会枯竭。现已探明的石油储量刚好超过一万亿桶,这足够为世界持续供应20年左右。几十年来,它们一直保持着该水平,没有迹象表明在未来几年会减少。更重要的是,新的提炼技术——世界能源供应的真正限定因素——将在2009年或2010年最终投产。到那时,油价将大幅回落。国际货币基金组织预测到2010年油价将会降到每桶34美元。据国际预测中心预测,如不出意外,每桶可降到40到45美元。即使如此,也比2008年的价格理想了很多。这是一个全球旅行与旅游企业较能容易承受的价格。

"砰,你死了!"他们不开玩笑

无论极端分子把他们的枪或炸弹瞄准什么目标,都会给旅行和旅游业带来危害。有时他们的攻击直接针对旅游业,如在印度尼西亚的巴厘岛,伊斯兰祈祷团炸弹袭击了万豪饭店和一个游客云集的夜总会;有时他们的攻击会间接影响旅游业,如"9·11"恐怖袭击,虽然它不是直接针对旅游业的,但是它却沉重打击了国际旅游业和航空运输业。恐怖主义将是一个在今后几十年里我们无法摆脱的难题,恐怖分子企图炸毁从英国飞往美国的客机的阴谋再次证明了这一点。

在一项哈里斯调查中,94%的受访者表示他们现在把安全性作为选择旅游目的地的关键因素,这一点是可以理解的。各航空公司、饭店、度假胜地、游轮公司以及其他旅游企业都需要改进安全、人事、咨讯等工作,以满足游客们越来越高的安全要求。很多企业对这一令人不愉快,且较新的现实反应迟钝或根本未做反应。要想有效应对这一问题,不仅企业本身和它们的供应商们都要采取措施提高员工招募门槛,安装安全屏障设备,甚至升级消防和食物存储条件等一般安全设施。本章将告诉读者旅游业未来几年的趋势,以及如何满足游客们在安全方面提出的要求。

部门预测

如果这是星期二,那一定是奥兰多(Orlando)

近两年巨大的变化席卷了旅游市场。忙碌的工作人群享受的假期比以前短多了,这些假期大多是一个较长的周末或者每隔三两个月的4天休假,而不是每年一到两个传统假期;退休人群在淡季旅行;邮轮度假成为旅游市场中发展最快的部分;而且,越来越多的消费者省去了中间人而直接在网上完成他们的度假预订。这些对于大多数行业来说是个好消息——正如旅行代理商所期望的——因为这在很大程度上舒缓了旅游的传统季节性波动。

但是,也有一些坏消息:"9·11"恐怖袭击、伊拉克战争以及就业增长缓慢(与90年代的繁荣相比)等因素,对旅游业造成了很坏的影响。自选航空旅游持续低迷,美国的出入境旅游也急剧下降。在巴黎,饭店入住率下跌幅度超过25%;在奥兰多(Orlando)主题公园,外国旅游者的人数持续异常地减少。一般而言,美国人更愿意驱车离家做个短期旅游,或在本地的游乐场消遣,而不是去更远的区域。

渐行渐远的 MICE 市场

商务旅游者因着"3C"(Contacts, Contracts, Certificates)(进行交流、签署合同和获取证书)而参加会议和展览,也因着这种面对面的接触来缓解今天飞速发展的高科技世界所带来的无效沟通的压力。因此,长时间以来,大小会议都是很多行业市场的必要组成部分,也曾经是东道主饭店和度假区较易获得和较具盈利性的市场之一。会议的预订意味着批量的客房预订,而且房费收入得以确保。

MICE 市场即会议、奖励、证书和展览市场(Meetings, incentives, certification and exhibitions)正面临着严峻的挑战:视频会议正在取代亲临现场的会议;在线教育使学生能够在方便的时间和地点获得证书;奖励旅游市场发展迅速,但通常只有非常少的市场份额,对于接待地而言,这意味着较大的努力、较小的盈利和较多的不确定性。

未来几年全球人口会继续增长并不断变化,科学技术对商业社会的控制力加强,世界将会更紧密地融入到一个单一的市场中去。所有这一切都意味着企业竞争和成本削减会变本加厉。因此，在 MICE 市场上机遇和挑战并存，有种风雨欲来的味道。

俱乐部医生

富有阶层一向喜爱光临各种温泉水疗，以减轻体重、锻炼身体、使身心愉悦而感到满足；另有一些旅游者会去一些专业的诊疗机构，以获得在家享受不到的医疗服务。特别地，水疗旅游正在成为旅游业中快速成长的细分市场，水疗正在创造着许多新的产品，同时也刺激着新的市场需求。

然而现在，到国外进行更危重病情治疗的人数越来越多，如果他们需要做个手术或者需要牙科治疗，他们会等到去泰姬陵旅游时一并解决，因为一次非洲大草原上的摄影之旅与一家豪华饭店的居停，或是只在一家医院里，感觉都是一样的，因为它们都在预算底线之内。这就是医疗旅游，也是最热门的旅游市场之一。

求医旅游者远离家乡去寻求医治是事出有因的。一些地区难以提供目前最先进的医疗设备，但在别的地区却很普及。因此，遍及中东的患者会到约旦或者亚洲去进行复杂的手术治疗。在有的国家，公共保健体系已不堪重负，对患者而言可能要等上几年才能得到所需的服务。在英国或者加拿大，髋关节置换手术的等候名单可能会排到一年甚至更长时间以后。但在曼谷，你可以在下飞机后的次日清晨就躺在设备先进的手术室里了。不过对于更多的人真正具有吸引力的是价格。印度、泰国和南亚地区的外科手术费用只有在美国或者西欧的十分之一甚至更少。

在这种情形下就无怪乎医疗旅游市场会成长得如此迅速。十年前该市场规模较小，并未引起注意。今天，单单新加坡每年就有超过 25 万患者抵达，其中几乎一半患者来自中东。每年估计有 50 万人会因医疗服务需求而去印度旅游，在 2002 年这个数字还只有 15 万人。麦肯锡（一家咨询公司）预计在 2012 年之前求医旅游者会给印度带来每年 2.5 亿美元的收益。遍布亚洲、非洲、南美和东欧的诊疗机构和旅行社的经营者都争先恐后地力图占领这个有利市场，几年后他们会使医疗旅游成为旅游业中最迅速成长的市场之一。

娱乐主题

2005 年是世界娱乐业和主题公园的绽放之年，这一年的一组数字可以说明问题。2005 年约 2.53 亿客人游玩主题公园，人数比 2004 年增加 2.2%。以后几年的势头会更好。

对于资金缺乏而且事实上时间也不充裕的游客来说,主题公园是为数不多的受其欢迎的旅游方式。尤其美国之外的年轻家庭数目的激增,会创造出一个现成的市场,这就是那些囊中羞涩、想在住家附近寻找经济的消遣方式的消费者。不过对公园而言,成功的代价是在新的交通工具、舞台表演和其他吸引物上的投资。今天的市场繁荣会使这些主题公园有能力进行这些昂贵的投入,以确保良好的经营业绩得以延续。

水,水,到处都是 —— 但不是他们要喝的

邮轮旅行一向很热门,但气候一变便风光不再。现在超过80家航运公司的250多艘船到访约2000个目的地,而且每年的预订有8%的增长,在旅游产业中增长率最高。

然而,邮轮旅行并非一帆风顺。2001年,约有1000万客人预订了全球航线,当年的"9·11"恐怖事件锐减了旅游需求。价格的急剧下滑虽然带回来一些生意,但却扼杀了利润。票价持续低迷,客人也开始对低价所导致的低劣服务投诉。同时,邮轮公司载客量比市场需求提高得还快。

这一切导致了这些问题的显性化:这种现状的维持能否持续,是否还会有更糟糕的问题伺机而出?邮轮价格还会低迷多久?航运公司的经营者怎样才能把增长的市场需求变成实实在在的利润?在一个快速变化的世界里他们将怎样应对挑战?

旅行日益绿色化

生态旅游是旅游业中发展最快的市场之一,绿色意味着关注的是环境而不是每分钟的消费额。关于生态旅游市场的硬数据不易获取,部分原因在于对于哪些活动是真正的生态旅游活动不容易限定。然而一些统计数字帮助我们对这个市场的规模和潜力可窥一斑。1993年世界旅游组织估计"大自然旅游"占国际旅游消费额的7%,仅10年后,在亚太地区这个数字就达到20%。在另一些地区如南非,狩猎旅游和自然保护区旅游的游客人数每年翻番。WTO的另一份报告预计生态旅游将是旅游业中成长最快的细分市场,每年扩张约5%,占全球GDP的6%和总消费支出的11.4%。

生态旅游的快速成长得力于一些举足轻重的发展倾向。其一是发达经济体制的健康发展,这造就了生态旅游者队伍中最大的群体;其二是在最具生态意识的人口结构中的年轻人。今天他们还因为经济拮据而无缘大手大脚的旅行,很快这些年轻的家庭就会步入他们的收入高峰期,并且会着手让他们大自然导向的度假之梦变为现实。婴儿潮一代也是一个推动力量,他们很大程度上创造了生态游,他们既是历史上规模最大的一代人,也会成为最富有的一代。

以上所述不仅成为生态旅游的主要促进力量,同时也促进了地理旅游、自然风光旅游和平民化旅游等次级旅游的发展。在这种强劲的发展趋势下,无论是对旅游目的地的广泛多样性还是对旅游经营商的盈利能力,都会带来新的美好前景。

多难的航空公司始有起色

麻烦没完没了的航空公司是需要一些好消息的。幸运的是,好消息比很多观察家注意到的要多。尽管用了好几年的时间,但"9·11"袭击之后乘客不足的问题最终得到了弥补。2005年和2006年,全球经济复苏给世界航空公司,包括在财政上飘摇不定的美国航空公司都带来了不平常的盈利。这赋予了大量合理经营决策实施的可能性,包括对不盈利线路的削减、征收燃油附加费以弥补昂贵的能源价格,以及把仍然过剩的座位转换成经济舱位。

与"9·11"袭击相矛盾的是,在英美间航线上引爆飞机的密谋可能是件好事。与"9·11"袭击不同,在2006年年中揭露的这起未遂恐怖事件对航空旅行几乎没有任何影响。自大不列颠出发的航班几乎滞飞,但不是因为没有乘客,而是在此事件后颁布的严格的安全检查程序耗时太长,几乎所有想要使旅游成行的人,都得经历远远超过大多数人忍耐限度的漫长等待。在美国,乘客也会排上几个小时的队,但无人发怨言。这是个好的预兆,安检恢复正常的日子已经不远了。

不过航空业将会从2010年开始获得实际的盈利。在那之前燃油成本要降低;旅游市场需求要增长;要从加强空客和波音仍很低效的运营模式开始,启动新一轮世界航空企业的减员增效。这些将最终给突出重围的世界航空业以光明的未来。

值得花费心思的食物

餐厅和饮食服务曾经是在选好了饭店、度假区和旅游目的地之后才考虑的事情。过去只要有机会,旅游者可能将车停在就近的餐厅旁边,在车内用餐而不是坐在餐厅里吃上一顿。今天情况发生了变化,餐厅正成为旅游产业中重要的盈利中心。这使得旅游餐厅和社会独立餐厅一样面对着同样的市场倾向影响。

就餐者变得更关注健康、关注质量,同时对便利性和经济性也更感兴趣。这些市场倾向改变着从餐厅到超市的食物,美国在这方面走在了最前面,不过欧洲也将开始出现这股饮食潮流。

居家时美国人追求那些容易烹制的膳食,由于全球旅游的增长,他们大都是"美食专家,厨房文盲"。

第二章 商业环境扫描

Jorge Costa[①]

引言

本章分析商业环境扫描的概念、过程、内容、结果以及它们与战略形成的关系。本章也介绍并分析环境扫描的主要模型及其应用。最后,提出一个可持续的环境扫描模型并解释它可能对采用它的饭店组织带来的影响。由于有关环境扫描活动的研究起始于饭店与旅游业之外的领域,所以相关文献大多与工业和其他服务组织有关。在有关饭店组织的环境扫描活动的为数不多的研究中,本章择其要者进行述评。

战略规划与环境扫描

关于战略规划,没有一个普遍接受的定义。不同学者用不同的术语对其进行定义(Mintzberg 等,2005;Stoner 和 Freeman,1986)。然而,Wheelen 和 Hunger(1989)提出的定义很好地表明了战略规划的过程和内容,与此同时涉及了其他学者定义中所涉及的方面:

为有效应对环境机遇和挑战,根据公司的优劣势所做出的长期发展规划,包括设定公司任务、明确目标、提出战略和设定政策方针。

研究(Mintzberg 等,2005;Mintzberg,1992;Costa,1997)表明,战略并非总是通过这种正规的方式形成。Mintzberg 发现,在有些机构中,战略并非由深思熟虑而形成,而是依形势发展而涌现。这种形成战略的方法可能会让人们对 Wheelen 和 Hunger 提出的"对环境机遇进行管理"这一理论产生不同的态度。除了考虑战略规划行为以外,战略的"涌现法"也需要说明一个组织的目标是如何正式确定以及战略是如何形成的。这也是 Costa 和 Teare(2000)以及

[①] ITPD—葡萄牙圣玛丽亚达旅游规划发展研究院

West(1988)在他们有关战略、环境扫描和经营之间的关系的研究中发现的局限性之一。

然而,对环境机遇的识别和管理被看作是公司竞争力的关键(Garland,2007;Mazarr,1999;Fahey 和 King,1977;Segev,1977;Kefalas 和 Schoderbeck,1973)。可通过环境扫描的办法来认清商业环境形势。在 Aguilar 看来,该办法是分析一个公司外部环境中的各种事件和关系的相关信息的一种方式。这些信息有助于公司高层制订未来的发展蓝图。

我们可通过环境扫描的潜在成果来了解它对一个组织的重要性:识别外部环境中的各种事件和趋势以及它们之间可能的关系。对上述信息的理解能帮助一个组织获得有关决策和战略形成等方面的启示(Van Deusen 等,2007;Okumus,2004;Daft 等,1988;Lenz 和 Engledow,1986;Stubbart,1982)。虽然环境扫描是一个很成熟的方法,但是商业组织并不经常使用它(Garland,2007;West 和 Olsen,1989;Jain,1984)。

环境扫描的相关研究侧重点各不相同(Okumus,2004;Olsen 和 Roper,1998)。有些研究关注高层行政人员的信息收集活动(Miller 和 Friesen,1983;Hoffman 和 Hegarty,1983;Hambrick,1982;Segev,1977;Keegan,1974;Kefalas 和 Schoderbeck,1973;Aguilar,1967);有些研究关注各种分析技术和正式的战略规划(Narcharl 等,1987);还有一些研究则探讨与组织学习和行政决策相关的各种社会心理过程(Dutton 和 Duncan,1983;Mccaskey,1982;Weick,1979;Dill,1962)。

实证研究也表明环境扫描要想成功,就必须与正式的规划过程相联系(Evans 等,2003;Engledow 和 Lenz,1989;Jain,1984;Fahey 和 King,1977)。虽然各个组织都认为环境信息与战略规划高度相关,但是它们中的大多数仍然把环境现象与短期决策挂钩(Okumus,2004;Costa,1997;Fahey 和 King,1977)。要想理解有关商业环境中的现有和未来趋势的信息是如何帮助战略和决策形成的,就必须理解饭店业组织的环境扫描和战略规划之间的关系的本质。

商业环境的概念

一个组织的环境包括直接或间接影响其目标、结构、规模、计划、程序、运行、投入、产出和人际关系的外部力量(Van Deusen 等 2007;Preble,1978;Segev,1977)。Bourgeois(1985)的研究表明了理解环境的重要性:一家对环境有着精确认识的公司更可能获得超出一般的经济表现。

开放系统理论涉及环境的概念及其对组织的影响(West 和 Anthony,1990)。开放系统的概念是基于如下的假设:一个组织的生存与发展依赖于它所面临的环境的本质(Fahey 等,1983)。人们认识到不同的环境对组织提出不同要求,提供不同机会(Okumus, 2004; Kefalas 和 Schoderbeck, 1973)。

Thomas(1974)指出可通过使用"决议水平"或"上位系统"等概念来把系统理论运用到公司环境中去。上述概念可被分成两大范畴:"运行环境"和"整体环境"。运行环境可被定义为:与该公司相关的供应商和其他利益群体。整体环境被定义为:社会、政治、制度、经济和技术条件等国内和国际环境(Johnson 等,2006; Daft 等,1988; Fahey 和 King, 1977; Thomas, 1974)。Daft 等(1988)认为任务环境和整体环境中的各领域因为有着不同程度的不确定性,所以会影响环境扫描和其他组织活动。

Thomas(1974)认为在对公司的未来进行规划时,对整体环境的分析至少与对运行环境的分析同等重要。Fahey 和 King(1977)持有同样的观点,他们甚至更进一步认为整体环境与战略规划关系更密切,在信息收集中更需要创新。

环境扫描的概念

本领域的研究肇始于 Aguilar(1967),其目的是分析最高管理层为指引公司未来的发展方向而获取有关公司外部所发生事件的相关信息的方式。Aguilar(1967)给环境扫描所下定义如下:

对公司外部环境中的各种事件和关系的相关信息的扫描,该知识将帮助最高管理层描绘公司未来发展蓝图。

Hambrick(1981)有着类似的观点,他把环境扫描定义为:对组织环境中的事件和发展趋势进行了解的管理活动。这被认为是引发组织对环境进行适应的一系列理解与行动的第一步。

大多数学者认同环境扫描的主要功能是:了解外部环境中的事件和发展趋势;建立它们之间的关系;理解数据;从中得出决策和战略制定的重要启示(Costa 和 Teare, 2000; Olsen 和 Roper, 1998; Daft 等, 1988; Lenz 和 Engledow, 1986; Stubbart, 1982; Fahey 和 King, 1977; Segev, 1977; Keegan, 1974; Thomas, 1974; Kefalas 和 Schoderbeck, 1973)。

尽管环境扫描是一个很成熟的方法,但是商业组织并不经常使用它(Okumus, 2004; Costa, 1997; West 和 Olsen, 1989; Jain, 1984),而且不同公司有不同的扫描行为(Costa 和 Teare, 2000; Olsen 等,1994; Daft 等,1988; Preble 等,1988; Lenz 和 Engledow, 1986; Farh 等,1984; Hambrick, 1982)。

研究表明:我们可以通过了解一家公司如何将扫描活动融入其整体规划过程来推断环境扫描在该公司的重要性(Costa 和 Teare, 2000; Okumus, 2004; Fahey 和 King, 1977)。Jain(1984)认为随着公司规模的扩大以及复杂程度的提高,它们对正式的战略规划的需要也相应地增加,这就需要进行系统的环境扫描。因此,Jain 补充说:战略规划的效果与环境扫描的能力直接相关。

在这一背景下,早在 1977 年,Terry 就提出环境扫描最显著的作用就是为制定长期规划收集信息。Terry 认为环境扫描非常重要,它也可被运用于组织发展与设计、行政管理层议事日程的制定以及管理教育等方面。30 多年后 Garland(2007)很好地说明了这一观点的重要性,他指出"各种趋势相互融合、相互作用……为你的生意带来无法预期的机遇和挑战。"这些都需要我们持续的关注。

由于组织依环境而生存,它们应该扫描并监控商业环境,并且还要通过持续审视它们的发展战略来应对环境趋势对它们的影响(Garland,2007;Jain,1993)。Jain 认为环境扫描以如下多种方式提高组织应对快速变化的环境的能力:

- 它帮助组织及早利用机会;
- 它对即将出现的问题能及早发出信号;
- 它使组织敏于感知顾客变化的需求;
- 它为组织提供有关环境的客观定性信息;
- 它为战略制定者的决策提供智力支持;
- 它通过表明组织对环境敏感且愿根据环境做出调整来提升该组织在公众心目中的形象。

环境扫描所收集的信息在如下两方面不同于产业或竞争分析:①它的范围广;②它是面向未来的(Johnson 等,2006;Costa 和 Teare,2000;Stubbart,1982)。因此环境扫描应被定义为:一个有关商业环境的数据收集过程,它能帮助经理们发现机会,找出问题并对之进行解释,实施战略或结构调整(Okumus,2004;Daft 等,1988)。

环境扫描的特点和过程

Murphy(1989)认为环境扫描应具有如下基本特点:

- 它应该具有融入性(是公司规划和决策系统的一部分);
- 它应与战略规划相关(关注战略问题并有助于战略决策);
- 它应采用整体法(不遗漏任何信号)。

Terry(1977)以及 Costa 和 Teare(2000)都认为:通常情况下,环境扫描都是在现有的组织中开展的,因此,很多相关数据,如公司的使命和功能规划,都是现有的。他们指出,即使在环境扫描完成后可能对它们进行大规模修订,也应在设计环境扫描过程时应把这些数据考虑进去。因此 Terry 建议在设计环境扫

过程时应考虑如下几点:
- 环境扫描应考虑公司内部所有可能的影响因素;
- 环境扫描的目的并不是精确地预测未来,而是发现有可能影响公司的问题,以便公司能在这些问题发生时已做好应对它们的准备;
- 环境扫描的结果应该是公司对环境所采取的一个预防性的,而不是反应性的措施;
- 经理们仅仅理解依据环境扫描结果所制定的计划是不够的,他们能够理解引发提出战略、战术关键问题的理念才是至关重要的。
- 环境扫描应让经理们关注组织之外的情况,并帮助他们创造一个能适应环境并从中学习的组织。

环境扫描方法

环境扫描有两种不同的方法:"由外到内"(或宏观)的方法和"由内到外"(或微观)的方法(Fahey 和 Narayanan,1986)。"由外到内"的方法对环境持宏观态度,它存在于组织外部的所有相关元素。其主要的关注点是长期发展趋势,对未来环境所持有的不同观点的发展变化,对公司所在产业以及公司本身所带来的启示。"由内到外"的方法则对环境持狭义态度。由于这种观点受限于组织内部影响,所以它只存在于组织外部的某些相关元素。上述两种方法的主要区别见表2.1。

表 2.1 由外到内和由内到外的方法

	由外到内	由内到外
焦点和范围	非限制的环境观	组织概念限制的环境观
目的	考虑组织之间进行广泛的环境分析	与当前组织相关的环境分析
时间跨度	通常1~5年,有时5~10年	通常1~3年
频率	定时的/专门的	连续的/定时的
优势	避免组织的封闭性;认清更广泛的发展趋势;较早认清发展趋势	高效,集中的分析;为组织活动提供启示

资料来源:节选自(Fahey 和 Narayanan,1986)。

Okumus(2004)对环境扫描及其在国际饭店业中的发展所作的述评证实了上述饭店组织采用的环境扫描方法。

环境扫描的内容

构成环境扫描的主要有政治、经济、社会和技术要素,这就是著名的"PEST分析"(Johnson 等,2006;Fahey 和 Narayanan,1986;Aaker,1984)。各组织从上述领域收集数据的活动具有非定期、定期或持续等特征。这些特征在精细性和复杂性上不断增加(Fahey 等,1983)。上面几位作者认为:非定期系统是反应性规划和环境扫描的特征;另一方面,他们认为定期系统更加精细、更加复杂,虽然关注的焦点仍然是问题的解决,但是它们已呈现出更多的预防性特征。最后,他们认为持续系统是最理想的,因为该系统不仅注意问题的解决,而且更加关注机遇的发现,并意识到规划系统可以以一种防患于未然的方式帮助组织生存和发展。上述观点得到 Garland(2007)的支持,该研究探讨公司如何预测大环境中的各种发展趋势并从中受益。

环境扫描的结果

Costa 和 Teare(2000)以及 Fahey 和 Narayanan(1986)认为环境扫描的结果是:对正在发生的以及可能发生的环境中的变化的理解;为战略决策制定者提供重要信息;促进并发展组织战略思维。Jain(1993)认为扫描是针对可能影响一家公司未来产品和市场环境力量的早期预警系统。

饭店业领域的一些研究者认为环境扫描能帮助经理们预测积极的和消极的影响(Costa,1997;Slattery 和 Olsen,1984),并促使他们实施适应环境的发展战略。扫描的结果可分成短期和长期结果。短期结果是:调整公司行为以更好地发现机会并避开威胁。长期结果则是:为发展战略的制定提供信息。然而,环境扫描的结果固然十分重要,进行扫描的过程也同等重要(Okumus,2004;Fahey 和 Narayanan,1986)。上述作者认为:扫描的开展能提高公司主要战略经理们理解、预测外部变化并做出反应的能力,并坚定他们的决心。如果环境扫描具有明确的目的和目标,并得到组织中关键人物的支持和参与,那么它就能够成为战略规划的一个有力工具(Engledow 和 Lenz,1989)。

环境扫描与战略规划的关系

实证研究表明:要取得成功,环境扫描行为必须与正式规划过程相关联(Costa 和 Teare,2000;Engledow 和 Lenz,1989;Jain,1984;Fahey 和 King,1977)。然而,虽然各个组织认识到有必要把环境信息与长期规划相关联,但是,迄今他们中的大多数仍然认为他们自己主要关注环境现象与短期选择的关系(Costa,1997;Fahey 和 King,1977)。Jain(1993)提出七步法,用以解释组织中环境扫描与战略规划的关系:

① 密切注意环境中出现的重大发展趋势；
② 判断某一环境趋势的相关性；
③ 研究某一环境趋势对某一产品/市场的影响；
④ 预测某一环境趋势的未来发展方向；
⑤ 分析在面对该环境趋势时，该产品/市场的发展势头；
⑥ 研究某一环境趋势带来的新机会；
⑦ 把某一环境趋势的结果与公司战略相关联。

Jain（1993）和 Johnson 等（2006）提出：根据有关环境趋势及其影响的信息，一家公司需在两方面研讨其发展战略：当前产品/市场可能产生的变化以及公司可以抓住的合适的机会。事实上，对商业环境中微弱信号的识别可为组织的长远发展提供最好的机会（Stoffels，1994；Ansoff 和 McDonnell，1990）。

扫描与战略的形成

作为规划的战略和作为行为方式的战略对环境扫描活动启示意义各不相同。研究表明：要想获得成功，环境扫描需要与战略规划相结合（Costa，1997；Daft 等，1988；Jain，1984；Fahey 和 King，1977；Kefalas 和 Schoderbeck，1973）。从这一点看，环境扫描完美地融入组织的规划过程。然而，在战略产生于行为连贯性的组织中，为制定战略而设计的环境扫描活动则必须遵循另外一套过程（Okumus，2004）。研究表明，环境扫描和战略规划之间关系密切（Costa 和 Teare，2000；Daft 等，1988；Jain，1984；Fahey 和 King，1977；Kefalas 和 Schoderbeck，1973）。环境扫描为战略规划提供信息，而战略规划证明了组织开展环境扫描的必要性。这种证明在经济衰退时期尤为重要，因为这时各个组织试图降低成本，主要针对那些行动的重要性只能通过长期观察才能得以判断的部门，如开展环境扫描的部门（Fahey 等，1983）。

另一方面，如 Mintzberg（1994）所指出：有些组织没有明确的战略或根本没有战略。由于战略并非全都是深思熟虑的结果，甚至有些是突然想到的（Mintzberg，1994），因此，一个组织最合逻辑的做法应该是形成正式的规划过程。然而，考虑到各个组织不会仅仅为了证明某一环境扫描活动的必要性而使其战略形式化，因此该证明需由那些必须认识到环境扫描对于更好地决定和规划的重要性的经理们提出。

饭店组织的环境扫描

关于环境扫描与饭店业的关系，Olsen 等（1992）认为：环境扫描帮助经理们预见积极和消极影响，并采取能使他们的组织适应环境的战略。他们说："如果我们承认环境能够威胁公司的持续生存,而且经理们有能力通过使用竞争手段来适应环境的话,那么我们一定能看出饭店经理们监控并准确认识环境是多么的重要。"

尽管实证研究和专家都建议公司应该进行环境扫描,但是现实却是另一回事(Okumus,2004;Costa,1997;Olsen 等,1994)。事实上,Olsen 等指出,饭店组织知道应该把环境信息与长期规划相关联,但是,迄今,大多数饭店组织只是把环境信息运用于短期决定。

有关环境扫描过程的研究也发现:经理们的扫描活动很多都是非正式的(Costa,1997;Fahey 等,1983)。经理们过度关注短期问题,因此,他们的主要目标是获得有关经济、金融和顾客需求的信息,而忽视大环境中的其他方面(Olsen 等,1994)。这种情况之所以发生,有很多组织和心理原因。一个主要的原因是:任何综合监控总体和任务环境的努力都是所有公司的资源和能力所不能及的(Okumus,2004)。

West 和 Olsen(1989)的一项关于饭店业的研究发现大多数公司采用非正式扫描过程。上述过程的基础是来自其他员工、市场研究信息或在职业和行业协会会议上与其他公司的经理们交流所获得的信息。研究的受访者认为扫描活动的一个主要弱点是缺乏好的、可靠的信息。两位研究者进一步强调当公司最高层参与其中时,扫描的成本会很高。上述结果后来得到 Costa 和 Teare(2000)研究的证明,他们得到相似的研究结果。

Olsen 等人的研究结果也表明:对于饭店经理们来说,环境扫描被看作"从更加实际的工作那里挤占的时间","在经理们看来,积极地解决问题比把时间花费在'扫描'这样的'软'行为上更有成效"(Olsen 等,1992)。这些观点反映了各公司不重视环境扫描的其他根深蒂固的原因。Olsen 等人认为,影响正式环境扫描的另一个问题是:经理们通过扫描收集的很多信息很难进行定量评估,这使得其对公司影响的评估更多的是猜测,而并非一个正式的战略行为。

很多组织研究表明,行政主管们不能确定环境中所发生的事件对公司的影响,这就削弱了环境扫描对决策制定的价值(Olsen 等,1992)。

相关证据表明:除了可靠信息的缺乏和资源的限制以外,还有一更加复杂的事物在影响组织中环境扫描活动的开展(Okumus,2004;Costa,1997;Olsen 等,1992,1994;West 和 Olsen,1989)。长远观点的缺失,对眼前利益的追逐以及对定量数据的严重依赖是现有饭店组织文化的明显表现。也许,现有组织文化,而不是与战略规划过程的联系,影响环境扫描的成功实施。很明显,扫描过程的故障是由于组织只通过收集数据信息,而不是通过扫描其他事件和发展趋势,来不断评估它们的环境。

一种引导组织开展环境扫描活动的方法是：设计一种适合组织结构和需要的过程，并且，如 Jain（1993）所说，短期扫描可能对设计各种操作活动，而不是战略规划活动有用。

环境扫描模型及其应用

Gilbert（1993）认为模型可被定义为试图解释社会现象之间关系的一个理论或一套假说。这一观点认为模型是由概念以及概念之间的关系构成。正如 Gilbert 所提出的，一个模型可被用来预测"真实世界"如何对变化做出反应，并且模型中所确定的关系也可用来解释"真实世界"是如何运行的。可以说与其他商业管理领域的工具相比，公司规划模型的历史相对较短（Johnson 等，2006；Shim 和 McGlade，1989）。后几位作者认为规划模型的定义因其运用的范围而变。在这一前提下，环境扫描模型的重要性在于它更加准确地分析外部环境和预测商业趋势的潜力。

当经理们必须做出某些商业决定的时候，很明显他们需要获取有关外部商业环境的相当数量的信息。在分析公司的任务或大环境的时候，来自公司内部的信息几乎没有什么战略价值。在这种情况下，外部数据的收集是首选（Wu 等，1998；Young，1981）。为了更好地理解环境扫描模型的作用，分析现有模型以发现它们对饭店组织的益处是很重要的。

并非所有研究环境扫描的作者都提出环境扫描模型（Okumus，2004）。有些人在有关组织环境扫描行为已发表的文献（Camillus 和 Datta，1991；Ginter 和 Duncan，1990；Narchal 等，1987；Terry，1977）或他们自己的实证研究发现（West 和 Olsen，1989；Fahey 和 King，1977；Segev，1977；Aguilar，1967）的基础上提出模型，而另外一些人在进行商业环境扫描的时候提出可供遵循的框架或程序（Jain，1993；Murphy，1989；Nanus 和 Lundberg，1988；Aaker，1983；Keegan，1974；Thomas，1974；Kefalas 和 Schoderbeck，1973）。

有些模型很好地表明了环境扫描的过程并指出在进行环境扫描的时候需要克服的不足。尤其是如下五项研究（Jain，1993；Aaker，1983；Fahey 和 King，1977；Segev，1977；Aguilar，1967）提供了情境并强调了为开发一个有效的环境扫描过程所应采取的步骤。

在对环境扫描模型的分析中，无论连锁饭店采用的是正式或是非正式的方法，下列各方面与一个环境扫描过程的开发相关：

● 它应是深思熟虑的、预见性的；
● 它应搜寻具体的以及范围广泛的信息；
● 它应遵循一个预先设定的计划、程序或方法；

- 它应是预防性的、规划过程指向的;
- 它应是一个持续进行的对商业环境的研究,而不是由危机所诱发的;
- 扫描执行者与决策者之间应有密切的交流;
- 应清晰定义信息需要和来源;
- 参与者应由选拔产生,他们的角色/扫描任务应明确;
- 存储、加工和传播信息的方式应明确。

另一方面,为了让公司开展环境扫描,该过程应与公司的需要和资源相匹配。实现这一目标的办法之一是:通过选择需要信息的领域和识别可利用的、合适的资源来实行一个由内而外的方法。同样重要的是,要选择那些能接触到相关信息的成员作为参与者,并且开发一个有持续性的环境扫描过程,该过程能够对所分析的资源中产生的问题进行探讨。根据该组织结构,扫描执行者应分析信息,推断它对组织的重要性,存储/发布信息,以便在战略制定方面起关键作用的人员能接触它(Costa 和 Teare,2000)。

通过采取这些步骤,环境扫描过程有可能起到为战略决策的制定提供信息的重要作用。同时,也能考虑到通常影响扫描过程的主要不足:范围太宽、缺乏完成如此复杂任务的资源,以及如果不与一个正式的书面战略规划相挂钩,就很难证明它存在的必要性。

饭店组织环境扫描模型

在已有的环境扫描模型以及 Costa(1997)关于饭店业研究的发现的基础上,提出一个试图定义正式的持续环境扫描过程的新理论模型是可能的。这一模型可被用来预测"真实世界"(单元/连锁饭店)将如何接受一个持续进行的扫描过程。模型中确定的各种关系也可以解释该模型将如何在实践中发挥作用。

图 2.1 中的模型分成五个不同阶段:作为过程的信息(阶段 1);扫描过程的规划(阶段 2);信息的分析和加工(阶段 3);信息的存储、发布和共享(阶段 4);以及信息与战略发展和决策制定之间的联系(阶段 5)。对这一连锁饭店的持续环境扫描的更加详细的分析可让我们进一步理解不同阶段的顺序和关系。

阶段 1 作为过程的信息

正式环境扫描过程的一个主要障碍是信息功能被看作是次要的,而其他功能则被认为应该优先考虑。另外一个障碍是现有的按部门(功能)收集信息的管理理念。这些信息主要由各部门使用,因此限制了信息的发布和共享。通过把环境扫描转换成一个为整个组织收集信息的过程,协同效应就可以实现,信息就会被看作组织的资产,每个需要的人都可使用。要想实现这一点,决策者对信息的重要性的态度必须改变。这一改变将会带来所需的资金支持、接受过培训的员工以及对信息使用的不同态度。然而,主要的结果将是经理和员工们对信息价值的再认识,以及把它作为实现饭店目标的一个宝贵资产。

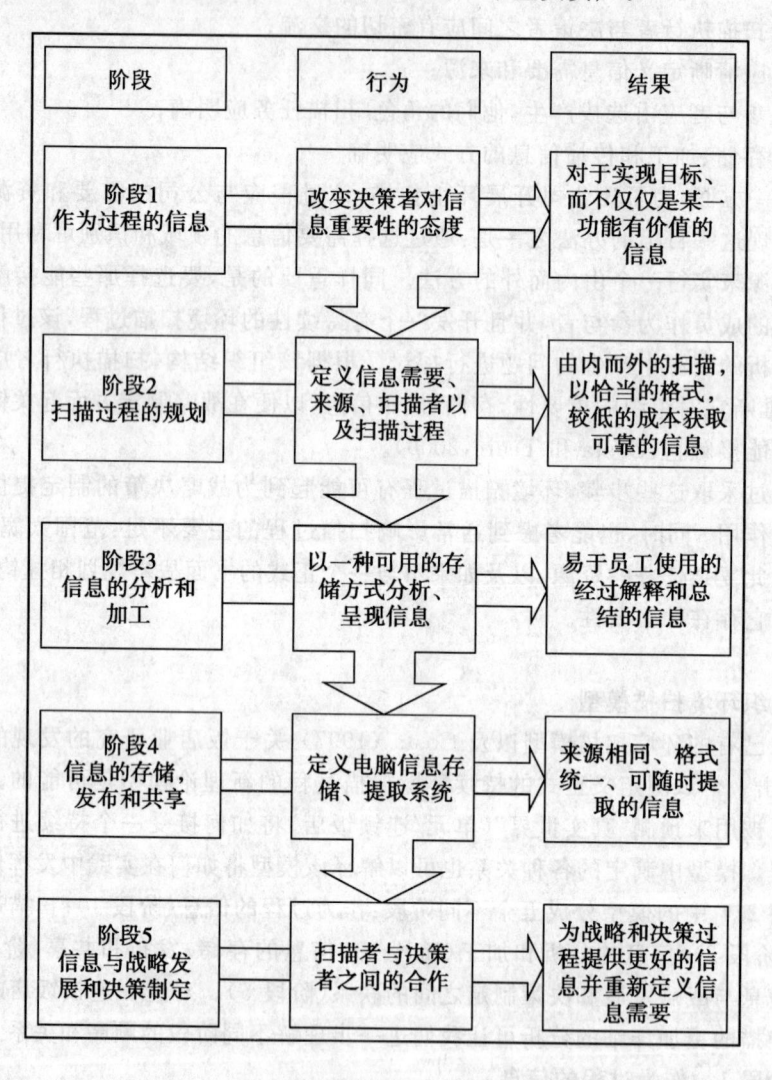

阶段	行为	结果
阶段1 作为过程的信息	改变决策者对信息重要性的态度	对于实现目标、而不仅仅是某一功能有价值的信息
阶段2 扫描过程的规划	定义信息需要、来源、扫描者以及扫描过程	由内而外的扫描,以恰当的格式,较低的成本获取可靠的信息
阶段3 信息的分析和加工	以一种可用的存储方式分析、呈现信息	易于员工使用的经过解释和总结的信息
阶段4 信息的存储,发布和共享	定义电脑信息存储、提取系统	来源相同、格式统一、可随时提取的信息
阶段5 信息与战略发展和决策制定	扫描者与决策者之间的合作	为战略和决策过程提供更好的信息并重新定义信息需要

图 2.1　饭店组织的持续环境扫描过程

阶段 2:扫描过程的规划

由于信息收集缺乏组织性,所以会收集到太多的,有时是重复的信息。然而,连锁饭店经理们需要的不是"复制出来的报告",或"零散的信息",而是"压缩了数据量"的"总结好的信息"。对扫描过程进行规划可使信息需要变得明确(Fahey 和 Narayanan,1986 提出的由内而外的方法),因此可专注于收集组织所需要的信息。理想的方法应该是由外而内的方法,但是如之前的研究所指出的,这样做不仅成本高,而且很耗时(Olsen 等,1992;West 和 Olsen,1989;Aaker,1983)。因此,很难采用和实施这种方法。一旦所需信息被确定下来,就可以分辨和选择相关资源。下一步是选拔参与扫描工作的员工。Aaker(1983)建议,这些人员可从参与规划制定以及能接触有用信息资源的员工中选择。

在开始扫描工作之前,需要选定一个事先制定好的计划、程序或方法,以便获得最佳效果(Stoffels,1994;Aguilar,1967),本阶段的成果是:通过一个由内而外的扫描方法获得关于商业环境的核心观点。这种扫描方法应建立在提供定性信息的可靠来源的基础之上,其进行方式是事先确定的,而且成本较低。这是可以做到的,因为扫描是有针对性的,而且扫描工作是由那些正在从事扫描的员工承担的,只不过他们原先扫描的方式是非针对性、非整体性的而已。

阶段 3:信息的分析和加工

信息的分析应包含环境趋势的识别和关联,因为并非环境中出现的所有事物都对组织具有同等的重要性(Jain,1993)。受访者也认为信息的分析和加工在"帮助认识市场趋势"方面具有重要意义,并且还具有"更高的效率"。信息的分析以及它的备用状态被认为与连锁饭店有关,因为可将它"提供给各个部门、董事会以及管理层",以便他们针对市场做出更快的决策。持续环境扫描的这一阶段也可以提供"简单而客观的信息",这种信息同时也是"均衡但不夸张的"。其结果将是已经被解释并总结的"更好的结构性信息",因此它可以为员工提供"关于市场趋势的更好的知识"。

阶段 4:信息的存储、发布和共享

信息的存储和发布是扫描过程的关键(Aaker,1983)。Aaker 指出存储程序可以是一套简单的文件,也可以是一套精密的电脑信息检索系统。连锁饭店的经理们认为理想的存储程序是一套"电脑"程序,其信息"来源相同",这就可以"快速提取信息"(Costa,1997)。存储程序的关键特征是员工知道把他们收集到的信息送往何处。在受访者看来,理想的状况是"信息由各部门主管输入,并对所有人开放。"这与 Aaker 的观点一致。Aaker 认为参与者应该是那些行政主管以及直接参与规划过程的员工。本阶段的成果是:来源相同、格式统一、可随时提取并且"易于共享"的信息。这将获得被受访者认为是正式扫描过程的理想结果:"董事之间更好的信息交流,并与员工们分享"。

阶段 5:信息与战略发展和决策制定之间的联系

有关环境趋势以及它们可能产生的影响的信息将被用于战略的探讨。Jain(1993)认为可从两方面着手:可能给产品或市场带来的变化以及公司可能抓住以采取行动的合适机会。环境扫描与战略发展和决策制定之间的联系只有通过扫描者与规划者/决策者之间的合作才能实现。正式扫描过程的"障碍"通常是由于在环境扫描者与战略制定者之间缺乏互动和交流(Segev,1977)。Segev 建议两个群体之间应建立更加紧密的关系,以便分析者和战略制定者可以开展合作,将环境扫描成果转化成具体的战略变化。本阶段的成果是:为战略和决策过程提供更好的信息并重新定义连锁饭店的信息需要,这将在对环境信息的新需求中发生。按照这一模型,环境扫描有可能在战略制定中起直接而并非间接的作用。

结论

一旦饭店决策者改变他们对信息的重要性的态度并从信息功能发展成一个信息过程范式,正式环境扫描过程的发展和实施将更有可能成功。这可以通过运用由内而外的方法并关注目标信息需要的方式进一步得以实现,这将涉及那些负责或与规划制定(正式或非正式)相关的,或能接触相关信息的员工。对最可靠、最相关信息来源的选择,以及对扫描过程的定义应该认真加以执行,以使扫描过程的成功最大化。接下来的阶段应考虑认真分析和识别商业环境趋势,同时也要考虑将所收集的信息存储于一个电脑信息系统中,并使其可随时以标准化格式提取。这也将通过员工可随时提取的单一来源信息来实现更高水平的信息的发布和共享。最后,通过在扫描者与规划者/决策者之间建立紧密的关系,环境扫描与战略发展之间才能建立更好的联系,才能对信息需要做出再定义。

参考文献:

Aaker, D. A. (1983). Organizing a strategic information scanning system. *California Management Review*, 25(2), 76-83.

Aaker, D. A. (1984). *Developing business strategy*. New York: Wiley.

Aguilar, F. (1967). *Scanning the business environment*. New York: Macmillan.

Ansoff, I., and McDonnell, E. (1990). *Implanting strategic management* (2nd Ed.). London: Prentice Hall International.

Bourgeois, L. J. (1985). Strategic goals, perceived uncertainty, and economic performance in volatile environments. *Academy of Management Journal*, 28, 548-573.

Camillus, J. C., and Datta, D. K. (1991). Managing strategic issues in a turbulent environment. *Long Range Planning*, 24 (2), 67-74.

Costa, J. (1997). *A study of strategic planning and environmental scanning in the multi-unit Portuguese hotel sector*. Unpublished Ph. D. Thesis, Guildford, University of Surrey.

Costa, J., and Teare, R. (2000). Developing an environmental scanning process in the hotel sector. *International Journal of Contemporary Hospitality Management*, 12 (3), 156-169.

Daft, R. L., Sormunen, J., and Parks, D. (1988). Chief executive scanning, environmental characteristics, and company performance: An empirical study. *Strategic Management Journal*, 9, 123-139.

Dill, W. (1962). The impact of environment on organizational development. In S. Mailick and E. Van Ness (Eds.), *Concepts and issues in administrative behavior*. Englewood Cliffs, NJ: Prentice-Hall.

Dutton, J., and Duncan, R. (1983). The creation of momentum for change through the process of organizational sensemaking. *Working Paper*. J. L. Kellogg Graduate School of Management, Evanston, Northwestern University.

Engledow, J. L., and Lenz, R. T. (1989). Whatever happened to environmental analysis? In D. Asch and C. Bowman (Eds.), *Readings in Strategic Management* (pp. 113-132). London: MacMillan.

Evans, N., Campbell, D., and Stonehouse, G. (2003). *Strategic Management for Travel and Tourism*. London: Butterworth-Heinemann.

Fahey, L., and King, W. (1977). Environmental scanning in corporate planning. *Business Horizons*, August, 61-71.

Fahey, L., and Narayanan, V. K. (1986). *Macroenvironmental Analysis for Strategic Management*. St. Paul, MN: West Publishing.

Fahey, L., King, W. R., and Narayanan, V. K. (1983). Environmental scanning and forecasting in strategic planning—the state of the art. In D. E. Hussey (Ed.), *The Truth about Corporate Planning: International Research into the Practice of Planning* (pp. 495-509). Oxford: Pergamon Press.

Farh, J. L., Hoffman, R. C., and Hegarty, W. H. (1984). Assessing environmental scanning at the sub-unit level: A multitraitmultimethod analysis. *Decision Sciences*, 14 (1), 197-220.

Garland, E. (2007). *Future Inc.: How Business can Anticipate and Profit from What's Next*. New York: AMACOM.

Gilbert, G. N. (1993). *Analyzing Tabular Data*. London: UCL Press.

Ginter, P., and Duncan, W. (1990). Macro-environmental analysis for strategic management. *Long Range Planning*, 23 (6).

Hambrick, D. C. (1981). Specialization of environmental scanning activities among upper level executives. *Journal of Management Studies*, 18, 299-320.

Hambrick, D. C. (1982). Environmental scanning and organizational strategy. *Strategic Management Journal*, 3, 159-174.

Hoffman, R. C., and Hegarty, W. H. (1983). Cross-cultural research: A model for development of a data collection instrument. *Proceedings of the Annual Meeting of the Academy of Management*, Dallas, TX.

Jain, S. C. (1984). Environmental scanning in US corporations. *Long Range Planning*, 17 (2), 117-128.

Jain, S. C. (1993). *Marketing Planning and Strategy*. Ohio: South-Western Publishing.

Johnson, G., Scholes, K., and Whittington, R. (2006). *Exploring Corporate Strategy: Text and Cases* (7th enhanced media ed.). London: Financial Times Press.

Keegan, W. J. (1974). Multinational scanning: A study of the information sources utilized by Headquarters' executives in multinational companies. *Administrative Science Quarterly*, 19, 411-421.

Kefalas, A., and Schoderbeck, P. P. (1973). Scanning the business environment. *Decision Sciences*, 4, 63-74.

Lenz, R. T., and Engledow, J. L. (1986). Environmental analysis and strategic decision making: A field study of selected "Leading-Edge" corporations. *Strategic Management Journal*, 7 (1), 69-88.

Lorange, P. (1982). *Implementation of Strategic Planning*. Englewood Cliffs, NJ: Prentice-Hall.

Mazarr, M. (1999). *Global Trends* 2005: *An Owner's Manual for the*

Next Decade. New York: St. Martin's Press.

McCaskey, M. (1982). *The Executive Challenge*. Boston, MA: Pitman.

Miller, D., and Friesen, P. H. (1983). *Strategy making and environment: The third link*. Strategic Management Journal, 4, 221-235.

Mintzberg, H. (1992). Five Ps for strategy. In H. Mintzberg and J. B. Quinn (Eds.), *The Strategy Process: Concepts and Contexts* (pp. 12-19). London: Prentice-Hall.

Mintzberg, H. (1994). *The Rise and Fall of Strategic Planning*. London: Prentice-Hall.

Mintzberg, H., Ahlstrand, B., and Lampel, J. (2005). *Strategy Bites Back*. London: FT-Prentice Hall.

Murphy, J. J. (1989). Identifying strategic issues. *Long Range Planning*, 22 (2), 101-105.

Nanus, B., and Lundberg, C. (1988). Strategic planning. *Cornell Hotel and Restaurant Administration Quarterly*, 29 (2), 18-23.

Narchal, R., Kittappa, K., and Bhattacharya, P. (1987). An environmental scanning system for business planning. *Long Range Planning*, 20 (6), 96-105.

Okumus, F. (2004). Potential challenges of employing a formal environmental scanning approach in hospitality in hospitality organizations. *International Journal of Hospitality Management*, 23, 123-143.

Olsen, M., Murphy, B., and Teare, R. E. (1994). CEO Perspectives on scanning the global hotel business environment. *International Journal of Contemporary Hospitality Management*, 6 (4), 3-9.

Olsen, M., and Roper, A. (1998). Research in strategic management in the hospitality industry. *International Journal of Hospitality Management*, 17, 111-124.

Olsen, M., Tse, E., and West, J. J. (1992). *Strategic Management in the Hospitality Industry*. London: International Thomson Publishing.

Post, J. (1973). Window to the world: A methodology for scanning the social environment. *Working Paper No. 175*. School of Management, Boston University, Boston, MA.

Preble, J. F. (1978). Corporate use of environmental scanning. *Michigan Business Review*, 30 (5), 12-17.

Preble, J. F., Rau, P. A., and Reichel, A. (1988). The environmental scanning practices of US multinationals in the late 1980's. *Management International Review*, 28, 4-14.

Segev, E. (1977). How to use environmental analysis in strategy making. *Management Review*, 66, 4-13.

Shim, J. K., and McGlade, R. (1989). The use of corporate planning models: Past, present and future. In D. Asch and C. Bowman (Eds.), *Readings in Strategic Management*. London: Macmillan.

Slattery, P., and Olsen, M. D. (1984). Hospitality organizations and their environments. *International Journal of Hospitality Management*, 3(2), 55-61.

Steiner, G. (1979). *Strategic Planning*. New York: Macmillan.

Stoffels, J. (1994). *Strategic Issues Management: A Comprehensive Guide to Environmental Scanning*. Oxford: Pergamon.

Stoner, J. A., and Freeman, R. E. (1986). *Management* (5th ed.). New York: Prentice-Hall.

Stubbart, C. (1982). Are environmental scanning units effective? *Long Range Planning*, 15, 139-145.

Terry, P. T. (1977). Mechanisms for environmental scanning. *Long Range Planning*, 10, 2-9.

Thomas, P. S. (1974). Environmental analysis for corporate planning. *Business Horizons*, 17, 27-38.

Van Deusen, C., Williamson, S., and Babson, H. (2007). New York: Auerbach Publications.

Weick, K. (1979). *The Social Psychology of Organising* (2nd ed.). Reading, MA: Addison-Wesley.

West, J. J. (1988). *Strategy, Environmental Scanning and their Effect Upon Performance: An Exploration Study of the Foodservice Industry*. Unpublished Doctoral Dissertation, Department of Hotel, Restaurant and Institutional Management, Blacksburg, VA, Virginia Polytechnic Institute and State University.

West, J. J., and Anthony, W. P. (1990). Strategic group membership and environmental scanning: Their relationship to firm performance in the foodservice industry. *International Journal of Hospitality Management*, 9

(3), 247-267.

West, J. J., and Olsen, M. (1989). Environmental scanning, industry structure and strategy making: Concepts and research in the hospitality industry. *International Journal of Hospitality Management*, 8 (4), 283-298.

Wheelen, T., and Hunger, J. (1989). *Strategic Management*. Reading, MA: Addison-Wesley.

Wu, A., Costa, J., and Teare, R. (1998). Using environmental scanning for business expansion into China and Eastern European: The case of transnational hotel companies. *International Journal of Contemporary Hospitality Management*, 10 (7), 257-263.

Young, R. (1981). A strategic overview of business information systems. *Managerial Planning*, 29, 28-37.

Ⅱ篇
竞争态势中的战略投入

II 篇

意年恋情中的细部救人

第三章 欧洲的国际连锁饭店的发展

Paul Slattery[①], Ian Gamse[②] 和 Angela Roper

引言

  2006 年底,欧洲 52 个国家拥有大约 500 万间饭店客房,其中的 150 万间属于连锁饭店。总共有 400 多家公司投资饭店,共有 500 个饭店品牌。其中,拥有 110 万间客房的 185 个品牌的饭店出现在一个以上的国家中,因此它们的供应链是国际化的。2000 年时,欧洲连锁饭店拥有大约 100 个国际品牌,700 000 间客房。在过去几年中,国际连锁饭店在欧洲的客房数增加了 410 000 间,年平均增长 8%,资本价值为 880 亿欧元。利用 Otus 饭店品牌数据(2007),我们将列举出已经出现的国际发展模式,解释这一轮国际连锁饭店扩张出现的原因,分析它是如何发生的。在开始讨论这些问题之前,先来综述一下有关连锁饭店国际化的相关文献,然后会通过更有效的解释方法来对国际连锁饭店的发展进行总结。

文献综述

  Contractor 等(2003)认为有关服务性公司的发展和国际化的研究少之又少。虽然不清楚他们用于支持这一观点的标准是什么,但是 Littlejohn 等(2007)在综述了从 1996 到 2005 年学术、产业和政策等方面的文献后,证实有关饭店国际化的研究在不断增加。然而,与有关饭店营销、运行和顾客需求的研究相比,这方面研究的数量少了很多。

  在饭店国际化研究中,研究者们更喜欢研究方式选择决策(modal choice decisions)或连锁饭店的市场进入战略,Littlejohn 等(2007)认为其中大多数研

---

① 英国伦敦 Otus 咨询有限公司
② 英国萨里大学管理学院 Savoy 教育基金饭店管理高级讲师

究本质上是相对同质的。Dunning（1981）的折衷理论受到欢迎，并被作为大多数研究的理论基础，可能是因为它在解释饭店国际化时所采用的整体方法（Litteljohn等，2007）。然而，交易费用理论（transaction cost theory）也被采用。此外，其他理论观点也逐渐被吸收进相关文献中。

Litteljohn等（2007）对有关影响国际扩张以及具体方式选择的因素的研究进行了比较分析。因此，我们认为没必要再对其进行综述。然而，有趣的是：以前的大多数研究发现了公司内部特有的因素，即国际化的经验和程度以及行政主管的认识，是影响国际化和方式选择决策的最重要的方面。这也许说明研究者们更加关注内部因素，而且采用了比过去更加定性、更加深入的研究方法。这些年来，分析对象已变成跨国公司，而不像过去，虽然研究对象是国际连锁饭店的高级行政主管，但是关注点却是个别饭店的决策，而不是跨国公司的战略优势。

这些之前的研究并没有优先考虑某些特定领域的结果，或者拥有显著的预测力。事实上，Jones等（2004）最近开展的一项研究表明：对512家公司的研究并没有发现一致的进入模式选择。更近的一些研究探讨了一些新的课题，这反映了国际连锁饭店新的发展。对部分研究总结如下：

- O'Gorman和McTiernan（2000）在对爱尔兰SMEs连锁饭店的分析中得出如下结论：组织能力方面的投资比国际经验更重要。这反映了在主流国际化文献中（与内部化理论和折衷理论的统治地位背道而驰）对以资源为基础和组织能力观点的认可。Aung和Heeler（2001）做了类似的研究，他们运用核心竞争力概念对Accor以及它在泰国的竞争对手进行了分析。他们的研究非常有意义，因为它提醒我们：虽然大多数世界最大的市场（Whitla等，2006）在来自北美、欧洲和亚洲的连锁饭店之间仍然存在多方面的竞争，但是跨国连锁饭店也被迫"与当地小公司分享同一经济和竞争奶酪"（Aung和Heeler，2001）。当然，在某些细分市场中情况更是如此。我们稍后再来谈这个问题。
- Chen和Dimou（2005）指出了市场划分对方式选择的重要性，这一因素似乎在以前的研究中有所欠缺，可能是因为早期的国际化"以品牌（通常是北美品牌）为基础，针对相对高端的市场以及商务旅游"（Litteljohn，1997）。在国际化程度方面，高端市场品牌需要大量的资金，平均每间客房高达280 000欧元，才能形成配套的产品组合。廉价饭店和经济饭店产品组合则所需时间较长，因为它们针对大众市场，但是所需要的资金少得多，经济饭店平均每间客房75 000欧元，而廉价饭店平均每间客房只需30 000欧元。

- 虽然需求通常被认为是饭店发展的一个重要驱动力(有地域优势的饭店表现得很明显),但是,到目前为止,"资金占有"对何时、何地、如何发展饭店品牌所起的驱动作用还没有得到充分研究。Altinay 和 Altinay(2003)在他们的文章里证明了这一因素的重要性,但是我们无法将个案研究的发现推而广之。相似地,Doherty(2007)也证明了资金占有的驱动作用,但是他的研究对象是时装零售商。

- 虽然不属于饭店业这个圈子,但是 Doherty(2007)同样证明了拥有实力雄厚的特许经营品牌的重要性,因为这可以吸引到特许经营合作伙伴以及第三方投资人。特许经营和资金占有之间存在联系,因为这是一种饭店品牌发展的非平等方式。特许经营发展的关键是存在潜在的(特许经营)合作伙伴,这反过来依赖于是否拥有购置一家饭店所需的资金。虽然所有其他条件可能都已具备,但是市场的现状及其对出现(特许经营)合作伙伴可能性的影响,都可能使通过特许经营进入饭店业变得困难。这一点并不为有地域优势的饭店所理解,并如前所述与投资资金的有无相联系。Connell(1997)建议:"特许经营者不仅需要预测是否……战略会为顾客服务,而且也要评估背离国内经营模式将会如何影响长期效益以及特许经营网络的效率。

- 最近,Dev 等(2007)和 Brown 等(2003)的研究有些新意,因为他们认为国外市场进入选择的所有权和控制等方面可以分开,而且决策不仅与生产和分配相关,也包括营销和运行。运用综合理论框架,主要关注对他们所研究的 124 家连锁饭店的进入战略起重要作用的三个因素:公司将其知识运用到当地市场的能力;潜在的当地合作伙伴吸收知识的能力;当地市场拥有合格的、值得信任的投资伙伴(Dev 等,2007)。研究结论如下:"公司的优势与当地资源的相互作用推动公司进入国外市场并建立伙伴或合作关系(Dev 等,2007)。该研究反映了如今连锁饭店经营的现状,并且发现在饭店中,可能会有多方人员介入其所有权、管理和营销。

高级经理的偏好(通常来自过去的经验以及股东要求)是一个更有趣的研究课题。几位研究者(Altinay 和 Roper,2005;Altinay,2005)指出那些负责国际授权经营业务的重量级经理们受到的影响很大,因为他们干劲十足、经验丰富,深知授权经营是实现国际化的最佳途径。由于连锁饭店与它们的地产老板之间的互利关系的重要性,饭店经理的交际技能和专业知识必须得到提高或扩充,地产方也感受到这一影响(Gannon,2007)。Groschl 和 Doherty(2006)所做的研究也证明各公司采用的传统市场进入方式受到其他国家的强烈影响。

上述近期研究仍然存在不足。学者们对连锁饭店国际化的实证分析倾向于小型的、个别的、一次性的,研究方法从对经理们的肤浅的调查到简单的个案研究,不一而足。得出的结论也几乎都是老生常谈。相反,本研究的基础是:对欧洲全部52个国家的所有连锁饭店的持续跟踪调查,对每个国家的经济结构的持续跟踪调查,以及对每个国家中连锁饭店对需求的来源和形式所做出的反应,各国的资金来源的持续跟踪调查。

有向国际扩张需要和有此意图的连锁饭店会面临如下一些基本问题:首先,向哪些国家扩张,应集中在目标国家的哪些地区、城市,具体地点在哪,为什么。与之相对,连锁饭店也需搞清楚饭店的哪个品牌最适合目标国家的现实需要,需要开发哪些新品牌,为什么。下面,首先扼要介绍2000到2006年间欧洲国际连锁饭店的发展情况。

2000~2006年欧洲国际连锁饭店发展概况

如表3.1所示,2000年以来,欧洲国际连锁饭店得到了很大的发展。

表3.1　2000~2006年国际连锁饭店品牌发展总表

年	品牌	国家	客房	资金值(亿欧元)
2006	185	47	1092K	1960
2000	100	40	682K	1080

来源:Otus咨询有限公司。

在欧洲的52个国家中,只有白俄罗斯、列支敦士登、摩尔多瓦、圣马力诺和土库曼斯坦等国家没有国际连锁饭店。这一点也不足为奇,因为它们一直是没有连锁饭店的为数不多的国家。这段时间增加的410 000间国际连锁饭店客房中,超过60%,即256 000间客房(资金价值为490亿欧元),出现在西班牙、英国、法国和德国四个国家。这四个国家面积最大,人口总计2.43亿,是欧洲经济最发达的国家。上述数值可转换成950位公民/一间国际连锁饭店客房,平均每间客房的成本是190 000欧元。这些国家增加的国际连锁饭店客房涉及所有档次(五星级、四星级、三星级、二星级和一星级),但是四分之三涉及三星级、二星级和一星级饭店。它们采用所有合作形式即拥有、出租、管理合同和授权经营。

另外九个国家:阿尔巴尼亚、亚美尼亚、阿塞拜疆、波黑、格鲁吉亚、吉尔吉斯斯坦、塞黑、乌克兰和乌兹别克斯坦,人口总数1.1亿,是实力最弱,经济最不发达的国家。它们的国际连锁饭店客房只增加了2 580间,资金价值仅为14亿欧元。上述数值可转换成 43 000 位公民/一间国际连锁饭店客房,平均每间客房的成本是 530 000 欧元。四分之三的房间都增加在四星级饭店中,所有饭店都是通过平等自由管理合同和授权经营与品牌合作,此外,没有一家国际连锁饭店向任何一个饭店投资。

爱沙尼亚、冰岛、拉脱维亚、立陶宛、马其顿、葡萄牙和斯洛文尼亚总人口 0.23 亿,经济实力较强,但结构较弱。它们增加了 2460 间客房,资产值仅 10 亿欧元。这一数值可转换成 8 900 位公民/一间国际连锁饭店客房,平均每间客房的成本是 420 000 欧元。饭店涉及更多档次,采用所有合作形式。直布罗陀、卢森堡和摩纳哥人口只有 510 000,但是属于实力最强、经济最发达的国家。它们只增加了 800 间客房,主要涉及三、四和五星级饭店,资金值 5 亿欧元。这一数值可转换成 435 位公民/一间国际连锁饭店客房,平均每间客房的成本是 660 000 欧元。在这些国家中,国际连锁饭店投资额较大。在剩下的总人口为 4.86 亿的 24 个国家中,国际连锁饭店增加 155 000 间客房,大约每个国家 6 500 间,资金总额达 360 亿欧元。这一数值可转换成 3 130 位公民/一间国际连锁饭店客房,平均每间客房的成本是 230 000 欧元。

如下 20 个欧洲国家中的连锁饭店都是国际连锁饭店:阿尔巴尼亚、亚美尼亚、阿塞拜疆、波黑、格鲁吉亚、哈萨克斯坦、吉尔吉斯斯坦、乌克兰、乌兹别克斯坦、爱沙尼亚、拉脱维亚、立陶宛、马其顿、马耳他、挪威、斯洛文尼亚、安道尔、直布罗陀、卢森堡和摩纳哥。上述国家清单与国际连锁饭店增加最少数量客房的国家清单非常接近。之所以这些国家中的所有连锁饭店都是国际连锁饭店,原因很简单:它们没有国内的连锁饭店。其他 27 个国家既有国际连锁饭店,也有不在任何外国经营的国内连锁饭店。

就像国际连锁饭店向哪些欧洲国家扩张有着清晰的模式一样,它们对所进入的城市的选择也有清晰的模式。拥有 30 000 多间连锁饭店客房的欧洲的两大主要饭店城市——伦敦和巴黎,分别增加连锁饭店客房 20 000 间和 11 000 间。那些拥有超过 6 000 间,但不到 30 000 间连锁饭店客房的 29 个重要饭店城市,包括:马德里、柏林、巴塞罗那、阿姆斯特丹、法兰克福、慕尼黑、维也纳、罗马、布达佩斯和斯德哥尔摩,增加了 106 000 间国际连锁饭店客房,平均每个城市增加 3 650 间。余下的 273 000 间国际连锁饭店新增客房分布在大约 3 000 个城市,平均每个城市增加不到 100 间。国际连锁饭店扩张时对国家和城市的选择的根本动力是对高端需求增长的预期,这是经济结构的一个功能。

欧洲经济结构与饭店品牌发展

联合国统计司国际标准工业分类将经济活动划分为三大块：
- 第一产业如农业、畜牧业、渔业、林业和狩猎业；
- 第二产业如建筑、制造、采矿、采石和公用事业；
- 第三产业如银行、酒吧、博彩、宾果俱乐部、赌场、电影院、通讯、流通产业、教育、金融、卫生、美发、饭店、保险、物流、个人服务、专业服务、公共管理、餐馆、零售、安全、体育俱乐部、存储、交通、旅行、剧院、旅游景点、福利等。上述行业中的每一个都可以再细分，这就把第三产业延伸至经济发达国家的公民生活的方方面面，使第三产业成为三大产业中最多元、最复杂的一个。

每一经济部门的就业方式都不相同。这需要不同的知识和技能，并且涉及与土地、机器、同事以及产品的购买者之间的不同关系。随着产业在经济部门的升级，其结构变得更复杂、更多元化。这就是我们所说的经济进步。在任何经济形势中的任何一个时期，有些经济活动在成长、有些在衰落、还有一些尚未出现。为了获得经济成果，需要一些技术和工作，而有些技术和工作正在衰落和消失，还有一些则尚未出现。结果是：产品和服务并非总是唾手可得，而且它们的供需也并非一成不变。某一经济形态的经济活动和工作是其经济结构的基石。它们发生变化，供需模式也随之改变。反之亦然。

欧洲的每个经济体都存在第一、第二和第三产业等经济活动，各个产业的数量和类型决定其经济结构。第三产业与第一、第二产业有所不同，主要的区别在于第三产业涉及服务的提供和分配，而第一、第二产业则生产耐用及非耐用商品。第一产业的主导关系是农民与土地的关系。第二产业的主导关系是工人与机器的关系。第三产业则主要涉及人与人的关系。就像服务提供者与消费者之间的交流一样，同事之间的广泛、经常的交流对于服务的提供和分配是必不可少的。其表现是，服务工作涉及更多的智力工作，这与以体力工作为特征的第一、第二产业不同。这样就需要更多的白领工作，较少的蓝领工作。

第三产业的范围太广，对服务的要求进行分析没有太大价值。因此需要将它们进行同质分类。对第三产业的分类必须考虑如下两个影响因素：一个是服务的内在特征和功能；另一个是国家的政治制度对其经济的影响。政治影响很关键。一个极端是，在社会主义国家的经济中，所有的服务业都由政府控制，另一个极端是，在自由市场经济中，很多服务是由几乎不受政府控制的企业提供的。一个经济体的政府对服务的供给和需求控制得越严，整体经济（尤其是服务业)的结构、表现和增长就可能越不尽如人意。因此,我们把第三产业划分为三个阶段:公民服务、市场服务和经验服务(Pine 和 Gilmore,1998)。

市民服务受政府控制。在欧洲,作为公民的权利,所有人都可以获得公共教育、公共医疗和社会服务等许多公民服务,而且大多数都是免费的。因此,公共医疗和公共教育等市民服务已成为一个国家的最大的就业部门。当一个经济体的结构呈现三级平衡时,市民服务就增长。除了儿童和青年依法必须接受教育,更多人也在接受进修教育、高等教育、继续教育和学前教育,教育水平也随之增长。为了延长预期寿命,提供预防性和治疗性药物,医疗服务不断进步并变得多样化。社区健康不断提高,营养、理疗以及整体医药等护理学科也不断发展。监狱除对罪犯实施监禁外,也对罪犯进行改造。

市民服务主导第三产业的程度既是一个政治问题也是一个经济问题。事实上,整个 20 世纪,欧洲和北美政治经济的主题是如何最有效地为公民提供服务。欧洲强调各国政府的道德责任不仅要提供市民服务,而且要确保所有公民都能获得服务。相反,美国强调市民的服务选择权,只要有选择就有市场。因此,美国在提供市民服务时让企业参与进来。欧洲与美国在市民服务提供中政府角色上的差异在整个 20 世纪中一直是左翼与右翼党派的核心差异。越是左倾的政府,越致力于市民服务管理,倾向于宏观控制关键部门领域,如煤炭、石油、天然气、水、电、电信、公路、铁路、航空运输以及任何其他对国家安全具有重要意义的行业。这样就形成了大政府的局面。公民服务部门越庞大,政府就越需要其他产业提供更多的收入来为公民服务提供资金支持。结果是当市场服务部门地位不重要时,第一和第二产业就要承担更重的税收,医疗和教育等核心公民服务业的质量较低,覆盖范围较小。一个政府越右倾,它就会减少公民服务,较多发展市场服务和企业。这样就形成了小政府的局面。公民服务部门范围越小,市场服务和体验部门规模越大,就会有越多的商业活动,从而为政府提供资金,为公民提供服务。结果使第一产业、第二产业、市场服务和体验商业承担较轻的税收,医疗和教育等核心公民服务业的质量更高,覆盖范围更大。

市场服务包括:银行业、通讯业、金融、物流、个人服务、专业服务、房地产管理、批发和零售。与公民服务不同的是,市场服务不由政府提供。它们是这样一些公司,其规模、范围、业绩受它们所服务的市场决定。

随着第二产业的成熟以及个人市场和公司市场的发展,市场服务业的增长速度变得越来越快。市场服务业中个人需求的增长要求其做出调整以适应大众的需求。随着第二产业的增长和繁荣,消费者产品的范围在不断扩大,作为一种最大限度地销售产品的方式的零售业应运而生了。人们认识到产品本身并不能自我出售,要想卖出更多的产品就需要广告、市场、推销和店内设施。商店变得更大,零售连锁店开遍了全国。商品的购买涉及所有权的转移,但是耐用商品和非耐用商品的购买和使用方式存在差异。食品和饮料等非耐用商品需要不断重复购买,因为它们很容易腐烂,而且一旦被消费就不能再次使用。棕色家用电器、白色家用电器、轿车和住房等耐用商品被购买之后,通过重复使用可带来持续的满足。重新购买耐用商品的原因是因其用坏、不再时兴或过时。此外,很多耐用商品(尤其是棕色和白色家用电器)的消费是发生在家庭中的私人消费。

规模最大、增长速度最快的市场服务是金融服务。随着第二产业的增长和繁荣,公司和个人消费者对金融服务的需求都随之增长。拥有银行账户的人口的比例增长了,金融服务变得更加多样化。个人信用的获得变得更容易,因此信用卡的供应和使用,以及不安全贷款的数量都增加了,这就加速了个人在商品和服务两方面的消费。通过养老金计划、保险政策、股市投资和其他储蓄方式,储蓄总量也增加了。帮助人们购买住房的按揭贷款的数量激增,这就让越来越多的人拥有了升值的资产。邮政服务、电话、广播、电影和电视的发明给通讯业带来了变革。在20世纪末,随着移动电话、个人电脑和互联网的发明,无论对于公司市场还是个人市场,通讯进一步爆炸。

个人对家政、房屋修缮、家居维修、园艺等家庭服务的需求增长了,就如对洗衣、干洗和汽车维修等准家政服务的需求增长一样。随着第三产业的发展,资产类别的范围扩大了。与土地和产业房地产(属于第一和第二产业)一样,住宅房屋的数量随着人口的增长和经济的繁荣而增长。公民服务的扩大带来了学校和医院数量的增长。办公、仓库以及零售商店的更大需求,使得商业房地产随着市场经济的增长而增长。然而,随着体验产业的发展,房地产呈现出最广泛的多样性。体验活动产生于饭店、餐馆、酒吧、夜总会、体育俱乐部、健身俱乐部、健康俱乐部、发廊、旅游景点、电影院、剧院、飞机以及游船等各种场所。随着体验产业成长为一个重要的经济部门,体验房地产成为一个重要资产类别,房地产管理成为一种专业服务。

除了对银行和金融服务、通讯以及房地产管理的需要,公司市场还有另外两种获得市场服务的方式。第一,批发和零售是公司市场的专门领域;第二,除了专业服务本身外,还有公司内部的专业服务。这种工作包括财会金融、市场营销、人力资源管理以及其他专业服务等白领和专业性工作。一个组织的规模越大,公司基础设施越完备,公司内部的专业服务工作数量就越多,涉及面就越广,而不管其为何种产业或服务类型。较之欧洲,美国的较大型工业公司的发展意味着:美国在这些公司内部,以及在经济发展的更早的阶段,也发展了较大的专业服务业。

第三产业与包括饭店、餐馆、酒吧、夜总会、赌场、宾果俱乐部、发廊、健康俱乐部和旅游景点在内的体验产业相关。它也包括航空旅行、海上旅行和铁路旅行；运动观赏和运动参与；其他户外休闲活动，如剧院、电影院以及私人医疗、私人教育和私人保管服务。体验产业为顾客、学生、病人、客户、乘客、犯人、听众、运动员和观众提供了一个参与事件的环境，这些事件是专为这些参与者设计的，目的是让他们体验开心以及获取知识、健康或悔恨等情感。体验产业的主要市场是个人市场。公司对体验产业的需求主要限于商务旅游、饭店、餐馆和其他商务娱乐的体验场所的使用。对于个人市场，在市场服务和体验产业之间有一个需求顺序。当人们拥有或至少可获得家居或个人消费产品时，个人对多种体验活动的需求就会增加。相反，对于公司市场，在市场服务和体验产业之间没有顺序。与其他第三产业活动一样，政治对体验产业的影响是关键的。国家对体验产业的干预是抑制个人体验产业的主要因素，因为它们得遵守国家规定。个人体验产业市场在经济上具有重要地位的经济体是那些政府干预较少的经济体。

体验服务的交易有六个特征：

（1）体验活动发生在饭店、赌场和飞机场等产生具体体验的具体场所。

（2）体验产业的消费发生在现场。体验产业管理的核心是创造在现场消费的条件以及对消费过程的管理。这与零售这样的市场服务不同，零售过程中消费与出售不在同一时间发生，并且不受零售商或服务提供者的控制。零售商不对他们所出售的产品的消费实施管理。

（3）体验产业消耗的既有时间又有地点。因此，体验服务不能被存储。一个在任何一个晚上没有顾客入住的饭店客房是商业损失，而耐用消费品可以被存储、出售、使用和再使用。

（4）体验服务的购买涉及出租，而不是设施所有权的转移，购买者和体验服务的提供者之间的关系是购买者实现他们的目的的关键要素。因此，涉及与体验服务购买者直接接触的工作是关系密集型的。

（5）因为体验服务的购买者并不拥有服务，所以持续的服务只能通过再次购买而获得。在体验之后以及再次购买之前，只有记忆能维持满足感。例如，对一次体验的享受是一个强有力的动力，而在没有再次体验的情况下，记忆对满足感的维持是短期的。

（6）体验产业的消费发生在家庭之外并涉及明显的公共消费，而公共消费则表明参与者的地位、生活水平和生活方式。

经济表现和经济结构

在任何一种政治制度中,第一、第二产业人均国民生产总值低的经济体不能有效转向第三产业,因为没有足够的政府收入为基本公民服务之外的事务买单,而且也没有足够的公司和个人收入以产生最基本的市场服务和体验产业之外的需求。经济体从第二产业转向第三产业并保持结构平衡的首要条件是:第一、第二产业的人均国民生产总值高,足以为更广泛的公民服务提供足够的政府收入,并产生来自个人和公司的对大众市场服务和体验产业的需求。2005 年,俄罗斯的人均国民生产总值达到 4 000 美元。同年,美国达到 40 000 美元,是俄罗斯的 10 倍;英国达到 36 000 美元,是俄罗斯的 9 倍。另外在 2005 年,俄罗斯农业的人均国民生产总值达到 200 美元,而美国是俄罗斯的 2.5 倍多,英国是俄罗斯的 1.5 倍多。在同一年,俄罗斯第二产业的人均国民生产总值达到 1 400 美元,而美国和英国都是俄罗斯的 6 倍多。但最显著的差异是第三产业,俄罗斯第三产业的人均国民生产总值达到 2 400 美元,是美国的 1/13,英国的 1/11。

下图显示了欧洲经济结构的多样性,美国的数据用作对比(图 3.1)。

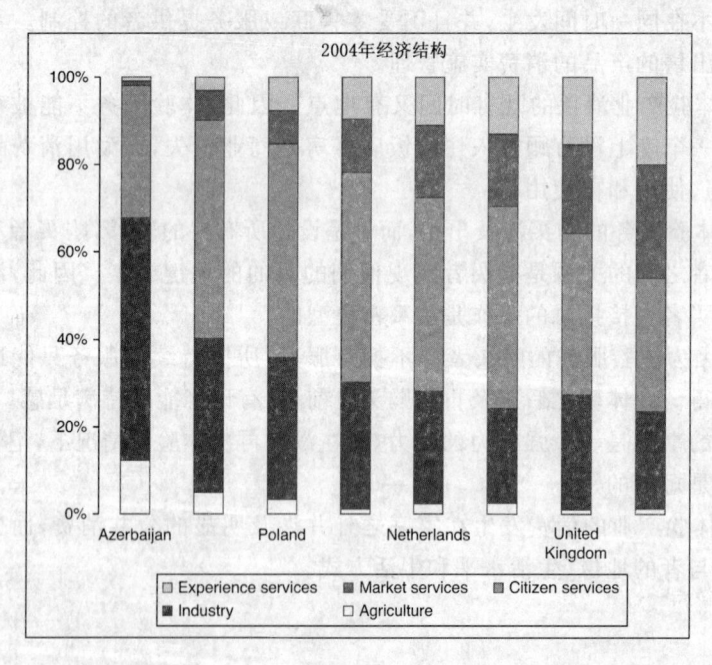

图 3.1

图 3.2 表明,经济结构对于饭店供给和需求的意义在于,市场服务和体验产业占 GDP 的份额越大,饭店供应总量就越大,饭店业的集中水平就越高。

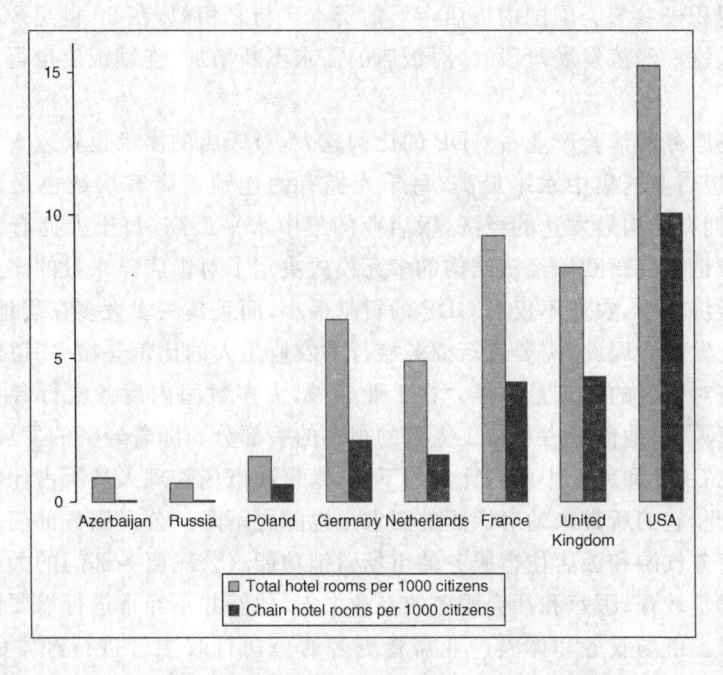

图 3.2

欧洲的许多国家,包括奥地利、比利时、丹麦、法国、德国、爱尔兰、意大利、荷兰、西班牙、瑞典和瑞士,已经达到这样一个阶段:经济结构正在向服务业倾斜,而服务业则提供了最有效的发展和就业来源。英国已经经历了这一阶段,现在正在享受成熟服务业为经济所带来的成果。这些国家占欧洲 2000 年以来增加的国际饭店客房总数的 76%,以及总资产值的 56%,尽管在这一时期的前几年它们中的很多国家遭受了经济衰退、增长缓慢以及地区政治暴行的影响。这些经济体所执行的经济政策的目的是发展市场服务和体验商业,因此它们展现了未来对饭店需求的强劲发展前景,因此对国际连锁饭店具有持续的吸引力。Otus 预测在未来十年中,这些经济体的农业和工业的增速将放缓,公民服务将随市场的增长而增长,但是市场服务和体验经济对 GDP 的贡献将获得真正的提高。因此,发展速度最快的经济部门也是对饭店有最大需求的部门。Otus 也预测在未来十年中,连锁饭店将至少需要增加一百万间客房以满足预期的需求增长。在 20 世纪五六十年代美国进入这一阶段时,对饭店的需求迅速飙升,对连锁饭店的需求也大大提高。例如,从 1952 年到 1960 年,假日饭店的客房数增至 100 000 间。当时的美国,连锁饭店的增长主要是国内连锁饭店的增长,因为当时就没有几家国际连锁饭店,而且美国不仅是世界最大的饭店市场,也是增长速度最快的饭店市场。事实上,在1964年,希尔顿饭店公司出售了其国际业务,目的是获得积极参与美国国内饭店市场的资本。与之相似,在20世纪80年代,当英国进入这一经济发展阶段时,对饭店的需求不断增加,连锁饭店也得到了大发展。

　　市场服务和体验产业占GDP的比例越大,对饭店的需求也就越大。正因为此,美国饭店业的集中水平最高,每千人拥有的连锁饭店客房数也最高。在欧洲,英国拥有结构最发达的经济,饭店业的集中水平最高,每千人拥有的连锁饭店客房数也最高。欧洲经济结构的多元模式决定了对饭店需求量的多元化。在大多数经济体中,农业不仅对GDP的贡献最小,而且其买卖大多在当地进行,并销售给批发商。因此,需要进行商务旅行的农业工人的比例是微乎其微的,就像农业经济对饭店的需求量一样。在工业领域,大多数国内商务旅行者是销售和市场管理人员,他们只占总员工人数的很小的一部分。随着经济的发展,以及工业活动在GDP和就业中所占比例的下降,销售和市场管理人员所占比例也有所下降,因此,它们所带来的对饭店的需求量也随之下降。公民服务部门不具有提供定期商务旅游和饭店住宿服务的市场营销功能。公民服务部门的大多数商务旅行者都是教育、医疗和社会服务的专业人士,他们并不经常进行需要住饭店的商务旅行。市场服务和体验产业需要更多的公司行政主管进行经常的商务旅行,因为服务业在本质上需要更多行政主管与顾客交流,并为顾客购买他们的服务创造条件。作为公司经营管理的一部分,销售、市场、财务、金融、人力资源和发展部门的行政主管都要进行商务旅行。结果是,当一个经济中的市场服务和体验产业获得了真正的发展,该经济对饭店的需求也将显著增长。因这种经济发展模式而获益的不仅仅是国内商务旅行。由于服务范围的扩大,该经济对外资公司的需求也增长了。这些产业的很多专业知识都掌握在最发达的经济体手里,并向新兴的服务型经济体扩张。

　　国家的服务业增长,对饭店的休闲需求也增长,因为该转变使消费产品转向消费服务。对服务企业来说,顾客不管是度长假还是短假,他们都是直接受益者。在向服务产业转化的经济体国家里,到国外度假的人数已经增加了。与此同时,这些经济体会以更加吸引游客的方式来发展它们的工业化城市。如美国宾西法尼亚的匹兹堡以及英国的格拉斯哥、利物浦和纽卡斯尔。

欧洲主要全球性饭店公司以及其他国际连锁饭店

有七家国际饭店公司在美洲、欧洲和亚洲有连锁饭店。在欧洲，主要全球性饭店有：雅高国际饭店饭店管理集团、卡尔森环球饭店集团、精品国际饭店公司、希尔顿饭店饭店管理公司、洲际饭店饭店集团、万豪国际饭店饭店集团、喜达屋饭店与度假村集团，其中喜达屋饭店与度假村集团经营39个饭店品牌，拥有557 000间客房，资产总额达1 000亿欧元。上述主要全球性饭店占欧洲国际饭店数量的一半以上，在该时期增加客房168 000间，并开发出12个新品牌，包括：雅高套房饭店、卡尔森丽晶国际饭店、丽柏饭店以及万豪的丽思卡尔顿饭店和JW饭店。主要全球性饭店客房增长的指示资本值为400亿欧元，是2000年增长值的三分之二。

在主要全球性饭店的客房增长中，44%是在中端市场中增加的，相关主打品牌是：雅高的美居和诺富特饭店、卡尔森的丽柏饭店、洲际饭店集团的假日饭店、万豪集团的万怡饭店。中端市场资本值增长将近达到140亿欧元。高端市场占客房增长数量的27%，其中万豪集团增长将近10 000间，卡尔森的雷迪森饭店增长8 000间，希尔顿饭店增长超过7 100间，精品的克拉瑞安饭店增长超过6 500间，万豪的万丽饭店增长2 000间，喜达屋的威斯汀饭店增长1 400间，雅高的索菲特饭店增长1 000间。然而，高端市场并不全是增长，有三个品牌出现了缩水：洲际饭店集团客房数减少2 600间，喜达屋的美丽殿饭店客房数减少1 000间，喜来登饭店客房数减少300间。客房数量的减少是由于管理合同到期而且不再续签，其原因也与该时期主要全球性饭店减少与饭店相关的资产负债情况有关，这涉及几家饭店的出售和转手，如巴黎的洲际饭店更名为威斯汀饭店，伦敦的华尔道夫饭店从美丽殿旗下转入希尔顿旗下。总体上，主要全球性饭店给高端市场带来的资本增加值为180亿欧元。

主要全球性饭店的客房增长的19%来自经济市场，主要有两个品牌：雅高的宜必思饭店增加客房18 700间，洲际饭店集团的快捷假日饭店增加客房13 600间。随着花园假日饭店品牌逐渐淡出市场，洲际饭店集团也损失了2 200间客房。主要全球性饭店的经济市场的资本增加值仅为30亿欧元。雅高增加了13 600间预算客房，主要品牌为伊塔普饭店（增加了12 000间客房），其余增加的客房是大众化旅馆，而这一品牌已被伊塔普饭店所取代。伊塔普饭店和大众化旅馆的区别是伊塔普饭店的所有客房都有独立卫生间。预算饭店的低成本使其资本增加值只有6亿欧元。主要全球性饭店扩张的最后一个市场是豪华型饭店，这是资本最密集的一个市场，该市场增加客房4 800间，资本额为40亿欧元。喜达屋的豪华饭店系列增加客房 1 700 间,万豪的丽思卡尔顿饭店增加客房 1 400 间,希尔顿的康拉德增加客房 1 300 间,卡尔森的丽晶饭店增加客房 400 间。

欧洲其他国际饭店的增长模式与主要全球性饭店有所不同。2000 年有 73 家其他国际饭店品牌,到 2006 年品牌的数量是原来的两倍,达到 146 家,客房增加了 255 000 间,总资产成本为 600 亿欧元。在欧洲,这些国际品牌规模较小,每个品牌平均拥有客房 3 700 间,与之相比,主要全球性饭店平均拥有客房 14 300 间。这些国际品牌所增加的客房的一半以上(123 000 间)属于中端市场;29%(71 000 间)是属于经济型市场的;13%(31 600 间)是属于高端市场的;4%(9 700 间)是属于豪华市场的;最后的 3%(6 800 间)则是属于预算饭店市场的。主要全球性饭店与其他国际饭店的关键区别在于前者更加关注高端市场,后者则主要关注中端市场。该区别从饭店的地理位置也可看出。高端饭店主要位于各国首都和门户城市,那里外商需求和外国人休闲需求较为集中。与高端饭店相比,中端饭店更多地位于国内需求占主导地位的省级大城市。虽然没有数据支撑,但是由于更多地位于更重要的城市中,主要全球性饭店在每个市场都会比其他国际饭店拥有更高的客房平均收入。其他国际饭店的较小的品牌规模,以及主要全球性饭店对于需求所产生的基础设施的更大的投入,都会使这一点得到加强。

连锁饭店公司与饭店之间从属关系的发展

与 2000 年以来欧洲所发生的国际连锁饭店的扩张相伴而来的是:从品牌拥有并出租它们的饭店向通过管理合同和特许经营权而扩展业务的从属关系结构转变,后者不需要品牌对饭店进行投资。如果认为国际连锁饭店的扩张与从属关系的转变之间存在因果关系,那是错误的。从属关系的转变有三大动因:第一,股票市场(尤其是美国和英国的)对连锁饭店的风险和回报状况进行了再评估并得出如下结论:拥有并出租饭店的连锁饭店具有较高的经济风险,同时也比那些主要通过管理合同和特许经营来扩展业务的连锁饭店获得的经济回报要低。后者需要较少的资本,但能获得更高的回报,发展速度也更快。这引发了一拨主要全球性饭店资产重组的热潮,主要体现在销售和管理计划方面,这样就降低了风险并增加了回报。在这一时期,洲际饭店集团出售了大约 30 亿英镑的饭店资产,主要是从所有权转变为管理合同。希尔顿、喜达屋和万豪也参与了这一进程。与美国和英国的公司有所不同,雅高公司实施了出售回租租赁计划。卡尔森和精品饭店则已经是特许经营连锁饭店,并不拥有地产。第二,与主要全球性饭店资产负担减轻同时发生的是:房地产资金和私人股本资金都意识到他们在对饭店的所有权中所占分量不足。他们成为主要全球性饭店所出售的饭店的主要买家,因此,这一时期的一个特征是饭店所有权从股票投资者手中转移到大房地产商手中,后者拥有可以支撑饭店所有权的不同风险和回报标准。第三,欧洲饭店市场的发展速度如此之快,规模如此之大,主要全球性饭店通过内部资产资源来为其扩张提供资金是难以想象的。例如,这一时期洲际饭店集团在欧洲的扩张所需的资本额大约为52亿欧元,大体相当于该集团的市场资本额。可以通过对国际连锁饭店在俄罗斯的发展情况进行评价来证明上述一些观点。

俄罗斯的国际连锁饭店

俄罗斯是欧洲面积最大的国家,人口一亿四千四百万,远远多于拥有八千三百万人口的第二大国——德国。然而,俄罗斯的饭店业相对滞后,共有 95 000 间客房,平均每 1 520 人拥有一间客房,相比之下,英国平均每 125 人就拥有一间客房。不仅如此,国际连锁饭店在俄罗斯只有微不足道的 12 000 间的客房,而在英国则有 260 000 间。

自从 1998 年以来,俄罗斯国内生产总值的增长令人惊叹。其中,从 2000 年到 2005 年的复合年增长率超过 6%,而同一时期西欧各国都濒临经济衰退的深渊。俄罗斯国内生产总值的增长促进了对饭店需求的增长,但这主要来自外国游客并主要集中在莫斯科和圣彼得堡这样的中心城市。自从 2000 年以来,过夜外国游客的人数超过了两百万,这对俄罗斯是很重要的,但与七千五百万到访法国的游客相比则显得微不足道。鉴于俄罗斯较低的人均国内生产总值(只有 4000 美元),其国内饭店的需求增长有限这一点就不足为奇了。就人均而言,俄罗斯的经济较弱,几乎无力推动国内饭店需求。具体地说,俄罗斯的经济结构不利于发展大型饭店业。农业对饭店业的国内商业需求很小,俄罗斯的农业在国内生产总值中所占的比例从 2000 年的 6.4% 降到 5%,但仍比像英国这样的国家(该比例为 1%)高出很多。第二产业——制造业、采矿业和公用事业——在 2000 年占国内生产总值的 38%,到 2004 年则降到 35%,这一比例与西欧国家相比仍然很高。公民服务业在 2000 年占国内生产总值的 46%,到 2004 年则升至 49%。市场服务和体验产业在 2000 年合起来占国内生产总值的 10%,到 2004 年则升至 11%,这一比例与西欧国家相比仍然非常低。俄罗斯国内饭店需求的驱动力来自市场服务和体验产业在经济中的重要性,它们在俄罗斯经济中所占的比例低决定了国内饭店需求和供应的水平非常低。

俄罗斯过去五年经济增长的大部分来自天然气、石油、金属和木材等自然资源的增长,它们占到出口总值的80%左右。对于饭店业来说,上述经济活动与农业相比几乎没有对饭店产生更多的需求。俄罗斯的制造业则乏善可陈。其生产设备过时,效率低下,并且投资严重不足。要想让俄罗斯的制造业赶上西欧国家水平,就需要对新工厂和新产品进行大规模的长期投资,以及长期发展国内对消费产品的需求。从中期来看,上述两点还没有启动。虽然顾客需求已经从很低的水平上开始强劲增长,但是消费者的资金却相当有限。俄罗斯的银行和金融业遭受了社会主义时期的重创,当时市民没有个人存款,资产不可能升值,对于聊以维持生计的广大公民来说,储蓄不过是白日梦。其他市场服务和体验产业规模太小,不值一提。

俄罗斯政府所面临的挑战是如何有效使用自然资源出口所带来的收入。问题是该国政府还没有制定出一个有效的政策。事实上,其他国家的政府在能源、航空、石油和金融等领域不断扩大其直接参与,而俄罗斯政府在这方面却正在倒退。此外,2005年公共服务的开支增加了27%。如果国家以这种方式扩大控制,那么任何经济体都不可能发展像样的饭店业。

俄罗斯经济最诱人的环境是该国自然资源的出口需求持续走高,生产商拥有强劲的价格权力,就像他们现在对石油拥有强劲的价格权力一样。这将可以让政府赢得时间并向其他领域(如制造业)投资,以提高生产力并降低生产成本和时间。与此同时,银行和金融服务业需要得到大发展,从而让俄罗斯消费者可以获得信用服务,以购买家居用品、服装和轿车等商品。这些是优先发展领域,而零售、通讯、批发和广告等其他市场服务业的发展需求则紧随其后。

世界银行(2007年)预测俄罗斯未来十年的年平均经济增长率为3.1%。当我们把该比例分解到各经济部门的潜在增长中去时,几乎一点也看不出经济结构将有何变化。我们的中期预测是市场服务业每年将增加4.2%,体验产业每年将增加4.9%,这对饭店业来说似乎还是很令人赞叹的。然而,从2000年到2005年,俄罗斯市场服务业和体验产业分别增长了9.5%和8.6%。但是,由于它们的起点太低,对国内饭店需求的影响虽然是积极的,但并没带来任何质的改变。我们估计国内商务和休闲需求可为俄罗斯带来每晚七百万客房的营业额,而在英国的营业额为每晚七千五百万客房,英国的人口只有俄罗斯人口的40%,但却比俄罗斯拥有发达得多的经济结构。

俄罗斯的国内休闲需求主要是南方度假胜地的暑假旅游。随着中产阶级人数的增加,预计该需求将在暑假为具有严重季节性的饭店业带来商机。现有的短假对旅游的需求是极小的,并主要集中于大城市。我们预计俄罗斯国内短假仍将处于次要地位，首先因为联合国(2007)预计俄罗斯的人口到2018年将降至1.37亿，减少近5%。此外，处于家庭生活周期早期的年轻人占人口很大的比例，处于消费品购买而不是周末住饭店的最前沿。处于家庭生活周期晚期的老年人储蓄很少或没有储蓄，他们领取勉强维持生活的国家救济金，不构成短假市场。只有大部分的外国游客会住在饭店里，作为休闲游客，去大城市旅游。

2000年末，俄罗斯连锁饭店大约有客房4 500间。到2006年末，俄罗斯连锁饭店客房的数量达到大约有12 000间，集中率为13%。该国共有32家国际连锁饭店，只分布在四个城市：莫斯科有18家、圣彼得堡有10家、索契有3家、萨马拉有1家。在主要全球公司中，雅高、卡尔森、洲际、万豪和喜达屋有24家饭店，而希尔顿和精品则没有。所有饭店都是中端到豪华型饭店，没有一家连锁饭店向饭店进行投资。俄罗斯的连锁饭店客房总数与人口只有五百四十万人的丹麦或人口只有一千零二十万的捷克共和国的连锁饭店客房总数相当。随着俄罗斯经济的继续增长，饭店需求也将有所增长，但是如果其经济政策没有显著变化的话，俄罗斯的饭店业将继续落后于其他西欧国家。如果饭店需求的增长与关键产业的预计增长一致的话，那么未来十年将增加大约50 000间客房，这将把2006年的每1 520人拥有一间客房这一数据降低为每945人拥有一间客房。

大多数主要全球性饭店已登陆俄罗斯并准备继续扩展业务，但是所有国际饭店在未来几年都将面临几大挑战。首先，面对存在问题的法律规则和存在风险的外资安全，他们不愿冒投资的风险，因此大量的本国资金需要投入饭店业。问题是面对投资于如工业、住房和商业等其他领域（每个领域都可获得更多的发展机会和更大的政治支持）的更加迫切的需求，当地人很少愿意对饭店进行投资。其次，俄罗斯的连锁饭店的存在是为了满足外国游客而不是本国游客的需求。随着国内市场的发展，连锁饭店将扩展到其他还没有连锁饭店的城市，但是这些连锁饭店在俄罗斯只有极小的品牌基础设施，并且也没有做好进入国内市场的充分准备。我们预期由于独立餐厅的缺乏，该国新饭店的发展将继续是完整功能和基本功能饭店，而不是有限功能或只有客房的饭店。这将发生于我们对培训和教育进行大规模投资，从而培养高效的饭店员工之前。

俄罗斯的饭店需求总量和模式是其经济结构的一个功能。该国经济不发达，那些能有效促进国内饭店需求的领域尤其如此。近年经济的运行情况以及当前政府的经济政策不大可能将饭店需求或供给提高到西欧的一般水平。然而，当前饭店供给总量的低水平和连锁饭店的象征性的存在，加之经济发展和向外国游客开放边境，都意味着连锁饭店的数量将会增加。问题是其他很多欧洲国家经济更发达，有产生更大饭店需求的能力、规模更大、增长速度更快的饭店业和较低的经营风险。俄罗斯的饭店业要想与西欧缩小差距，就需要对政府的经济政策进行大幅调整,对经济结构进行战略调整,大力提高生活水平和改善生活方式。这可能需要几十年才能完成。

结论

本章表明了欧洲对国际连锁饭店业发展的重要性。之前的研究未能预测并解释连锁饭店的出现以及国际连锁饭店在欧洲的发展。也许这是因为他们的目的是为"连锁饭店已经做了什么"这一问题提供简短、肤浅的答案,而不关注它们为什么那样做。我们的分析是:连锁饭店的发展是建立在对带来更高饭店需求增长的欧洲经济结构的发展做出反应的基础之上的。此外,我们相信有必要重视推动饭店发展的经济环境,因为忽视了它,对连锁饭店的分析就会没有实际价值,也无法解释它们所进行的活动。之前关于连锁饭店国际化的分析都是一些简短的、一次性的分析,它们试图解释一些太大、太复杂以及太多变而无法应对的投资和管理问题。我们的解决办法是对如下三个活动进行透彻的分析:各国的经济结构,包括影响经济结构发展的经济政策;经济结构发展所带来的对饭店的需求的来源;所有连锁饭店的供给变量。只有通过对这些活动进行分析,才能发现饭店业所面临的机遇和挑战,才能获得足够的解释饭店发展原因的纵深数据。任何缺少上述分析的研究都无法解决相关问题。

参考文献:

Altinay, L. (2005). Factors influencing entry mode choices: Empirical findings from an international hotel organization. *Journal of Hospitality and Leisure Marketing*, 12 (3), 5-28.

Altinay, L., and Altinay, M. (2003). How will growth be financed by international hotel companies? *International Journal of Contemporary Hospitality Management*, 15 (5), 274-282.

Altinay, L., and Roper, A. (2005). The entrepreneurial role of organizational members in the internationalisation of a franchise system. *International Journal of Entrepreneurial Behaviour and Research*, 11 (3), 222-240.

Aung, M. (2000). The Accor multinational hotel chain in an emerging market: Through the lens of the core competency concept. *The Service Indus-*

tries Journal, 20 (3), 43-60.

Aung, M., and Heeler, R. (2001). Core competencies of service firms: A framework for strategic decisions in international markets. *Journal of Marketing Management*, 17, 619-643.

Brown, J. R., Dev, C. S., and Zhou, Z. (2003). Broadening the foreign market entry mode decision: Separating ownership and control. *Journal of International Business Studies*, 34 (5), 473-488.

Chen, J. J., and Dimou, I. (2005). Expansion strategy of international hotel firms. *Journal of Business Research*, 58 (12), 1730-1740.

Connell, J. (1997). International hotel franchise relationships—UK franchisee perspectives. *International Journal of Contemporary Hospitality Management*, 9 (5/6), 215-220.

Contractor, F. J., Kundu, S. K., and Hsu, C.-C. (2003). A threestage theory of international expansion: The link between multinationality and performance in the service sector. *Journal of International Business Studies*, 34 (1), 5-18.

Dev, C. S., Brown, J. R., and Zhou, K. Z. (2007). Global brand expansion: How to select a market entry strategy. *Cornell Hotel and Restaurant Administration Quarterly*, 48 (1), 13-27.

Doherty, A. M. (2007). The internationalization of retailing: Factors influencing the choice of franchising as a market entry strategy. *International Journal of Service Industry Management*, 18 (2), 184-205.

Dunning, J. H. (1981). *International Production and the Multinational Enterprise*. London: Allen and Unwin.

Gannon, J. M. (2007). *Strategic Human Resources and their Management: The Case of Unit General Managers in International Hotel Companies*. Unpublished doctoral dissertation, Oxford Brookes University, Oxford.

Groschl, S., and Doherty, L. (2006). The complexity of culture: Using the appraisal process to compare French and British managers in a UK-based international hotel organization. *International Journal of Hospitality Management*, 25 (2), 313-335.

Jones, P., Song, H., and Hong, J. H. (2004). The relationship between generic theory and hospitality applied research: The case of international hotel development. *Journal of Hospitality and Tourism Management*, 11

(2), 128-138.

Litteljohn, D. (1997). Internationalization in hotels: Current aspects and development. *International Journal of Contemporary Hospitality Management*, 9 (5/6), 187-192.

Litteljohn, D. Roper, A., and Altinay, L. (2007). Territories still to find—the business of hotel internationalization. *International Journal of Service Industry Management*, 18 (2), 167-183.

O'Gorman, C., and McTiernan, L. (2000). Factors influencing the internationalization choices of small and medium-sized enterprises: The case of the Irish hotel industry. *Enterprise and Innovation Management Studies*, 1 (2), 141-151.

Otus Hotel Brands Database. (2007). Otus & Co. Advisory Ltd.

Pine, B. J., II, and Gilmore, J. H. (1998). Welcome to the experience economy. *Harvard Business Review*, July/August 98, 76 (4), 97-105.

The World Bank. (2007). Data and statistics, http://www.worldbank.org.

United Nations. (2007). Populations division, data and statistics, http://www.un.org.

United Nations Statistics Division. (2006). International Standard Industrial Classification of All Economic Activities, Revision 2.

Whitla, P., Walters, P. G. P., and Davies, H. (2006). Global strategies in the international hotel industry. *International Journal of Hospitality Management*, In Press, Completed Proof.

第四章 行业成功要素及其在战略上的重要性

Nicolas S. Graf[①]

厨房里的厨师有着相同的罐子和刀子,但是一些厨师把它们保养得非常清洁锋利,结果他们做的菜色香味俱全。

Franco Fontebasso,厨师兼老板

引言

根据基本的战略原则,一个企业要想有好的效益,其环境驱动指令和机能必须达到一定程度的结合。从微观上讲,这种结合要通过公司实力与关键成功因子相匹配来实现,尤其是与企业竞争所处的行业及其部门结构相匹配。

早期关于关键成功因子的文献注重报告机制和数据收集,实质上是根据行政主管的需要来收集更多相关信息。以这样的初衷来给各项商务工作排先后次序,学者们和从业者们在一些领域做了更深入的研究,在这些领域中研究结果要能保证企业的成功竞争。

其他文献对关键成功因子的经济本质更感兴趣,并且注重行业因子和具体的企业资源与实力的关系。这些研究突出了企业战略抉择与关键成功因子的联系,这反过来又影响了行业潜在的和现有的吸引力。

既然所有这些研究都强调了关键成功因子在战略上的重要性,那么饭店行业的关键成功因子是什么呢?它们如何与环境和企业的表现联系在一起呢?本文阐述了研究者们过去和现在对关键成功因子的总体看法,以及它们与环境力量和企业表现的关系;试着从普通管理学和更具体的饭店业研究中综合出所有关于此主题的文献,根据行业实例提出关键成功因子的定义,阐释它们在战略管理应用于饭店业中的重要性;最后,提出一个确定关键成功因子及其掌控的实用

[①] 德克萨斯州休斯顿市休斯顿大学康拉德希尔顿饭店和饭店管理学院(77005—1892)

框架。

关键成功因子与信息需求

战略决策集中于两个基本问题,这两个问题与领域的界定和导航有关。宏观层面上,高层管理团队面临着一个很棘手的问题,那就是领域的选择与界定,这直接决定了企业所属的行业。解决此问题的目的在于将企业与主要由环境力量驱动的变革相结合。第二个问题通常被认为是经营战略,它在范围上更狭窄,因为它起初涉及到任务环境。在这个层面上,导航问题促使经营者们将他们的经济实体或企业与塑造任务环境的力量相结合。两种情况下,理解操纵变革的力量要求经营者们必须审视他们的环境并处理好庞大的信息流。

战略管理学者们和顾问们提供了一些结构框架,以帮助经营者进行审视。在任务层面,Rockart(1979)建议,通过将信息需求集中到有限区域可以使经营者更有效地审视环境。如果这个有限区域内的信息令人满意,那么它将确保企业的成功竞争。

这些成功必备的重要区域是行业的关键成功因子。它们体现了行业的结构特征,企业如何竞争并对环境力量做出反应。Rockart(1979)列举了各种行业关键的成功因子。例如,款式、良好的经销制度、成本控制和耗能标准是汽车制造业典型的关键成功因子。Rockart(1979)同时也指出关键成功因子随时间而变化,并且可以影响行业界线。

其他学者强调了界定某些区域的重要性,它们对企业长期维持效益非常关键。Freund(1988)强调监控关键成功因子的重要性,以避免企业倒闭而不是赢得竞争优势。他认为,关键成功因子的界定不仅针对每个业务单位,还要针对整个机构。Freund(1988)还指出,关键成功因子必须是通用的,包涵实现战略目标所需的各种手段,而不应仅限于效益指标。他建议企业应该用自上而下的方法确定关键成功因子,以保证各业务单位与企业的总体目标相一致。Freund(1988)提出了确定关键成功因子的五个步骤:

(1)确定实现总体目标必须的成功因子;

(2)为每个业务单位的功能区域确定相关的关键成功因子,每个层面仅包括五到十个关键成功因子;

(3)针对每个关键成功因子制定策略以扬长避短;

(4)列出关键效益指标清单以监控每个关键成功因子的效果;

(5)制定监控行为的步骤并定期反馈。

其他学者(Green 和 Welsh, 1988)也提倡把关键成功因子用于控制或监督系统。在这种控制法中,关键成功因子不仅是战略执行阶段的重要监督区,而且它们与战略发展阶段分离,主要用来处理例外情况,可探测失败早期征兆。但是,另外一项研究表明经营者们也在更主动地使用关键成功因子方法。例如 Simons(1991)论述了战略制定过程中使用关键成功因子的潜在优势。尽管他也发现关键成功因子不一定会帮助经营者减少未来他们所处环境中发生变革的不确定性,但他认为关键成功因子能用作信号器,提供关于变革将如何影响企业的信息。因此,他认为高层管理者应该交互使用控制体系的子集,而其他的用于识别、诊断。Simons(1991)在对 16 家大企业的调查中发现,交互使用控制体系和关键成功因子的主管比没有使用的主管认识更加清晰,方向更加明确。

关键成功因子与行业结构

研究信息和控制体系的学者把关键成功因子看作是管理者需要特别注意的事;然而战略研究的其他分支则从行业结构的角度来审视它。行业结构对于企业的持久效益的维持是至关重要的,这个观念已成为战略行业组织观点发展的核心。正如 Porter(1980)所述,一个行业的吸引力依赖于它与作业环境中各外部力量的关系。企业的战略举措是对环境变革的反应,目的在于为自己与供应商和买主之间的价格商讨增加砝码,或者提高入行门槛以阻止潜在新竞争对手的进入。在解释关键成功因子可以是什么和它们为什么在战略中很重要时,入行门槛和价格商讨砝码具有很大的说服力。表 4.1 列举了 Porter(1980)的通用战略的实例。这些通用战略主要是概念上的描述,但仍然提出了一些观点,这些观点涉及行业结构要素、企业的战略选择、战略结果三者之间的关系。

例如,采取差异化战略的企业将在发展中专注于特色区域,这是其他企业很难模仿的,所以提升了入行门槛。同样,这些企业将通过增加转换成本来避免客户去选择其他企业。在这两种情况下,这些企业为确立地位,采取的举措都会改变该行业的结构。特色企业创造的这些特色领域就是关键成功因子。例如,一个饭店特许专营商可以通过培养良好的选址能力来创造特色。如果成功,此战略举措将成为行业的一个基准,也会改变特许专营商的竞争方式。超级选址能力将最终变为行业的关键成功因子,需要在管理中经常注意。

表 4.1　Porter 的通用战略

普通战略	战略举措（内容）	战略结果
整体低成本掌控	大胆建造高效设备 总结经验降低成本（经验曲线） 严控成本，整体把握 避免小客户 在研发、服务、销售等方面成本最低化	在激烈的竞争中保护企业，在竞争对手抢走生意后，使企业仍然可以获得自己的利润。 降低买主的价格商讨余地，使他们在其他大企业面前也很难压低价格。 在实力派供应商的举措面前使企业得到缓冲，能灵活处理成本增长。 降低来自新竞争者的威胁，新竞争者需具备一定要素，这提高了入行门槛。 减少替补者的威胁，因为在竞争中获得了相对优势。
差异化	创建独特的设计或者品牌形象 研发独特的技术 形成独特的特点 创造独特的客户服务 形成独特的经销商网络	通过使买者钟情品牌、忽略价格让企业远离竞争。 增加利润，削弱供应商的实力。 利用客户的钟情来降低潜在新竞争对手和替补者的威胁。
专注	集中力量为某个客户群服务 更有效地为某个既定的战略市场服务	与控制低成本和创造特色战略相比，锁定既定目标市场可达到相同的优势，而不是从总体市场的角度考虑。

资源：Porter（1980）。

　　价格商讨砝码和入行门槛的概念要放在塑造企业作业环境的五种力量中理解（Porter，1980）。在该五种力量框架中，相对于外部力量，价格商讨砝码和入行门槛高度阐释了行业竞争者的竞争程度。随着行业和作业环境的发展变化，不同的发展动力变得非常明显，不同的关键成功因子也显现了出来。不少学者从行业或市场生命周期的角度广泛描述过这些相互作用。例如，Wasson（1974）提出战略重点按照市场生命周期所处的阶段而改变。他认为，产品开发、定价战略、分销政策和情报重心依照市场生命周期每个阶段的不同竞争类型而呈现多样化。例如，在市场开发阶段，分销政策应主要集中在分销商选择上，并给他们高利润空间，这样他们就会大力做好广告宣传工作。相比之下，在发展、成熟阶段，分销政策应该注重网罗尽可能多的经销商，并及时提供给他们富足而低成本的存货清单。

　　综合关于战略和行业生命周期的文献，Hofer（1975）列出了组织变量、环境变量以及资源变量，这些变量在行业生命周期的不同阶段都具有战略意义。在制造业中，这些变量很有趣味，因为它们阐释了关键成功因子的发展变化特性。

　　表 4.2 呈现了 Hofer（1975）提出的一些与关键成功因子紧密相关的变量。

在初级和成长两个阶段中,产品设计中的科技变化速度的重要性是上文所提到的发展变化特性很好的例证;而在成熟阶段则演变成了流程设计的变化速度。随着行业发展,新产品的开发成为赢得市场份额、增长销售额的关键因子。然而,随着增长的减缓,生产及分销产品或服务的商业流程对维持营业毛利和利润增长变得更加重要。另外一点也非常有趣:随着行业(或市场)的成熟,关键变量的数量也增多了,新的变量不断加入进来。实际上,关键成功因子是周期中各个阶段积累下来的,而不是属于某个阶段。因此,企业通过关键成功因子来赢得竞争优势是不太可能的,但可以借此避免失败。这一观点与 Simons(1991)以及其他学者的观点一致。

表 4.2 生命周期不同阶段具有战略意义的变量

生命周期阶段	行业结构变量	组织特征与资源
初级阶段	产品独特性 产品设计中科技变化速度	产品质量
增长阶段	产品类型 产品设计中科技变化速度 同等产品的数量 入行门槛	市场份额 产品质量 营销强度
成熟阶段	产品类型 流程设计中的科技变化速度 产品独特程度 同等产品的数量 运输、分销成本 入行门槛	市场份额 产品质量 附加价值 客户关注程度 营销强度 净现金流量/总资金投入
饱和阶段	产品独特程度 价格/成本结构 经验曲线 整体化程度 经济节约	市场份额 产品质量 生产周期长度 车间设备新旧 相对工资水平 营销强度
滑坡阶段	产品独特程度 价格/成本结构 过时设备大小 运输、分销成本	市场份额 产品质量 生产周期长度 相对工资水平 客户关注程度

资源:摘自 Hofer(1975)。

Porter(1980)和行业组织学员提出的另外一个重要概念是战略群体和机动门槛。战略群体指的是一个行业内采用同样战略的一组企业。在这种情况下,战略被解释为行业组织内各个档次企业所采取的措施。这些措施包括功能平衡、定价以及定位战略等。行业内这种群体的存在依赖于这样的观念：在面对行业外参与者时，企业不仅要尝试提高入行门槛和平衡价格商讨实力，而且为了区别竞争对手，企业要在机动门槛方面做投资（Caves 和 Porter，1977）。与行业门槛类似，这些机动门槛可以是企业所获得的有形资产或无形资产，例如响当当的品牌、忠实的客户或者某些销售渠道（Mascarenhas 和 Aaker，1989）；也可以是技巧或能力，例如更强的办事能力、设计客户信赖并且生产运输成本较低的产品或服务的能力。

机动门槛主要指资产和能力，它可以用来解释战略群。因为战略群被认为是成功的关键决定因素，所以它看起来与关键成功因子紧紧联系在一起。换句话说，优秀企业必须特别注意它们机动门槛的决定因素，这些决定因素对它们来说就是关键成功因子。从这个角度讲，关键成功因子可以解释为帮助企业缓冲外部压力的方式（即资产和能力），这些压力可能来自它们的作业环境，也可能来自它们的竞争对手。

关键成功因子与战略资源和能力市场

虽然管理学学者都在争论高的效益是由行业要素还是个体企业要素所带来的（Hawawini，Subramanian 和 Verdin，2003；McGahan 和 Porter，1997；Schmalensee，1985），但两种要素看起来对战略都很重要。行业组织研究者认为企业资源对于战略群体和行业结构起决定性作用，持有这种企业资源观点的学者把资源看作是个体企业要素和区别其他企业的因子。Wernerfelt（1984）提倡要从资源角度分析企业，而不是从产品市场方面。他认为，资源与入行门槛不一样，只要它不被其他竞争者复制，它就能使企业具有地位屏障和相对优势。

与此相似，Barney（1986a）也认为有缺陷的产品竞争市场（即通用战略）可能不足以解释以上正常的经济效益。根据他的论证，反常的经济效益只可能在产品市场战略（如差异化或掌控成本）的执行成本低于利润的时候出现。根据经济理论，这只有在竞争不尽完美的时候才可完成。Barney（1986a）提出这种不完美性很可能存在于企业间的资源分配中。换句话说，主要的竞争不在行业中的地位，而是战略要素。企业用这些要素来控制自己的特色资源，或者获得未来价值还未被竞争对手发现的资源。

基于该资源学说，Prahalad 和 Hamel（1990）认为竞争优势的根本不是相关产品市场，而是企业确立的核心能力。他们根据历史上企业成功或失败的案例得出如下结论：真正的优势资源在于管理能力，使企业掌握的科技和生产技能转变为竞争力,使每个交易迅速适应变化中的良机。他们将核心竞争力定义为团体中的整合学问,尤其是如何整理多种生产技能,使多样的科技一体化。根据资源配置,他们对企业的传统观点学说和能力基础学说进行了区分。传统观点学说中资本被分配到各个交易,能力基础学说中资本和人才被普遍分配到竞争和商业交易。

为了使企业的资源基础观点形象化,Grant (1991) 提出了非常实用的战略分析五步框架。综合资源基础观点支持者的观点,如 Wernerfelt (1984)、Barney (1986a, 1986b)、Shoemaker (1990)、Prahalad h 和 Hamel (1990),以及先前的 Penrose (1959)、Andrews (1971)、Thompson (1967)、Grant 认为企业应该首先分析它自身的资源,评估与竞争对手相比自己的长处与短处,并且确定这些资源在何时才能更好地发挥作用。然后,企业应该识别自身的能力(即竞争力),理解如何才能做得比竞争对手好。企业应该懂得哪些资源对自身的能力来说是必要的。再者,企业必须评估自身的资源和能力以及获得效益的潜能,挖掘相对于外部机遇的自身内在力量(即资源和能力),据此来选择战略。最后,企业应鉴定出所采用战略与自身资源和能力之间的差距,如果可能的话,要再补充或维持自身资源基础。Grant (1991) 得出结论:资源基础学说战略决策的关键在于理解资源、能力、竞争优势与效益之间的关系,尤其是理解维持竞争优势的机制。

为了整合有关战略的各种对立的观点,Amit 和 Schoemaker (1993) 发展了理论观点,将资源基础观点与行业分析视角联系在一起。利用关键成功因子概念(Vasconcellos E Sa 和 Hambrick, 1989)和行业经济学观点,他们将企业的资源和能力与行业结构联系起来。根据 Ghemawat (1991) 的隐没成本观,他们认为:当把行业或者产品市场作为分析对象时,你会发现某些导致营销失败的资源和能力在一定时候已经变为了经济效益的首要决定因子。此外,他们提出这些标志战略行业因素的资源和能力以倾向营销失败和企业不均匀配置为特点。相反,如果以企业为分析对象,独特的资源和能力将使企业获得经济效益。作者将这些企业独特的资源和能力称作战略资产。另外,他们还认为这些战略资产获得效益的潜能依赖于它们对特定行业环境的适应性;与战略产业因素集有重叠。作者得出结论,战略分析要从多角度进行,包括行业结构角度和企业战略资产角度。行业结构包括战略行业因素和外部环境力量,战略资产则不均匀地分布在各个企业。这些关系如图 4.1 所示。

另外,为了理论上综合并澄清早期关于资源基础观点的文献,Peteraf (1993) 提出了一个四条件模型,此模型可以通过资源来维持优势。在她看来,如果企业要想持续获得高效益(即收入超出成本),必须具备如下四个条件。第一个条件是,在某行业中,企业应与众不同,在供应受限制的方面拥有优等资源。

这些优等资源使企业能够用比具有低等资源的竞争对手更低的成本进行生产,当原料供应受限时,高效的企业就可以维持成本竞争优势。第二个条件是由维持企业间一定程度相异性的需要产生的。作者所说的事后竞争局限指的是企业所遇到的限制竞争获得利润的外部力量。由于可模仿性和可替代性的不完善,资源基础观点文献指出了一些调整这些外力的要素。第三个条件被 Peteraf (1993) 称作不完善的灵活性。这个观念涉及到 Ghemawat's (1991) 的隐没成本和 Shoemaker's (1990) 的特色资产。不灵活的资源很难进行交易,因为它们的使用和价值是企业特有的。第四个条件,事前竞争局限,指的是战略执行成本的重要性,由 Barney (1986a) 提出。具体地说,就是资源的未来潜在价值需要由企业自己去发掘,发掘到其价值的企业便可以用相对较低的成本获得它。

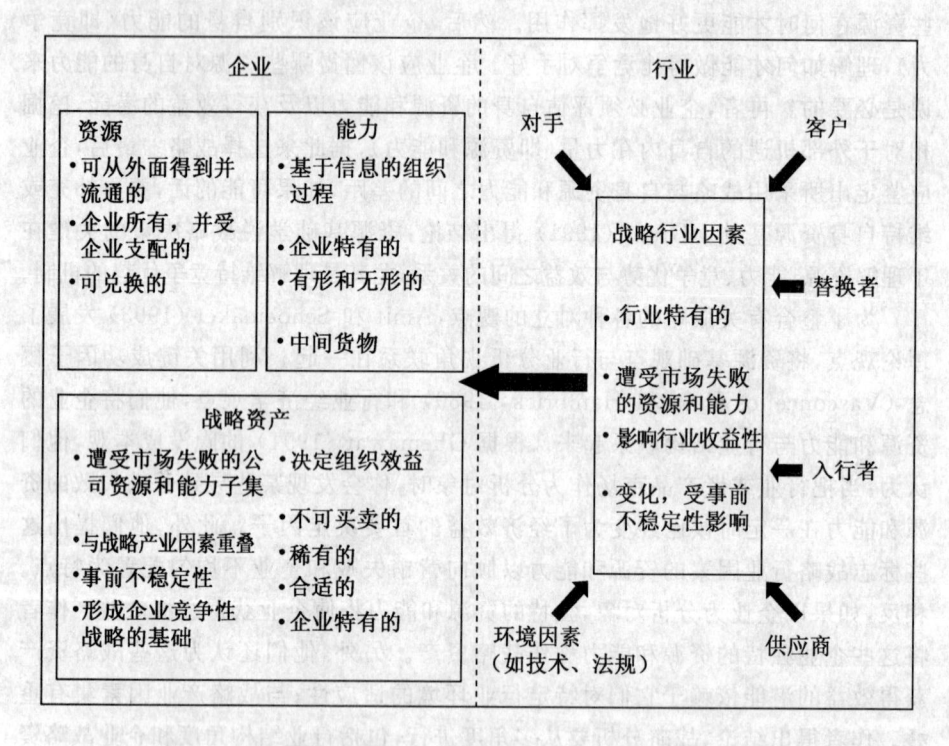

企业

资源
- 可从外面得到并流通的
- 企业所有,并受企业支配的
- 可兑换的

能力
- 基于信息的组织过程
- 企业特有的
- 有形和无形的
- 中间货物

战略资产
- 遭受市场失败的公司资源和能力子集
- 与战略产业因素重叠
- 事前不稳定性
- 形成企业竞争性战略的基础
- 决定组织效益
- 不可买卖的
- 稀有的
- 合适的
- 企业特有的

行业

对手 → 客户 →

战略行业因素
- 行业特有的
- 遭受市场失败的资源和能力
- 影响行业收益性
- 变化,受事前不稳定性影响

← 替换者
← 入行者

环境因素(如技术、法规) ↑ ↑ 供应商

图 4.1 战略资产和战略行业因素(来源:Amit & Schoemaker,战略管理杂志,1993.)

不管是从行业结构角度还是企业资源角度来看,某些资源和能力总是企业取得经济效益和成功竞争的主要决定因子。Thompson 和 Strickland (1996) 指出:关键成功因子指企业必须集中精力做好的事情,所需的特殊技能,以及内部操作最关键部分。他们也观察到这些关键成功因子在不同行业和不同时期是不同的。对企业来说,这些因素对它们取得经济效益最重要,所以关键成功因子必须涉及主要的利润驱动因子。换句话说,企业运用的关键成功因子需直接影响到与收入和成本有关的价值驱动因子。例如,在啤酒行业,关键成功因子指的是酿造能力的利用、经销商分布网以及广告效果。在运输费用高的行业,生产工厂的地理位置和在低运输成本范围内的销售能力是关键成功因子。笔者强调,确定关键成功因子是一项困难的工作(但这对成功规划是必要的),必须在行业水平上按规则进行。

饭店业中的关键成功因子

一些学者已经在饭店行业的关键成功因子方面作了论述或研究。一些研究针对的是行业内竞争方法和关键成功因子的确定,他们主要考虑的是饭店企业采用的战略举措以及它们多长时间后会被其他企业复制。例如,Olsen、West 和 Tse(1998)把战略选择定义为在竞争方法和关键成功因子方面的投资,这些竞争方法和关键成功因子便是企业独特的产品和服务,可吸引行业内所有有需求的客户。这些作者们也对竞争方法和关键成功因子作了区分。对企业来说,在竞争方法上的投资带来的竞争优势很难维持较长时间,尤其在服务部分,很容易被快速复制。被复制了的竞争方法变成了关键成功因子,成为了行业界定的标准。这个观点与 Porter(1985)的机动门槛观点一致。Proter 认为:企业通过制定战略可以影响五种力量。企业通过竞争方法和关键成功因子的动态演变来界定它们的行业范围。因此,企业要在某行业内竞争,就必须运用竞争方法和关键成功因子(Olsen 等,1998)。

Olsen 和 Zhao(1997)指出,区分竞争方法和关键成功因子非常困难,因为竞争方法往往存在的时期很短。受国际饭店和饭店协会委托,根据 Olsen(1995a)的著作,他们还指出:领导创新的企业经常第一个发明更好的新方法,然后这些方法很快就被复制了。因此,时间是区分竞争方法和关键成功因子的主要因素。在一段时间内领先的企业的竞争方法是独特的,这些企业具有此时间的优势。

Olsen(1995a)、Olsen 和 Zhao(2000)对 1985~1994 年和 1995~1999 年国际饭店企业所使用的竞争方法做了研究。他们用目录分析法对 10 个国家的 20 个国际饭店集团的信息进行分析,得到了很多竞争方法,如表 4.3 所示。

还有一些学者也在试图揭示饭店行业的关键成功因子。Geller(1985)采访了 27 个饭店的 74 名主管,询问他们对自己企业最重要的关键成功因子、涉及到哪些战略目标以及如何执行。出现最多的答案为员工态度、客人满意度(对服务)、优质产品(机械设备)、优势地理位置、利益最大化及成本控制。

表 4.3 国际饭店行业的竞争方法:1985～1999

时期	范畴	竞争方法
1985～1994	客户产品和服务	客户活动项目 礼仪 室内销售和娱乐 商务服务
	科技发展	科技创新 数据库管理 电脑预定系统
	市场营销	品牌 对路适销和广告 定价策略 直接关注消费者市场
	市场扩张	国际扩张 战略联盟 授权及管理费用
	经营管理	成本牵制政策 核心商务管理 服务质量管理 旅行社评价 作为资产的员工 生态保护计划
1995～1999	迅猛的信息技术发展	以客户为导向的科技 以管理为导向的科技
	国际扩张和市场协作	合并与获益 管理契约 授权协议 合资 战略联盟
	关系管理	客户关系 员工关系 授权关系管理 旅行社关系管理
	面向客户的产品和服务发展	新部门、品牌、饭店房间设计、风格 健康意识礼仪 分时度假项目
	结构工程	新老板和执行总裁 新部门划分
	新市场举措及活动	巨大的广告投资 共同促销活动 品牌和形象营销 有竞争力的价格策略

续表

时期	范畴	竞争方法
	质量控制	品牌产品的利用 革新及现代化 质量控制者的奖赏 作为资产的员工 培训
	社会意识和环境保护	社会责任 有责任心的企业公民权 保护自然环境

资源:根据 Olsen(1995a)以及 Olsen 和 Zhao(2000)改写。

Brotherton 和 Shaw(1996)也试图确定关键成功因子。他们运用电子邮件调查问卷,一开始试图确定企业和部门两个层面的关键成功因子,但由于他们只从企业回收到一份问卷,所以只能将注意力集中在部门层面上。他们要求被调查者确定关键成功因子,将其排序,并根据功能领域分类。

根据美国房屋租赁行业的若干研究,Dube 和 Renaghan(1999)描述了"29个总冠军"的最优方法。尽管没有称它们为关键成功因子,作者却根据行业中普遍采用的战略举措给它们划分等级。例如,他们根据在客户服务方面的优秀表现把四季公司划分为豪华类型冠军,这要归功于此公司在员工培训和筛选方面的投资。大使馆套房公司属于高端消费类型冠军,其关键因素是设施特征、礼仪和服务,如房间大小、服务质量和早餐质量。

关于食品行业,Olsen 和 Sharon(1998)总结了跨国公司 1993 年~1998 年间的竞争方法。作者用目录分析研究法,概括了行业期刊杂志、公司和顾问报告及学术期刊所描述的竞争方法。如表 4.4 所示。

二十年的应用研究和理论发展表明,关键成功因子对于饭店企业维持高效益非常重要。然而,这些关键成功因子实际上指什么仍然是个未知数。下一部分将给出一个综合性的定义以及例证。

定义饭店战略的关键成功因子

企业和学术文献都给出许多关键成功因子的定义,这些定义就像关于这个主题的文章及书籍一样多,以下是一些通常被提及的属性:
- 关键成功因子涉及到竞争方法,其他战略及战术举措;
- 关键成功因子涉及到行业的成本结构(特别是隐没成本);

- 关键成功因子既包括有形资产又包括无形资产,这些资产通过投资在一定时间内发展而成,绝非凭空获得。

作者们对关键成功因子对企业所起的实际作用也同样见仁见智,但他们还是有一些相似的地方:

- 关键成功因子使管理者将注意力集中在少数领域,这些领域对企业在某行业中成功竞争非常必要;
- 持久地利用好每个关键成功因子对企业的持续高效益非常必要;
- 错误利用关键成功因子有害于企业效益;
- 涉及到作业环境的关键成功因子本质及其演变影响到行业或战略群体成员潜能的发挥。

表 4.4 跨国食品公司的竞争方法:1993～1998

竞争方法	实例
战略扩张	授权/母公司授权 管理契约 战略联盟/合资/合伙/联合品牌 合并与获益
科技发展	与目标市场的网络信息交流 信息管理系统 针对产品和服务的科技 培训发展系统
内部能力发展	质量管理 员工的培训与留用 机构调整 新产品/服务发展 修改菜单以适应当地需求 新产品/观念/主题发展 安全与整洁 连锁与品牌控制 设备更新
目标市场营销	大规模广告 网络广告和促销 数据库营销 赞助、社区服务及慈善活动 环境意识
定价战略	价格/价值关系 折扣战 优惠券

资源:Olsen 和 Sharma (1998)。

第四章 行业成功要素及其在战略上的重要性

这些相似点表明,关键成功因子概念复杂且牵扯到多方面。一些关键成功因子涉及到优化使用自身资源的能力,另一些实际上则直接是产品生产或服务中的部分资源。这与 Hansen、Perry 和 Reese (2004) 的观点一致,他们分别称之为管理型资源和生产型资源。管理型资源指管理者利用现有资源做出正确决策的能力。这种能力使管理者可以发觉现有资源产生更大价值的潜能,或者通过发展非现有资源产生更大价值的潜能。此观点与 Olsen 等 (1998) 的边缘能力观点和 Porter (1985) 的价值链支撑措施观点密切相关。边缘能力和支撑措施包括人力资源、环境审视、商业发展和金融体系、采购科技发展措施,这些因素为企业核心能力发挥机能或企业主要措施发挥机能提供方便。例如,具有较好审视能力的企业最有可能在竞争方法的投资中做出更好的选择,因为他们能在竞争前看清机会与隐患。如果企业没有及时认清主要外力带来的变更或者这些外力如何影响自己的行业,那么他们的反应就会延迟。

在国际饭店行业,这种情况已引起了注意。尽管业内人士很早已经认识到科技(更具体地说是网络)代表了主要的外部力量,但他们并没有完全理解该外力如何变更饭店房间的销售方式。Olsen (1995b) 第一个指出科技是主要的外部力量。他在国际饭店和饭店协会的支持下,受行业需求激发,创建了一系列"预见未来"工作室。这些工作室遍布全世界,将多个群体放到一起,以广泛收集关于行业面临的问题的观点。他用名义群体法监控会议、获取未包括在内对最热门问题的一致意见。所有工作室的成果综合起来得出了外力推动变革的全局观点,正如 Olsen (1995b) 所述。

基于行业的要求,这部早期的著作被进一步拓展,目的是更清楚地了解各种外部力量。在国际饭店和饭店协会的保护下,一组研究者创建了另外一系列的工作室,名字叫智囊团。这些智囊团的成果帮助认清了外部力量的因果本质,并被总结出来由国际饭店和饭店协会出版。最初 Olsen (1995b) 确定了五种原始力量,后来又增加了两个:资产和资金、房间能力控制、新管理、安全、科技、社会责任和可持续发展。

尽管业内已公认科技进步的重要性,但企业显然没有意识到基于网络的销售将成为主要销售渠道,并将挑战他们控制价格和房间的能力。尽管连锁饭店拥有自己的网站,但 2000 年初开始它们就向中介网站销售大量房间。经历了由一系列经济快速衰退引起的房间低销售率时期(经济萧条、网络泡沫、"9·11"事件),饭店经营者认识到这些中介网站对于他们销售剩余房间非常有益。2002年末到 2003 年初,该行业的每本贸易杂志和商业期刊都可以找到如下相似的评论:

Ⅱ篇　竞争态势中的战略投入

首先,饭店主管(如首席主管 Gary DeLapp)把折扣网站看作将剩余房间卖给买便宜货的人们的一种途径。当这些主管发现折扣网站转变了美国主流购买旅游服务的方式而没有帮助他们时,他们持有了不同的观点。这些网站损害了饭店企业剩余房间的销售,并且使该行业在经济困难时期很难反弹。Forrester 研究所分析专家 Henry Harteveldt 说:"网络折扣中介完全打乱了饭店的定价。"

(亚特兰大期刊,2002 年 9 月)

观察员说,网络旅行社中介异军突起,疯狂购买打折房间,有助于将房间价格控制在 2000 美元以下,利润相对顶峰时期降低了 28%。他们还说,大多数情况下,饭店企业是始作俑者。在进入网络营销早期时,许多饭店企业将太多房间和价格控制权交给了网络旅行社中介。现在早期购买模式已经确立,他们却正试图夺回支配权,而这是很难的。

(芝加哥论坛,2003 年 1 月)

她说:"他们发现自己失去了很多直接销售给客户的机会,允许了 Expedias 和 Hotel.coms 进入并直接扮演角色。按照他们所做,利润增大,价格减少。一旦网络渗透超过 10%,饭店就会意识到'这是他们销售的一个重要渠道'"。Sileo 说:他们也意识到自己失去了对价格的控制,这使他们开始开发新客户来直接预订饭店房间,可以通过饭店自己的网站,也可通过电话。

(沃思堡星电报,2003 年 9 月)

既然 2003 年很快就要结束,那么我们为 2004 年表个决心:少抱怨强大的中介供应商破坏了我们的平均价格。作为一个行业,我们选择与他们协作;我们分给他们房间销售;我们给他们低房价使他们有反击之力。让我们勇敢面对,他们做得的确比我们好。他们拥有大多数主要或次要城市饭店的检索结果,这并不是偶然的。他们的网站本来就可以引导人们预定,不是用幻想而是通过富有生气的动画制作来愉悦客户。很少有饭店在这方面做努力和投资。

(Hotel-Online.com,2003 年 12 月)

是什么让该行业处于如此不利地位? 这种情况能够避免吗?

房间控制权丧失的原因当然很多而且复杂。当与中介网站及其他分销公司如 GDS 相比时,认为饭店业的审视和科技发展能力是软肋而非强项是很正确的。这两种能力是管理型关键成功因子,清晰地展示了所论述的特征。实际上,与作业环境相比,如果这两个关键成功因子表现较弱,那么行业的整体利润潜力将会下降,因为价格商讨实力转到了销售链上游或下游的销售商手中。

如果分析对象为企业,那么我们就会发现有些企业受房间控制权能力丧失的影响很小。例如,Marriott International 与其他同行相比,受经济萧条及其引发的掌控能力缺失的打击较小。1998~2004 年间,Marriott 无论在股票盈利还是营业毛利方面都一直做得比竞争对手好。尽管这样的成绩肯定是由多种因素带来的,但仍然值得我们注意的是,Marriott 的科技在该行业内一直是领先的,它早在上世纪 80 年代初最先启用了 Marriott 饭店膳宿自动预定系统,并于 1998 年投资 7000 万建立中央电子商务系统。因此,Marriott 在科技方面的领先地位(关键成功因子)使其表现胜过其他竞争者,并且避免了其他连锁饭店企业的失败现象。

该案例阐释了管理型关键成功因子的重要性,以及那些可以很好利用管理型关键成功因子的企业如何更好地发展、获得、使用生产型关键成功因子。正如前文所介绍,生产型关键成功因子与主要措施和核心能力相联系,并且与其收获和投入与产出的转化直接有关。这种生产型关键成功因子包括经营操作系统,这个系统将生产与服务、营销与销售有机结合在一起。从财政角度看,大多数资源的使用被看作是资金的流动,此流动在运作、投资以及现金流入流出中进行。该观点中几项就能大大影响每个行业的企业利润率。例如,饭店行业的速食服务业中,如果企业要获得足够非营业支出的毛利润,食品成本和劳力成本是关键因素。这些成本的管理出现任何闪失将严重影响企业利润。另外,在以服务为导向的行业中,饭店及饭店企业能保持最优化利用其易腐资产的能力是最重要的。当考虑到服务企业资产收益率的驱动力量时,最重要的是其保持足够的销售水平,因为资产中的大部分潜在价值容易腐烂,不适宜长期储存。因此,这些资产的操作和能力分配就是生产型关键成功因子。

上世纪 90 年代中期和本世纪初,速食行业中麦当劳公司的衰弱阐释了生产型关键成功因子的重要性,后期新总裁 Jim Cantalupo 实行了复苏战略,该战略曾被广泛报道。麦当劳的衰落可追溯到上世纪 90 年代初,那时公司遭受了一系列负面质量评价和诉讼。这种现象到 2003 年 1 月全面爆发,2002 年最后一季度,公司公布了第一次损失达到 34.38 亿美元。麦当劳首席财务官 Matt Paull说:"那时公司的想法是开更多的饭店。这种想法是错误的,因为顾客是不断变化的,而我们却没有注意到。"(芝加哥论坛,2004 年 6 月)。之所以没有注意到主要是因为他们没有考虑到生产型关键成功因子,如生产和服务体系中出现"糟糕的产品和服务质量"(CNN Money,2004 年 4 月)。虽然这两种关键成功因子在食品行业中非常重要(即产品和服务质量),但是时常不注意这两种关键成功因子直接影响了麦当劳的经济效益。这又一次显示了关键成功因子对企业战略管理尤其是对成功因子效果评估的重要性。麦当劳美国首席运营官说:"公司抛弃了很多可以使公司兴旺的评估方法。公司已 15 年没有评审每个分店的经营状况了。分店老板不需要担心神秘用餐者的出现,也就是公司派去秘密查访并鉴定经营状况的人(芝加哥论坛,2004年6月)。

下一部分将提供一个分析框架,帮助企业将关键成功因子融合在战略管理实践中,并为监测效果提供指标。

战略的关键成功因子框架

上文所述价值链(Porter,1985)和核心能力与外围能力观念(Olsen 等,1998)都提供了若干指导方针,可以指导企业在进行战略选择时应考虑哪些问题。实际上本章开始就要强调企业资源和能力适应环境外力驱动所带来变革的重要性。为了达到此目的,企业不仅要创新竞争方法以刺激增长,而且还要确保不要在管理型和生产型关键成功因子方面出现差错。虽然关键成功因子本身不是获取竞争优势的必要资源,但是当其他企业没有利用好它们时,它们就会给企业带来突出的效益,正如上文所举饭店行业与中介网站的例证。行业成员一般都知道这些关键成功因子。然而,仍有大量忽视这些关键成功因子的例子,他们结果很悲惨。以下框架提供了一个在战略决策和效益综述背景下的评估关键成功因子的系统方法。

确定保留价值的活动和资产

确定关键成功因子的第一步就是理解行业收入和成本结构。这一步中企业需要考虑行业内需求和供应曲线的驱动因素。最重要的是价值保留问题。换句话说,企业必须确定相关活动和资产来维持收益。对于需求曲线,亟待解决的问题是要理解如何帮助企业阻止潜在的新的竞争对手或其他可能导致需求量降低的外部因素(或曲线左移——即图4.2左图的虚线)。对于供应曲线,必须注意可能使曲线右移的危险(图4.2右图中的虚线)。这种危险包括供应商的价格协商实力伴随一系列合并和收购而增强。图4.2阐明了保持需求与供应平衡并提高入行门槛,以缓解行业所承受的外部环境威胁的观点。

多数情况下,这些行为和资产是经过验证的,可以依靠贸易期刊分析、分析专家报告或企业的年度报告来确定。更难的是要理解它们的相对价值(表4.5的框架分析有助于理解这一相对价值。

这个框架包含四步(或四个问题),可以帮助澄清关键价值维持措施和资产的本质。第一列是确定什么是高价值的服务、产品以及过程。本文中高价值主要指的是服务、产品以及过程对企业收入和支出的重要性。表4.5是以采购为例,采购是饭店行业中一步重要的高价值过程。这过程被认为在价值潜力上非常重要,因为它直接影响到饭店企业的主要支出,如食品和饮料成本。该过程包括供应商的选择和关于购买合同的洽谈,如表中第二列所述。第三列详述了相关行为或资产,解释了它们与供求曲线的关系。例如,购买合同的洽谈直接影响到将来食品(如牛肉或海鲜)的价格波动。2002年底Darden餐饮公司受到了其股票价格急剧下跌的冲击,原因是海鲜价格上涨,这个例子证明了采购行为的价值所在。每个行为或每个用于服务和生产的资产并不是同等重要的。表4.5所举例子中,关于库存的相关决定并没有其他行为重要。尽管这些行为可以帮助降低成本和减小供应波动,但它远不如采购行为对成本的影响大。第四列是评价每个行为的相对重要性。这些评价将在接下来的分析中使用,也为企业提供参考,使企业可以优先考虑最能保留价值的关键成功因子。

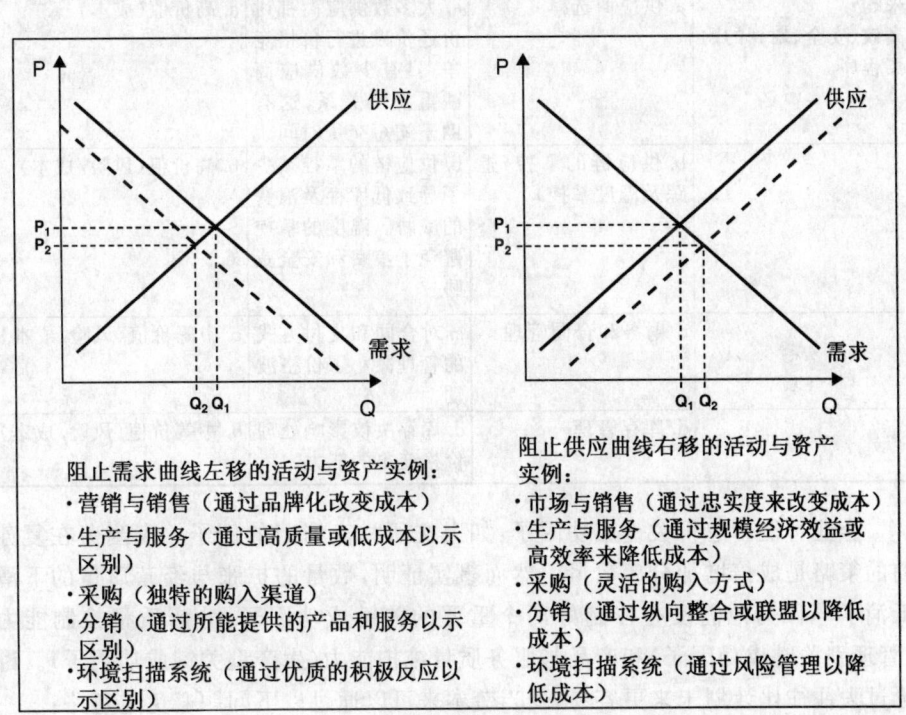

阻止需求曲线左移的活动与资产实例:
· 营销与销售(通过品牌化改变成本)
· 生产与服务(通过高质量或低成本以示区别)
· 采购(独特的购入渠道)
· 分销(通过所能提供的产品和服务以示区别)
· 环境扫描系统(通过优质的积极反应以示区别)

阻止供应曲线右移的活动与资产实例:
· 市场与销售(通过忠实度来改变成本)
· 生产与服务(通过规模经济效益或高效率来降低成本)
· 采购(灵活的购入方式)
· 分销(通过纵向整合或联盟以降低成本)
· 环境扫描系统(通过风险管理以降低成本)

图 4.2 价值保持活动

确定行为和资产中保持竞争力所必须的管理型和生产型关键成功因子(资源和能力)

上一步确定的行为和资产对企业和行业保持持久效益非常关键。为什么要做好这些行为并维持这些资产的质量呢？原因就在管理型和生产型关键成功因子中。例如，如果饭店或饭店企业的房产年龄是其可持续发展的关键要素，那么管理者不仅需要承认这一点，而且也要找到将这些资产质量维持在竞争水平的原因。为确保这些资产的维护和保存，必须通过谈判签订授权协议和管理合同，谈判能力就是一个管理型关键成功因子。此外，使这些资产保持原样的能力是一个生产型关键成功因子。

表 4.5 价值保留相关行为和资产的确定：以饭店行业为例

确定并简要描述本行业中可帮助增加价值的服务、产品或过程	用关键词列出对服务、产品或部分过程有益的行为和资产	简要描述这些行为和资产如何影响供求曲线	用三段法（高价值、中等价值、低价值）来评定每个行为和资产所带来的价值
采购：高效、安全、划算的购买程序	a.供应商选择	a.大多数供应商都讨价还价以进行价格竞争，只有少数供应商注重发展关系，这有助于缩短交货时间	a.高价值（成本）
	b.供应链的掌控（追踪及温度掌控）	b.供应链的掌控减少了导致低库存及浪费的威胁。温度的掌控避免了浪费和安全威胁	b.高价值（风险/成本）
	c.财务和合同管理	c.对合同和支付方式的管理减小了价格波动	c.中等价值（风险/成本）
	d.库存管理	d.库存决议影响处理价格变更的能力	d.中等价值（风险/成本）

企业可能会忽视关键成功因子，如上文所举麦当劳的例子。麦当劳在复苏前的策略是成倍增加分店数量。然而事实证明，数量的扩张与经营质量的下滑抵消了[①]，因为他们没有控制好两个重要的关键成功因子：分店质量控制能力（管理型关键成功因子）和产品与服务质量维护能力（生产型关键成功因子）。讨论过去往往比计划未来更容易，麦当劳本来可以通过以下问题避免走弯路：

● 为了维护价值保持的活动和资产，必须控制的管理型和生产型关键成功因子是什么？

研究并综合表 4.5 所列各要素是回答此问题的必要一步。为了综合各要素，概念绘图法很有效，因为它将各步骤和各资产与识别能力联系在一起。图

---

① 在一段时间里，麦当劳现有分店的销售的降低大于新开分店带来的销售额的增长。

4.3 为该概念图形的例子。

确定与这些关键成功因子相联系的内部和外部价值驱动因素

本书另外一章专门讨论了价值驱动因素的概念及它们对战略的重要性。因为这些价值驱动因素表明了价值在哪里产生和如何产生,所以它们是关键成功因子管理的必要因素。测评企业利用关键成功因子的成效非常必要,这要求企业先确定与这些关键成功因子相联系的价值驱动因素。与饭店行业房间掌控的情况一样,企业可以监控自己在关键行为和资产方面的表现,这样能检验自己对关键成功因子的运用效果。此情况中,连锁饭店可以通过统计自己销售和中介销售的房间数量来监控自己掌控房间的数量。在麦当劳的例子中,对现有分店服务质量的忽视就是缺乏对关键内部价值驱动因素(如客户投诉、分店清洁状况和外观)的重视。对利用关键成功因子的测评要求企业确定与关键成功因子相联系的内部和外部价值驱动因素。表4.6列出并追踪了这些价值驱动因素。

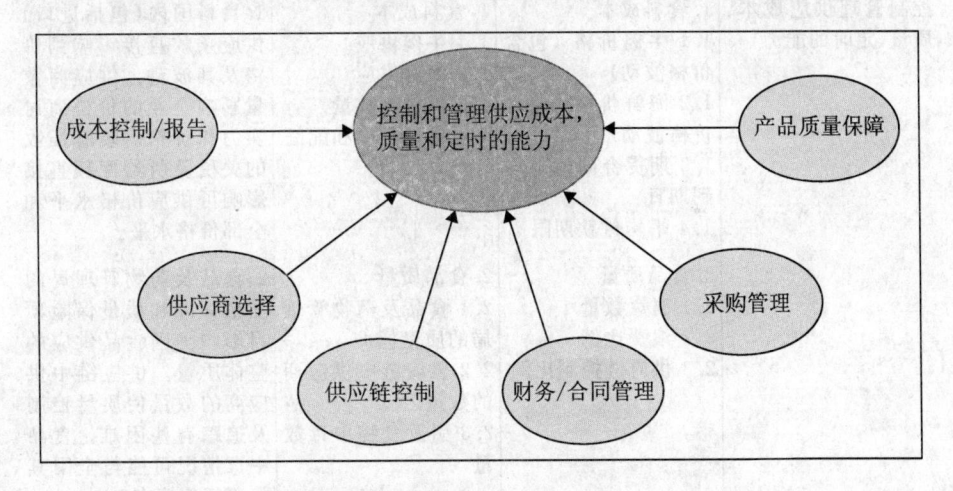

图4.3 管理型和生产型关键成功因子的识别:以饭店业为例

评定企业利用关键成功因子竞争的成效

因为企业成效不仅起到提高并维持入行门槛的作用,以减小外部压力,而且是企业与竞争对手对比的体现,所以我们也需要从竞争的角度考虑关键成功因子。正如所引例证,一些企业比其他企业表现好是因为他们在商业核心事务上处理得更好。当房地产经纪人评估饭店行业房产价值时,他们往往以地理位置、房产年龄、销售渠道为竞争能力的主要决定因素,竞争能力可由客房平均收入估量出来。在这个关键成功因子分析阶段,企业应知道自己相对其他竞争对手在各个关键成功因子方面的表现,这可以通过二维矩阵分析法得出。

首先,必须评估企业相对行业内其他竞争对手在关键成功因子方面的表现。表 4.7 中通过企业排名对企业表现做了评估。总是排名靠前的企业表现更好,并承受了较少来自外部变革的压力。其次,第二方面涉及到行业作为一个整体相对于作业环境中各行业的相对实力,对于第二方面的评估,行业实力分为强于、相当、弱于其他行业三种情况(在关键成功因子方面的表现)。此分析指出了由整个行业的入行门槛引发的相对价格商讨实力。处于弱势地位的行业及公司个体将面临更大的失败风险。

表 4.6 关键成功因子与价值驱动因素:以饭店行业为例

列举并简要描述行业关键成功因子	列举与每个关键成功因子有关的关键内部价值驱动因素,包括关键数量统计	列举与每个关键成功因子有关的关键外部价值驱动因素,包括关键数量统计	简要解释内部与外部价值驱动因素的关系
控制管理供应成本、质量、定时的能力	1.食料成本 1.1 牛肉价格(包含价格波动) 1.2 海鲜价格(包含价格波动) 1.3 期货合同的平均到期日 1.4 平均付款期限 2.食品质量 2.1 腐烂数量 2.2 浪费比例 2.3 供应链控制比例 3.供应链循环 3.1 平均货存周转率 3.2 平均循环周期 3.3 平均交货时间	1.食料成本 1.1 牛肉供应 1.2 海鲜供应 1.3 供应商数量 1.4 进口税率和配额 2.食品质量 2.1 食品及药物管理局的质量标准 2.2 供应链中供应商的数量 2.3 引发食物中毒数量 3 供应链循环 3.1 平均交货时间 3.2 运输成本和效率 3.3 平均运送距离	1.食料国内(包括进口)供应条款直接影响到价格及其波动。供应商数量影响企业的价格商讨实力和价格。政府征收的关税及所给配额直接影响可供应价格水平和全部价格水平。 2.食品及药物管理局的质量标准和质量保险项目影响美国食品供应的整体质量。供应链中供应商的数量使质量控制及追踪有些困难。食品中毒情况可能与全国其他流行疾病有关。 3.供应商的交货时间决定于他的科技水平。供应商交货时间直接影响到企业用货的时间,这又影响到了货存周转率和平均供应链循环。

将企业根据关键成功因子进行排名也许非常困难,因为这中间会掺杂许多主观因素。既然没有准确方法,那么企业可以利用已公布的等级、排名及其他奖项。例如,在豪华住房出租行业中,如果持续提供高质量服务的能力是一个关键

成功因子,那么通过各奖项(如 Baldridge 奖)或者质量标准(如国际标准化组织和六西格玛)就可以更准确地判断企业在质量方面的表现情况。另外一个例子是给拥有忠实客户或者客户等级高的企业授奖。

表 4.7 关键成功因子矩阵分析

关键成功因子	行业相对实力	排名			
		1号企业	2号企业	…	N号企业
关键成功因子 1	较强	1	2	…	3
关键成功因子 2	较弱	1	4	…	2
关键成功因子 3	中等	3	4	…	1
…	…	…	…	…	…
关键成功因子 N	中等	2	3	…	1

开展投资与维护预算使企业在关键成功因子方面达到竞争均势最小值

当评定出每个关键成功因子的相对优势和劣势后,企业需采取必要措施来纠正企业行为并继续发展。麦当劳的例子表明,企业在运用新的低风险增长策略前,必须确保自己具有最低竞争均势。纠正或维持这个水平要求企业开展投资与维护预算。由于资金限制,这些预算应按所采取措施的紧急程度为序进行详细制定。食品服务行业的一个近期例子可以帮助解释这一点。2006 年 4 月,罗盘集团宣布它的房产、机场及路边分区(SSP 和 Moto)总售价为 32 亿英镑。尽管路边分区效益不差并且将来具有很大潜力,但是公司认识到必须将注意力集中在两个关键成功因子身上,而这两个关键成功因子在公司处于弱势。罗盘集团在发展中一边偿还部分巨额债务以降低自己的资产负债,一边减少庞大的退休金赤字。换句话说,公司发现了开展预算的需要,这样可以克服与两个关键成功因子有关的两个很重要的劣势。这两个关键成功因子是:①使廉价资产增值的能力;②人力资源和退休基金的管理能力。虽然罗盘集团在发展中可以在其他方面采取措施,但是纠正这些关键成功因子的紧急性迫使他们延迟了其他方面的投资。当为关键成功因子开展投资与维护预算时,公司需要考虑以下问题:

● 公司在这些关键成功因子方面表现不佳所面临的风险是什么?
● 这些风险多长时间之后会变为现实?
● 需要多少投资?
● 需要什么时候投资?

为了回答这些问题并适当分配必要的资源,必须进行边际投资分析。表4.8

为边际分析的一个案例。

形成一套用于关键成功因子分析的即时系统方法

上文所述的行业和关键成功因子不断变化的特性要求企业要不断应用所给出的框架。关键成功因子战略法包含了行业价值链和企业竞争力的即时系统分析。定时更新关于关键成功因子的材料和报告（包括企业在关键成功因子方面的表现和新关键成功因子的出现）是重要的信息来源，也是高层管理团队分析和讨论的重要课题。正如早期对关键成功因子的研究所指出的，企业应调整自己的报告系统，以便收集、储存、发布与关键成功因子相关的数据。图4.4是对此系统的概括。

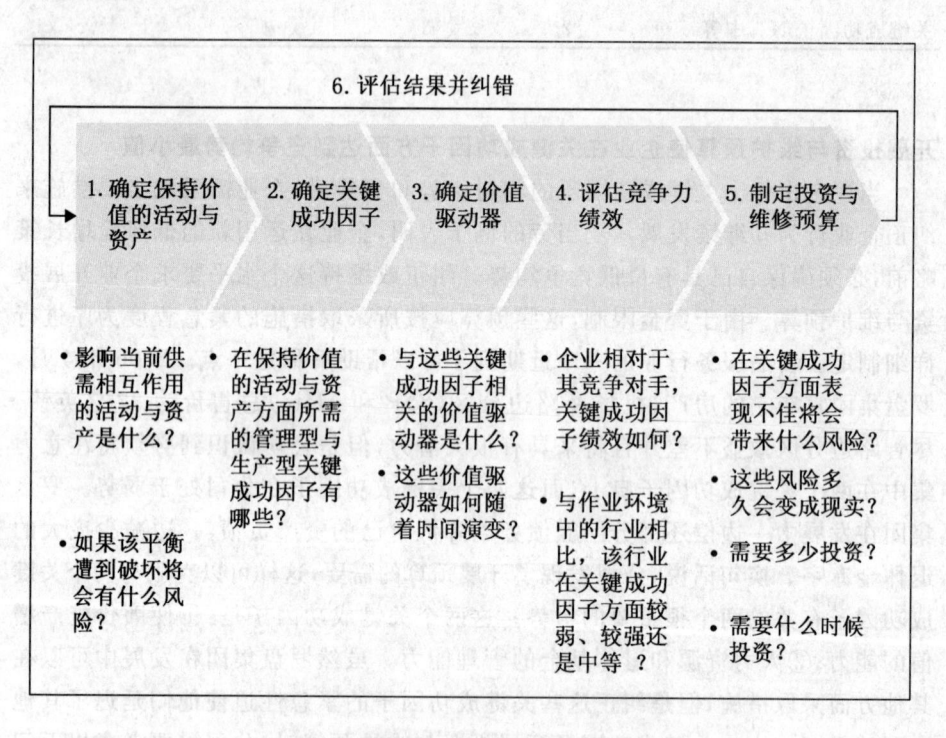

6. 评估结果并纠错

1.确定保持价值的活动与资产	2.确定关键成功因子	3.确定价值驱动器	4.评估竞争力绩效	5.制定投资与维修预算
• 影响当前供需相互作用的活动与资产是什么？ • 如果该平衡遭到破坏将会有什么风险？	• 在保持价值的活动与资产方面所需的管理型与生产型关键成功因子有哪些？	• 与这些关键成功因子相关的价值驱动器是什么？ • 这些价值驱动器如何随着时间演变？	• 企业相对于其竞争对手，关键成功因子绩效如何？ • 与作业环境中的行业相比，该行业在关键成功因子方面较弱、较强还是中等？	• 在关键成功因子方面表现不佳将会带来什么风险？ • 这些风险多久会变成现实？ • 需要多少投资？ • 需要什么时候投资？

图4.4 关键成功因子分析的系统方法

结论

建立可持续竞争优势的需要使得其他商务事项的重要性都退居次席。行业组织学者认为企业应当争取在行业内找到自己的位置,以获得可持续优势。相反,持有资源基础观点的人认为企业应当将注意力集中在有价值、稀有、不可模仿且可以高效利用的资源上。如果企业能够在关键成功因子方面表现优异,避免失败,那么企业便具备了竞争优势资源,这一点本章已经阐明。关键成功因子战略法要求企业必须在获得竞争优势以前做好处于商业核心的基本事务。在追求无限增长过程中,企业可能会被引诱违反一些规则,但历史证明,忽视关键成功因子不可避免地将以失败而告终。

表 4.8 边际投资分析:以餐馆业为例

	0 年	1 年	2 年	3 年	4 年
在关键成功因子方面投资后的收入	-	105 000 000	105 000 000	105 000 000	105 000 000
依目前在关键成功因子方面的表现水平获得的较少收入	-	-105 000 000	-105 000 000	-105 000 000	-105 000 000
在关键成功因子方面投资后的较少运作支出	-	-84 000 000	-84 000 000	-84 000 000	-84 000 000
依目前在关键成功因子方面表现水平而增加的支出	-	+85 500 000	+85 500 000	+85 500 000	+85 500 000
与边际 EBIT 相等	-	1 500 000	1 500 000	1 500 000	1 500 000
减少的边际利息支出	-	-	-	-	-
减少的边际税务支出	-	-250 000	-250 000	-250 000	-250 000
减少的边际运转资金变更	-	-(-15 000)	-(-15 000)	-(-15 000)	-(-15 000)
同等的边际运作现金流向资产净值	-	1 265 000	1 265 000	1 265 000	1 265 000
减少的资产净值投入	-2 000 000	-100 000	-100 000	-100 000	-100 000
同等的边际净现金流向资产净值	-2 000 000	1 165 000	1 165 000	1 165 000	1 165 000

项目净价值的折扣率为 15%:

$$NPV = CF_0 + \sum_{t=1}^{N} \frac{CF_t}{(1+i)^t} = -2\,000\,000 + \frac{1\,165\,000}{(1+0.15)^1} + \frac{1\,165\,000}{(1+0.15)^2} + \frac{1\,165\,000}{(1+0.15)^3} + \frac{1\,165\,000}{(1+0.15)^4}$$
$$= 132\,650$$

参考文献:

Amit, R., and Schoemaker, P. J. H. (1993). Strategic assets and organizational rent. *Strategic Management Journal*, 14(1), 33-46.

Andrews, K. R. (1971). *The concept of corporate strategy*. Homewood, IL: Irwin.

Barney, J. B. (1986a). Strategic factor markets: Expectations, luck, and business strategy. *Management Science*, 32(10), 1231-1241.

Barney, J. B. (1986b). Types of competition and the theory of strategy: Toward an integrative framework. *Academy of Management Review*, 11(4), 791-800.

Brotherton, B., and Shaw, J. (1996). Toward an identification and classification of Critical Success Factors in UK Hotels Plc. *International Journal of Hospitality Management*, 15(2), 113-135.

Caves, R., and Porter, M. E. (1977). From entry barriers to mobility barriers: Conjectural decisions and contrivers deter-rence to new competition. *Quarterly Journal of Economics*, 91(2), 241-261.

Dubé, L., and Renaghan, M. L. (1999). Strategic approaches to lodging excellence. *Cornell Hotel Restaurant Administration Quarterly*, December, 16-26.

Freund, Y. P. (1988). Planner's guide: Critical success factors. Planning Review, 16(4), 20-23.

Geller, A. N. (1985). Tracking critical success factors for hotel companies. *Cornell Hotel Restaurant Administration Quarterly*, 25(4), 76-81.

Ghemawat, P (1991). *Commitment*. New York: The Free Press.

Grant, R. M. (1991). The resource-based theory of the competitive advantage: Implications for strategy formulation. *California Management Review*, 330), 114-136.

Green, S. G., and Welsh, M. A. (1988). Cybernetics and dependence: Reframing the control concept. *Academy of Management Review*, 13(2), 287-301.

Hansen, M. H., Perry, L. T., and Reese, C. S. (2004). A Bayesian operationalization of the resource-based view. *Strategic Management Journal*, 25, 1279-1295.

Hawawini, G., Subramanian, V., and Verdin, P (2003). Is performance driven by industry-or firm-specific factors? A new look at the evidence. *Strategic Management Journal*, 24(1), 1-16.

Hofer, C. W. (1975), Toward a contingency theory of business strategy. *Academy of Management Journal*, 18, 784-810.

Mascarenhas, B., and Aaker, D. A. (1989). Mobility barriers and strategic groups. *Strategic Management Journal*, 10(5), 475-485.

McGahan, A. M., and Porter, M. E. (1997). How much does industry matter, really? *Strategic Management Journal*, 18(Summer Special Issue), 15-30.

Olsen, M. D. (1995a). Hotel industry performance and competitive methods: A decade in review 1985-1994. *In Into the New Millennium: A White Paper on the Global Hospitality Industry* (pp. 27-49). Paris: International Hotel and Restaurant Association.

Olsen, M. D. (1995b). Visioning the future. *Into the New Millennium: A White Paper on the Global Hospitality Industry* (pp. 51-70). Paris: International Hotel and Restaurant Association.

Olsen, M. D., and Sharma, A. (1998). *Forces Driving Change in the Casual Theme Restaurant Industry: A Global Perspective.* Paris: International Hotel and Restaurant Association.

Olsen, M. D., West, J., and Tse, E. (1998). *Strategic Management in the Hospitality Industry* (2nd ed.). New York: Wiley.

Olsen, M. D., and Zhao, J. L. (1997). New management practices in the international hotel industry. *Travel and Tourism Analyst*, 1, 53-74.

Olsen, M. D., and Zhao, J. L. (2000). *Competitive Methods of Multinational Hotel Companies: A Five Year Review*, 1995-99. Paris: International Hotel and Restaurant Association. pp. 31-45.

Penrose, E. T. (1959). *The Theory of Growth of the Firm*. London: Basil Blackwell.

Peteraf, M. A. (1993). The cornerstones of competitive advantage: A resource-based view. *Strategic Management Journal*, 14(3), 179-191.

Porter, M. E. (1980). *Competitive Strategy: Techniques for Analyzing Industries and Competitors*. New York: Free Press.

Porter, M. E. (1985). *Competitive advantage*. New York: Free Press.

Prahalad, C. K., and Hamel, G. (1990). The core competence of the corporation. *Harvard Business Review*, 68(3), 79-91.

Rockart, J. F. (1979). Chief executives define their own data needs. *Harvard Business Review*, 57(2), 81-92.

Schmalensee, R. (1985). Do markets differ much? *American Economic*

Review, 75(3), 341-351.

Shoemaker, P. J. H. (1990). Strategy, complexity and economic rent. *Management Science*, 36(10), 1178-1192.

Simons, R. (1991). Strategic orientation and top management attention to control systems. *Strategic Management Journal*, 12(1), 49-62.

Thompson, J. (1967). *Organizations in Action: Social Sciences Bases of Administrative Theory*. New York: McGraw-Hill.

Thompson, A. A. J., and Strickland, A. J. I. (1996). *Strategic Management*(3rd ed.). Chicago, IL: Richard D. Irwin.

Vasconcellos E Sa, J. A. S., and Hambrick, D. C. (1989). Key success factors: Test of general theory in the mature industrial-product sector. *Strategic Management Journal*, 10(4), 367-382.

Wasson, C. R. (1974). *Dynamic Competitive Strategy and Product Life Cycles*. St. Charles, IL: Challenge Books.

Wernerfelt, B. (1984). A resource-based view of the firm. *Strategic Management Journal*, 5(2), 171-180.

第五章 饭店投资风险：机遇何在？

Elie Younes 和 Russell Kett[①]

那么，什么是风险：投资于一个有限服务饭店、全功能饭店、饭店式公寓/公寓式饭店或是所有权共享的房地产？有限服务饭店的按揭贷款与全功能饭店或其他类型的饭店是否应该有相似的结构？或是由于饭店的不同类型应该有所区别？

HVS 董事 Elie Younes 和总经理 Russell Kett

2006 年 10 月

饭店生命周期及风险成分

与任何房地产投资（可能是任何投资）相同的是，一家饭店的生命周期有三个阶段：开发、经营和退出。大约需要 1 到 3 年的时间来开发一家饭店的资产（依饭店类型而异），通常投资者会经营这家饭店 5 到 25 年。在生命周期（或持有阶段）的尽头，投资者会出售饭店或对其进行改造，该过程至少需要 1 年时间，并且可能（少数情况下）无法兑现。因此，如图 5.1 所示，饭店投资天生具有三种与其生命周期直接相关的风险：开发风险、经营风险和淘汰/退出风险。

开发风险

开发风险是开发商/投资者在将一块空地或现有建筑转变成一个全面运营的饭店的过程中所承担的经济风险。很明显，饭店的类型越复杂，开发风险就越大。换言之，该风险是发展过程中遭遇挫折的可能性，该挫折对开发成本或任何影响未来投资回报的因素（饭店的地理位置、经营者类型、物理特征、建筑和设计、完工时间、资本结构等）造成消极影响。有时饭店的设计造型和它建好后实际的造型相去甚远。

---

① 伦敦 W1G 9DQ 卡文迪什广场昌都斯街 7-10 HVS 伦敦总部

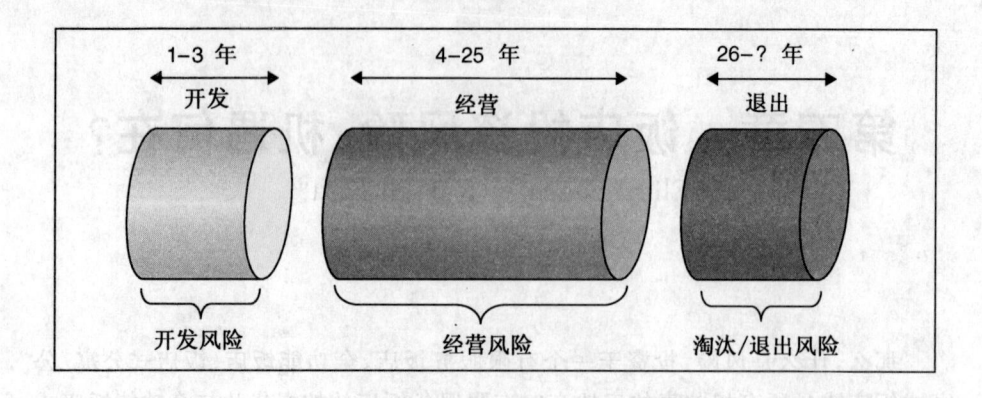

图 5.1 饭店生命周期及投资风险因素

表 5.1 显示了饭店开发中所需的主要元素/步骤（因此也就是风险元素）。饭店开发是资本高度密集的，需要相关各方协作共事，以确保经济投资的成功。开发过程中遭遇的任何挫折都会严重影响投资的回报。

与其他饭店相比，全功能型与豪华型饭店在本质上是复杂的。这类饭店需要更多的开发时间，需要精细的空间规划和设计，资本高度密集，在饭店的硬件方面承载着很高的市场期待（这又对开发商确保理想的最终产品更加关键）。因此与其他饭店相比，该类型饭店的开发风险较高。

表 5.1 饭店开发的主要步骤

饭店开发的主要风险要素
地点确认
分区布局和规划许可
度假胜地——困难很大
可行性与规划——资产定位决策
资本规划与结构
土地的获得
建造与设计合作方选择
土地开挖
建造与设计：高层 VS 低层
各项设施的规模
时机与资本成本

与全服务饭店一样，饭店式公寓/公寓式饭店有经济型、中等和豪华等档次。总体上，所有该类饭店都能提供比相同标准的传统饭店客房更宽敞的客房，因为它们拥有自助式厨房设施。虽然这类饭店的开发因其公共空间有限，而没有全服务/豪华饭店那么复杂，但是与有限服务/经济型饭店相比，这类饭店（无论其档次高低）的开发要更加复杂。

所有权共享的饭店的产品、档次等差异很大。例如其产品可能是一个海滨胜地的高端分时度假饭店（因此要求进行精细的设计、空间规划等），也可能是某一城市的公寓住房（第二住所/住房/投资）（较容易开发）。因此，这类饭店的开发风险差异很大。根据本文的目的，我们假定与其他类型的饭店相比，这类饭店的开发风险处于中等水平。

图5.2总结了每种类型的饭店的相对开发风险水平。

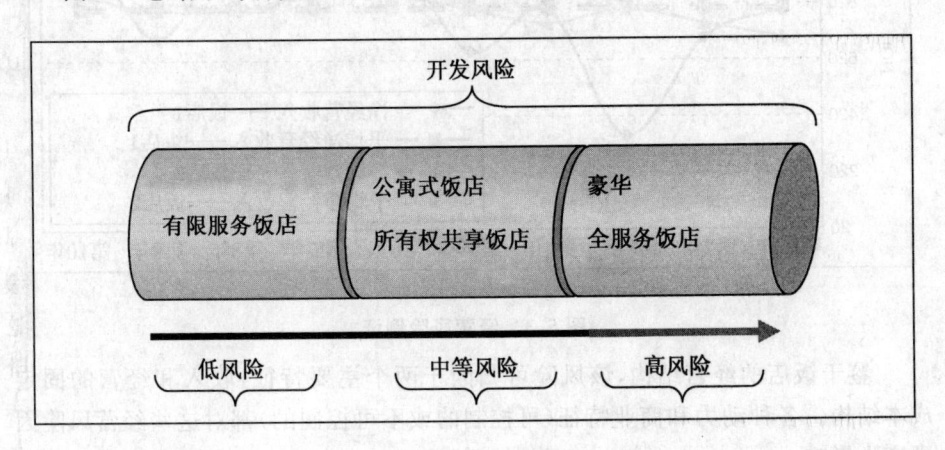

图 5.2 开发风险

所有权经营风险

任何投资的全部"持有期回报"是整个持有期间的现金流回报与资本增值（或资本折旧）之和。依饭店类型（以及持有时间）的不同，经营现金流回报占全部回报的30%到70%。通常，与饭店平稳运行时期的风险相比，饭店经营头几年的风险会更高。

经营风险是饭店（与其管理层）产生足够现金流以带来一定水平的资金回报从而证明投资的合理性和/或促使撤资的能力。

投资饭店的老板们都面临经营风险。饭店经营状况的任何波动都会影响饭店老板的净经营收入，该收入用于偿还饭店的按揭贷款/优先债务，并确保饭店拥有能证明投资回报的资本水平。例如，一场严重的经济衰退就很有可能让饭店（及其老板）歇业，并导致债主的介入，让老板破产。显然，经济繁荣也同样会给饭店带来无限商机。

饭店的主要经营风险因素是整个经营过程中净经营收入（息税折旧摊销前利润）的波动性。在某一特定时期净经营收入波动的可能性越大，经营风险就越大。从图5.3我们可以看出，虽然饭店1和饭店2在十年当中的年平均净经营收入为大约 800 000 欧元,但是饭店 2 在该时期的现金流更加平稳。这表明饭店 2 比饭店 1 的经营风险要低。

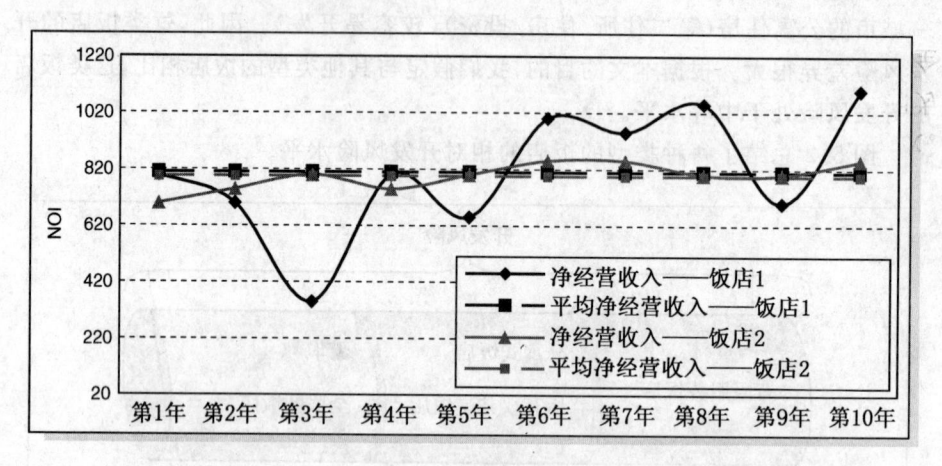

图 5.3 经营风险例证

鉴于饭店的经营结构,该风险可归因于两个主要特征:收入和经营的固定成本结构。各种动力和商业特征(可控制的或不可控制的)都对这些经营风险因素产生影响。

各种类型的饭店在经营上存在着根本的差异。例如,传统的全服务饭店通常要求平衡且基础广泛的商业组合(市场细分),公寓式饭店则较少地依赖这种经营方式。此外,全服务饭店的客房是高度易变的(每间客房需要不断地卖给不同的顾客),公寓式饭店的客房因顾客平均较长的停留时间而较不易变(然而,在两类饭店中,都不能出售昨天的空余房)。其他经营方面的区别包括:全服务饭店经营的固定成本要大于有限服务饭店或公寓式饭店(由于餐饮设施、收益组合、服务质量预期等)。此外,我们对各类饭店以往经营数据的分析表明:与全服务饭店和豪华饭店相比,有限服务饭店或公寓式饭店较少受到经济冲击的影响。

一些影响饭店运行表现的外部因素包括市场的供需状况以及开办某类饭店的入门门槛。然而,土地的稀缺、资金流动、分区限制、规划规章、官僚体制等入门门槛通常可以作为避免这种风险的保护措施。虽然大多数类型的饭店都同样存在这种风险,但是我们可以认为全服务饭店由于其较高的入门门槛,在有些情况下可以规避该风险。

就所有权共享式饭店而言,尽管其存在现金流波动的情况,但是这种饭店的经营风险被大大地降低(对于最初开发商/投资人),因为通常在开发完成之前(或即将完成时)其客房就已经被售出,这要么将风险转嫁给单元房的所有人,要么大大稀释/消除了风险。所有权共享式饭店经营的收益水平要比其他类型的饭店低(整个持有阶段的收益在10%到20%之间)。因此,在最初开发商看来,所有权共享式饭店的经营风险是最小的(除非开发商提供有保证的回报)。

图5.4总结了各类饭店的相对经营风险。

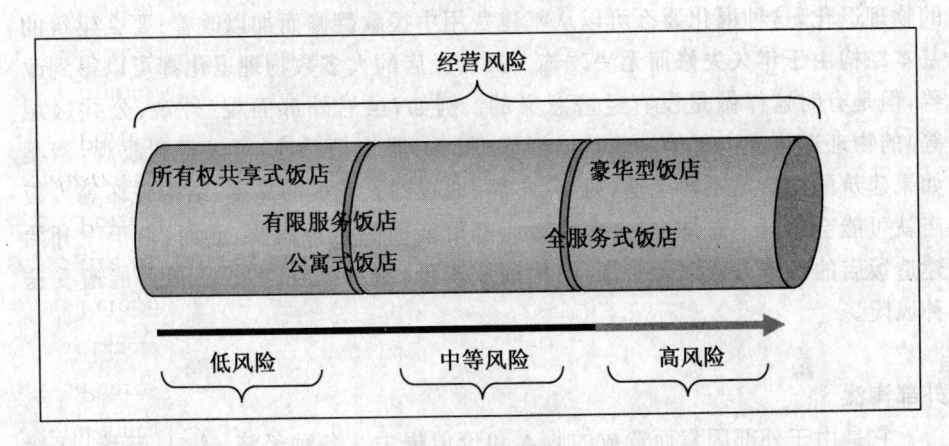

图5.4 经营风险

淘汰/退出风险

这种风险影响饭店所有者撤出投资或延伸其经济生命的能力。这种风险涉及在预期的退出阶段饭店价值可能出现的降低。它指的是饭店未来价值的不确定性。

淘汰是无法避免的对饭店持有阶段的回报有着相当大影响的经济贬值。有多种影响饭店房地产的淘汰方式,通常它们被分为内部和外部淘汰(图5.5)。

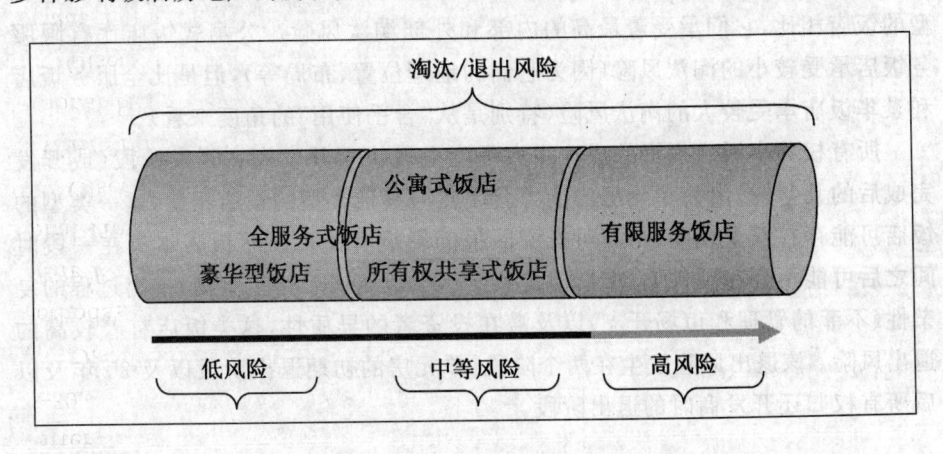

图5.5 淘汰/退出风险

内部淘汰

通常,内部淘汰是功能性淘汰,它发生在饭店的功能/运行方式与其当初建造时相比发生了变化的时候;它是为了适应新目标而进行的调整。这包括建筑的物理退化,这种退化要么可以从基建费用中拨款翻修而加以改善;要么建筑的基本结构由于年久失修而无法改善。虽然饭店的大多数物理退化都可以得到改善,但是有时这样做是没有经济意义的。例如,虽然外部面貌(外观、公共区域等)的物理退化或内部的一些具体细节(服务、器物光泽等)可以得到改观,但是如果建筑的构造已不再合适(风格、布局、地板到天花板的高度、结构破坏等),饭店就可能会过时。总体上,大多数饭店都可能面临这种淘汰,然而,由于一开始建造饭店的经济方式以及布局/结构的成本低,服务/经济型饭店更可能遭受这种风险。

外部淘汰

它是由于外部因素而造成的收入和价值损失。各种经济、人口、环境、法律和社会因素都可能影响饭店的经济生存力,而这可能是无法弥补的。例如新安全法规如果影响饭店的布局的话,将有可能使该饭店不能使用。饭店所在地区的经济、人口或社会重心的转移也可能使该饭店被淘汰,尤其是如果饭店地处二类地区(通常有限服务或经济型饭店为了减少初始土地成本以促进经济生存力,会选择这类地区)或如果饭店原所在地区随着时间的变迁从一类地区变成二类地区。

鉴于有限服务饭店的结构设计、布局、建筑结构、风格和地理位置,与其他类型的饭店相比,它们承受着最高的内部和外部淘汰风险。公寓式饭店比有限服务饭店承受较小的淘汰风险(因为它们的地理位置、布局等),但是比全服务饭店和豪华饭店承受较大的淘汰风险(特别是从"合乎使用"的角度来看)。

所有权共享饭店投资的成功很大程度上取决于开发商在开发阶段(或开发完成后的几年内)出售单元房的能力。因此与其他类型的饭店相比,这一类型的饭店可能存在双重风险(与其对投资回报的影响有关):虽然饭店本身在一段时间之后可能不会在硬件上过时,但是鉴于这类饭店属于新生事物,推出过程的复杂性(不菲的管理和市场开支)以及潜在投资者的异质性,这类饭店有着较高的退出风险。该退出风险发生在两个阶段:单元房的初期退出阶段以及20年及以后所有权归还开发商时的退出阶段。

综合与启示

基于前文的分析,图5.6总结了主要类型的饭店在其整个经济生命周期中的相对风险水平。

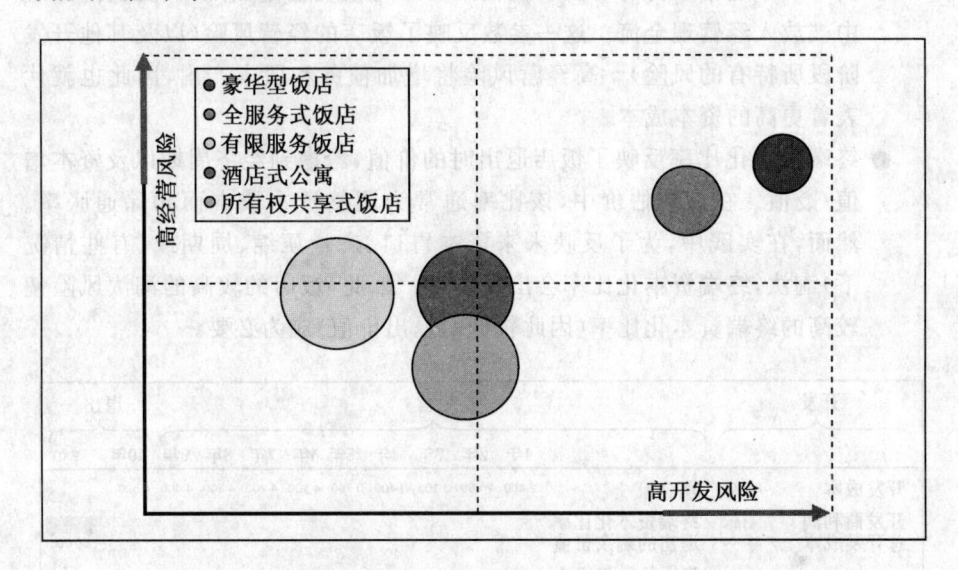

图5.6 饭店业风险矩阵(注:球体的宽度表示淘汰风险)

纵轴:高经营风险 横轴:高开发风险

图例:
- 豪华型饭店
- 全服务式饭店
- 有限服务饭店
- 酒店式公寓
- 所有权共享式饭店

各类饭店在其生命周期中所面临的风险不同。虽然全服务饭店和豪华饭店比有限服务饭店和公寓式饭店面临更高的开发和经营风险,但是高档饭店所面临的淘汰/退出风险较小。此外,虽然分享所有权饭店比其他类型的饭店的经营风险小,但是这类饭店可能面临较高的退出风险。

因此,各类饭店的根本差异对它们的投资评估、贷款特征和资产管理有着不同的启示。

通常,在对饭店投资进行评估的时候,我们会推算饭店某一时期的现金流,然后运用各种融资参数来评估投资值当前的价格。通常会把财产收益放进现金流中,以计算出某一特定时期饭店的投资值。

财产收益通常是资金成本与可能的物业升值或贬值之和。实际上,构成财产收益的重要内容包括:债务成本、股本成本、最佳/市场专属融资结构和终端资本化比率(退出时的剩余/复归值)。这些变量各自影响现金流的不同时间周期,如图5.7所示。

图5.7中投资评估的简化例证表明下列几点:

- 开发商的收益反映了开发阶段的开发风险：开发风险越高，收益比例就越高。就投资决策而言，开发总成本（包括开发商的收益——并考虑到开发风险）将与当前现金流的净价值进行比较（并考虑资金的时间价值）。
- 资本成本通常在持有阶段以及在第一年对投资的退出/所剩价值的贴现中被放入经营现金流。这一参数反映了饭店的经营风险（以及其他开发阶段所特有的风险）。高经营风险将增加债务和股本产出，因此也就代表着更高的资本成本。
- 终端资本化比率反映了饭店退出时的价值，考虑到经济周期以及资本增值/贬值。在传统估价中，该比率通常为调整资本成本而扣除通胀率。然而，在实践中，为了反映未来资本胃口、产量压缩、周期或（有些情况下）淘汰，终端资本化比率会出现波动。因此，饭店的较高的淘汰风险使较高的终端资本化比率（因此较低的退出价值）成为必要。

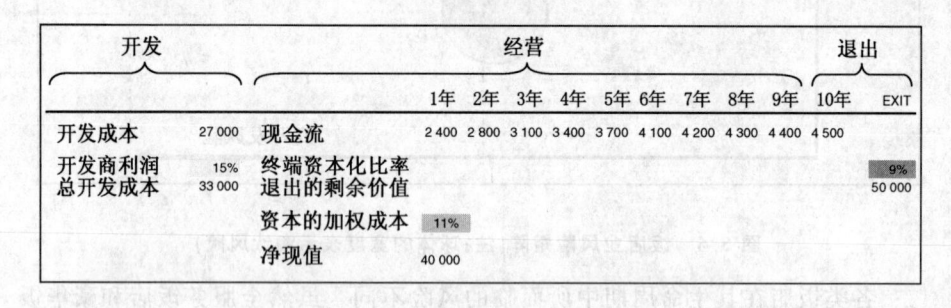

开发		经营									退出	
		1年	2年	3年	4年	5年	6年	7年	8年	9年	10年	EXIT
开发成本	27 000	现金流	2 400	2 800	3 100	3 400	3 700	4 100	4 200	4 300	4 400	4 500	
开发商利润	15%	终端资本化比率											9%
总开发成本	33 000	退出的剩余价值											50 000
		资本的加权成本	11%										
		净现值	40 000										

图 5.7 饭店评价示例

我们假定市场和经济条件相同，在前文评估的基础上，得出如下观点：
- 与全服务饭店和豪华饭店相比，经济型饭店和有限服务饭店因其较低的开发风险而开发收益较低；
- 与全服务饭店和豪华饭店相比，经济型饭店和有限服务饭店因其较低的经营风险而资本成本较低；
- 与有限服务饭店和经济型饭店相比，由于五星级饭店和豪华饭店的较低的退出风险，这类饭店的终端资本化比率较低；
- 由于有限服务/预算饭店的相对较高的淘汰风险，放款人不愿对这类饭店进行长期的子弹/气球融资这一点是不足为奇的；
- 典型全服务/豪华饭店的经理的一贯目标是让饭店的价值最大化并提高其经营现金流，而有限服务/预算饭店的管理层的目标则主要是在饭店的整个经济生命周期中使其经营现金流最大化。

遗憾的是,由于各类饭店在其整个经济周期中存在各种风险,所以关于哪类饭店的投资最安全或风险最小这一问题没有定论。然而,确定的是该产业内的风险分散是可以实现的(从投资组合的视角或在一次开发中把两类或更多类型的饭店结合起来),这将提高饭店所有人的风险调整回报。

我们强调的是这种风险评估方法是理论的或基本的,在对饭店进行评价时,各种市场动态、特征和投资者的胃口水平都应加以考虑。资本市场具有多种特征和风险因素,并常常变换对饭店投资风险的看法,这是在对一项投资进行评价时必须考虑的一个事实,只要它代表市场参与者。如在股票市场理论中一样,饭店交易中的"市场效率"是一个有争议的话题。

最后,我们需要强调的是任何饭店投资相关的风险都是由该投资的特征决定的,这些特征包括:地理位置、不动产、所有权以及管理等。

各类饭店投资者都有不同的风险组合,投资兴趣和刺激物以及时间观。只有更好地理解这些方面,我们才能选择饭店的类别和风险。

第六章 饭店业战略管理中的资金成本分析

Melih Madanoglu[①]

引言

有见识且行之有效的资本投资决策对于任何一家成功企业来说都是至关重要的。然而,在投资一个项目之前,领导/管理人员应做出三个关键性判断以确保商业计划的可行性:资产经济使用年限、项目在未来产生现金流量和能合理解释所投入资金时间价值和由于在该项目中所承担风险而补偿投资者的贴现率(Olsen 等,1998)。尽管前两项在估算时相当具有挑战性,然而最后一项却更富挑战性。在其关于资本成本的著作中,Ogier 等(2004年)举了一个很好的例子。我想用之来引出本章介绍。依据本章需要,恕我冒昧地修改原故事情节。设想一下,你本人正站在一条河流岸边,你的目标是用尽可能少时间在被打湿程度最小的情况下过河。在过河之前,你需要向当地居民求助以便知道哪些垫脚石是安全可靠的,河水流速和粘度是怎样的,什么时候该转弯及在河床的哪些石块有松动的可能性。这种情况与当今世界上贸易投资如出一辙。也就是说,管理人员需对他们投资做出有见识的决策且获悉作为投资者所承担风险的补偿,股东们期盼可接受最低收益率。此外,如果一项投资是由债务和股本所组成,那么管理人员需对在该项目中所使用总资本成本进行评估以便能支付债权人。本章试图编写成关于饭店管理人员和从业人员资本成本估算实战技巧指南或手册。然而,在涉及资本成本实际问题之前,将从理论角度对一些相关概念加以讨论以便能更好地理解这一重要课题的背景情况。

[①] 佛罗里达州麦尔斯堡佛罗里达湾岸大学度假与饭店管理学院助理教授

风险

在讨论资本成本估算这一核心问题之前,定义什么是风险并说明它在投资决策中起什么作用是很有必要的。在饭店业中,风险通常被定义为在一项投资项目运作期内收益的变量(可能产生结果)(Choi,1999;Olsen 等,1998)。对于在商业环境中力求竞争的每一家公司而言,风险概念是其根基。金融学理论认为股东们面临两种风险:系统性风险和非系统性风险。

系统性风险指诸如货币和财政政策方面的变化、能源成本、税法和市场人口统计数据等。金融学者们指出一家公司股票收益变化总是与宏观经济整体上的影响是同步的,或是股东收益变化与风险变量相一致(Lubatkin 和 Chatterjee,1994)。换言之,一家公司系统风险水平取决于与之有关的一般经济力量及反应能力的不确定性程度,或是取决于该公司对这些经济力量能获得收益的敏感性程度(Helfat 和 Teece,1987)。换言之,这类风险是存在于公司外部的,是不受其控制的。然而,由于破产所造成的主要客户流失是非系统性风险或企业特定风险的一种来源(不确定的或利益相关者风险)。非系统性风险的其他来源还包括:高层管理人员的去世、生产设施起火及至关重要产品技术的突然过时等(Lubatkin 和 Chatterjee,1994)。非系统性风险是指个体投资者通过投入资金在多家公司股票中以消除风险的一种风险类型。然而,这一定律可能不适用于公司管理层,因为某一项目的成功与否决定公司内管理人员任期的长短。

金融管理方面的风险

传统金融学理论认为:"证券组合投资是指投资者为了规避风险,通过持有一系列分散股票组合来消除投资任何一家公司所带来的非系统性风险(差异)(Markowitz,1952,1959)"。Markowitz 率先把决策理论应用于投资中,并声称,"最优化组合投资的特点在于某一证券为了规避组合投资风险而在预期收益上的折衷。"既然该理论关键点在于证券风险主要是由组合投资带来的风险,而不是它本身所具备的风险,所以该理论认为与投资者息息相关的风险仅为那些系统性、与市场相关且收益上有差异性的风险(Lubatkin 和 Schulze,2003;Rosenberg,1981)。该理论认为投资者应只关注替代性机会投资可能会对组合投资的风险收益特性产生的影响。然而,资本资产定价模型(CAPM)(Lintner,1965;Sharpe,1964)(后面将就此详细讨论)并没有清楚解释投资者应该用什么标准来挑选替代性投资以及该如何评估这些投资的风险特征。此外,资本资产定价模型认为由于投资者能以相对较低成本,通过分散投资和其他财务战略来消除他们不愿意承担的风险,因此对管理层来说,从事风险管理活动的必要性不大(Lubatkin 和 Schulze,2003)。

战略管理方面的风险

相反,战略管理领域所依据的前提是为了赢得竞争优势。公司在这方面必须运用富有竞争力的投资方法(产品和服务组合),做出战略性或很难以被扭转的投资,为其股东、员工和客户创造价值,而且所运用投资方法是对手难以模仿的(Olsen 等,1998)。这些投资保护了企业收益,使其免受由于竞争压力所带来的影响,且使各公司可提高其未来现金流量,同时降低了与其相关的不确定性。企业特定风险管理占据战略管理理论核心地位(Bettis, 1983；Lubatkin 和 Schulze, 2003)。从这个角度看,管理层应努力避免那些会给公司制造附加风险的投资。Bettis(1983)进一步声明:"资本资产定价模型(CAPM)强调各公司收益上的平衡(即系统风险),把战略主要关注的管理行为问题降为第二位。管理行为试图延迟收益的核对(即非系统性风险)。"因此认为系统风险最重要的主张受到了组合投资理论中两个富有争议性的假设的挑战:股东们完全多元化和资本市场在没有交易成本和税收等情况下的不良运作。然而,一些股东并没有完全多元化,尤其是公司经理层,他们在某一家公司投入了大量财力和人力(Vancil,1987)。此外,交易费用,诸如佣金,很难阻止其他股东完全排除非系统风险(Constantinides,1986)。最后,税收使得所有股东或多或少地关注非系统风险(Amit 和 Wernerfelt,1990；Hayn,1989),因为债务融资利息的扣税,从而让公司能从股东及政府那里获得资本成本的一部分。因此,公司可在一定限度内通过债务融资投资,而不是在股本投资方面为股东们创造价值(Kaplan, 1989；Smith, 1990)。限额方面则由公司被允许借贷量和债务量决定,两者都取决于公司收入来源的非系统性变异量。Lubatkin 和 Chatterjee(1994)认为:"债券市场有利于非系统性风险低的企业,因为它们不太可能拖欠贷款(饭店业企业在这方面尤为突出)。"总之,针对股东多元化,有关交易成本和杠杆的讨论表明:某些股东可能会担心非系统性风险和市场风险等因素,因为这些因素决定了一家公司的股票价值(Amit 和 Wernerfelt, 1990；Aron, 1988；Lubatkin 和 Schulze, 2003；Marshall 等,1984)。

资本成本

资本成本指某一家公司在其投资项目上须获得的收益率,用以维持其市场价值以便能为其运作继续吸引所需资金(Fields 和 Kwansa, 1993；Gitman, 1991)。因此,如果公司在其所承担项目中获得了比该项目资本成本更高的收益,那么公司会多分给其股东更多收益。就企业价值评价、项目评价和资本投资

决策等方面而言,资本成本就像一个能起稳定作用的锚。资本成本通常被称为加权平均资本成本(WACC):

$$WACC = \left(\frac{E}{V}\right) \times R_E + \left(\frac{D}{V}\right) \times R_D \times (1 - T_c)$$

其中 E 是股本市场价值,D 指债务市场价值(因此 $V = E + D$),T_c 是公司税率,R_E 指股本成本,R_D 为债务成本(Copeland 等,2000)。这的确很难估算,需要经过仔细审议。假定公司所发行债券是由主要债券评级机构,如标准普尔和穆迪等来进行评估,那么债务成本计算起来相对简单些。因此,这些评级可被用来作为计算债务成本的指南。此外,投资者可以利用债券到期收益率或是与债券评级相一致的收益率,把公司长期债务利率平均来算是另一种计算债务成本的方法。如果某一企业没有任何悬而未决的债券和长期债务,那么估算其债务成本就会变得很难。股本成本很难就其本身进行估算。首先,一般使用以前的数据来进行股本成本估算,但这可能会被其商业周期、受异常事件影响的公司股票收益(如饭店发生火灾)和投资收益(例如,2001年的"9·11"恐怖事件)等紊乱而无法进行评估。其次,虽然在过去40多年里已产生了几种行之有效的方法,然而没有哪一种方法能产生始终如一和值得信赖的估算。最后,管理人员/企业家将面临更大挑战,因为他/她需要对其餐馆或饭店所需率进行评估。下一节概述了在实际操作中财务和战略管理方面常用的一些方法。

股本成本

股本成本是指某一家公司必须返回给那些放弃其他投资机会且成为其所投资公司的股东的收益率。然而,因为公司并不承诺支付多少股息和提供多少股票收益率,所以股本成本是一个复杂的概念。由于在股东和公司之间没有任何合同协议,所以评估所投资股票预期收益率就是极具挑战性的。幸运的是,有一些模型可以帮助解决这一具有挑战性的任务。下一节将概括过去40年来,在研究人员和从业人员中赢得口碑的几个主要股本成本模型。

普通股本成本模型
股利增长模型

早期前瞻性方法之一指最初由 Gordon(1962)发展演变而来的股利增长模型(DGM)。它提出了一种能估计贴现率且能解释风险的非常经济科学的方法。股本成本的红利增长办法可阐述如下:

$$k_e = \frac{dps}{p} + g$$

其中，k_e 为普通股成本，dps 指每股预期分红，p 是当前每股市场价格，g 指预期股利增长率。

该模型假定，随着时间的推移，所获得留存收益价值的成功再投资将导致其不断增高和红利增长。因为不同公司在其股息支付率方面变数很大，所以这种方法的隐患是过分简单化（Helfert，2003）。这源于在实际情况下，普通股股东属于那种所有收入中并不预留承担其他债务的剩余业主，且支付红利通常只占普通股累计收入的一部分。另外，应用这一模式的主要困难在于确定具体股利增长率，而这是建立在以往经验与未来业绩之间的整合的基础之上的。另一个关键性问题是如果公司不是股息支付者，该模型就无法使用。

资本资产定价模型

资本资产定价模型（Lintner，1965；Sharpe，1964）是基于一种积极风险收益权衡的假设且断言资产预期收益率是由三个变量决定：β（股票对整个市场运作的反应函数），无风险收益率以及预期市场收益率（Fama 和 French，1992）。该模型假设投资者能规避风险且在选择组合投资时，他们只关注所选那一期投资收益的均值和差异性。这一论点在本质上而言是 CAPM 模型的基石。该模型可阐释为：

$$E(R_i) = R_f + [\beta \times (R_m - R_f)]$$

其中，R_m 是指股票和证券市场收益，R_f 是无风险利率，β 指衡量市场资产组合与风险资产之间协方差的系数，$E(R_i)$ 指 i 股票预期收益。

虽然 CAPM 被吹捧为应用起来相对简单的模型，但是其他几项研究（Lakonishok 和 Shapiro，1986；Reinganum，1981）提供证据表明 β 和收益方面的积极关系在 1963 年至 1990 年期间却无法被证明。特别是近 20 年来，研究者提出了更有力的证据，这些都与由 Fama 和 French（1992,1993,1995,1997）以及 Roll 和 Ross（1994）所倡导的资本资产定价模型（CAPM）背道而驰。研究人员们向 CAPM 模型发起挑战，宣称："一、很难找到适合市场投资组合的合适的代理权；二、CAPM 模型似乎在计算股本成本时并不能准确地反映股权公司的规模；三、并非所有系统性风险因素都能在市场组合投资收益方面被反映出来。"从战略管理角度看，企业管理人员面临以下方面问题。对于资本资产定价模型而言，建议管理层应通过关注 β 函数或公司系统风险来加强本公司整体市场风险管理，而不是像投资者那样只关注企业特定风险（非系统性风险）。Chatterjee 等（1999 年）称这里存在两个难题：第一，降低 β 函数，这要求管理层以比投资者自己进行交易更多样化的投资组合和更低的价格来降低投资者在宏观经济中的不确定性；第二，淡化企业特定风险的重要性，这不仅违背了战略管理理论而且致使企业破产(Bettis, 1983)。因此，公司执行董事不得不考虑该项目的整体风险，因为不像持有多家公司股票的投资者，执行董事可能无法通过在多个项目中投资的方式来分散他/她所投资公司的风险。

套利定价理论

另一个突出股本成本的模型就是套利定价理论(APT)，它由 Ross(1976)提出。该模型指出，不止是 β 影响着系统性风险。

APT 是建立在重大宏观经济因素影响证券收益这一假设的基础之上的。套利定价理论(APT)认为，无论投资者怎样彻底进行分散投资，他们都不能避免这些因素。因此，投资者将精确"定价"这些因素，因其是风险源泉，不能被多元化分散掉。也就是说，持有风险证券的投资者将要求获得预期收益赔偿(Goetzmann, 1996)。

虽然该模型没有清楚详细说明是哪些危险因素，但是套利定价理论(APT)解释了风险和不确定性的众多可能来源，而不是解释对于所有持有相同投资组合的投资者而言的均衡。更为严格地说，APT 是基于一种某些重大宏观经济因素影响证券收益的假设。套利定价理论(APT)阐述说："无论投资者怎样彻底进行分散投资，他们都不能避免这些因素。因此，投资者将精确"定价"这些因素，因其是风险源泉，不可能被多元化分散掉。也就是说，持有风险证券投资者将要求获得预期收益赔偿。不像资本资产定价模型(CAPM)，这种风险性是可通过因子 β 来测量的(Goetzmann, 1996)。

Chen 等(1986)设法确定 5 种宏观经济因素。在他们看来，这 5 种因素解释了预期资产收益：衡量实际实物产量经济状况的工业生产指数；通过国库券量(TB)和消费者物价指数(CPI)之间的差异值的测量得出的短期利率；用消费者物价指数意外变量来衡量的短期通货膨胀；可用美国政府债券长期和短期到期收益率差值来衡量的长期通货膨胀；由 Aaa 级和 Baa 级长期企业债券到期收益率差额来计算的违约风险(Chen 等, 1986; Copeland 等, 2000)。

套利定价理论(APT)描述投资者通过分散投资，规避风险的明智行为，但他们可自己选择其风险的系统配置以及选有 β 特殊数组的投资组合而获得收益。APT 理论允许偶尔定价不当事件的发生。投资者不断寻找有关这些定价不当的信息，并且一旦发现就加以利用。换言之，APT 理论实事求是地反映了我们所生活的这个世界(Goetzmann, 1996)。

虽然 APT 理论拥有上文所述的种种好处，但是这些好处却伴随着一些弊端。APT要求投资者能察觉风险来源,且对这些因子有着理智评估的敏感性。事实上,即使是专业人士和学者就风险因子的确定也还尚未达成一致。他们要估算的β_i越多,他们所忍受的统计噪声就越多。最后,这种模式并不能给企业管理层提供太多指导,因为其主要是侧重于投资者方面的研究。

Fama-French 三因子模型

CAPM理论的主要倡导者Fama和French(1993)发现,如果在平均收益和β系数之间持平,那么会对股票收益产生较强规模效应。因而,他们发展了近年来备受学者和饭店业内人士青睐的一个模式。Fama-French(FF)模型是一种多因子模型。此模型认为是因子而不是市场运作和无风险利率影响证券价格。FF模型是多元回归模型,该模型把企业规模和财务危机结合在一个回归方程中。该FF模型通常表示为:

$$E(R_i) - R_f = (\beta_i \times (R_m - R_f)) + (s \times SMB) + (h \times HML)$$

其中,β是测量市场投资组合风险资产协方差的系数,R_m指市场收益,R_f指无风险率,s为斜率系数,SMB指在小公司和大公司股票组合投资方面收益差值(低于或高于纽约证交所中位数),h为斜率,HML即为高的BE/ME和低的BE/ME股票(股本账面价值/市场股票)之间投资组合收益的差值(高于0.7和低于0.3股东权益账面价值/市场股票的分位数值)(Fama和French,1993)。规模因子注解为SMB风险溢价,即规模可按市值计算。在Fama-French模型理论中(1993),SMB被描述为三项小投资组合平均收益减去三项大投资组合平均收益。HML是指两股有价投资组合平均收益值减去两股增长投资组合平均收益值(Fama-French,1993)。高的BE/ME(有价)股票总是与风险紧密相联的,因其能造成股本账面价值收益持续走低,从而导致股票价格降低。在实践中,FF模型理论表明持有小资本公司且有很高账面对市场价值比率股票的投资者(Annin,1997)需获得他们所承担额外风险的补偿。规模参数正如Barad(2001)在其研究报告中所辩称的那样——在过去75年(1926至2000)间,小型股以平均5.4%优势胜过大型股。然而,Fama和French(1993)的研究发现账面对市场的因子(HML)在1963年至1990年期间产生每月平均0.40%风险溢价($t=2.91$)。作者认为这个值无论是从实际方面和统计方面都是很大的。

饭店和旅游业股本成本研究

估算股本成本最佳方法的切入点可通过对饭店和旅游等领域已有的相关方面的研究获得。Fields和Kwans(1993)在其研究中,直接针对股本成本进行调查,建议使用纯估算方法对多元化企业各部门股权成本进行评估。后来,又有一些研究调查了宏观经济变量是如何在饭店业(饭店和餐馆)中影响证券收益的。第一项研究来自 Barrows 和 Naka(1994)。他们的研究范围从 1965 年至 1991 年这 27 年期间,所使用的 5 个系数与 Chen 等(1986)研究的 5 个系数略微不同。Barrows 和 Naka 推测股票收益是以下 5 个系数的函数:

$$收益 = f(EINF, M1, CONN, TERM, IP)$$

其中 EINF 是预期通货膨胀,M1 指货币供应量,CONN 为国内消费量,TERM 指利率的期限结构,IP 为工业生产量。结果显示,在美国饭店股票方差保持在 0.05 水平以及各因子占饭店股票方差 7.8% 时,没有任何宏观经济因子在这些方面的解释是让人信服的。然而,EINF、M1 和 CONN 对美国餐饮业股票收益率变化有着显著的影响。就 β 系数而言,EINF 会对其产生负面效应,而 M1 和 CONN 则与餐饮股票收益成正比关系。该假设模型解释餐饮股票方差为 12%。本文研究者警告:"由于餐饮和饭店投资组合规模小,因其分别代表了 5 家餐饮股票和 3 家饭店股票,其结果应予以谨慎说明。

第二项研究是由 Chen 等(2005)对台湾证券交易所上市饭店股票展开的研究。在他们的研究里,宏观经济变量指知识产权、物价指数、失业率(不稳定平衡点)、货币供应量(M2)、10 年期政府债券收益率(LGB)和 3 个月 TB 率。这些变量被用于以下方法中:消费物价指数用于估算 EINF,而 LGB 和 TB 用于计算收益率差值(SPD)。基于以往研究文献中 6 次系列数据,本文研究者们达成共识,主要使用了这 5 个宏观经济变量,即知识产权(知识产权变化)、EINF、失业率(失业率变化)、货币供应(货币供应量变化)和 SPD(收益率差值)等。这 5 个变量只解释饭店股票收益率变量为 8%,而其中仅有两个变量都保持在 0.05 水平(货币供应量变化和不稳定平衡点)。货币供应变量的回归系数与饭店股票收益成正比,然而失业率变量和饭店股票收益之间成反比。

Madanoglu 和 Olsen(2005)提出了一个概念框架,建议在进行饭店业股本成本估算时应把一些无形变量考虑进去。其中一些变数包括人力资本、品牌、技术以及安全保障等。众所周知,这些变量是与饭店业相关的。然而,以往那些数据并没有把他们包括在股本成本估算中。

饭店业目前模式的缺陷

对于如何在资产负债表上处理资产这一问题,跨国饭店上市公司往往在某些重要方面会有所不同。其中许多公司实际上并不拥有自己的资产,他们是通过管理合同或特许经营协议来实现未来现金流量。在许多情况下,他们也可以租赁饭店或餐馆,而这些租约并不会出现在他们的资产负债表中。反之,这些公司却在持有这些租约的公司中拥有股权。因此,确切地估算饭店业公司账面价值几乎是行不通的，这一点使得 FF 模型理论实际操作起来很困难。

Sheel(1995)在其饭店业研究中首次指出："资本资产定价理论似乎并不能满足此行业需求，呼吁要对此行业中特定因子做进一步研究。"在主流金融经济学研究中，Downe(2000)主张说："在不断增长的收益里，风险不能被视为一个只有系统因素的函数，同理 β 也不能只被认为是一个系统因子函数。"他指出饭店业公司所处地位及行业本身都可成为风险因子。

因此，在行业中占据主导地位且能成功适应商业环境复杂状况的公司，与其竞争对手面临不同的风险层面。这种说法特别适用于饭店业背景下的公司，如麦当劳和万豪饭店等，基于不同部门市场份额的不同，他们可能会表现出不同风险模式。至于 FF 因子，饭店业专业人士对像账面与市场价值比率(HML)的衡量持怀疑态度。一些饭店业专家认为 HML 对于此行业来说是一项不合适的测量，把此归因于一个现实，价值通过其资产获得的企业与价值来源于无形资产的企业间的差异不如一些制造企业间的差异明显。虽然 Jagannathan 和 Wang 的研究(1996)在他们的股本资本成本模型上增加了人力资本变量，但是它所测量的人力资本效应是从宏观经济角度来研究的，而不是从大多数饭店企业的实际经营的微观层面上来研究的。换言之，整体劳工指数可能无法正确反映饭店业的人力资源情况。

正如 Fama 和 French(1993)所指出的，他们的研究(FF 模型)还有许多悬而未决的问题。其中最重要的缺陷就是他们的研究并不能表明在证券收益方面规模大小和账面对市场因子是由公司盈利随机行为所驱动。这意味着公司的基本方面还不为人们所了解，诸如盈利能力或增长引起与规模大小和 BE/ME 因子相关收益上的普通变量等，且这种变量并不能从市场本身收益那里获得。作者们进一步质疑具体基本法则是否可确认为状态变量，即描述投资机遇变化的变量，而这些变量是独立于市场之外且附带着与一般市场风险不同的风险溢价。这个问题对于饭店业管理层而言，是至关重要的。因为他们一直致力于识别公司股票收益的主要驱动因子有哪些，并努力为股东创造价值。就当前的现状，股本成本模型理论远不能满足饭店业需求。正如 Fama 和 French(1997)指出，通过这些模型所得出的股本成本估算的结果是令人沮丧的，因为不精确。

在其研究中，如果用 CAPM 和 FF 模型来估算股本行业成本，那么每年多于 3% 的标准误差也就不足为奇(Fama 和 French,1997)。他们指出大的标准误差主要是由真值因子风险溢价的不确定性所驱动的。由于饭店业是众多单体的集合体，各自都有自己独特商业环境和股权结构收益方式，所以这意味着标准误差、每家公司股本资本成本、单个单位(一家饭店或餐馆)的根基，或是一个新项目等方面将会更加不精确。因此，股本成本风险决定因素以及个别经营单位风险因子载荷将会更难以估计。因此,考虑为什么要进行股本成本估算,这一点非常重要(例如,一个项目、业务部门或整个公司的股本成本估算)。特别是对某一项目进行股本成本估算时,在未涉及该项目的折现率之前,可能需要考虑几个因素。这些因素可能是该项目的地点、本地/区域竞争、政治风险、信用风险和其他方面的风险特质。因此,Ogier 等(2004)建议说:"在进行某个项目股本成本的估算时,该项目风险将比该公司决定投资的风险程度重要得多。"换句话说,当万豪饭店集团决定在肯尼亚首都内罗毕市做资本投资时,万豪高管们将更多关注与该项目周围有关的那些风险。

债务成本

与股本成本不同,债务成本并不需要使用复杂的理论模型来计算。相反,债务成本指某一公司可向贷款人(例如银行)所借资金的比率,或如前所述公司可发行债券的比率。一些专家警告说债务保证收益率和债务预期收益率是两个不同的概念。换句话说,当一家公司按时偿还其合同债务时,它是在向贷款人支付其债务保证收益率。然而,在现实中,总是存在着违约的可能性,因此保证收益率与违约概率之间的差异刚好等于预期收益率。因预期收益更为符合实际情况,所以它被视为债务实际成本,虽然许多教科书把债务成本作为保证收益率来计算,但应当指出,计算预期收益率却更有意义,因为它不仅包括市场系统性风险,而且还包括了该公司企业特定风险。

另一种计算债务成本所面临的挑战可能指某一家公司使用了多个债务工具(例如,银行贷款,商业票据,债券等)。在这种情况下,基于其债务组合权数,在计算时平均各项债务比率可能会很有效。然而,更简单的方法是使用"一般长期债务率",这可依据公司债券现行汇率或公司可借长期贷款现行汇率计算出来(Ogier 等,2004)。最后,在估算债务成本时,节税问题应给予慎重考虑。例如,虽然大多数金融方面的教科书用 35% 或 40% 作为美国公司税率平均值,但研究发现,普遍情况却是那些卓有成效的公司税率往往比法定税率要低。因此,管理层应对整体情况进行评估,且决定从长期来看是否公司实际税率预计将继续低于法定公司税率。如果是这种情况,那么他/她应使用计算债务成本实际税率。但是,如果较低实际税率是短期性的,那么公司应该使用法定公司税率,而不是实际税率(Ogier 等,2004)。

饭店业中其他资本因子成本

人力资本

  饭店业是整个服务行业的一个组成部分。为了维持和发展其业务,饭店业离不开相关人力资源。在竞争日益激烈的环境下,人力资源因素成为能创造持续竞争优势的关键之一。因此,Murphy(2003)指出,饭店业应该学会从一个全新角度去看待它的员工,人力资本是一项战略性无形资产(知识、经验、技能等)。这意味着,像其他资产一样,人力资本是决定企业价值的重要因素。但是,有研究认为:"人力资源费用支出方面的研究"还处于起步阶段,原因在于缺乏企业人力资源数据使研究严重受阻"(Lev,2001)。

  Caroll 和 Sikich(1999)认为:"追踪研究至少三年劳工成本史将有助于确定与劳工成本有关的"溢价"的币值。这可能是所有劳动力/效益成本高于联邦政府规定最低工资的缘故。"本文研究者提出的其他可用技巧如下:(1)设计一个评分系统来阐明生产力与基准线和各部门劳动力/效益成本溢价之间的关系,(2)建立一个度量体系来衡量客人体验标准工作效率和设施标准,并有针对性地在各部门原有基础上提高收益。Bloxham(2003)主张对某些人力资源费用支出进行调整以便在投资期间将其资本化。运用这种办法,一次性人力资源成本被分期偿还且被价值创造方程式资本化,这一点试图证明人力资本投资远不止是公司运营中的一个成本项目。

  这些费用成本包括招聘、面试、雇用成本、一次性聘用奖金、搬迁费用和培训费用等。这些费用成本被资本化且在公司雇员任期内被平均分摊。在这种情况下,如果员工流动率高,那么这些费用将在较短时间内被分摊(因此成本会更高)。然而,如果员工任期较长,公司可把所用费用分摊在较长时间范围内。Kalafut 和 Low(2001)发现在由凯捷安永中心业务创新(CBI)进行的航空业的研究中,雇员类别是对公司市场价值影响最大的一个价值驱动力。雇员因子与公司价值呈 0.68 正相关。因而,Kalafut 和 Low(2001)得出结论,从总体上来看,员工质量和人才、劳资关系质量以及员工多样性在航空公司价值创造过程中是至关重要的。基于更高质量人力资源会减少员工流动性且提高员工生产力的研究,以上参数是可以被证实的。这样就带来了更好的组织绩效,稳定了现金流量,从而降低了公司股票收益的不确定性。因此,可以预计,实施制度化和高素质人力资源管理的饭店公司将获得更为实际的股本成本估算,而这些实际操作是与较低风险联系在一起的。

品牌价值

虽然品牌概念与专业文献和商贸文献的定义会有所不同,但是这一基本概念是指一个与众不同的名称,客户对此有较强识别力并愿意在购买时支付高于平均价或者指顾客购买这种商品频率高于其他商品(Barth 等,1998)。

品牌是指某一供应商所提供的产品和服务。品牌因其名称而有所不同且能感知消费者期望。品牌是重要和宝贵的,因其能为未来现金流提供"确定性"(Murphy,1990)。然而,由于还不太可能对品牌价值进行估算,因此其价值不能具体反映在公司资产负债表上。然而,饭店业已经对品牌价值重要性方面做了很多研究,但未能明确证实品牌在减少企业现金流量差异时的作用,从而有助于降低公司资金成本。Srivastava 等(1998)举了一个例子加以分析,以市场为基础资产(作者使用这个术语以代替无形资产),如何成功地通过与客户建立优质关系而降低成本,实现企业价格溢价并且创造了竞争壁垒(通过客户忠诚度和转换成本来实现)。

所有这些因素得出一个结论,即强大品牌效益减少了未来现金流量的不确定性,反过来降低了投资者由于投资某一公司所承担风险因而要求获得收益。在对制造业进行品牌价值估价方面,Murphy 引用了以下方法(1990):

- 估价是建立在所有营销总成本、广告总成本以及在规定期限内对品牌进行研发总支出的基础上的。
- 估价是建立在品牌产品与非品牌产品的溢价基础上的。
- 按市场价值估价。
- 根据不同消费者的相关因素,诸如自尊、识别能力或意识等来估价。
- 根据未来收入水平折算为当今价值进行估价。

在进一步研究分析时,研究者们拒绝使用这些方法,因为如果事实是这样,那么品牌价值就是其开发成本的函数,从而品牌失败将被归因于价格高的缘故。此外,仅基于对消费者尊重或认识品牌估计将与商业现实情况没有任何关系(Murphy,1990)。

为了把品牌价值与公司证券收益联系起来,Simon 和 Sullivan(1993)提出了基于公司价值来估算该公司品牌资产的一种方法。它是通过估算有形资产成本,然后减去该公司市值从而获得无形资产价值。第二步,研究者们试图把无形资产分解成品牌价值和非品牌价值两部分。他们利用了 Aaker 和 Jacobson(1994)的 EquiTrend 品牌质量测量方法来评估 100 个主要品牌的质量。研究品牌质量,衡量和股票收益率之间的关系,并得出结论,认为这种关系是成正比的。

根据 Murphy(1990),就开发品牌利润多样化而言,唯一合乎逻辑且前后一致的方法就是品牌实力理念。品牌实力是由 6 个加权因素综合而得:领导力、稳定性、市场、趋势、支持和保护等。根据不同加权数,品牌依据这些因素中每一项来划分,由此产生众所周知的"品牌实力评分"。品牌实力概念的另一补充说法源于 Prasad 和 Dev(2000)。他们通过品牌客户评价体系研发了一个假定品牌资产指数,即把5个重点品牌属性使用到两套指标中,即品牌表现和品牌意识。品牌表现是通过产品或服务整体满意度、收益意向、价格感知和品牌偏好来衡量,然而最高衡量标准却是品牌意识。Olsen(1996)提出品牌有关价值驱动因素具体到了饭店业,例如品牌淡化和品牌诚意比率等。品牌淡化是关系到新公司中有多少个子品牌必须被引进以维持其增长的问题。然而,品牌期限却涉及品牌组合中饭店占多少比例能满足当前品牌标准或品牌承诺问题。因此,有人认为拥有较高品牌实力的饭店公司将能实现更低股本资本成本。

技术投资和利用

根据 Connolly(1999)的研究,困扰饭店业技术进步的其中一个最大的问题就是很难计算其投资收益。直到最近,大多数技术投资已经考虑使用源自制造业模式的支持或实用心态。

现行政策并不依靠理性商业评估,而是更多依赖信念。因此,饭店业被视为在使用技术方面落后于其对手行业(Sangster,2001)。这部分归因于饭店业本身的分散性。然而,这也被认为是与饭店老板缺乏经验和对技术投资缺乏了解密切相关(Sangster,2001)。Connolly 进而指出:"现在的金融模型理论对尚处考虑中的大多数科技项目而言,估算其薪水与福利是远远不够的。虽然饭店业有自己的专业模式和足够经验来决定其财政收益或在某一城市成功地新开一处产业,但是它缺乏同样的严格模式和技术方面的历史数据,特别是当每一项技术项目是独一无二的时候。虽然此问题对于饭店业来说不是特定的,但因该行业在技术上趋于保守,基于对长期价值承诺而不愿采用新技术,特别是当它不能量化其结果并计算界定其投资收益期时,这尤其是个棘手的问题,当投资存在不确定性或现金流量时间难以预料或是投资有风险时,业主和投资者很可能会把他们的资金投资到有一定收益且风险最小的项目中。因此,依据这一思想,技术相比其他优先事项和行动来说,始终处于次要地位。必须努力改变这种思维,发展可准确预测和获得由技术革新而产生经济利益的金融模型理论(Connolly,1999)。"虽然没有硬性规定来促进技术投资评估,但是技术正在改变饭店业的经营方式,这一点是众所周知的。特别是在新千年之初,互联网的广泛使用带动了饭店客房库存持有人控制权的问题。

因此,企业更应充分利用信息技术以适应市场,销售他们的易变产品(饭店客房)。这样企业可能实现其未来现金流量的较少变化,因为他们能够保留对价格的较强控制。本文研究者承认一个事实,即以往研究文献并没有在股本资本成本和技术利用之间提出一个直接的因果关系。

然而,基于上述论点,本文研究者主张:"在技术方面明智地进行投资的企业可以获得更高日均房价或每间客房的营业收入,这反过来将导致企业在现金流量方面的差异性减少"。因而,更好地利用信息技术可能会降低公司未来收益的不确定性。就其结果而言,在实际操作中成功利用和运用技术的饭店公司,其资本市场将让其分担较低风险溢价。

安全和安保

在饭店业中客户安全和安保问题涉及到建筑安全法规、循环水泳池细菌污染、餐厅食品卫生及饭店犯罪率统计等方面(Olsen 和 Merna,1991)。在旧金山大地震和雨果发生飓风之后,饭店业在安全与安保方面需做出更多承诺,这一点在1990年显得尤为突出(Olsen 和 Merna,1991)。这些事件以及其他所有事件高潮引发饭店业努力承担起风险和与客人有关安全和保障方面的责任。Ray Ellis 是美国饭店和汽车旅馆协会风险管理和风险操作方面的理事,他在1991年主张说:"在海湾战争结束后,该行业日益增长的安全利益远远超出其无形资产,例如内心的宁静(Jesitus,1991)。"Ellis 强调说:"提高安全和保障将大大降低公司财产保险费,从而使其有更多资源投资于运作方面。"虽然,Ellis 说在海湾战争后,恐怖分子袭击美国的可能性比较小,但他警告说:"饭店,特别是服务于国际市场的饭店应对纵火和炸弹威胁保持高度警惕。"国际饭店和餐馆协会于1995年确定了安全和保障是推动全球饭店业发展的主要驱动力之一(Olsen,1995)。随着世界贸易中心2001年被炸毁,随后在巴厘岛和肯尼亚爆发了恐怖袭击,这些显然说明,对于与旅游相关的所有企业而言,恐怖分子的出现目前已成为其主要风险。2003年2月,联邦调查局(FBI)提醒其执法合作伙伴说:"软目标,例如饭店容易受到恐怖袭击"(Arena 等,2003)。这份报告支持了由 Olsen 提出的观点(1995,2000),即易受恐怖分子袭击的饭店业应把这一风险纳入其资金成本估算中。

因此,饭店产业管理人员应该把这一风险因子实际运用到其未来资本投资决策中去。此外,食品肠道传染病爆发、游艇上传染性细菌疾病发生、犯罪率增高、人类免疫缺陷病毒(艾滋病毒)的日益增长的威胁和其他病毒性感染,如严重急性呼吸系统综合症(SARS)等对于全球饭店业的经理们而言,也提出了重大挑战。这些必须被视为重要风险变量,这无疑将对资本成本估算产生影响。虽然上述因素在某一项目资本成本估算时是至关重要的,但是没有任何方法可以量化这些因素并将其应用到股本成本模型中去。然而,建议管理层应考虑这些行业的具体风险因素,然后再做出投资决策。

全球/多国项目

到目前为止,以上这些模式远不能提供一个在全球体系或跨国项目中进行股本成本估算的指导方针。为了填补这一空白,学者和从业者们发展了调整模式以解释在发展中国家和新兴国家市场之间股本成本的差异性。这些调整模式主要关注的问题为新兴市场与世界市场是分割开的还是一体化的。也就是说,在一个完全分割的市场中,根据当地市场收益进行资产定价。当地预期收益指当地函数β和当地市场风险溢价的产物(MRP)(Bekaert 和 Harvey,2002)。

Bekaert 和 Harvey(2002)在对 1990 年前后 18 个新兴市场进行研究后,提出了一个改良模型并作出报告,即新兴市场与摩根士丹利资本国际(MSCI)世界指数之间关系相当密切。举例来说,土耳其是 MSCI 世界指数有关市场国家之一,其指数在 0.10 和 0.35 之间。在此基础上,土耳其可能被视为一个一体化资本市场,其预期收益是由β有关世界市场投资组合乘以全球风险溢价决定的。这就是 Bekaert-Harvey 混合模型的核心论点(Bekaert 和 Harvey,2002)。在一体化市场假设并不适用的情况下,投资银行和商业咨询公司使用了"主权传播模型"(Goldman 模型)。这是一种采取回归个别股票对标准普尔 500 种股票价格指数的收益以获取风险溢价方式。一个额外的"因素",称为"主权传播"(SS)被加入其中。这一因素在各自国家 LGB 美元债券和加入美国国债收益率之间广泛传播开来。债券作为一种工具而言,它增加了"不合理低价"国家风险溢价(Harvey,2005)。

加权平均资本成本估算实例

本节为经理们提供了一个实例以估算其项目中加权平均资本成本。此外,这一节把加权平均资本成本分解成其单个组成部分以协助管理层们做出资本投资决策。加权平均资本成本估算主要组成部分为公司股票收益、市场收益、无风险利率、回归系数(β, s, 和 h)、SMB、HML 和股票市场风险溢价(EMRP)(即 $R_m - R_f$)、资本结构(债务和股权比例)、公司税率以及所借债务成本等。

股本成本估算

　　假设你是一家还没有上市公司的执行理事,有两种方案可供估算股本成本。你可以使用股权成本行业平均值或者固定值估算同一行业中相互竞争的两三家可比公司的股本成本。然而,即使你是一家大餐饮上市公司的执行理事,仍然建议你对整个餐饮业股本成本进行估算,因为单个公司回归系数标准误差相当高,这减弱了这些系数的可靠性。过去的研究已经表明,有时单独对一家公司进行股本成本估算可能会造成无法估算的情况。在对小型或中型饭店业进行回归分析时,很多时候常得到令人沮丧的结果。因此,在实例方面,将对餐饮业股本成本进行估算。由于股本成本计算对于不熟悉数据分析的人而言,可能是一个相当复杂的过程,所以在此提供一个能更好地阐明这一过程的分步计算步骤:

第 1 步:获取 5 年以来贵公司/产业每月的股票收益和市场收益

　　在理想情况下,您需要 5 年来贵公司每月的股票收益数据和 5 年的市场收益量。挑选出在全球所有上市资产中的最佳指数是一项非常具有挑战性,甚至有时是富有争议的问题。

　　基于在财务管理方面的开创性研究,就美国而言,最为可靠的市场指数是由芝加哥大学的安全价格价值权数研究中心(CRSPVW)所提供的。公司股票和市场收益应被用来作为超额收益(即,收益减去无风险收益率等于 1 个月 TB 率),这可用来衡量实际个体股本成本(即,扣除通货膨胀因素之后)。对于前面所提到的原因,我将对美国餐饮业股权成本进行估算,并且把调整这一价值以适应他们正着手具体项目决定权留给餐饮业管理层。为了研究股本成本模型理论的准确性,我们使用 CAPM 模型和 FF 模式来估算餐饮业股本成本。该案例的观察期是从 2000 年至 2004 年。不选择较长观察期的理由是,β 和其他变量的值会随着时间延长而变得不稳定。该样本是从国家餐饮新闻(NRN)指数发展而来的,包括 81 家餐饮公司。当管理层不熟悉怎样进行股票投资组合时,他们可从数据提供商那里获得饭店和餐饮业接待指数的每月收益值,如雅虎、金融、华尔街日报或如 NRN 的行业出版物等。

第 2 步:估计 β 和 Fama-French 因子系数

　　资本资产定价模型的 β 可通过公司超额市场收益中回归超额股票收益来计算。FF 因子(SMB 和 HML)每月收益值可从宾夕法尼亚大学沃顿商学院 Eventus 数据库中或达特茅斯学院 Kenneth French 的网站上获得。通过回归每月 SMB 和 HML 在市场上的收益,可以获得"s"和"h"系数,这两个系数可备以后插入到方程式中估算股本成本。在我们的案例中,结果表明 FF 模型能解释在 NRN 指数收益率上多于一半(51.8%)的变化。此外,FF 模型导致了在资本资产定价模型中的 R2 的明显变化,显示出两个 FF 变量(SMB 和 HML)能阐明在资本资产定价模型上一些额外方差,从而解释餐饮业股票收益率 19.6% 的变化。

变量水平分析表明市场指数变量(β)和 HML 在 0.01 水平上表现显著(见表 6.1)。然而,SMB 在回归系数和解释变量的表 6.1 中不显著。

表 6.1

模式	变量	B	SE	T
CAPM	β	0.538	0.137	3.923**
FF	β	0.913	0.123	7.400**
	SMB	−0.147	0.129	−1.136
	HML	0.721	0.163	4.431**

备注:SMB = 规模变量,HML = 遇险变量,B = 回归系数,SE = 标准误差。
** 表示在 0.01 水平上有意义。

0.05 的水平意味着当 β 和 HML 不发生变化时,规模因子并不影响餐饮业股票收益。实际上,这意味着餐饮业投资组合就像一家大公司股票一样。当考虑餐饮业整体股本成本时,也就没有了规模溢价。应记住的是,如果你是一家小餐馆管理人员,你的股票收益率将会有一个规模溢价,这种可能性极高。

第 3 步:无风险利率,市场,规模和遇险保费

管理人员在把回归系数纳入股本成本计算之前,应当注意某些经验规则。首先,应该指出在 CAPM 和 FF 模型中有两个无风险利率(R_f)。第一个 R_f 被用以表明无风险利率程度,由于投资者承担风险,公司需要超过这个 R_f 来补偿其投资者。第二个 R_f 是与资产生命周期相一致。换句话说,如果该项目资产预计将持续至少 10 年,那么投资者/管理人员应利用 10 年期无风险利率政府债券以获得市场风险溢价(MRP)($R_m - R_f$)。

另一个重要问题在于计算市场、规模和遇险等方面。当 5 年市场风险溢价(等于 $R_m - R_f$)为负或非常低时,或者规模溢价(SMB)和遇险保费(HML)数字是负值时,管理者/投资者往往可能面临许多挑战。在这种情况下,建议管理者/投资者使用 5% 的长期股权溢价($R_m - R_f$)数字(Siegel,1998)和使用至少 10 年期的 SMB 和 HML 数字。笔者计算了自 1992~2006 年以来每 10 年滚动期的 MRP、SMB 和 HML 溢价(如 1992~2001 年,1993~2002 年,1994~2003 年,等等)并核实所用 SMB 和 HML 溢价都为正数。

第4步:解决股本成本方程

由于市场指数(VWCRSP)具有为期5年非常低的收益(0.21%),所以笔者将采用5%长期股权溢价(Siegel,1998)。接着,通过使用表6.1中得到的回归系数,用回归方程计算得出以下结果:

$$Ke(\text{CAPM模型}) = 3.2 + 0.538 \times (5.00) = 3.20 + 2.69 = 5.89\%$$

$$Ke(\text{FF模型}) = 3.2 + 0.913 \times (5.00) + 0.721 \times 14.78 = 18.42\%$$

从上述结果可以看出,当使用FF模型估算时,餐饮业股权成本相当高。就其基本条件而言,这意味着为了能在美国餐饮投资组合中投入资金,一位假定投资者期望从美国餐饮业中获得18%的收益。然而,如果一家餐厅执行董事认为18%是相当高的收益且他/她的餐饮公司不存在着与美国整个餐饮业一样的风险状况,那么他/她可以选择使用CAPM的平均值和采用FF模型估算,其值约为12%。

下一步,餐厅执行董事可能会通过考虑该项目风险是否比餐饮业预期收益更大来调整他/她的公司项目利率。在这里,我们应考虑如下因素,例如竞争、项目期限以及各种事件可能会对项目风险产生影响,而这将推动企业外部(例如经济、政治和技术等)和内部(如工业、当地的)的环境变化。

债务成本

估算资本成本的下一步是估算债务成本。不像股票那样,债务成本不需要考虑饭店业的平均借贷成本。这是因为,简单说来,债务成本是指某一公司的可借利率。因此,某一公司可以一种相对简单方式来计算某一项目的债务成本。在公司有多个项目投资且不得不估算其企业债务成本时,这种情况就会变得更为复杂些。原因在于已在过去获得贷款资助的一些项目可能会扩张。因此,管理层不仅需把有关该项目的未偿债务利息率计算出来,还要考虑到该公司可借新资金利率。

举一个特殊的例子,我们假设某家公司计划发行10年到期债券并且将取得一项10年期贷款以资助该项目的一部分。在这种情况下,我们假定无论是债券发行还是贷款都对该项目资金注入发挥相同作用(例如,各占50%)。在这个例子中,我们假设该公司发行了10年期债券,其预测到期收益率为8%。这个比率是基于该公司目前债券评级而假定的。我们还假设,一项10年期银行贷款率是7%,公司税率为38%。因此,债务成本可以计算如下:

$$Kd = \left[\frac{(8+7)}{2}\right] \times (1-0.38) = 7.5 \times 0.62 = 4.65\%$$

资本成本计算

在讨论前几节所提价值前，我们假设目前项目将获得60%的股本和40%的债务融资。我们使用前面所获得股本资产估算平均值（12.25%）和债务值（4.65%）。因此，该项目加权资本成本可计算如下：

加权平均资本成本＝（12.25%×0.6）+（4.65×0.4）＝7.5+2.16＝9.68%

应当指出，如果该项目附带有任何特定风险，诸如政治风险、部门风险（如果公司有多个部门）、提前终止风险和激烈竞争等时，这一假想的公司执行董事需对该项目做出调整。

国际股本成本实例

本节是针对一个案例的分析讨论，即某一个国际项目需进行股权成本估算。在这里，使用了一个假设场景，即一位泰国投资者计划2006年对土耳其一家饭店进行投资。在这种情况下，该饭店产业期望是由北美公司（四季度假饭店）来管理。

基于这一点，投资者面临着以下两项挑战：第一，他/她应该在股本成本估算中使用什么样的市场数据？股市数据应是泰国的、土耳其的还是北美的呢？第二，他/她应该如何把国家风险溢价或交换风险溢价运用到他/她的股本成本估算中呢？为了回答这些问题，在本例中使用了两个不同的样本。第一个实例是一家独立公司，即2006年纽约证券交易所上市的四季度假饭店。第二个实例是伊斯坦布尔证券交易所（ISE）的旅游指数（由7个旅游类股票组成）。本研究观察期是从2001年至2005年。股票数据是从芝加哥大学的证券价格研究中心（CRSP）和土耳其经纪公司获得。

按照Annin（1997）以及Barad和McDowell（2002）提出的建议，36个月的股市交易值是土耳其旅游指数中饭店业的最低标准。此外，CRSPWV指数为美国市场投资组合指数。这与相关资产定价模型（Fama和French，1992，1993，1997；Jaganathan和Wang，1996）之前的开创性研究是一致的。然而，IMKB乌卢萨尔100指数是被用来衡量土耳其市场投资组合的。

β通过计算四季度假饭店回归超额收益和土耳其在超额市场收益方面的旅游指数获得。因此，在实例分析中获得这两个变量。美国超额市场收益（MRP）是通过在每月VWCRSP指数收益中减去1个月TB率计算出来的。土耳其超额市场收益是用每月ISE乌卢萨尔100指数收益减去土耳其政府TB率计算出来的。

5个APT变量数据来自环球通视公司数据库。在Chen等人(1986)的研究中有APT变量计算。EINF是用Fama和Gibbons(1984)的方法估算出来的。国家风险溢价引用自纽约大学的Aswath Damodaran的研究。Damodaran(2006)解释了该评估程序,即"为了估算长期国家风险溢价,我从国家评级开始研究(Moody:www.moodys.com)并从国债利率评级(美国公司债券和国家债券)方面估算违约蔓延情况。这成为一项补充该国国家风险溢价的措施。我把违约蔓延情况加到一个成熟股票市场所记载风险溢价中,以便能(从美国以往数据中估算)估算总的风险溢价。"直接和间接方式都可用来估算一项投资预期收益(直接和间接的收益)。

间接方法

在此方法中,通过使用CAPM和APT平均估算值,笔者首先计算了美国股市预期收益率(在这种情况下以四季度假饭店为例)。然后,根据Damodaran(2006)的研究报告中的Moody国家风险评级,笔者把它与土耳其和泰国国家风险率之间进行了调整。此方法假设土耳其股市是一个一体化市场,因而使用美国市场指数来估算四季度假饭店股本成本刚好等于用乌卢萨尔100市场指数来估算土耳其旅游投资组合值。首先,对2001~2005年期间CRSPVW收益中四季饭店每月收益进行了回归计算。

结果表明四季饭店的β值为1.6。接着,为了估算MRP,笔者计算了CRSP 5年的年均收益。5年CRSP的收益率为4.3%。2001~2005年期间无风险利率为2.16%。因此,基于CAPM模型为四季饭店估算股本成本如下:

$$E(R_i)=2.1+1.6\times(4.3-2.1)=5.4\%$$

为了降低估算的偏差性,笔者也使用5个APT变量(Chen等,1986)来计算四季饭店预期收益,结果表明,在5个APT变量中,只有违约风险变量(UPR)是在0.05水平呈现显著性。然而,使用这个变量来估计预期收益不太可行,因为UPR回归系数是一个负数。因此,对于APT而言,四季饭店可能会存在负数预期收益。因此,在用直接方法的最后阶段,笔者选择不使用APT结果,因为新的APT结果与现代金融学理论相冲突。因此,笔者使用了5.4%的CAPM模型估算值并把其与土耳其和泰国国家风险溢价进行相互调整。据Damodaran(2006)的研究,美国以往风险溢价为4.80%。土耳其国家风险溢价在美国之上,为5.60%,而泰国国家风险溢价是1.65%。这表示土耳其国家风险溢价比泰国的要高3.95%。这些数字显示,如果泰国企业家在土耳其从事饭店股权投资,那么就应该是9.35%预期收益值(5.4%+3.95%)。

直接方法

运用直接方法,笔者估算了土耳其旅游和饭店股票组合额定的收益率。接着下一步,在假设泰国投资者将把他/她投资收益返回自己祖国的前提下,作者调整了土耳其和泰国之间主权风险差值。在此方法中,作者将 ISE 收益的土耳其旅游指数每月收益进行回归。该旅游指数 β 值仅为 0.17。在 2001~2005 年期间 5 年无风险利率(土耳其政府 TB)平均值为 46.4%。2001~2005 年期间市场指数(ISE)年均收益率为 37.7%。旅游业投资组合预期收益率是用资本资产定价模型(CAPM)计算,它的计算结果如下:

$$E(R_i) = 37.7 + 0.17 \times (46.4 - 37.7) = 37.7 + 1.5 = 39.2\%$$

为了能对泰国投资者股本成本进行估算,下一步就需要把泰国与土耳其之间的主权风险值相加。主权风险值是从 Fuentes 和 Godoy(2005 年)的研究中获得的。土耳其主权风险值是 11.875%,而泰国的为 7.750%。根据这些数字,直接方法得出股本成本为 43.3%(39.2%+4.1%)。

讨论与结论

从股本成本估算两个实例(美国的和国际的)中我们可以看出,预期收益率(股权成本)相差很大。在美国的案例中,我们使用 CAPM 模型,结果股本成本值偏低(小于 6%)。难道投资者投资于美国餐饮组合股票,每年获利不到 6% 吗?答案很可能是"否定的"。

然而,如果选择使用 FF 模型作为主要股本成本模型,那么获得更多相关结果可能性会增加。因为从这个例子中可以看到,使用 FF 模型股本成本产生了一个相当合理收益,这远远超过了美国以往股票溢价。对于国际实例而言,使用两种方法(直接的和间接的)进行股权成本估算而形成鲜明对比主要原因之一在于土耳其以往有着很高的通货膨胀率。这一点可由该国 TB 率(2001 年为 82.3% 和 2005 年为 16.3%)之间的差距来证明。

因此,如果假设投资者选择使用 2005 年"现行汇率(16.3%)",则土耳其旅游投资组合新的预期收益将比原来估计的 43.3% 至少降低一半。用直接方式进行国际成本估算所面临的另一项挑战是土耳其旅游投资组合(0.17)的低 β 值。这是否意味着旅游业投资组合比整体 ISE 指数风险低 5 倍呢?如果旅游业股票真正的风险高于市场的两倍,那情况又会是怎样呢?(这是很可能的,因为美国四季饭店 β 值为 1.6)。如果是这样的话,那么以泰币计算,泰国投资者需要获得超过 50% 的收益率。投资者在投资时怎样才能规避股本成本估算中的大幅波动呢？结果表明，迄今为止在新兴市场和发达市场中，饭店业股本成本估算一直受不确定性的困扰。应用这些富有创意的模式（如资本资产定价模型，FF模式和APT模式等）的主要缺点在于要面临挑战。第二种挑战源于土耳其这些国家往往历史上有着很高的通货膨胀率，但是现在他们正在步入一个更加稳定的财政改革时期。因而，是否投资者应该利用以往的数据或试图在土耳其未来利率上进行预测呢？虽然提供了一些实例来回答这些问题，但是有更多问题尚待研究。因此，针对新兴市场股本成本估算这个难题，作者建议有两个初步的解决方案：(1)投资者和学术界应该只侧重于对项目未来现金流量的研究；(2)使用诸如蒙特卡洛模式，以创建多个近似新兴市场投资现实的场景。否则，对在新兴市场进行投资的外国投资者而言，预期收益率依然只是一个"直觉性"估算。

参考文献：

Aaker, D. A., and Jacobson, R. (1994). The financial information content of perceived quality. *Journal of Marketing Research*, 31 (2), 191-201.

Amit, R., and Wernerfelt, B. (1990). Why do firms reduce business risk? *Academy of Management Journal*, 33 (1), 99-110.

Annin, M. (March, 1997). Fama-French and small company cost of equity calculations. *Business Valuation Review*. Retrieved July 15, 2003, from http://ibbotson.com/content/kc_published_research_search.asp?catalog_Article & category_ost%20of%20Capital & prodID_ARTC41220026

Arena, K., Meserve, J., Ensor, D., and Candiotti, S. (2003). Preparations for possible attacks gear up: New flight restrictions planned around Washington. Retrieved February 12, 2003, from http://www.cnn.com/2003/US/02/08/threat.level/index.html

Aron, D. J. (1988). Ability, moral hazard, firm size, and diversification. *RAND Journal of Economics*, 19, 72-87.

Barad, M. W. (September 2001). Technical analysis of the size premium. *Business Valuation Alert*. Retrieved December 16, 2002, from http://www.ibbotson.com/content/kc_published_research_search.asp?catalog_Article & category_Cost%20of%20Capital & prodID_ARTC61920021

Barad, M. W., and McDowell, T. (August 2002). Capturing industry risk in a buildup model. *Business Valuation Alert*. Retrieved December 16,

2003, from http://www.ibbotson.com/content/kc_published_research_search.asp?catalog_Article & category_Cost%20of%20Capital & prodID_ARTC82120021

Barrows, C. W., and Naka, A. (1994). Use of macroeconomic variables to evaluate selected hospitality stock returns in the U. S. *International Journal of Hospitality Management*, 13 (2), 119-128.

Barth, M. E., Clement, M. B., Foster, G., and Kasznik, R. (1998). Brand values and capital market valuation. *Review of Accounting Studies*, 3 (1/2), 41-68.

Bekaert, G., and Harvey, C. R. (2002). *Research in emerging markets finance: looking into the future*. Working Paper, Duke University, Durham, NC.

Bettis, R. (1983). Modern financial theory, corporate strategy and public policy: Three conundrums. *Academy of Management Review*, 8, 406-414.

Bloxham, E. (2003). *Economic Value Management: Applications and Techniques*. Hoboken, NJ: Wiley.

Caroll, C., and Sikich, F. J. P. (1999). What is your IRR on human capital? *Bottomline*, 14 (10), 8-12.

Chatterjee, S., Lubatkin, M., and Schulze, W. (1999). Towards a strategic theory of risk premium: Moving beyond CAPM. *Academy of Management Review*, 24 (3), 556-567.

Chen, M. H., Kim, W. G., and Kim, H. J. (2005). The impact of macroeconomic and non-macroeconomic forces on hotel stock returns. *International Journal of Hospitality Management*, 24 (2), 243-258.

Chen, N., Roll, R., and Ross, S. A. (1986). Economic forces and the stock market. *Journal of Business*, 59 (3), 383-403.

Choi, J. G. (1999). *The Restaurant Industry, Business Cycles, Strategies, Financial Practices, Economic Indicators, and Forecasting*. Unpublished Dissertation, Virginia Polytechnic Institute and State University, Blacksburg, VA.

Connolly, D. (1999). *Understanding Information Technology Investment Decision Making in the Context of Hotel Global Distribution Systems: A Multiple-case Study*. Unpublished Dissertation, Virginia Polytechnic Institute and State University, Blacksburg, VA.

Constantinides, G. M. (1986). Capital market equilibrium with transaction costs. *Journal of Political Economy*, 94, 842-862.

Copeland, T., Koller, T., and Murrin, J. (2000). *Valuation: Measuring and Managing the Value of Companies* (3rd ed.). New York: Wiley.

Damodaran, A. (2006). Country default spreads and risk premiums, New York University. Retrieved January 25, 2006, from http://pages.stern.nyu.edu/~adamodar/New_Home_Page/datafile/ctryprem.html

Downe, E. A. (2000). Increasing returns: A theoretical explanation for the demise of beta. *American Business Review*, 18 (1), 86-89.

Fama, E., and French, K. (1992). The cross section of expected stock returns. *Journal of Finance*, 47 (2), 427-465.

Fama, E., and French, K. (1993). Common risk factors in the returns on stocks and bonds. *Journal of Financial Economics*, 33 (1), 3-56.

Fama, E., and French, K. (1995). Size and book-to-market factors in earnings and returns. *Journal of Finance*, 50 (1), 131-155.

Fama, E., and French, K. (1997). Industry costs of equity. *Journal of Financial Economics*, 43 (2), 153-193.

Fama, E., and MacBeth, J. D. (1973). Risk, return and equilibrium: empirical tests. *Journal of Political Economy*, 81 (3), 607-636.

Fama, E. F., and Gibbons, M. R. (1984). A comparison of inflation forecasts. *Journal of Monetary Economics*, 13, 327-348.

Fields, B. J., and Kwansa, F. A. (1993). Analysis of pure play technique in the hospitality industry. *International Journal of Hospitality Management*, 12 (3), 271-287.

Fuentes, M., and Godoy, S. (2005). *Sovereign Spreads in Emerging Markets: A Principal Components Analysis*, Working Paper No. 333, Central Bank of Chile, Chile.

Gitman, L. J. (1991). *Principles of Managerial Finance*. New York: Harper Collins.

Goetzmann, W. N. (1996). *Introduction to Investment Theory* (Hyper Textbook). Retrieved October 30, 2003, from http://viking.som.yale.edu/will/finman540/classnotes/notes.html

Gordon, M. (1962). *The Investment, Financing, and Valuation of the Corporation*. Homewood, IL: RD Irwin.

Graham, J. R., and Harvey, C. R. (2001). The theory and practice of corporate finance: Evidence from the field. *Journal of Financial Economics*, 60 (2), 187-243.

Harvey, G. (2005). *Twelve Ways to Calculate the International Cost of Capital*. Working Paper, Duke University, Durham, NC.

Hayn, C. (1989). Tax attributes as determinants of shareholder gains in corporate acquisitions. *Journal of Financial Economics*, 23, 121-153.

Helfat, C., and Teece, D. J. (1987). Vertical integration and risk reduction. *Journal of Law, Economics, and Organization*, 3 (1), 47-67.

Helfert, E. A. (2003). *Techniques of Financial Analysis: A Guide to Value Creation* (11th ed.). New York: McGraw-Hill/Irvin.

Jagannathan, R., and Wang, Z. (1996). Conditional CAPM and cross section of expected returns. *Journal of Finance*, 51 (1), 3-53.

James, M., and Koller, T. M. (2000). Valuation in emerging markets. *McKinsey Quarterly*, 4, 78-85.

Jesitus, J. (1991). March 11. Safety and security: Risk management, threat of terrorism top hoteliers' concerns in 1991. *Hotel Motel Management*, 206(4), 35-36.

Kalafut, P. C., and Low, J. (2001). The value creation index: Quantifying intangible value. *Strategic Leadership*, 29 (5), 9-15.

Kaplan, S. (1989). The effects of management buyouts on operations and value. *Journal of Financial Economics*, 24, 217-254.

Lakonishok, J., and Shapiro, A. C. (1986). Systematic risk, total risk and size as determinants of stock market returns. *Journal of Banking and Finance*, 10 (1), 115-132.

Lev, B. (2001). *Intangibles: Management, Measurement, and Reporting*. Washington, DC: The Brookings Institution Press.

Lintner, J. (1965). The valuation of risk assets and the selection of risky investments in stock portfolios and capital budgets. *Review of Economics and Statistics*, 47 (1), 13-37.

Lubatkin, M. H., and Chatterjee, S. (1994). Extending modern portfolio theory into the domain of corporate diversification: Does it apply? *Academy of Management Journal*, 37 (1), 109-137.

Lubatkin, M. H., and Schulze, W. S. (2003). Risk, strategy, and finance: Unifying two world views (Editorial). *Long Range Planning*, 36 (1), 7-8.

Madanoglu, M., and Olsen, M. D. (2005). Cost of equity conundrum in the lodging industry: A conceptual framework. *International Journal of Hospitality Management*, 24 (4), 493-515.

Markowitz, H. M. (1952). Portfolio selection. *Journal of Finance*, 7 (1), 71-91.

Markowitz, H. M. (1959). *Portfolio Selection: Efficient Diversification of Investments*. New York: Wiley.

Marshall, W., Yawitz, J., and Greenberg, E. (1984). Incentives for diversification and the structure of the conglomerate firm. *Southern Economic Journal*, 51, 1-23.

Murphy, J. (1990). Assessing the value of brands. *Long Range Planning*, 23 (3), 23-29.

Murphy, K. (2003). *A Proposed Structure for Obtaining Human Resource Intangible Value in Restaurant Organizations Using Economic Value Added*. In the Proceedings of Annual Symposium of Council on Hospitality, Restaurant and Institutional Education, August 6-9, (pp. 301-305). Palm Springs, CA.

Ogier, T., Rugman, J., and Spicer, L. (2004). *The Real Cost of Capital: A Business Field Guide to Better Financial Decisions*. London: Prentice Hall.

Olsen, M. D. (1995). *Into the New Millennium: The IHA White Paper on the Global Hospitality Industry: Events Shaping the Future of the Industry*. Paris: International Hotel Association.

Olsen, M. D. (Conference chair and presenter). (1996). *Global Hotel Finance—The Future*. One-day program co-sponsored by Hong Kong Shanghai Bank Corporation, Deloitte & Touche Consulting Group and Richard Ellis International Property Consultants, October. London, England.

Olsen, M. D. (2000). *Leading Hospitality into the Age of Excellence: Competition and Vision in the Multinational Hotel Industry 1995-2005*. Paris: International Hotel Association.

Olsen, M. D., and Merna, K. M. (1991). March 11. Trends in safety & security. *Hotel and Motel Management*, 206(4), 35-36.

Olsen, M. D., West, J. J., and Tse, E. C. (1998). *Strategic Management in the Hospitality Industry* (2nd ed.). New York: Wiley.

Prasad, K., and Dev, C. (2000). Managing brand equity: A customer-centric framework for assessing performance. *Cornell Hotel and Restaurant Administration Quarterly*, 41 (3), 22-31.

Prasad, K., and Dev, C. (2002). Model estimates financial impact of guest satisfaction efforts. *Hotel Motel Management*, 217 (14), 23.

Pratt, P. S. (1998). *Cost of Capital: Estimation and Applications*. New York: Wiley.

Reinganum, M. R. (1981). A new empirical perspective on the CAPM. *Journal of Financial and Quantitative Analysis*, 16 (4), 439-462.

Roll, R. R., and Ross, S. A. (1994). On the cross-sectional relation between expected returns and betas. *Journal of Finance*, 49 (1), 101-121.

Rosenberg, B. (1981). The capital asset pricing model and the market model. *Journal of Portfolio Management*, 7 (2), 5-16.

Rosenberg, B., Reid, K., and Lanstein, R. (1985). Persuasive evidence of market inefficiency. *Journal of Portfolio Management*, 11 (1), 9-17.

Ross, S. A. (1976). The arbitrage theory of capital asset pricing. *Journal of Economic Theory*, 13 (3), 341-360.

Sangster, A. (2001). Technology: The importance of technology in the hotel industry. *Travel and Tourism Analyst*, 3, 43-56.

Sharpe, W. F. (1964). Capital asset prices: A theory of market equilibrium under conditions of risk. *Journal of Finance*, 19 (3), 425-442.

Sheel, A. (1995). An empirical analysis of anomalies in the relationship between earnings' yield and returns of common stocks: The case of lodging and hotel firms. *Hospitality Research Journal*, 19 (1), 13-24.

Siegel, J. J. (1998). *Stocks for the long run* (2nd ed.). New York: McGraw-Hill.

Simon, C. J., and Sullivan, M. W. (1993). The measurement and determinants of brand equity: A financial approach. *Marketing Science*, 12 (1), 28-52.

Smith, A. (1990). Corporate ownership structure and performance: The case of management buyouts. *Journal of Financial Economics*, 27, 143-164.

Srivastava, R. K., Shervani, T. A., and Fahey, L. (1998). Market-based assets and shareholder value: A framework for analysis. *Journal of Marketing*, 62 (1), 2-18.

Vancil, R. F. (1987). *Passing the Baton: Managing the Process of CEO Succession*. Boston, MA: Harvard Business School Press.

第七章 新世纪(2000～2007)跨国饭店公司的竞争方式

赵金林(Jinlin Zhao)[①],何巍(Wei He)[②]

引言

进入新世纪,跨国饭店公司面临着来自复杂的商业环境的巨大挑战。因此,他们更多地依赖多样化的竞争方式以应对全球竞争对手。对于这些竞争方式的深入回顾和总结可能揭示出在全球饭店行业发生的最新变化,同时也反映出这些国际饭店业的领导者们是如何快速反应以赢得可持续性竞争优势的。我们期望得出的结论不仅能够启示行业从业人员解决实践中的问题,而且能够提供一些有用的,且能被后来的研究者进一步验证的相关信息。

这一章首先回顾了几个重要概念的相关文献,阐述了在国际饭店行业的特定背景下他们之间的相互关系。其次对在 2000 年～2007 年之间跨国饭店公司所采取的主要竞争方式进行了广泛深入的分析和概括。最后,将国际饭店行业 2000 年～2007 年主要竞争方式和 1995 年～1999 年的主要竞争方式(Zhao, 2000)进行了简单的比较,并讨论了其相关内在联系。

战略和竞争战略

定义战略

自从上世纪 60 年代以来,许多研究者都一直在尝试给"战略"下一个定义。钱德勒(Chandler,1962)将战略定义为对组织长期目标的决策过程,也是采取一系列行动和对组织拥有的资源的配置过程;近期的学者如明茨伯格和沃特斯(Mintzberg 和 Waters,1985)认为战略不仅仅是一种由有意识的(有计划的)或

---

① 美国佛罗里达国际大学酒店业和旅游管理学院 副教授
② 美国佛罗里达国际大学酒店业和旅游管理学院

是无意识的(突发性的)一系列决策而导致的行为模式,战略并不局限于一个明确的行动计划(Mintzberg,1978);结合了战略的意图性和表象性,考虑到战略的动态性和反应的灵敏性,凯瑞恩(Kerin,1990)等将战略定义为一个包含了当前和未来计划目标、资源开发以及同相关市场、竞争者和其他环境力量的组织间互动。经过了长达40年对战略的重新审视和再定义,目前认为战略是经营计划中的核心组成部分,也是组织借以同环境连接的关键性机制(Hitt和Ireland,1985)。目前关于战略的文献至少有10种独立的学派,基于不同的观点对战略有着多样化的定义(Frery,2006)。

竞争战略综述

当前,遍及全球的公司都面临着国内及全球的竞争对手。因此,竞争成为公司成功或失败的核心,在这个激烈竞争的环境中,竞争战略反映了公司对其在行业中最有力的竞争地位的研究,以及为应对行业竞争压力而建立的赢利性和持续性的目标的考虑(Porter,1985)。迈克尔·波特(Michael Porter)的理论构建了竞争战略最重要的理论基础,即对于三类战略的定义:成本领先战略、差异化战略和集中化战略。这三类战略在理论上被认为是在经营层面建设战略群组的方法。

按照波特的理论(1980,1985),成本领先意味着成本的削减成为贯穿战略执行的主题。其战略的重点在于效率。实施这种战略的企业希望在经营的所有领域都持续地降低成本,并通过成本降低获得规模经济的优势。实施差异化战略的企业试图在行业内保持独特地位,具有顾客普遍认为有价值的某些产品(Porter,1985)。那些希望维持差异化战略的企业需要有强大的研发能力、市场营销和创新能力,以及同分销渠道和其他商业联盟的良好沟通关系。质量、配送、灵活性和创新都是始终不变的经营目标,或是同差异化导向的战略相匹配(Devaraj等,2004)。与采用成本领先战略和差异化战略的企业不同,执行集中化战略的企业在行业内寻找某一狭窄的竞争性细分市场(Porter,1985)。执行集中化战略的企业非常独特地通过效力而不是效率来寻求赢得某种竞争优势。波特(1985)也指出集中化战略有两种形式:集中差异化战略和集中成本领先战略。实施集中差异化战略,企业将聚焦在差异化的产品和服务上,用以满足特定的细分市场的独特需求,而这种差异化的需求尚未被行业内其他企业所满足;实施集中成本领先战略,企业要能够进行专业化生产,拥有专业操作设备,从更小的市场份额或是市场经营中节省成本。集中化战略适用于大部分企业,当消费者有着可区分的偏好,或者市场中有被竞争对手忽略的领域时,这种战略最为有效。

最初,波特的一般竞争性战略理论得到了过去的经验和数据的强有力的支撑(Dess 和 Davis,1984;Hawes 和 Crittendon,1984;Miller 和 Friesen,1986;Robinson 和 Pearce,1988),但尽管如此,该理论后来仍招致众多研究者的挑战(White,1986;Buzzell 和 Gale,1987;Wright,1987;Hill,1988;Murray,1988;Parnell,1997;Proff,2000)。后来的研究者认为一般竞争性战略缺乏专一性和灵活性,是有限的战略理论。这些研究者提出的具体的理论局限包括:三种竞争战略之间不是互相排斥的(Wright,1987;Hill,1988);三种竞争战略在总体上不够全面,因此不能够对企业战略进行充分描述(Wright,1987;Chrisman 等,1988);而且,当前企业面临着不断加剧的全球化竞争和技术革新,在这样的环境下,波特的低成本和差异化战略的适用性值得怀疑(Mintzberg,1988)。

竞争性战略理论的演变

为解决以上批判中存在的问题,研究者们开始努力开发一般竞争战略的可替代模型。明茨伯格(1988)提出了一个很有帮助的理论,将集中化战略从差异化战略和成本领先战略中区分出来。他指出集中化战略是以企业所占有的资源为基础来定义企业市场范围的边界,而其他的两种竞争战略则反映了一个企业是如何在相关的市场领域内展开竞争的。他进一步主张,成本领先本身并不能提供竞争优势,只有这种成本的削减带来了低于市场平均水平的价格时,才能产生竞争优势,所以这种战略可以认为是在价格上的差异化。特别地,明茨伯格(1988)也将波特的差异化战略诠释为在市场形象、产品设计、产品质量、后勤支持和完全一致性上的差异化。明茨伯格的主张得到了高瑟和瓦德拉马尼(Kotha 和 Vadlamani,1995)在经验和数据上的支持。

作为对一般战略理论的批评声音的响应,组合战略模式的支持者不仅将其理论建立在宽泛的经济关系之上,而且也有证据证明单个的企业是如何识别出这样的关系的,这种关系对于行业里的一家企业或是一组企业都是独一无二的(Parnell,2006)。按照这样的逻辑,鲍曼和弗克纳(Bowman 和 Faulkner,1997)指出价值活动竞争性战略的重要性,因为消费者看见的是价格,而不是成本。他们主张,可持续的竞争优势得自于顾客所感知的产品和服务的价值,在不考虑价格的情况下这个价值高于其他竞争对手;或者在一个更低的价格水平上同竞争对手的产品和服务的价值相同,即更好或者更便宜。

在战略—绩效模式之后,帕奈尔(Parnell,2006)提出了一种竞争战略的优化概念,即结合对企业基于资源视角(RBV)的研究,提出价值标准和市场控制是经营战略中最为突出的核心因素。这个优化的市场控制——价值标准框架包括五个概念的锚定：强调价值、强调市场控制、温和的市场控制和价值强调、强势的市场控制和价值强调、既不强调价值也不强调市场控制。帕奈尔开发的模型(2006)吸收了波特最初的架构，遵照了RBV的逻辑思想，对于在今天竞争环境变化的反应也较为敏锐。由于将战略群组模型、企业独特性以及RBV推崇者寻求的完整性紧密联系起来，因而帕奈尔开发的模型代表了一种在普遍适用性和个别独特性之间的平衡。

新世纪饭店行业的竞争战略

实践挑战和学术研究

尽管波特(1980)的竞争战略模型成为学者和业内人员最为广泛应用的理论之一，但一个单一的战略能否造就持续的竞争优势，在这个问题上仍充满争议(Helms等，1997)。特别是对于进入新世纪的国际饭店行业就更加如此。对于竞争战略的构建和战略执行正在变得越来越复杂，这在很大程度上是由于国际住宿业市场的激烈竞争以及在此期间国际经营环境发生的巨大变化引起的。信息技术的飞速发展，客人的不同经济、文化和教育背景造成的住宿需求的不断变化，投资者更高的回报要求，不断提高的海外扩张的迫切需要，以及全球安全环境和自然环境的急剧变化，都对跨国饭店企业形成了巨大的挑战。为应对这些挑战，跨国饭店企业实施着多样化的竞争战略，而这些竞争战略也是当代住宿业的学者们致力于记录、分析和拓展的战略理论。

相关文献中的一篇简短的评论透露，从新世纪开始，在住宿业竞争战略领域展开了大规模的研究，大量的研究都聚焦在信息技术的有效性和高效性方面，特别是互联网和数据挖掘技术(Sigala等，2001；Magnini等，2003；Martin，2004；Law和Jogaratnam，2005)，战略人力资源管理(Tracey 2003；Knox和Walsh，2005；Wilton，2006)，服务质量管理(Keating和Harrington，2003；Candido，2005；Presbury等，2005)，战略关系营销、品牌管理、定价以及饭店收入管理(Yelkur和DaCosta，2001；Lai和Ng，2003；Cai和Hobson，2004；Jain和Jain，2005；Holverson和Revaz，2006)等等。其他一些研究同饭店业所有权类型的开发关系密切(Dimou等，2003)，或者是对于饭店业特定的全面竞争战略的应用效果的检验(Crook等，2003)。很多近期的研究特别关注的是战略行为和经营绩效之间的关系。例如，为了分析战略群组的预期效果，并且决定哪种战略行为对于饭店绩效最具积极影响，克莱夫(Claver-Cortes等，2006)进行了主要构成因素分析，发现如果饭店要实现更高的绩效水平，那么它们更可能是中等或大型规模且属于一家饭店连锁,服务种类得到增加,并且将其竞争战略建立在服务改善和服务标准的基础上。这些研究在业界实践和学术理论两个方面都揭示出当前饭店业实施的竞争战略之间的重要的内在联系。然而,大部分的研究将其探索的领域仍局限于一个功能水平上,或局限于一个特定的地理区域。目前尚待更为广泛的研究来有效提升研究成果的普遍适用性,从一个全面的产业层面提供管理启示。

竞争战略,竞争手段和关键成功要素

在进入下一章节之前,我们首先要对三个既重要且互相联系的概念进行比较和界定,这三个概念是:竞争战略、竞争手段和关键成功要素(CSF)。

尽管在战略管理的文献中,并未提供关于竞争战略和竞争手段二者在定义上的具体比较结论,但这两个概念之间的确存在微小的差异。竞争战略是一个更为宽泛的学术性的术语,它是企业为对抗行业竞争者、树立有利的稳定的行业定位而制定的政策、规定和办法。竞争手段则是为了提升企业绩效所采取的具体行动或是在整体战略进程中所利用的特定资源(Porter,1980,1985;Day 和 Wensley,1988;Bharadwaj 等,1993;Campbell-Hunt,2000)。

另外一个和竞争战略、竞争手段密切联系的重要概念是关键成功要素,即CSF。CSFs 指的是要实现企业的总体目标所必须完成的那些要素(Brotherton,2004)。布阿泽顿和肖恩(Brotherton 和 Shaw,1996)进一步指出 CSF 是一系列行动和过程的组合,目的是帮助实现由公司的短期目标和长期目标所要求的期望的产出;而且,CSFs 应该是可操作、可测量的,同时能为管理层所控制。CSFs 的获取得自于企业内部环境特征,反映出企业的核心能力和竞争力(Berry 等,1997)。同时 CSFs 也取决于企业外部环境的性质(Boardman 和 Vining,1996)。

在饭店业的背景下,几位学者对于竞争手段和关键成功要素(CSFs)的比较以及它们之间的区别进行了大量有价值的研究,颇有贡献。例如,奥尔森(Olsen 等,1998)提出战略选择是在竞争手段和关键成功要素上的投资,而竞争优势作为在竞争手段上的投资所产生的结果,在一个相对较长的时间内不可能是一成不变的,因为竞争对手会很快地复制这些竞争手段,特别是在饭店行业。一旦这些竞争手段被复制,他们就会演变为 CSFs,继而成为行业基准。从这个演变的观点来看,如果一家饭店企业渴望在行业内具有竞争能力的话,那么 CSFs 就可以被确定为这个企业最有必要进行投资的对象(Olsen 等,1998)。这些深刻的见解表明,在这种情形下时间似乎是在区别竞争手段和 CSFs 的最为重要的因素,那些实施创新的饭店企业只有当他们的创新手段在整个行业中是唯一独有

第七章 新世纪(2000～2007)跨国饭店公司的竞争方式

的时候,这些创新才能形成竞争优势。

国际饭店业的竞争手段

在这一章,我们通过深入的内容分析研究,总结归纳了从 2000 年至 2007 年 15 家跨国饭店企业所使用的竞争手段(见表 7.1)。用于对这些公司进行分析的信息是来源于互联网资料库、网站(如 www.hospitalitynet.org,www.hotel-newsresource.com,www.hotel-online.com)以及在各家饭店的网站上发布的新闻和报告,总计收集、归类和分析了 13 000 篇文章。这一章对于在 1995 年～1999 年期间和新世纪 2000 年～2007 年间这些饭店企业所实施的竞争手段的异同作了比较,并得出了结论。

表 7.1 本研究涉及的主要跨国饭店连锁

饭店连锁	2006 年客房数	2006 年管理的饭店数
洲际饭店集团(Intercontinental Hotels Group)	556 246	3741
温德姆饭店集团(Wyndham Hotel Group)	543 234	6473
马里奥特国际饭店(Marriott international)	513 832	2832
希尔顿饭店公司(Hilton Hotel Corp.)	501 478	2935
雅高集团(Accor)	486 512	4121
精选饭店国际(Choice Hotels International)	435 000	5376
最佳西方国际(Best Western International)	315 401	4164
喜达屋全球饭店(Starwood Hotels & Resorts)	265 600	871
凯悦全球饭店(Global Hyatt Corp)	140 416	749
途易酒店与度假村集团 TUI AG/TUI	82 111	279
索尔·梅丽亚集团 Sol Maliá SA	80 856	407
拉·群塔管理公司 LQ Management LLC(La Quinta 拉·群塔集团)	64 856	582
州际饭店(Interstate Hotels & Resorts)	50 199	223
米高梅海市蜃楼度假饭店(MGM Mirage)	43 785	18
香格里拉饭店(Shangri-la Hotels & Resorts)	23 956	49

资料来源:《饭店》(2007)饭店企业前 300 排名 饭店杂志,2007 年 7 月 15 日。

信息技术的不断发展

信息技术的飞速发展从根本上重塑了饭店业的整体格局,在实质上改变了饭店业的产品、生产服务流程、饭店企业乃至行业的竞争态势(Cho 和 Olsen,1998)。随着新世纪的到来,跨国饭店企业继续,甚至更多地利用这种变革的驱动力,使它成为创造竞争优势的引擎。下面归纳了几种主要的技术拓展领域。

顾客服务导向的信息技术

在线预订。从上世纪90年代中期开始,互联网渐渐成为国际旅游者最重要的信息资源和沟通渠道之一,从那时起主要的跨国饭店企业就纷纷迫不及待地跨进了在线时代(Hueng,2003)。最重要的一个标志就是快速申请、完善的在线预订、房间内高速上网设备以及饭店的网上娱乐项目的提供。

进入新世纪,所有的跨国饭店企业都开展了先进的在线预订服务,无论是在自己的企业网站上,还是通过诸如Travelocity或Expedia这样更加集中化的在线旅游代理商。在系统升级和增加特色上投入了更大的努力。通过最前沿的技术支持,几家饭店连锁还开发了更加强调个性化的预订流程。2002年初,顾客可以在马里奥特国际饭店(Marriott International Hotels)的企业网站上,按照网站提供的路径得到驾驶指南并找到2200家马里奥特饭店的位置。那年夏天之前,在马里奥特网站上,旅游者使用地图和驾驶指南的次数已经超过1 350万次,平均每月220万次。同年,马里奥特饭店网站成为第一家向顾客提供即时搜索服务的饭店网站,顾客可以通过饭店目录查询超过2 400家该连锁饭店的客房可租售情况和房价。2003年,洲际饭店集团启动了业内最领先的网站加强版,使得它的优选俱乐部奖励会员在网上预订房间的步骤大为减少,并且增加了顾客向导的特色功能。2004年,洲际饭店又启动了全面整合的假日中文网站,使顾客不用信用卡就能够在网站上完成保证预订。完善的网络预订系统为跨国饭店企业带来了可观的经济收益。例如,在2005年夏季通过精选国际饭店门户网站(www.choicehotels.com)产生的收益,就超过了2004年同期的17%。

无线通讯和应用。进入新世纪,在国际饭店业中发生的最快的技术进步当属无线通讯和无线网络技术的开发。移动计算机和移动通讯设备如无线上网手提电脑、个人数字助理(PDAs,personal digital assistants)、可上网的蜂窝电话以及MP3在所有类型的全球组织中得到了广泛应用(Gayeski和Petrillose,2005)。在饭店业中采用无线技术极大地拓宽了饭店的服务范围,能为多元化的顾客群服务,也提高了饭店的管理效率。

进入新世纪,跨国饭店企业越来越多地应用无线技术开发服务项目。1995年第一家饭店企业通过互联网实现了在其预订系统的实时预订,5年以后,精选国际饭店就通过掌上电脑Palm VII和Palm VIIx的无线Palm.Net Â®的服务功能,在其舒适旅馆(Comfort)、质量旅馆(Quality)、号角酒店(Clarion)、住宿旅馆(Sleep)、经济客栈(Econo Lodge)、罗德威旅馆(Rodeway Inn)以及延长期套房饭店(MainStay Suites)这些品牌饭店实现了预订。在2001年,一个主要的洲际饭店品牌——巴斯饭店集团(Bass Hotels & Resorts)也通过和 Air2 网络公司的合作，开发了从查找饭店到预订房间等广泛的无线服务内容。2001 年底，最佳西方(Best Western)也进入了这个移动商业角斗场，随着它的无线技术力量的初步形成，使得使用者可以通过有网络功能的电话、寻呼机和 PDAs 获取最佳西方的信息。2002 年米高梅海市蜃楼度假饭店(MGM Mirage)成为美国第一家将无线互联网和它的几家度假饭店——赌场网站实现链接的博彩公司，顾客可以通过有网络功能的蜂窝电话和 PDAs 等无线设备，预订该公司在拉斯维加斯(Las Vegas)6 家度假饭店的客房，获得关于博彩、娱乐、餐饮、水疗、高尔夫以及其他饭店服务项目的资讯。2004 年，世界第一家无线迷你吧网络在华盛顿维拉德(Willard)洲际饭店建成，这个有独立 IP 地址的电子吧无线系统避免了有形通讯线路的成本，克服了其容易掉线中断的缺点。2005 年，凯悦酒店(Global Hyatt Corp.)成为第一家无线服务进客房的饭店，该饭店集团在美国、加拿大和加勒比海地区的所有饭店客房内都实现了无线网络服务。2005 年之前，更多的知名跨国饭店会有能力为不同的顾客提供无线网络链接和其他的无线服务。

娱乐科技的开发。采用现代技术对娱乐设备升级已经成为不同的跨国饭店吸引度假休闲和商务旅游者的主要策略。2002 年，精选饭店(Choice Hotels International)和 On Command 签署了为期三年的协议，在精选品牌的所有特许经营饭店推广 On Command 的客房内电影点播和预付系统，这使得那些中小型的精选饭店能够通过这项服务获得收益，而同时有几百万下榻大中型饭店和豪华饭店的客人是通过 On Command 的 MiniMato 服务方式享受这项服务的。4 年后，相似的联手行动也发生在希尔顿饭店公司(Hilton Hotels Corporation)和全球健身设备的领军企业 Precor 之间，由后者在希尔顿启动动态健身计划，遍及北美和纽约城 Waldorf-Astoria 区域的希尔顿、逸林(Doubletree)以及大使套房(Embassy Suites Hotels)饭店。最近，饭店业的关注焦点又集中在客房内数字高清电视系统的开发。马里奥特是这项技术的先行者，2005 年起该饭店将在接下来的四年内逐步装备由 LG 电子生产的 50 000 台数字高清电视。连接这种电视的最关键的装置是连通性控制板，它将提供大功率的输出，使客人能将手提电脑、PDAs、DVD 放像机、MP3 播放器、摄录相机、计算机游戏等个人娱乐器材同电视机实现连接共享。

另外，增加了 DVD 放像机、计算机游戏和无线预付电影系统等功能的等离子电视已经在主要的跨国饭店企业广泛使用，这在相当大的程度上丰富了饭店住宿客人的娱乐生活。

自助设备。在饭店领域最流行的技术就是自助式入住登记和结账离店服务了,这项服务设备已经在希尔顿、喜达屋和凯悦饭店广泛使用。自 2004 年第四季度,希尔顿开始为其黄金级和钻石级的荣誉会员提供网上登记入住服务。这些用户名保密的在线账号允许客人在抵店前完成入住登记,而不受客人的预订方式的影响。其他的饭店连锁,如洲际饭店和精选饭店也从 2005 年开始在其管理的饭店试运行自助登记接受设备。

电子商务技术。互联网和相关网络技术的持续发展使得这些跨国饭店企业能够建设自己的电子商务平台,不仅仅为普通的饭店客人服务,也服务于饭店内部客人和其他的利益相关者。例如精选饭店开发的电子采购系统(www.ChoiceBuys.com)就富有成效,2000 年的网上采购额是 70 万美元,到了 2001 年就提高到 500 万美元。这个高效的系统现在使超过 2 800 个精选的特许经营商通过互联网实现 25 万次以上的采购。2000 年初,希尔顿和 SkyMall 合作在该饭店的网站上开发了 virtual mall 平台,使得顾客可以从丰富的 SkyMall 的优质商品网上陈列柜购买东西。希尔顿和 SkyMall 都利用商品快讯、电子邮件、信件以及与顾客一对一的沟通,积极推动旅游者电子购物项目。2004 年洲际饭店成功地在它的全球饭店网络上链接了三个专业日语网站,使用日语实现个人化的终端对终端交易。

管理和决策支持技术

先进的计算机技术不仅应用于顾客服务方面,而且也广泛应用于跨国饭店企业的管理过程和战略决策过程,来提高运营效率、进行成本控制、市场分析以及增加产品价值。计算机技术在业务管理和行政管理领域的主要应用总结如下。

顾客关系管理系统(CRM)。2001 年,喜达屋饭店增加了在 Unica 公司的 Affinium 的客户关系管理项目上的投资,以同其他的 CRM 系统实现精确兼容,为该饭店的全球营销队伍提供一个易于使用的、按需定制的完成目标计划的工具。另外像香格里拉,也将其 CRM 解决方案和亚洲区域性预订中心的设备实现了整合。在新世纪,主要的跨国饭店企业都将各种各样的 CRM 解决方案应用于业务运行和饭店经营,CRM 解决方案已然成为赢得竞争优势的重要工具。

财产管理系统的改进。在饭店业中财产管理系统(PMS)并不是新生事物,然而,PMS 最新的特点在于它在饭店财产管理上与其他系统的协调一致,这成为了打造竞争优势的关键。几家跨国饭店企业走过了几个历程。2001 年精选饭店在超过 2 400 家饭店里逐步完成了"尾房"(last room)的销售工作,使精选饭店的 PMS 同中央预订系统同步化。2004 年 Multi-Systems Inc.(MSI)和最佳西方饭店完成了"开放的旅游联盟"协议书中规定的双向接口,使得 MSI 的

WinPM 财产管理系统和最佳西方中央预订系统能够兼容并实现准确无误的链接。一年以后，假日饭店开始试行网上接待处，和微软的 OPERA 财产管理系统有即时接口，使用微软的 OPERA 网络服务作为沟通工具。

数据库行销和数据挖掘。数据库行销是将数据库应用于营销模式的做法(Baker 和 Baker,1995;Fairlie,1995),因而在市场细分中能提供消费人群的相关数据和识别最有可能需要产品和服务的目标顾客群(Mayer 和 Lapidus,1998)。进入新世纪，跨国饭店企业在开发更宽泛的数据库系统上都增加了投资，这个系统能够有效地将在线界面和企业平台的数据管理系统连接起来。而数据挖掘作为一个更先进的关系管理导向技术，是一个很大程度上的自动化过程，运用统计分析从大量的数据中筛选出潜在有用的、以前未知的模式或是数据趋势(Magnini 等,2003)。温德姆饭店集团(Wyndham Hotel Group)、精选饭店国际和洲际饭店集团已经在同饭店业技术合作伙伴共同开发相关的解决方案。

收入管理系统。研究结果显示，在 2007 年 6 月举行的第四届国际饭店市场营销协会(HSMAI)收益管理战略会议上，被调查的饭店有 43% 在使用自动收益管理系统，而其中的 75% 对他们的系统是满意或非常满意。2002 年六洲饭店启用了一个新的收益管理系统，是一个整合的技术解决方案，以图形用户界面取代了与视窗/互联网的神秘译码，使用起来既快捷又方便。超过 1700 家马里奥特饭店得到了 One Yield 收益管理系统的帮助，实现了主营收入最大化，库存管理优化的决策过程。

生产管理和成本控制系统。除了收益管理系统，喜达屋饭店在 2001 年还执行了新的饭店范围内的生产管理系统。这是一个类似的技术解决方案，致力于中短期接待量控制，在州际饭店和温德姆饭店使用。

国际扩张和市场占有

自从进入新世纪以来，为提高市场占有率，跨国饭店企业在继续他们的全球扩张计划上纷纷迈开大步。最佳西方国际曾宣布 2000 年该公司将在全球管理超过 4 000 家饭店。2006 年当希尔顿旗下的家木套房饭店在北美投资饭店所有权的计划开展之时，希尔顿另外一个中等价位的品牌——希尔顿花园客栈，也在欧洲的德国和意大利投资新饭店。其他如洲际、马里奥特、精选、喜达屋等也都分别制订了自己的扩张和发展计划。具体地说，有四种主要的具竞争性的扩张途径:兼并重组、管理合同和特许经营、在新兴市场与战略伙伴的合资、战略联盟或战略伙伴。

企业兼并和收购

过去的七年,在国际饭店市场发生了涉及金额在 10 亿美元以上的众多并购交易,详见表 7.2。

为完成扩张计划,跨国饭店企业越来越多地在他们的扩张计划中纳入特殊的经营板块。例如,2005 年途易(AG)为寻求企业合并后的协力优势,兼并了 CP 船务。2006 年胜腾(Cendant,500 强,美国旅游和房地产公司)花费 12 亿美金收购 Orbitz(世界最大的旅游预订网站之一)。2007 年温德姆度假公司通过同私人所有权的 Activities-4-Less 公司联手,得到了在夏威夷的市场营销业务、有形资产和合同权利(后者是一家在毛伊岛注册、在夏威夷开展营销的度假公司)。

表 7.2 跨国饭店行业的并购案(2000~2007)

年份	实施兼并的公司	被兼并的公司	涉及金额
2000	米高梅 MGM	海市蜃楼度假饭店 Mirage Resorts	44 亿美元
2005	米高梅海市蜃楼集团 MGM Mirage	曼德雷度假饭店集团 Mandalay Resort Group	79 亿美元
2005	黑石集团 The Blackstone Group	温德姆饭店集团 Wyndham International	32.4 亿美元
2005	途易饭店与度假村集团 TUI AG	加拿大太平洋航运有限公司 CP Ships Limited	20 亿美元
2005	马里奥特国际 Marriott International	CTF 股份有限公司 CTF Holding Ltd.	14.52 亿美元
2005	希尔顿饭店公司 Hilton Hotel Corporation	希尔顿国际 Hilton International	33 亿英镑
2006	黑石集团 The Blackstone Group	奎因塔公司 La Quinta Corporation	34 亿美元
2006	马里奥特主人酒店公司 Host Marriott Corporation	喜达屋酒店投资组合 Starwood Hotel Portfolio	42.3 亿美元
2006	苏格兰皇家银行 Royal Bank of Scotland Pic	小面包和马里奥特的合资公司 JV of Marriott with Whitbread	16.9 亿美元
2007	黑石集团 The Blackstone Group	希尔顿酒店公司 Hilton Hotels Corporation	260 亿美元

管理合同和特许经营

在过去的七年,管理合同是最受跨国饭店企业欢迎的经营扩张方式,在对新兴市场的渗透中,也是一种得到广泛使用的市场进入模式。例如,2004年洲际曾同时和中国的饭店同仁们签署了九份管理合同。马里奥特计划在2010年之前增加其在印度的投资,达到21个资产项目,这些项目都将以长期管理合同的形式经营。特许权是另一种跨国饭店企业喜欢的拓展业务的方式。然而,诸如喜达屋或更多的企业现在更为关注价值创造,而不是仅仅签下更多的特许经营合同。马里奥特对于新的特许项目的战略可概括为:"选择最好的执行者一同成长比仅仅快速成长重要得多"。

与战略伙伴合资

新世纪开始,跨国饭店企业开始越来越多地同战略伙伴构建合资企业,特别是在中国、印度和俄罗斯等新兴市场,以利用他们受限于本地的资产、成熟的服务和生产资源。2006年,希尔顿饭店公司(Hilton Hotels Corporation)开始在印度同DLF有限公司——印度房地产开发的领军企业——组建一家合资公司。这个项目将在未来的7年完成75家饭店和服务公寓的自有开发。2004年途易酒店与度假村集团进入俄罗斯市场,同Mostravel组建了一家合资公司,后者是俄罗斯名列前茅的包价旅游经销商,经营土耳其和埃及旅游线路。

战略联盟

战略联盟是新世纪跨国饭店企业赢得竞争优势的重要手段。构建战略联盟有着各种各样的战略目标:获取新技术,如巴斯饭店和www.Lastminute.com网站的联盟;支持跨行业的市场营销计划,如洲际和墨西哥航空公司、日本航空公司、南非航空公司、阿拉伯航空公司、中国国际航空公司的战略联盟;享受不同区域间经营业务整合的好处,如艾美国际饭店集团(Le Meridien)和豪华日航饭店(Nikko Hotels)的联手;开发长期项目,如米高梅海市蜃楼(MGM Mirage)和Peel股份有限公司以及米高梅海市蜃楼和Pequot Tribal Nation(地产);为利益相关者提供特殊服务,如里兹卡尔顿俱乐部(Ritz-Carlton Club)和非洲精选(The African Collection Choice)、里兹卡尔顿俱乐部和财务管理咨询公司Grant Thornton LLP;为环境保护发挥特殊作用,如精选饭店(Choice)和绿标签(Green Seal)组织。

在新市场开拓经营,这些跨国饭店企业除了同当地领军行业企业开展合资业务以外,还与其他的投资人结成战略联盟向新兴市场渗透。例如2001年最佳西方(Best Western)进入了韩国集团(Korean Group)、旅游饭店业经营集团

(Business Group for Hospitality)的战略联盟，在韩国发展饭店业务。2006年，希尔顿、RPJEEF和私募股权公司H&Q Asia Pacific一起结成战略联盟，旨在中国各地引进超过20家专业服务型饭店。

利益相关者关系管理

为在国际饭店行业展开有力竞争，跨国饭店企业越来越多地在利益相关者的关系管理上配置资源，这些利益相关者包括顾客、雇员和经营伙伴。

顾客关系管理

有了技术的强劲支持，饭店企业可以发展并不断完善多种多样的顾客忠诚度培育和顾客保留计划。例如，六洲饭店通过不断地加强和完善它的优悦会奖励计划收获了不断提高的顾客忠诚度，同时将一些优秀的行业伙伴也带进了战略计划，对于全球优悦会的奖励内容进行重新设计。2004年洲际酒店集团全面实施的优悦会成为世界上最大规模的饭店忠诚度项目。在马里奥特、精选、凯悦和许多其他的饭店连锁也能发现相类似的积点式顾客忠诚度项目。

员工关系管理

除了饭店行业多样化的员工培训和发展计划之外，为了改善劳资关系、激发员工士气、提高生产力，跨国饭店还启动了一系列的员工激励和员工关怀计划。例如，精选饭店的核心管理原则就是：制定有助于员工实现他们个人目标的饭店政策并执行这些政策。精选饭店发现，在组织中对于工作—生活自主性理念的引进，对饭店人才招聘和挽留极有价值。精选饭店富有乐趣的工作、良好的福利、有学院教育背景的员工队伍、工作的稳定性、员工发展计划、社区的高参与度等，使它成为一个富有吸引力的工作场所。马里奥特酒店一向因其员工多元化的努力而久享盛誉，特别是该饭店对于黑人员工的支持。自2001年以来，六洲饭店一直在不断提高对于员工激励计划上的投资。

经营伙伴关系管理

跨国饭店企业特别重视发展同他们的特许经营者、同盟者和联合旅行社的积极关系。2000年精选饭店设立品牌拓展奖金，对住宿旅店(Sleep)品牌的特许经营者最多提供高达13万美元的特许费折扣，2005年又实行了新的费用结构，对罗德威客栈(Rodeway Inn)系列品牌降低了准入门槛。2001年精选饭店启动了法人调整项目，更加敏锐地将战略聚焦在向特许经营者提供增值服务上。2006年米高梅海市蜃楼(MGM Mirage)和马沙塔克皮夸部落(MPTN)签署战略同盟协议,致力于长期合作、在广泛领域内开展技术支持、寻求联合行销市场机会,打下了坚实的战略伙伴关系的基础。2001 年为加强和旅行社的关系,遍及美国城市的最佳西方饭店为美国旅行社的业主们发起了晚间的聚会活动,并为他们在市政厅的会议提供茶点。有了现代网络技术的支持,自 2006 年起,希尔顿开始向旅行社实行特别的佣金处理方式,并提供 www.tacsnet.com 网站的在线资源给旅行社使用,使这些未来的会议安排者们能查询佣金的收支情况以及在线处理佣金。

新的产品和服务的开发
新产品和服务的开发

新产品和服务的推出已经成为跨国饭店企业的竞争战略。在过去的七年,一系列创新的饭店产品和服务得到开发。2002 年,六洲饭店推出了可租房的"21 天预付房费"计划,以及在周末网博(Weekend WebSavers)上等候临时退房,享受优惠房价。马里奥特推出了一项新的服务项目,使顾客可以在房间里通过自己的个人电脑,将要打印的材料利用饭店的打印机打印出来。2003 年假日推出了"Best Breaks"房费计划来搭配它最受欢迎的"Best-4-Breakfast"早餐菜单,2004 年假日又推出"低碳水化合物早餐"(Low-Carb InspirationsTM)。2006 年马里奥特推广"整体旅行价格"(Total Trip Pricing),使那些有意出行的客人能在确认预订之前计算出包括房费、税额、附加费用及其他费用的总花销。

服务理念的革新

为应对激烈的竞争,跨国饭店企业愈来愈重视为顾客提供特色产品和服务,来赢得竞争优势。2002 年喜来登(Sheraton)饭店开始特别为美国的那些在写字楼里的商务旅行者设计"家庭风格"(home style)的客房。2004 年凯悦新品牌 Hyatt Place 酒店的"大床"(Grand Bed)首次亮相,让下榻的客人更有豪华感、更加舒适、体验更为新奇。凯悦酒店的大堂 Gallery 也富有特色,这是一个创新的迎客区,客人在这里能得到饭店迎宾个性化的欢迎款待,他们将为客人提供帮助,包括办理入住手续、带领参观整座饭店等等。2007 年希尔顿在英国新开业的两间饭店也反映出希尔顿对当代"新面貌"(new look)和新潮生活方式的贴近。

对研究工作的投入

为给这些在产品和服务上的创新提供事实和数据支持,一些跨国饭店企业主动发起和组织与经营有关的理论研究和探讨。应战略需要,为更好地满足正在不断增加的女性商务旅行者的需求，2000年在Project Future的支持下，洲际饭店和皇冠饭店组建了一个旅行咨询委员会(Travel Advisory Council)，首次将女性商界领袖召集在一起，识别在旅行体验中的性别因素，推荐合适的新产品和服务形式。最佳西方将顾客研究工作和它强大的在线信息处理软件结合了起来。拉·群塔管理公司也广泛地调查了饭店会员、饭店客人和总经理们，在这个基础上推出新的回头客忠诚度鼓励计划。为了弄清楚客人是如何在旅行中将工作和休闲活动合二为一的，希尔顿花园客栈进行了大规模的研究，这些研究带来了一个新的饭店理念——"个人商务"(personal business)。

商业架构的变化

为了在这个快速频繁变化的经营环境中不被落下，甚至还要扮演领先者的角色，越来越多的跨国饭店企业实施了企业再造和重组。

边缘资产的剥离

为提高运营效率、增加资产的金融收益，很多饭店公司不断地剥离他们非核心的战略资产。2000年，喜达屋宣布出售协议，以2.7亿美元的价格出售了沙漠客栈(Desert Inn)。同年，米高梅公司(MGM Grand Inc.)为减轻收购带来的债务负担，以大约1300万美元的总价格出售了以前美丽湖艺术画廊(Bellagio Gallery of Fine Art)的油画收藏精品。2004年洲际饭店处理了大约5亿美元的饭店资产，这也是洲际饭店增加特许经营和管理业务、减少资产的所有权战略的延续。马里奥特也努力卖掉它的老年生活服务公司。喜达屋、希尔顿等也实施了相似的剥离计划。

组织结构再设计

为提高管理和运营效率，组织结构设计成为很多跨国饭店企业广泛使用的另一战略工具。新的事业部、分权和整合正在很多饭店企业里发生着。

2000年，拉·群塔客栈下放管理权给它的运营组织；喜达屋则设立了"喜达屋假期所有权事业部"(Starwood Vacation Ownership)来进一步整合它的假期所有权子公司，并且充分发挥喜达屋和它的假期所有权事业部的协同效应。2003年，为提高效率、简化机构以降低成本，洲际饭店集团在亚太区的新机构揭开了面纱。这个机构负责整合洲际各品牌饭店市场营销工作的重点，拓展区域内品牌领导力，持续地驱动市场需求和饭店收益，以及在洲际各品牌饭店中推广管理体系。为提高针对度假市场的营销效率和产值，2006年途易将航空旅游品牌的度假产品从法兰克福转移到了汉诺威，将其旅游经营和配送业务合并为一个独立而强大的营销实体。

关键人事任命

为改善经营管理,提高工作团队的生产效率,在过去的七年里这些跨国饭店企业频繁地任命新的核心管理人物,进行人事更替。人员更替最为集中的职位涉及 IT 技术、市场营销和战略管理。同饭店特定战略相呼应,一些新的重要管理职位也加了进来,如 2000 年拉·群塔客栈就新增了 10 个区域运营副总裁。

市场主动权和销售活动

为与目标市场和顾客有效沟通,在快速变化的经营环境中脱颖而出,跨国饭店企业实施了多样化的市场营销战略。

特别促销计划

许多跨国饭店企业都针对目标中的特殊顾客群展开不同的促销攻势。最佳西方的"夏季历险"(Summer Adventure)、精选的"Fee Gas"活动、假日的"大甩卖"(Big Sale)都是在饭店业中特别促销活动的成功案例。为在中小商务会议市场提升自己的品牌形象,作为一个理想的高端饭店,皇冠(Crowne Plaza)饭店响亮地打出了饭店的标志"最佳聚会之地"(The Place To Meet),将主要的三个市场要素结合在一起,为皇冠饭店在中小会议的细分市场完成了完全独立而有力的市场定位。2003 年香格里拉饭店(Shangri-La Hotels & Resorts)推出了女性商务旅行者服务项目,目的是使女性商务旅行者的居停更舒适、更便利。

与市场伙伴的促销合作

跨国饭店企业已经越来越多地享受由战略合作伙伴支持的促销合作带来的好处。例如,由于是大来信用卡公司(Diners Club International)的合作伙伴,2003 年洲际饭店在亚太区 14 个国家的 20 家洲际饭店和度假饭店推出了"大来俱乐部双周末自选"(the Diners Club Double Weekend Options)促销活动。2006 年夏季,大使套房饭店作为 Build-A-Bear Workshop(玩具运动用品公司)官方合作伙伴饭店参与了 Find-A-Bear ID 项目。

品牌的再定位

跨国企业通常会采用品牌再定位(Brand repositioning)战略去改变或维护它向顾客描绘的品牌形象。这需要流畅地执行营销方案和组织流程,以确保或提高一个品牌的资产价值(Aaker,1991)。进入新世纪以来,品牌再定位成了跨国饭店企业广泛使用的竞争手段。2004年,胜腾的饭店集团耗资几百万美元对华美达(Ramada)品牌进行再定位,目的是提高整体产品质量、改善客人体验以及增加价值。这次行动是为确保在中间细分市场的未来成长性和竞争力而策划的。2002年,喜达屋也实施了一个升级喜来登品牌的综合计划,包括一系列关键项目的更新——更优质的床、新的客房设计、旗舰店的翻新、新的蓝本、更严格的标准以及品牌清理。希尔顿旗舰店的恢复方案也有效地强化了企业形象、提升了顾客忠诚度。

形象广告战

跨国饭店企业日益将广告战视为推广企业形象的法宝。2001年精选"感谢旅行"(Thanks for Travelling)广告策划极大地提升了它的形象,特别是在"9·11"恐怖袭击之后的关键时期。2004年,希尔顿以一句"带我去希尔顿"的号召语,将希尔顿定位成当今时代旅游者最普遍担心的旅行问题的首选解决方案。他将希尔顿全新的形象用通俗的语言进行了描述。2006年夏季,为提升在全球新兴市场的知名度,凯悦推出了其雄心勃勃的电视广告和图片广告,包括一个塑造形象的电视商业节目和三个图片系列的广告,强调凯悦饭店能满足高端会议多功能的需要。

互联网销售

互联网是跨国饭店企业一个重要的市场渠道。新希尔顿宣传活动的在线宣传网站为 www.Hiltonjourneys.com,其两个网页获得了互联网最有创意内容奖,特别是在2006年希尔顿饭店"Travel Should Take You Places"宣传活动中该网站做出了突出贡献,收获国际赞誉。最佳西方和洲际饭店都认为互联网营销成果突出,增强了他们网上营销队伍的功能。2006年马里奥特赢得了网络营销协会(The Web Marketing Association)评审小组授予的互联网广告竞赛优胜奖。

有效定价

尽管价格打折不是获得竞争优势的新策略,它仍然为很多跨国饭店企业所使用。为有效吸引婴儿潮群体,精选在2000年启动了一项销售计划,给50岁及以上入住所有精选饭店的旅游者10%的优惠,给60岁及以上入住所有参与这项活动的饭店的旅游者20%~30%的优惠。2002年初,最佳西方饭店和AAA签署了一份联合营销协议,按照这份协议,所有AAA会员都能在最佳西方定期公布房价的基础上至少优惠10%。2005年,Travelodge的特许经营商深受鼓舞

第七章 新世纪(2000～2007)跨国饭店公司的竞争方式

也加入进来。享受了折扣价格,并有可能加入该公司的"最大价值方程"(ultimate value equation)计划,免费获得设备。

质量的稳定和改善

作为一种重复性的服务,饭店的服务质量需要高度的一致性。因此,不断追求质量改进能帮助跨国饭店企业获得较好的顾客满意度,赢得竞争优势超越竞争对手,最终提高饭店收益。跨国饭店企业的一些竞争手段都是集中在保持质量的一致性并持续提高服务质量。

人力资本投资

饭店业的人力资本投资都集中在教育、培训和职业发展规划。自2002年,米高梅海市蜃楼饭店就开始实施多元化教育方案,以此帮助创造统一的企业愿景,在来自不同背景的员工中建设价值观分享的企业文化。在2005年之前已经有超过1 200名员工完成了Diversity Champion workshops的学习,这种业内培训第一次将领导力、多元化和职业发展融合进正规的课堂讲授。2005年,最佳西方酒店还为其北美饭店的业主和经理们开设了"最佳西方认证经理培训课程"和"最佳西方系列学习课程"。中国最大的豪华饭店品牌——香格里拉,在北京附近开了一间香格里拉学院来集中培训它的员工。香格里拉学院以循序渐进的培训方法为特色,在内容上特别重视培养批判性思维能力、解决问题的能力和授权艺术。

饭店硬件翻新

新世纪许多跨国饭店企业仍持续进行饭店硬件翻新以提升其品牌形象、满足变化的顾客需求。喜来登启动了一个为期2年,耗资3.5亿美元的装修计划,目的是维护品牌质量,同时增加家庭和商务旅游者的亲切感。2002年起洲际投资10亿美元对世界各地的主要洲际饭店进行翻新。2000年以来,也有精选、拉·群塔、最佳西方和马里奥特所管理的单个的饭店实施大规模的装修计划。

服务标准提高

为迎合顾客比以前更高的消费需求、适应变化了的竞争环境,许多跨国饭店企业也提高了他们的服务标准。如最佳西方在全球范围内实施了新的质量举措,用一个简单的从服务设计到质量评价的流程来加强服务标准的一致性。为了很好地执行这些服务标准,最佳西方的组织结构中还设立了一个由质量权威专家组成的专业团队,实地检查最佳西方饭店的质量,帮助业主来提高质量、提升顾客满足度、提高饭店收益。

高绩效奖励和评估

跨国饭店企业也以相关的质量奖励和质量评价条款作为工具,来鼓励饭店的员工和特许经营商来保持质量的一致性。例如,2005年逸林颁布了新出炉的"质量飞跃奖"(Most Improved Quality Award)。2003年,洲际饭店改进了"客人认同系统"(Guest Endorsement System),在这个系统的支撑下,将特别关注客人调查的结果和新的质量评价体系。这个系统包括构成饭店服务质量的三个标准:饭店有形产品质量、饭店服务质量以及客人对前二者的平均反映和评价,这决定了客人是否再次光临。

社会意识和环境知觉

对跨国公司来说,表达对社会事务的关心、参与自然环境的保护一向被看作是重要的企业准则。跨国饭店企业也越来越多地向地区开发项目、自然灾害援助项目以及环境保护项目拨款,以提升品牌形象进而获得经济收益。

地区开发合作伙伴

2000年,喜达屋启动了一个新的社区服务项目——StarCare for the Community,鼓励喜达屋员工每年奉献8个小时,在他们所在的社区从事志愿活动。为了支持这个项目,喜达屋和America's Promise and City Cares结成伙伴,后者可以将喜达屋的这些志愿者安排到一些非营利机构和城市里的社区服务项目中去。米高梅海市蜃楼也同Jeanco不动产开发公司签署了一项合作伙伴协议,成立了一家合资公司。这次合作最主要的计划是对一块未开发土地的综合开发利用,打造一个集住宅、商业、零售、博彩、饭店为一体的新社区。

遭受自然灾害地区的救助项目

一些跨国饭店企业向遭受自然灾害的地区提供经济援助,这是提升饭店公司形象和品牌知名度的好方法。例如,途易(AG)为遭受海啸的东南亚地区制定了一项长期的援助计划,并在2005年为此计划支付了总计1 250 000欧元的援助款。

环境保护行动

由于世界日渐关注不断变化的自然环境,越来越多的跨国饭店企业为积极履行环境保护义务、提高品牌知名度或提高经济效益,也相应地制定了一些管理规定并在日常运转中加以实施。最佳西方 Agnes Water 海滨俱乐部，是澳大利亚最令人印象深刻的、设备超前先进的、环境保护一流、完全能自续发展的度假地，在 2003 年初达成了它原先设定的目标，即创造一个新的生态旅游和自续发展的标准。喜达屋设立了一个特别管理领导小组来减少温室气体排放。2005 年，途易（AG）得到了国际环境标准的 DIN EN ISO 14001 认证，标志着它的内部系统和集团范围内的环境管理系统都得到了国际认可的环境资质。2006 年，马里奥特因节约了超过 8 300 万千瓦小时的电力能源，以及每年减少 68 000 吨的温室气体排放而被表彰，他们节省的电力相当于美国首都华盛顿 3 个月的电力消耗，而减少的温室气体则相当于每年减少 15 000 辆上路的汽车或栽种 1 500 000 棵树木。

结论

竞争手段在新世纪和在上世纪 1995 年～1999 年的比较

赵金林（2000）将竞争手段总结为八大类型，分别是：快速的信息技术开发、国际扩张和市场合作、关系管理、顾客导向的产品和服务开发、组织结构再设计、市场主动权和销售活动、质量控制以及社会认知和环境保护。本研究得出的总的竞争结构和前一个研究阶段（1995～1999）的研究结果显示出一致性，这表明先前的研究对过去 10 年国际饭店业的演变有较高水平的预见性。然而，比较这两个时间段的相对应的竞争手段，仍能发现一些区别。主要的异同比较如下：

- 信息技术的快速发展仍然是影响跨国饭店企业创新竞争手段最重要的驱动力。先进的技术带来更广泛的选择，这本身就为饭店企业带来了竞争优势。饭店企业在这个领域的投资日益加码，激烈的竞争在所难免。尽管在新世纪同 IT 相关的大部分竞争手段都与前一阶段的相似，但也存在技术上向更先进成熟水平的重大推进。信息技术被赋予更多的特色和功能，而且大部分技术得到了升级。拥有更多技术力量强大、成本经济划算、使用简单方便的信息技术，就能赢得竞争。可以预见在不远的将来，这个领域将会发生更加翻天覆地的变化。从这两个阶段的竞争手段的比较来看，无线技术及其相关技术应用是最显著的进步。
- 兼并和收购仍然是跨国饭店企业完成海外扩张战略的重要途径。跨行业和跨部门的兼并和收购登峰造极。这在前一个阶段并不明显。这说明跨国饭店企业已经日益重视通过业务分工的整合和规模经济的运行来获取竞争优势。就合资和战略联盟这两个扩张手段而言，找一个关键的战略伙伴更受青睐，特别是在新兴市场上。
- 战略性的利益相关者关系管理被跨国饭店企业广泛重视。他们启动了很多相关计划，应用新信息技术已经成为进行关系管理的重要路径。
- 创新已经成为跨国饭店企业的主要竞争手段。同前一个阶段比较，新世纪的新产品和服务开发更多着眼于理念的设计和创新。在研究活动上的直接投资和资源配置是新世纪饭店业的一个亮点。
- 非核心战略资产的剥离、组织架构的再设计、关键的人事任命是涉及组织结构变革的关键竞争手段。更值得一提的是，对跨国饭店企业的战略决策制定者而言，他们越来越关注在一个广大的地理区域内的职责分工的整合。
- 就促销活动和市场主动权而言，一些传统的竞争手段如联合促销、特别促销、价格折扣等，今天仍在饭店竞争方式组合中扮演重要角色。然而，本研究发现，饭店的整体品牌和形象已经取代特别服务或产品的包价促销，而成为在市场大战中的主要营销目标。
- 为保证服务质量的稳定性，跨国饭店企业越来越重视人力资本开发。最有效的开发途径就是加强员工的教育、培训和个人发展。在早先时候，对服务标准管理及标准的更新升级并未进行广泛研究，而现在已经是跨国饭店企业特别关注的问题。
- 在社会意识和环境保护行动上，对地区开发的战略伙伴关系和对遭受自然灾害地区的救助项目是先前研究未强调的两个新的饭店竞争手段。

结论和启示

本章报告了在过去的七年中跨国饭店企业所采用的总计 36 种竞争手段。两个阶段的研究结果在竞争手段上总体一致，这表明跨国饭店企业正在经历一个特殊时期，在这个时期关键影响因素的作用正潜移默化地显现出来。在每一种竞争手段上同时也存在微小差别，这也反映了竞争环境的复杂性，同时也说明时间已经成为判断经营环境的关键因素，就好像新增的竞争手段正越来越多地被认为是饭店行业的 CSFs。跨国饭店企业必须要能够评价他们所在的经营环境，并且在不同的战略选择之间进行资源配置的合理决策。

更为重要的是，跨国饭店企业必须了解到，环境驱动力可能对其经营有深远的影响。例如，本研究揭示，像黑石（Blackstone）这样的私人股份企业已经成为跨国饭店业中最强健的投资力量和干预力量。但是对于由这样的投资人和干预者所支持的饭店企业，如何进行相关竞争手段的创新还不明朗。未来仍需要饭店行业的实践者和理论界学者在类似领域进行深入研究。

第七章 新世纪(2000~2007)跨国饭店公司的竞争方式

参考文献：

Aaker, D. A. (1991). *Managing Brand Equity*. New York: The Free Press.

Baker, S., and Baker, K. (1995). *Desktop Direct Marketing—How to use up-to-the-minute Technologies to Find and Reach New Customers*. New York: McGraw-Hill.

Berry, L. L., Seiders, K., and Gresham, L. G. (1997). For love and money: The common traits of successful retailers. *Managing Service Quality*, 26 (2), 7-23.

Bharadwaj, S. G., Varadarajan, P. R., and Fahy, J. (1993). Sustainable competitive advantage in service industries: A conceptual model and research propositions. *Journal of Marketing*, 57(October), 83-99.

Boardman, A. E., and Vining, A. R. (1996). Defining your business using product-customer matrices. *Long Range Planning*, 29 (1), 38-48.

Bowman, C., and Faulkner, D. (1997). *Competitive and Corporate Strategy*. London: Irwin.

Brotherton, B. (2004). Critical success factors in UK corporate hotels. *The Service Industries Journal*, 24 (3), 19-43.

Brotherton, B., and Shaw, J. (1996). Towards an identification and classification of critical success factors in UK hotels Plc. *International Journal of Hospitality Management*, 15(2), 113-135.

Buzzell, R. D., and Gale, B. T. (1987). *The PIMS Principles*. New York, NY: Free Press.

Cai, L. A., and Hobson, J. S. P. (2004). Making hotel brands work in a competitive environment. *Journal of Vacation Marketing*, 10(3), 197-208.

Campbell-Hunt, C. (2000). What have we learned about generic competitive strategy? A meta-analysis. *Strategic Management Journal*, 21(2), 127-154.

Candido, C. J. F. (2005). Service quality strategy implementation: A model and the case of the Algarve hotel industry. *Total Quality Management and Business Excellence*, 16 (1), 3-14.

Chandler, A. (1962). *Strategy and Structure: Chapters in the History of American Enterprise*. Cambridge, MA: MIT Press.

Cho, W., and Olsen, M. D. (1998). A case study approach to understanding the impact of information technology on competitive advantage in the lodging industry. *Journal of Hospitality and Tourism Research*, 22(4), 376-394.

Chrisman, J. J., Hofer, C. W., and Boulton, W. R. (1988). Toward a system of classifying business strategies. *Academy of Management Review*, 13(3), 413-428.

Claver—Cortés, E., Molina—Azorín, J. F., and Pereira—Moliner, J. (2006). The impact of strategic behaviors on hotel performance. *International Journal of Contemporary Hospitality Management*, 19 (1), 6-20.

Crook, T. R., Ketchen, Jr, D. J., and Snow, C. C. (2003). Competitive edge: A strategic management model. *Cornell Hotel and Restaurant Administration Quarterly*, 44 (3), 44-53.

David, F. (2002). *Strategic Management: Concepts* (9th ed.). Upper Saddle River, NJ: Prentice—Hall.

Day, G. S., and Wensley, R. (1988). Assessing advantage: A framework for diagnosing competitive superiority. *Journal of Marketing*, 52 (April), 1-20.

Dess, G. G., and Davis, P. S. (1984). Porter's generic strategies as determinants of strategic group membership and performance. *Academy of Management Journal*, 26(3), 467-488.

Devaraj, S., Hollingworth, D. G., and Schroeder, R. G. (2004). Generic manufacturing strategies and plant performance. *Journal of Operations Management*, 22(3), 313-333.

Dimou, I., Chen, J., and Archer, S. (2003). The choice between management contracts and franchise agreements in the corporate development of international hotel firms. *Journal of Marketing Channels*, 10(3,4), 33-52.

Fairlie, R. (1995). *Database Marketing and Direct Mail: A Practical Guide to the Techniques and Applications*. Herts: Kogan Page.

Fréry, F. (2006). The fundamental dimensions of strategy. *MIT Sloan Management Review*, 48 (1), 71-78.

Gayeski, D. M., and Petrillose, M. J. (2005). No strings attached:

How the gaming and hospitality industry uses mobile devices to engineer performance. *Performance Improvement*, 44 (2), 25-31.

Hawes, J. M., and Crittendon, W. F. (1984). A taxonomy of competitive retailing strategies. *Strategic Management Journal*, 5(2), 275-287.

Helms, M. M., Dibrell, C., and Wright, P. (1997). Competitive strategies and business performance: Evidence from the adhesives and sealants industry. *Management Decision*, 35(9), 678-692.

Hill, C. W. L. (1988). Differentiation versus low cost or differentiation and low cost? A contingency framework. *Academy of Management Review*, 13(3), 401-412.

Hitt, M. A., and Ireland, D. R. (1985). Corporate distinctive competence, strategy, industry and performance. *Strategic Management Journal*, 6 (3), 273-293.

Holverson, S., and Revaz, F. (2006). Perceptions of European independent hoteliers: Hard and soft branding choices. *International Journal of Contemporary Hospitality Management*, 18(5), 398-413.

Hueng, V. C. S. (2003). Internet usage by international travelers: Reasons and barriers. International *Journal of Contemporary Hospitality Management*, 15(7), 370-378.

Jain, R., and Jain, S. (2005). Towards relational exchange in services marketing: Insights from hospitality industry. *Journal of Services Research*, 5(2), 139-150.

Keating, M., and Harrington, D. (2003). The challenges of implementing quality in the Irish hotel industry. *Journal of European Industrial Training*, 27(8/9), 441-453.

Kerin, R. A., Mahajan, V., and Varadarajan, P. R. (1990). *Contemporary Perspectives on Strategic Market Planning*. Boston, MA: Allyn and Bacon.

Knox, A., and Walsh, J. (2005). Organizational flexibility and HRM in the hotel industry: Evidence from Australia. *Human Resource Management Journal*, 15 (1), 57-75.

Kotha, S., and Vadlamani, B. L. (1995). Assessing generic strategies: An empirical investigation of two competing typologies in discrete manufacturing industries. *Strategic Management Journal*, 16 (1), 75-83.

Lai, K. K., and Ng, W. L. (2003). A stochastic approach to hotel revenue optimization. *Computers and Operations Research*, 32(5), 1059-1072.

Law, R., and Jogaratnam, G. (2005). A study of hotel information technology applications. *International Journal of Contemporary Hospitality Management*, 17(2/3), 170-180.

Magnini, V. P., Honeycutt, E. D., Jr., and Hodge, S. K. (2003). Data mining for hotel firms: Use and limitations. *Cornell Hotel and Restaurant Administration Quarterly*, 44(2), 94-105.

Martin, L. M. (2004). E−innovation: Internet impacts on small UK hospitality firms. *International Journal of Contemporary Hospitality Management*, 16 (2), 82-90.

Mayer, K. J., and Lapidus, R. S. (1998). Database marketing: A potent tool for hospitality marketers. *FIU Hospitality Review*, 16 (1), 45-57.

Miller, D., and Friesen, P. H. (1986). Porter's generic strategies and performance: An empirical examination with American data. *Organization Studies*, 7 (1), 37-55.

Mintzberg, H. (1978). Patterns in strategy formation. *Management Science*, 24(9), 934-948.

Mintzberg, H. (1988). Generic strategies toward a comprehensive framework. *Advances in Strategic Management*, 5, 1-67.

Mintzberg, H., and Waters, J. A. (1985). Of strategies deliberate and emergent. *Strategic Management Journal*, 6 (3), 57-72.

Murray, A. I. (1988). A contingency view of Porter's 'generic strategies'. *Academy of Management Review*, 13(3), 390-400.

Olsen, M. D., West, J., and Tse, E. (1998). *Strategic Management in the Hospitality Industry* (2nd ed.). New York: Wiley.

Parnell, J. A. (1997). New evidence in the generic strategy and business performance debate: A research note. *British Journal of Management*, 8(2), 175-181.

Parnell, J. A. (2006). Generic strategies after two decades: A reconceptualization of competitive strategy. *Management Decision*, 44(8), 1139-1154.

Porter, M. E. (1980). *Competitive strategy*. New York: Free Press.

Porter, M. E. (1981). The contributions of industrial organization to strategic management. *Academy of Management Review*, 6(4), 609-620.

Porter, M. E. (1985). *Competitive Advantage: Creating ands Sustaining Superior Performance*. New York: The Free Press.

Presbury, R., Fitzgerald, A., and Chapman, R. (2005). Impediments to improvements in service quality in luxury hotels. *Managing Service Quality*, 15(4), 357-373.

Proff, H. (2000). Hybrid strategies as a strategic challenge: The case of the German automotive industry. *Omega*, 28(5), 541.

Robinson, R. B., and Pearce, J. A. (1988). Planned patterns of strategic behavior and their relationship to business unit performance. *Strategic Management Journal*, 9 (1), 43-60.

Sigala, M., Lockwood, A., and Jones, P. (2001). Strategic implementation and IT: Gaining competitive advantage from the hotel reservations process. *International Journal of Contemporary Hospitality Management*, 13(7), 364-371.

Tracey, J. B. (2003). Human resources roundtable 2003: Current issues and future developments. *Cornell Hotel and Restaurant Administration Quarterly*, 45(4), 373-375.

White, R. E. (1986). Generic business strategies, organizational context and performance: An empirical investigation. *Strategic Management Journal*, 7(2), 217-231.

Wilton, N. (2006). Strategic choice and organizational context in HRM in the UK hotel sector. *The Service Industries Journal*, 26(8), 903-919.

Wright, P. (1987). A refinement of Porter's strategies. *Strategic Management Journal*, 8(1), 93-101.

Yelkur, R., and DaCosta, M. M. N. (2001). Differential pricing and segmentation on the Internet: The case of hotels. *Management Decision*, 39(4), 252-261.

Zhao, J. L. (2000). Competitive methods of multinational hotel companies—A five-year review, 1995-99. In Hamilin, H. (Ed.), *Leading Hospitality into the Age of Excellence, Expansion, Competition and Vision in the Multinational Hotel Industry* 1995-2005, International Hotel & Restaurant Association White Paper, Paris 2000.

第八章 无形资产的重要性:趋势和模型

Francis A. kwansa[①], Cynthia Mayo[②], Tevfik Demirciftci[③]

引言

在过去的二十年,美国以及其他产业化国家的经营环境发生了巨大的变化。例如,以前企业向顾客和消费者收费的项目现在免费提供了,而以前免费的支持性服务现在却要收费了。很多产业化国家的行业现状是:服务和体验产品占这些国家经济的首要地位。美国国内生产总值(GDP)的约 2/3 是由服务业或称作是无形产品所创造的。

今天在工厂、机器设备、建筑物、土地和其他基础资源等有形资产上的投资相对比以前少多了。像房地产、工厂设备这些资产今天仍然是制造企业和服务企业的重要基础,然而,他们已经失去了原来的重要地位。无形资产取而代之,在相当大的程度上决定了企业如何经营、收益如何产生以及企业价值如何创造。

无形资产是指企业为个人或企业创造未来收益,或为管理目的而持有的,在生产商品、提供服务的过程中被使用或消耗的没有实物形态的生产要素。例如以下这些资产:

- 创意想法
- 顾客邮寄名单
- 数据库
- 生产和经营流程
- 个人行业经历所积累的全部技能
- 服务的知名度
- 顾客关系
- 上游企业/供应商关系

[①] 德国,纽瓦克,特拉华大学人力资源信息管理系,副教授
[②] 德国,多弗,特拉华州立大学酒店管理专业,项目总监
[③] 德国,纽瓦克,特拉华大学人力资源信息管理系

- 忠诚度提高计划
- 人力资本
- 知识资本

对这些资产的占有和使用能够使企业收获不俗的经营业绩,而这样的经营效果是其他资产所无法达到的。因此,这些资产也像有形资产一样为企业创造价值。今天的一些产业,例如软件生产企业,他们高度依赖智力资产来保证稳健的收益底线(Kapardis 和 Thomas, 2006)。劳动力密集型的饭店业也同样是一个依赖人力资本来获得成功的产业。无形资产同其他资产相比,有以下特征:

1. 无形资产不易直接测量,难以量化。像这样的问题:"昨天的平均日房价是多少?"肯定要比下面的问题:"昨天晚上客人满意吗?"更容易回答。

2. 通常这些资产不会在公司的资产负债表上出现。因此他们不会直接在公司的资本净值中反映出来。

3. 这些资产在公司的损益表中消耗,而不是转为资本。

4. 如果能认识到并合理地使用这些资产,它们就能成为拥有它们的这些企业竞争优势的源泉。

5. 通常无形资产所创造的价值取决于在这些互补性无形资产上的投资。

6. 无形资产,除了版权和专利,通常难以保护,容易被竞争对手复制。

7. 它们必须被使用。仅仅拥有这些资产,而不做有意的尝试,也不尽力加以利用,那么这些资产对企业将毫无裨益。

8. 很多无形资产都游离于管理层控制之外,管理难度较大。

无形资产的上述特点对会计和财务专业人员带来了不小的挑战,无论是计价估算还是在账面反映,都难以将这些有价值的资产完全包括在企业账面价值中。

传统上,企业的账面价值是按照它的资产由在刨除优先股(如果有的话)价值的原始成本基础上的负债差额来确定的。企业的市场价值表明投资者考虑到公司未来的发展机会、公司创造利润的能力和持续盈利的能力而愿意支付的价格。市场价值是该公司所有披露的信息,特别是未来经济收益信息的风向标。投资者首先被今天的红利收益和未来的红利增加所鼓舞,红利的增加直接受公司利润和现金流的增量的影响。其次,投资者被股价的增值所推动,股价的升值是由公司的财务业绩、经营业绩以及对该公司未来发展的预期所驱动的。因此企业的市场价值是股票的收市价和上市普通股股数的乘积。无形资产就是在净资产账面价值(资产减负债)和市场价值之间的差额部分。在过去的十年,由于企业在无形资产上加大投资,这个无形资产的差额正在变得越来越大。

智力资本作为典型的无形资产,广受商业新闻舆论的关注。Brooking

(1996)将它定义为"能使企业运转的综合性的无形资产",Stewart(1997)则将智力资本定义为"一揽子有用的知识",他认为组织流程、技术、专利、员工的技能、消费者信息、供应商和利益相关者信息都是智力资本的组成部分(Stewart,1997)。

智力资本的构成

Edvinson 和 Malone(1997)认为智力资本有三种类型:人力资本、结构资本和顾客资本。人力资本由员工的知识、技能和能力构成,人力资本是人所独具的,不属于组织。然而,人力资本也取决于一个组织在利用发挥员工的主动性和创造性上的效率。结构资本是企业帮助员工完成工作的一切事物,结构资本可以看作是支持性的基础设施,来帮助员工有效率并且有效果地工作。结构资本属于组织。传统意义上的建筑物、硬件、软件、流程、专利、商标都是结构资本。组织形象、组织结构、信息系统、数据库也都是结构资本的组成部分(Bhartesh 和 Bandyopadhyay,2005)。Edvinson 和 Malone(1997)将结构资本的类别拓宽到组织资本、流程资本和创新资本。组织资本涉及的是组织的哲学和体系;流程资本包括技术、程序以及改善和提高商品及服务交付的项目计划;知识产权属于创新资本,如保护其所有人商业权利的版权、专利和商标等。顾客资本指的是企业顾客关系的维系度和顾客忠诚度。顾客满意度、重复购买率、财务健康度和价格敏感度都属于顾客资本的范畴(Bhartesh 和 Bandyopadhyay,2005)。

无形资产及其在不同行业的利用

无形资产帮助企业获得竞争优势。根据欧盟委员会高级别专家团 2000 年年度报告,一家公司的无形资产可以看作是该公司竞争力的构成要素。甚至,整合外部资源和内部资源以攫取商业机会的能力已经转变为一种独有的企业能力(Eustace,2000)。无形资产的情况也能够帮助企业分析和预测其未来的经营绩效。例如,Sears Roebuck 和 Company(现在的希尔斯公司,美国著名零售品牌)创新了一种评价员工满意度的工具,并且跟踪员工满意度和顾客忠诚度以及财务绩效之间的关系。希尔斯公司发现,在员工态度上 5 个单位的改善能带来顾客满意度 1.5 个单位的提高,因此而带来经营收益 0.5% 的增长(Low 和 Kalafut,2002)。另外一个案例是美国西南航空公司,这家公司在人力资源部门加大了投资,目的是能够招聘到适应他们企业文化的人。1998年,140 000人向美国西南航空公司递交了求职申请,90 000人获得了面试机会,但只有4 200人被录用。招聘流程成本昂贵,但是却为西南航空公司创造了令人咂舌的收益。2001年9月底,西南航空的股价与销售额比率攀升至2.10,而同期的行业平均比率仅是1.35(Low和Kalafut,2002)。

推动企业经营业绩的无形资产

在Low和Kalafut合著的《无形的优势》一书中,他们总结了12种无形资产,正是这些无形资产,今天在不断地拉大企业账面价值和市场价值的悬殊差距。

领导力

二三十年前公众对公司的CEO们一无所知,那时他们躲在幕后指挥和管理着他们的公司。今天,CEO们已经成为企业产品的发言人,而且很多人做得非常成功。我们可以举出这些人物:温迪国际快餐连锁集团的Dave Thomas,迪士尼的前任CEO Michael Eisner,克莱斯勒的前任CEO Lee Iacocca,嘉信理财公司的Donald Trump、Bill Gates和Charles Schwab。今天有些CEO们的受欢迎程度就好像摇滚明星,如理查德·布兰森(Richard Branson)——维珍(Virgin)品牌的创始人。1977年做的一项调查也显示,77%的投资者可能购买其CEO知名度较高的公司股票。因此,谁领导这家公司、他/她具备的领导力水平的确关系重大。在Mayo和Nohria(2005)所做的一项研究中,研究人员收集了过去100年间860位美国知名企业领导人的资料,这些领导人为他们的公司创造了超过15年的在流通市场上的股东价值。这些成功的领导人物身上有着一种共同的特质——情境性智力(contextual intelligence),这是一种影响时下市场的大趋势的洞察力和把握能力。因而,一家公司会因其出色的CEO而使股票升值。

战略执行

企业的战略描绘了一张路线图,在这张地图上企业能够确立当前位置和实现企业使命的路径。大多数企业都有自己的战略,然而,更多成功的企业是那些能够有效执行战略的企业。战略执行是一个企业履行自己承诺要做的事的能力。今天在充斥着激烈竞争的产业环境里,这种执行能力每天都面对挑战。来自国内和全球市场的竞争使企业很难保持竞争优势。那些能够切实履行对消费者承诺的企业才能脱颖而出,也才能在股票市场上吸引那些潜在的投资人。拥有卓越的战略执行能力的企业因此而获得股价升值。沃尔玛(Wal-Mart)已经成为最成功的全球企业之一,其原因就在于,通过长期的向消费者提供物美价廉的商品,从而吸引和留住了顾客。沃尔玛的使命是:给普通百姓提供机会,使他们能买到与富人同样消费的东西。沃尔玛通过有效的供应链管理系统、高科技的应用、减少员工流失率等管理措施,向全球消费者成功地履行着它的承诺。

沟通和透明

无处不在的互联网使信息的获取轻而易举。人们能更好地了解情况,当他们需要查找什么信息,他们也期望能够马上获知。因此,除特殊情形,一般说来企业向股东和公众隐瞒消息意义不大。一家公司的财务和经营结果越是透明,它的管理层就越感觉值得信任。因而,一家公司所提供的信息越多,它对于潜在投资者、债权人、供应商和顾客的吸引力就越强。今天的住宿和餐饮企业都会定期进行顾客满意度指数、员工满意度指数、社区参与的影响力、品牌强度等多项指标的测评。这些数据使经营管理者和企业员工能够承担责任、高效工作。

迫使公众公司信息沟通更为透明化的另一股力量来自积极参与公司业务运作的股东队伍的壮大。过去,股东们习惯于依赖董事会和管理层代表他们进行决策,并且相信这些代理人会从股东们的最大利益出发来决策。但是随着世界电信公司(WorldCom,简称世通)、安然(Enron)、环球电讯(Global Crossing)、泰科(Tyco)等更多巨人的轰然倒下,股东对董事会和管理层的信任一落千丈,以往的尊重和顺从黯然褪色(Anonymous,2007)。机构投资人的代表和股东权利保护者现在甚至坐在公司董事会来确保信息的公开性。那些信息披露较为公开透明的公众公司也会收获由市场无形价值提升而带来的好处。

品牌资产

品牌体现出消费者对一个产品或一项服务的品质认识和情感认知。当美国海军宣布他们"在寻找精英"时,就在公众的心目中清晰地勾画了海军招募的类型。公众对于企业领导人是否值得信任、是否管理得成功有着明确的看法,如地产大亨唐纳德·特朗普(Donald Trump)、维珍集团主席理查德·布兰森(Richard Branson),人们对他们的看法会传递蔓延到他们所在的公司里。如果人们对一个品牌的形象感知是积极强烈的,那么该品牌就能够长期创造积极稳健的经济效益。品牌经营得好,公司的边际利润会更高,经营风险会更低,而那些没有在这样的品牌上实际投资或战略性管理的人,其股东价值和财务收益通常会减少。

美誉度

"美誉度"描绘出公众到底是怎样看待一个公司的,一般而言,公众群体包括消费者、供应商、投资者、雇员、同行业者、行业主管部门和所在社区。公众对于一家公司的这种看法,无论是有利的还是不利的,都能持续一段时间。公司往往要花费好几年的时间,小心地培育着他们的好名声:值得信任、乐于创新(如3M)、反应敏捷、服务到位(如 Nordstrom)、社会责任(如 The Body Shop)、充满乐趣(如 Virgin Croup)等等。今天已经进入了消费者权益时代,互联网如此的便利,只要"小心地"上传几条不利于这家公司的消息,就可能轻而易举地使公司几年苦心经营的品牌毁于一旦。还有一种现象在过去的二十年逐渐成风,那就是消费者"用脚投票",用实际购买或抵制购买的方式来奖励或惩戒企业。Adams Mark 酒店连锁和 Denny's 餐饮连锁就是不幸的例子,由于有证据显示这两家企业有歧视黑人的做法,它们遭到了非洲裔美国消费者的抵制。因此,对于一家企业而言,对公众心目中的企业形象随时监控,从战略高度进行管理,才能有效强化企业形象并增加市场价值。

网络和联盟

在今天的竞争环境中,一家企业不可能满足消费者的所有需求,也不可能仅靠自己万般皆能。合作伙伴对于成事是必不可少的。例如在世界500强企业榜中平均有60个较大的战略联盟(Dyer 等,2001)。有一些联盟和伙伴关系是明朗的,像汽车租赁、饭店和租房公司。由于航空公司无法覆盖所有线路,但又得满足顾客从家到目的地交通工具的需要,航空公司于是开创了像寰宇一家(One World)和星空联盟(Star Alliance)这样的战略联盟。这样一来,假设在几小时之内汉莎航空公司(Lufthansa)正好没有从费城飞往法兰克福的航班,但汉莎的乘客仍然可以乘坐美合众国航(USAir)的班机成行。航空联盟会员的代码共享制度能使大家的收益最大化,不漏掉任何一桩潜在的生意。关于联盟的另一个案例是伊万达公司(Avendra LLC),这家公司于2001年由美国俱乐部管理集团(Club Corp)、凯悦、洲际、费尔蒙酒店(Fairmont Hotels and Resorts)和马里奥特联合组建,以低于市场价来进行各饭店运营所需产品和服务的批量团购。这种战略伙伴关系也有助于扩展企业的市场范围、增加顾客的灵活度、节省成本以及更有效率地提供产品和服务。

技术和工艺

当今科技对产业的影响应得到客观评价。饭店业的科技投资提高了员工的生产率、服务流程的效率,降低了成本,帮助饭店和餐厅的从业人员满足顾客的需要。但是也必须指出,像计算机这样的技术设备代表了有形资产,要使技术设备发挥我们要它发挥的作用,离不开无形价值资源,二者相辅相成。举例来说,如果使用的电脑系统总是掉线或者死机,再去装上一套最先进的财产管理系统也可能于事无补,因为系统的可靠性源自于受过良好专业培训的员工对系统充分的监控,这才是企业无形价值的源头。有观察证据显示,那些在信息技术上投资的企业也同样在更多的员工培训上注入巨资。

人力资本

饭店行业是资本密集和劳力密集型行业。在开门迎宾之前,饭店要对建筑物、家具、设备、设施做先期的资本投入。然而,如果没有受过良好培训具备娴熟技能的人才,投资再多的饭店或餐厅也无法成功。因此饭店行业和其他的服务性行业,与制造业不同,前者非常依赖员工的技能。在接待住宿业,使饭店的竞争地位能有所区别的,就是饭店的员工。因为饭店要向顾客提供服务、给顾客一个美好的体验,必须要靠它的员工来完成。那些稳健地走在竞争对手前面的饭店,通常有这样的特点:录用有活力的服务导向型员工,并有良好的招聘跟踪评估记录;执行员工培训和发展计划;提供高于市场平均水平的薪酬福利;为员工设计职业发展的路径。事实上,那些机构投资者在做投资决策时,会特别关注、调查和考虑这些企业的员工报酬情况。今天普遍认为人力资本是所有企业最重要的三大价值驱动力之一。

要增强对潜在投资者的吸引力并且提升公司价值,就需要特别专注于人力资本的管理。这包括的必要条件有:成功的具有战略眼光的招聘策略、针对行业所需技能的培训策略、鼓励多元化的如家般温暖的工作环境、充分的员工授权、富有吸引力且善于培养高效管理团队的领导人。对于经理人或者CEO们而言,在今天白热化的竞争环境下进行人力资本的管理,他们的工作变得更为复杂和更具挑战性。今天要成为一位成功的经理人,已远远不是做一名最出色的厨师长、最熟练的操作者、最聪慧的培训者或者是最棒的设计师那么简单了,更关键是要了解各个业务环节是如何衔接组合的、市场中存在的机会是什么、公司的优势力量是什么、公司的价值源泉在哪里,并且施展员工潜能,使他们能充分地在这些关键点上发挥作用。能做到这一点的公司定能收获丰厚的市场回报。

工作环境组织和文化

今天有很多诸如"最融洽工作场所"、"最佳少数民族就业公司"、"最适合女性公司"等等的全国评选排名。这类新事物用事实证明了工作环境对于高绩效员工的重要性。但很多公司忽略了一个事实,那就是工作环境也是社会体系的重要构成,在社会体系里营造的个人空间也必须在工作环境中存在,以帮助员工恢复活力。尽管所有的工作环境都各有不同,但高效的工作环境常常具有以下四个主要特征:员工授权、开放的沟通、绩效评价、热情和承诺。

那些脱颖而出的公司能够将这四个特征融入企业文化,使它们为公司创造竞争优势。

创新

创新就是通过诞生新事物来实施改善的过程。经济学家将"创新"象征性地比作经济发展的首要驱动力。那些脱颖而出的公司在商业运作的很多前沿领域不断地创新。例如,英国的自愿付费(pay-what-you-like)餐厅在顾客用晚餐后不会给他们账单,反而鼓励客人根据他们感受到的餐食和就餐体验的价值定价买单。一般来说,客人最后总是多付,相比那些在餐后递给客人一张账单的餐厅,这种餐厅的平均消费要高得多。今天的公司必须也能够在服务配送、商业模式、组织结构、内部流程、战略联盟、市场营销和客户关系等方面进行创新。诸如"六西格玛"(Six Sigma)等当代管理实践已经为很多大型公司所采纳,如喜达屋酒店集团。然而,也有不少公司对原有的管理理念进行新的应用。研究和新产品开发是企业持续发展的关键,在这个领域的重点投资使企业最终成为成功的领军者。

智力资本

组织里拥有"思想者"就拥有了巨大的价值,因为他们会成为创见的源泉,这些创见就是智力资本。一些公司擅长整合内部和外部知识来源,力图开发外部环境中的商业机会。印度的信息技术服务提供商如印孚瑟斯(Infosys)、塔塔咨询服务公司(Tata Consultancy Services)和惠普罗(Wipro)已经凸显成为商业服务和信息产业中的大腕,他们成功的历程堪称传奇。这些公司利用印度的人才蓄水池在东南亚创造了一个史无前例的信息技术核心。

对企业而言,关键是识别组织中的智力资本,鼓励员工试验那些新的想法,从而为组织带来价值。无法识别和利用智力资本会导致员工对工作丧失热情和兴奋感。

适应性

变化是唯一不变的,企业必须顺势变革,否则就只能坐以待毙。在过去的二三十年里,国内以至全球的商业环境发生了翻天覆地的变化,企业不得不快速地反应,否则就是死路一条。2006年9月,由于国内市场的饱和以及国内对于肥胖症的关注,美国KFC的同店销售额下降了2%,尽管KFC在同年10月11日公布有接近1%的利润增长,但其国内销售额却下降了7%。然而,当时KFC的母公司百胜餐饮集团的股票交易价格却接近历史最高位。这一看似矛盾的背后原因是,KFC全球的利润增长14%几乎全来自中国的KFC店。在中国,每22小时就有一家新的KFC开张(Arndt和Robert,2006)。其销售额增长了28%,利润增长26%。而麦当劳尽管也进驻中国,却没有KFC那么成功,其报告利润增长率一直稳居个位数。KFC的成功有一部分原因应归功于百事可乐公司(PepsiCo's,KFC的前母公司)在适应快速变化的快餐市场环境时表现出的远见卓识,1987年它在北京就开了第一家KFC,比麦当劳进入中国市场提早了3年。

因此,要想保持经营绩效、获得市场回报并使市场价值远远高过账面价值,企业必须不断地进行环境扫描、洞察和预见一切变化的苗头,并实施组织的战略变革。

住宿产业的无形价值:趋势和范式

我们选择10家住宿企业,对他们的无形价值进行了为期5年的跟踪,目的是说明市场价值和账面价值之间不断加大的差距。市场价值以公司发行在外的普通股股数的年终收市价累加生成,然后从这10家住宿企业的年度财务报告中获得年度总资产的数字。每家企业的年度无形价值以总的年度市场价值减去年度总资产来估算,进而得到每家企业无形价值所占市场价值的比例。数据的收集年份是2002年~2006年。这10家企业每年无形价值占市场价值的比例如图8.1~图8.10所示。

万豪国际酒店

在住宿产业中万豪国际酒店的市场价值最高(如图8.1)。2002年,其无形资产价值占总市场价值的-6.99%,这一年正是"9·11"恐怖袭击重创股市和住宿产业的一年,2002年至2004年饭店集团的无形价值有一个急速的攀升,2004年无形价值比例升至39.05%,2005年则是38.14%,到了2006年,该饭店集团总市值的44.14%是无形价值。在这5年期间万豪的无形价值呈现出清晰的向上的发展趋势。

```
50.00%
40.00%  44.14%
             38.14%   39.05%
30.00%
百分率
20.00%                      23.45%
10.00%
 0.00%                            -6.99%    年
-10.00%
     2006  2005  2004  2003  2002
```

——◆—— 无形价值（占市场价值比例）

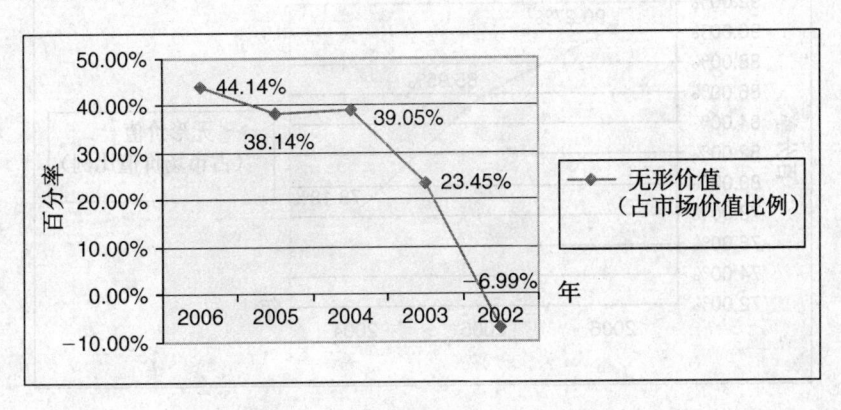

图 8.1

万豪向来有关心员工福利的好口碑。近年来,万豪一直是《财富》杂志"100家最佳雇主公司"的上榜企业。不仅如此,万豪还被《职场妈妈》杂志评选为"女性最佳工作场所"。其人力资本高度多元化,在万豪国际酒店体系中使用着80种不同的语言(Fischer 等,2003)。另外,该饭店集团在客户关系管理技术上进行投资,以维系饭店和客人之间的长期关系;安装了 One Yield 收益管理系统,以优化收益管理软件,该系统使万豪在 1 年内节约了 90 亿美元,大大增强了竞争优势。

精选国际饭店

2004 年精选国际饭店的无形资产价值比例为 78.18%,2005 年稳步升至 85.95%,2006 年更达到了 90.27%(图 8.2)。即使没有该饭店 2002 年和 2003 年的统计数字,其无形价值的上升态势仍然是明显的。精选是一家管理公司,并无住宿物业产权,因此减小了潜在的商业风险。即使在住宿收入和运营费用不足的情况下,公司的现金流仍然可以相对稳定、可预测性也相对较强。这也是精选国际饭店无形价值比例相对较高的原因之一。精选在电子商务技术上的投资也为它带来了额外的收益,如 2000 年 www.Choicebuys.com 网站单单在电子商务上就创造了 4 亿美元的收益(Wolff 和 Brennan,2001)。不仅如此,精选还同美国汽车协会(American Automobile Association)签署了战略伙伴协定,该协定也为饭店带来了 2 亿美元的收益。

Ⅱ篇 竞争态势中的战略投入

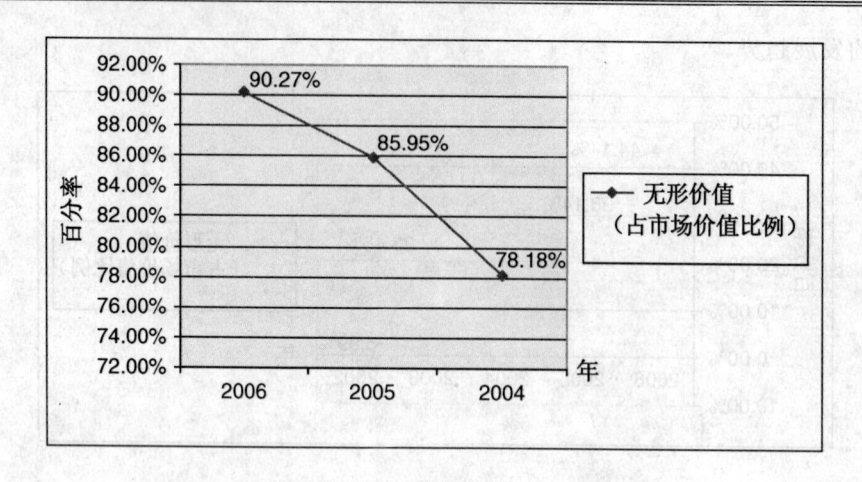

图 8.2

四季酒店

由于 SARS 疫情和"9·11"恐怖事件,2002 年住宿业收益锐减,股市上的住宿产业公司表现差强人意。这年四季酒店的无形资产价值比例为-0.63%。但 2003 年和 2004 年就分别攀升至 47.48% 和 69.07%。2005 年虽有轻微下降至 51.71%,2006 年还是回升至 63.03%(图 8.3)。总体上四季酒店的无形价值是巨大的。这里的原因很多,较为突出的一个是:四季酒店拥有超越竞争对手的人力资本优势。四季的员工甄选过程非常严格、充满竞争性,在纽约四季酒店开业之前,有 30 000 人应聘,其中有 3 000 人收到了面试通知,但最终只有 400 人得到了工作。

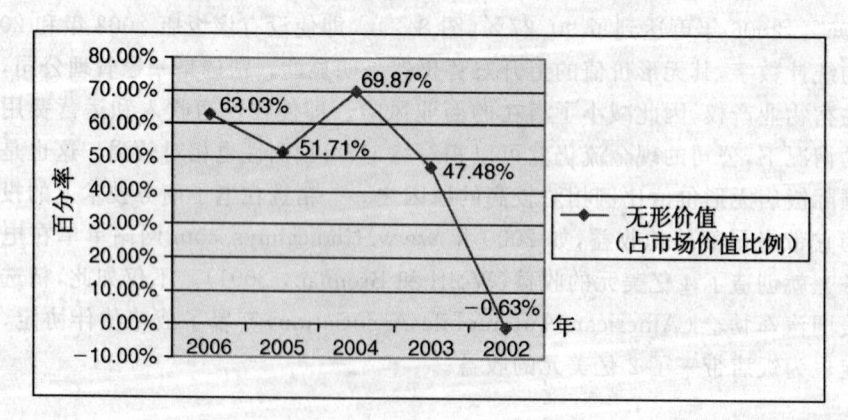

图 8.3

喜达屋国际酒店和度假饭店

2002 年,喜达屋的无形价值非常低,比例低至 -156.74%(图 8.4)。然后这个数字在 2003 年提高到 -63.19%,在 2004 年提高到 -0.76%。自 2004 年后,喜达屋的无形价值达到正值并持续上升。2006 年之前,这个数字达到 8.36%。喜达屋的优先顾客计划对其无形价值的增长起了重要作用,这是饭店行业的首个常客推广计划。喜达屋的另一个竞争优势是品牌力量,其全球销售网络系统帮助喜达屋酒店同它的现实客人和未来客人都保持良好的关系。

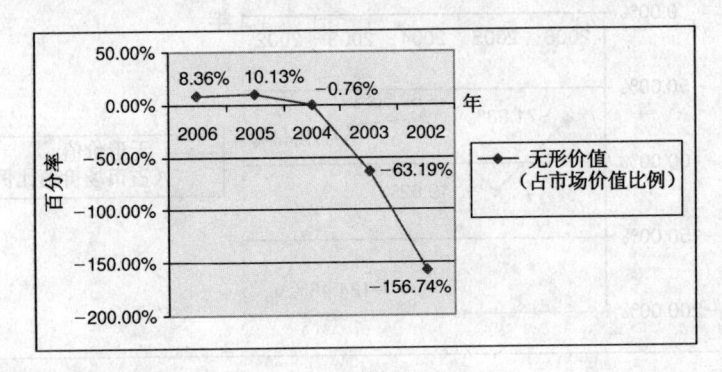

图 8.4

希尔顿国际酒店

2002 年和 2003 年希尔顿无形价值比例分别为 -75.62% 和 -26.38%(图 8.5)。如同这个阶段的其他饭店,希尔顿也遭受了 SARS 疫情和"9·11"恐怖袭击的冲击。2004 年和 2005 年的数字回到正值,分别是 5.61% 和 5.32%。尽管如此,同其他饭店集团如马里奥特、精选和四季相比,希尔顿的无形价值比例相对较小,不过上升趋势还是明显的。

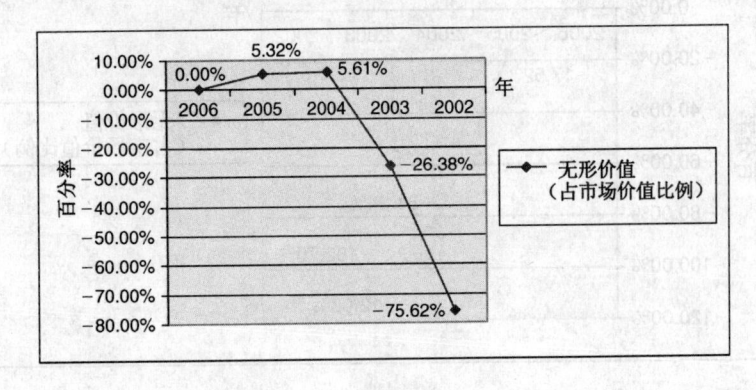

图 8.5

州际酒店和度假酒店

州际酒店无形价值呈现出一般上升态势,很明显地在 2002 年至 2006 年间投资者既不关心这个饭店公司的业绩,也不关心它未来的成长机会。这 5 年间州际的市场价值一直低于账面价值。2002 年州际的无形价值是 -184.46%,在 2003 年和 2004 年分别上升到 -73.44% 和 -69.56%。2005 年跌至 -119.62%,然后在 2006 年又爬升至 -71.98%(图 8.6)。

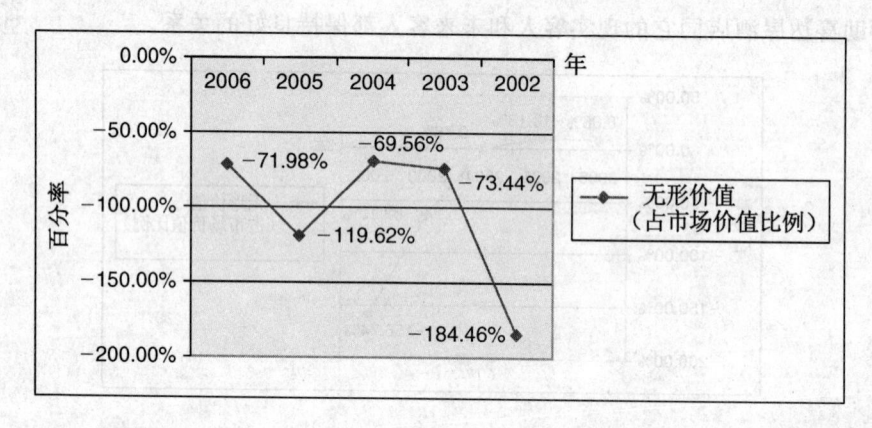

图 8.6

东方快捷

同州际酒店类似,这 5 年东方快捷的无形价值比例也是负值(图 8.7)。2002 年无形价值是 -112.08%,随后的四年无形价值分别是:-102.70%、-81.24%、-17.52% 和 0.00%。呈稳步上升趋势。

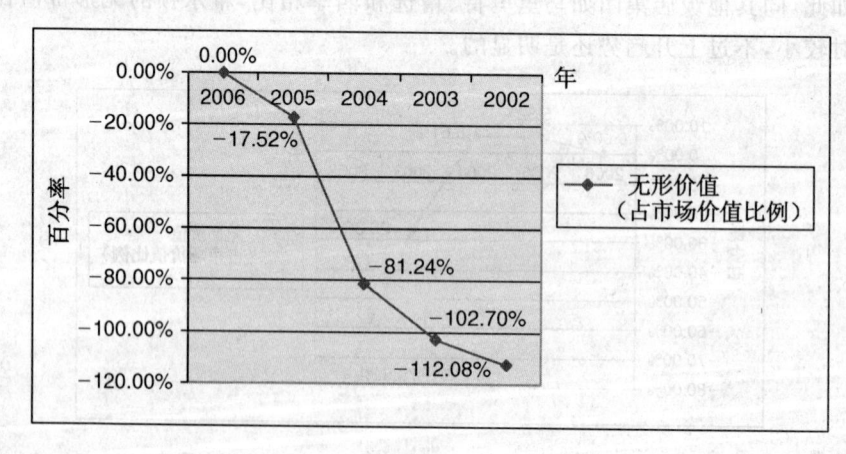

图 8.7

马库斯公司

马库斯酒店集团在这 5 年期间的无形价值一直是负数(图 8.8),很明显在这段时间投资者对该公司的业绩缺乏信心。2002 年它的无形价值是 －100.08％,第二年增长到－88.26％,2004 年增幅加大到－56.31％,2005 年则升至－15.27％,2006 年价值再度减退至－46.80％。总的来说,该集团目前的无形价值还是呈现出上升趋势。

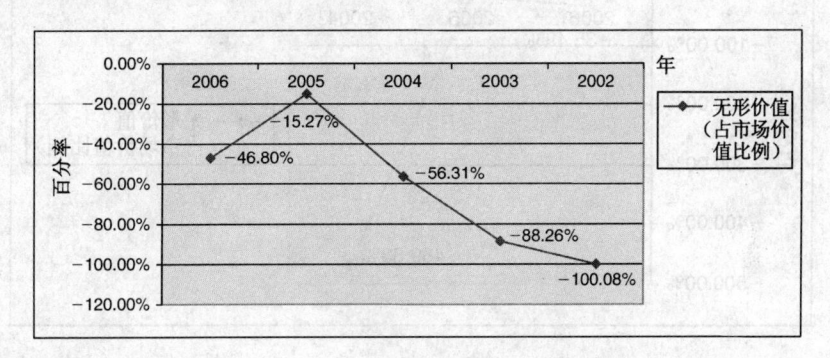

图 8.8

红狮酒店

如同马库斯集团和东方快捷,红狮酒店在此期间的无形价值也一直徘徊在负值范围,但却保持每年的增长势头(表 8.9)。尽管像马里奥特和四季这样的酒店可以从 SARS 和"9·11"袭击的灾难性的影响中较快地复苏,但仍有一些饭店需要更长的时间才能恢复。红狮酒店的无形价值 2002 年是－371.06％,2003 年更跌至－475.70％,2003 年后开始逐年回升,2004 年、2005 年、2006 年分别达到－357.51％、－202.57％和－97.55％。

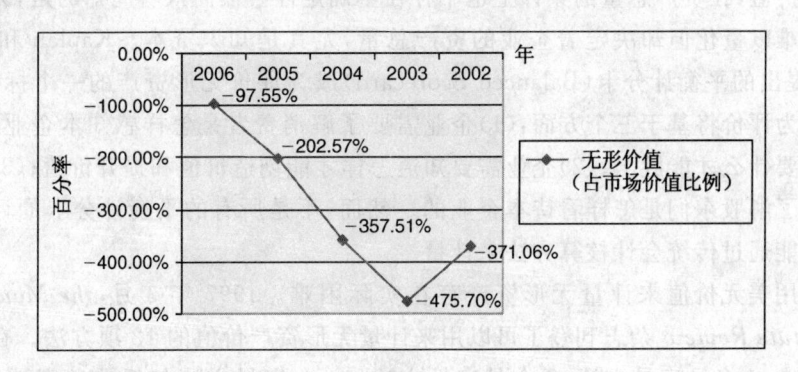

图 8.9

Sonesta 国际酒店

2004 年至 2006 年 Sonesta 国际酒店的无形价值也是负值(图 8.10)。2004 年最低为-469.63%,但在 2005 年和 2006 年又急剧回升至-17.82%和-35.40%。

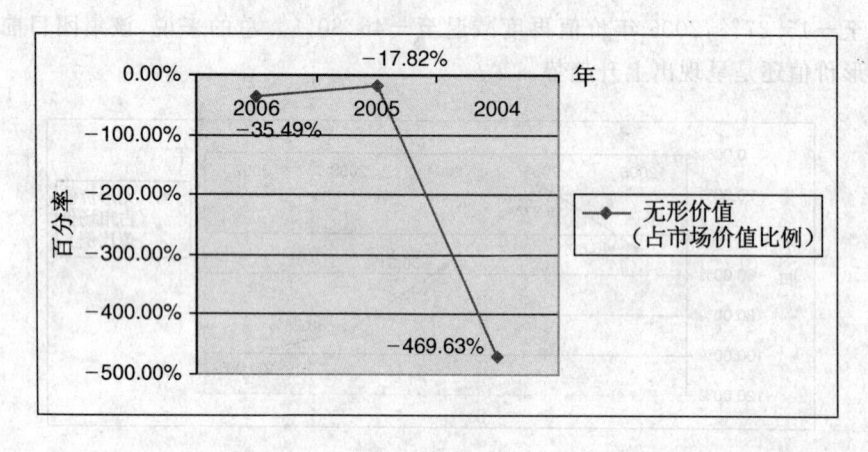

图 8.10

无形价值的计量:可行性如何?

在新的知识经济背景下用传统的会计方法来测算无形价值是个很大的挑战,原因就在于不同人力上凝结的无形价值是不同的。有形资产可以有准确的数字价值,在资产总量的累计上也不存在不确定性。然而众所周知的是,无形资产虽难以量化但却决定着企业的资产总量,尤其是知识资本。Kaplan 和 Norton 提出的平衡计分卡(Balanced Scorecard)成为评价无形资产的一个标准,他们认为评价将基于三个方面:(1)企业需要了解消费者是怎样感知本企业的,企业需要什么才能胜出;(2)企业需要知道怎样才能创造价值和提升价值;(3)企业需要了解股东们是怎样看待本企业的。然而,不是所有的平衡计分卡的评价要素都能通过传统会计核算方法来计量。

用美元价值来计量无形资产存在实际困难。1997 年 3 月,*the Montague Institute Review* 杂志刊登了可以用来计量无形资产价值的 12 项方法。在这些方法中,4 个是定量方法,8 个是定性方法。4 个定量方法包括业务审计(business process auditing)、知识银行(knowledge banks)、无形价值核算(calculated intangible value)和彩色报告(colourized reporting)。

业务审计告诉我们在生产、营销、会计等每一项业务流程中知识是如何提升价值的,何为生产成本的削减,何为完整的会计职能。成本的缩减即产生货币价值:由于新知识的运用而减少了生产成本,这部分节省下来的成本估算后就可视为一项无形资产。

由于资本的投资会创造未来的现金流,按照知识银行的方法,资本投资可视为费用而非资产,一部分员工薪酬却可看成是资产。核算无形价值实际上是本企业资产回报和公布的行业平均资产回报率(按照行业标准估算的)之间的比较。

我们可以进行在实际业绩和行业标准之间的百分率比较,并将其结果作为改进绩效的目标靶点。

彩色报告是由证券交易委员会(SEC)的委员斯蒂夫·沃尔曼(Steven Wallman)提出的。他建议在传统财务报表的基础上,应该有更多的信息披露,如品牌价值、顾客满意度调查以及一支受过良好培训的工作团队的价值。以上这些信息将给传统的财务报表增添重彩。

另外,无形资产的估价分析法可分为三大类:成本法、收益资本化法和市场方法。成本法中广泛认可的做法是将无形资产接替或再生的费用纳入成本,无形资产的成本基于购置成本,估价时必须考虑通货膨胀和成长率的因素。收益资本化法包括直接资本化法和报酬资本化法,还有同每项无形资产有关的收益的区分和计量。市场方法包括销售比较收益法、许可比较收益法和专利费税率。这个费率会在资产的整个生命周期摊销。

Foster 等(2003)推荐了计量无形资产的几种方法。Foster 等人主张将无形资产现实计量的采购价格摊销到实有资产和负债上,另外还包括:

● 除商誉之外,还存在着来源于契约权利或者其他法律权利、可以从独立实体中转移和分割的无形资产,例如:商标、互联网域名、客户名录等。这些无形资产如果不是得自于契约,就可以进行没有特有目的限制的分割、出售、转移或者出租。

● 其他无形资产必须在其使用寿命内进行计提摊销,所使用的会计方法要能反映无形资产消耗所带来的企业经济收益的变动。直线法摊销是最为常用的无形资产计提方法。

结论

企业创造无形资产的途径是多元化的,包括创新、人力资本、领导力、战略执行力等等。在股票市场上受到投资者追捧的是那些能够识别、利用无形资产并使之放大杠杆效应的企业,无形资产使这些企业能持续保持竞争优势,从而保证未来的收益和现金流。有些无形资产本来就存在于所有的企业里,有些则源自于创造。当前住宿业硝烟弥漫的竞争环境需要我们超越那些传统的有形资产,在企业内发掘无形价值源泉并加以投入。本文对于 10 家饭店企业代表的研究清楚地表明,尽管有一些饭店企业的无形价值呈现负值,但无形价值的持续上升是大势所趋。而对那些在研究的 5 年期间无形价值为负值的饭店而言,要想影响饭店公司的股市表现,眼前还有大量艰巨的工作要做。尽管像 SARS 那样的疫情或是"9·11"那样的恐怖事件给整个住宿业都带来了沉重的劫难,我们却发现,仍有一些饭店公司的股票价格比其他同行恢复得快得多。

参考文献:

Anonymous. (2007). *Hail, Shareholder*! The Economist, June 2, pp. 65-66.

Anonymous. *Measuring Intellectual Assets*. http://www.montague.com

Arndt, M., and Roberts, D. (2006). *A Finger-Licking' Good Time in China*. Business Week, October 30, p. 50.

Bhartesh, K. R., and Bandyopadhyay, A. K. (2005). *Intellectual Capital: Concept and its Measurement*. Finance India, April 19, pp. 1365-1375.

Brooking, A. (1996). *Intellectual Capital: Core Assets for the Third Millennium Enterprise*. London, United Kingdom: Thomas Business Press.

Choice Hotel Thanks AAA for Business. (2006). Retrieved from http://www.choicehotels.com/ires/en-US/html/Press Release? pr20060407a & sid TAgJg.8uYnigjW $.8

Dyer, J. H., Kale, P., and Singh, H. (2001). How to make strategic alliances work. *Sloan Management Review*, 42 (4), 37-43.

Edvinson, L., and Malone, M. S. (1997). Intellectual capital: Realizing your company's true value by finding its hidden brain power. New York: Harper Business.

Eustace, C. (2000). *The Intangible Economy: Impact and Policy Issues*. Report of the European High Level Expert Group on the Intangible Economy, European Commission.

Fischer, K., Gross, S. E., and Friedman, H. M. (2003). Marriott makes the business case for an innovative total rewards strategy. *Journal of Organizational Excellence*, Spring (22/2), 19-24.

Foster, B. P., Fletcher, R., and Stout, W. D. (2003). Valuing intangible assets. *The CPA Journal*, http://www.nysscpa.org/cpajournal/2003.

Kapardis, M. K., and Thomas, A. (2006). Hospitality industry in Cyprus: The significance of intangibles. *International Journal of Contemporary Hospitality Management*, 18/1, 6-24.

Kaplan, R. S., and Norton, D. P. (1992). *The Balanced Scorecard: Measures that Drive Performance*. Harvard Business Review, Jan-Feb, pp. 71-80.

Kaplan, R. S., and Norton, D. (1996). *The Balance Scorecard: Translating Strategy into Action*. MA: Harvard Press.

Low, J., and Kalafut, P. C. (2002). *Invisible Advantage. How Intangibles are Driving Business Performance* (1st ed.). Perseus Publishing.

Mayo, A., and Nohria, N. (2005). *In their Time: The Greatest Business Leaders of the 20th Century*. Boston, MA: Harvard Press.

McConnell, C., and Brue, S. L. (2005). *Economics: Principles, Problems and Policies*. New York: McGraw-Hill Irwin.

Measuring intangibles and intellectual capital: An emerging first standard. http://intelegen.com

Overby, S. (2005). *The Price is Always Right: Marriott Applied its Business Wisdom to Building an IT System that has Successfully Tackled its Greatest Challenge-maximizing Revenue*. CIO, Framingham, September 18, p. 1.

Stewart, T. A. (1997). *Intellectual Capital: The New Wealth of Organizations*. New York: Doubleday/Currency.

Wolff, C., and Brennan, K. (2001). Enjoy the ride. *Lodging Hospitality*, 57 (1), 35-40.

第九章 关于饭店品牌和战略的近期研究成果

John O'Neill[①], Anna Mattila[②]

引言

在今天和未来的饭店设施、服务和定位等方面,一些饭店管理和发展机构给出了很多战略规划的设想,但随之一个问题也自然而然地出现了,那就是真正决定饭店收益率的是哪些因素(O'Neill 和 Mattila,2006)? 其中,品牌经营是一个不能忽略的成功要素。

为使品牌资产最大化,绝大多数超级饭店集团都针对不同的市场开发了多种品牌(Jiang 等,2002;O'Neill 和 Mattila,2004)。品牌的价值在于品牌的知名度、品牌的质量认知度和总体顾客满意度(Aaker,1996;O'Neill 和 Mattila,2004)。住宿业的经营者们已经将注意力投向了顾客满意度和品牌经营,因为品牌已然成为了顾客了解看不见的产品和服务等重要质量信息的捷径(Brucks 等,2000;Jacoby 等,1977;O'Neill 和 Mattila,2004)。

根据《饭店》杂志的一篇最新饭店品牌年度报告,全球有285家住宿业品牌上榜(Hotels,July 2005;O'Neill 和 Xiao,2006)。一些饭店品牌如马里奥特,在其大部分品牌中都包含公司名称;也有一些公司如温德汉姆(Wyndham),奉行品牌工厂(house-of-brands)战略,也就是说,对每个不同的市场都量身定制不一样的品牌名称(O'Neill 和 Mattila,2006)。

品牌经营对于饭店这样的服务性行业来说特别重要(Onkvisit 和 Shaw,1989)。无可否认,饭店品牌经营的目的在于:通过树立品牌忠诚度为顾客和饭店双方提供价值增值(Cai 和 Hobson,2004;O'Neill 和 Xiao,2006)。有一个项目,对过去的15年中超过1000家饭店的销售业务进行了调查分析,结果更加证实了这样的一个理念,那就是一个饭店的品牌对其资产市值有关键的决定作用(O'Neill 和 Xiao,2006)。从企业战略的角度来看,经营良好的饭店品牌更有

[①] 美国宾夕法尼亚州,宾夕法尼亚州立大学柏克校园,酒店业管理学院 副教授
[②] 美国宾夕法尼亚州,宾夕法尼亚州立大学柏克校园,酒店业管理学院 服务营销学教授

助于其市场份额的不断扩大(O'Neill 和 Mattila, 2004)。

什么是品牌?

美国市场营销协会将品牌定义为"品牌是一种名称、术语、标记、符号或图案,或是它们的相互组合,用以识别某个销售者或某群销售者的产品或服务,并使之与竞争对手的产品和服务相区别"。由于品牌代表了企业本身,因此在市场上它应该始终一致。尽管有时一些企业可能改变市场定位、经营战略、企业的色彩,甚至更换企业的标志和字形,但几乎从没有企业改变过自己的品牌名称(Vaid, 2003)。

品牌是一个标记或商标,它将一个特定销售者的商品或服务分别出来,不过更重要的是,品牌对于消费者而言更是一个承诺。品牌标志着自己的产品服务的特点和公司的特色,这些特点独一无二,使之易于从竞争对手中区别出来。销售者向消费者的承诺就源自于这些特点,这些产品和服务的特点无论以何种形式实现都应该使消费者受益,而谨守承诺使消费者利益不断提高和最大化也正是组织的目标。

品牌同顾客情感相关。Gobe(2001)认为在品牌战略上最大的误解就在于:人们倾向于相信品牌大概就意味着市场占有率,其实品牌更应该关乎消费者在心理和情感上的认同。当然,从表面上看品牌具有较高的普遍性、功能性和清晰度,然而更深层次的内涵是品牌植根于消费者心中的具有高度情感关联性的那些东西。这种与一个品牌之间的情感连接可能源自于:品牌鲜明醒目,给人以震撼力和全方位的感官刺激;品牌独特,由于其向消费者的承诺而深受大家喜爱。品牌一经诞生就不断地同消费者发生互动,无论什么原因都不能违背承诺而令消费者失望。品牌必须是消费者喜闻乐见的东西(Vaid, 2003)。

总之,一家饭店的品牌就是它的顾客关系的体现。无论人们是主动还是被动认识一个品牌的,人们对它的产品和服务的使用、评价和重复购买构成了在品牌和消费者之间建立关系的全过程。品牌和品牌经营的真正目的就在于发展这种关系。对消费者的承诺、产品和服务必须保持同品牌的一致性,必须深深扎根于消费者心中。最终,品牌描绘的是消费者对一个组织的体验和感受。

品牌力量

如何计量饭店品牌的价值

我们可以通过一系列相关的指标了解饭店资产的市场价值,税后经营收入

(NOI)、平均每日房价(ADR)、开房率以及房间数等指标早已是公认的衡量一家饭店价值的重要标准(O'Neill 和 Lloyd-Jones，2001)。尽管在计量饭店的市场价值时 ADR(衡量饭店收入的一项指标)比起 NOI(衡量饭店利润的一项指标)的指标更有效(O'Neill 和 Mattila，2006)，一些饭店品牌却一向比其他对手饭店有更出色的净利润如 NOI(O'Neill 和 Mattila，2006)，与之不同的是另一些饭店则有更高的 ADR。大量的近期研究表明，饭店品牌对于饭店市场价值有影响作用，而且其影响力远远超过 NOI、ADR、开房率和房间数等指标(O'Neill 和 Xiao，2006)。

品牌归属是影响饭店收入的重要因素。从品牌的广告印刷资料可看出，消费者会用品牌的名称来判断产品的质量。甚至消费者愿意为那些他们认为质量好的产品品牌支付更高的价格(O'Neill 和 Mattila，2006)。品牌归属、品牌识别和产品高质量的品牌美誉共同作用，对于一家经营成功的饭店的持续经营价值的贡献可以达到 20%~25%(Kinnard 等，2001；O'Neill 和 Xiao，2006)。

品牌的价值创造

一般而言，品牌在市场上的名称、商标和标志被认为是品牌力量，进而决定了品牌资产(Mahajan 等，1994)。基于长期顾客忠诚度的高绩效和市场营销效率是品牌资源的源泉，它也必将在一个多元化的市场里带来品牌扩张的无限潜能(Mahajan 等，1994)。

一旦合格产品进入市场，品牌资产就开始了它的创造过程，如果企业执行合适的市场沟通和广告宣传战略，品牌联想则会得到加强(Aaker，1991；Rao 等，2004)。品牌资产和品牌一样，都能够体现企业和消费者的关系，如果这种关系是积极的，就能对企业的现金流有贡献并在总体上减少企业的经营风险，同时这种利好关系也会对企业价值有积极的影响(Rao 等，2004)。只要品牌资产能够得到准确和客观的计量，它就能够成为预测营销决策的长期效果的标准工具。

饭店的品牌资产也同饭店的财务业绩(如可售房平均收入等)密切相关(Kim 等，2003；O'Neill 和 Xiao，2006)，饭店的品牌力量之大足以影响股票价格和股东价值，基于在这一点上的共识，人们已经将饭店业归入"品牌资产行业"(Morgan Stanley Report，1997；O'Neill 和 Xiao，2006)。

很多经营有方的品牌能产生更大的边际效益，生成更多的现金流，从而为企业创造理想的财务价值(Aaker 和 Jacobson，1994；O'Neill 和 Mattila，2006)。

通常，品牌对于现金流的贡献是通过以下几个方面实现的：较高的边际效益、顾客忠诚度、品牌延展性(包括许可证经营)以及营销效率的提升(Rao 等，2004)。

饭店的经营者们将饭店品牌看作是一项重要的企业资产、一个战略优势的潜在源泉(Damonte 等,1997;O'Neill 和 Mattila,2004)。品牌常被归类于无形资产。除了有形资产回报,无形资产也能使企业获得现金流;换句话说,无形资产能够使有形资产的获利能力大大增强。专利、商标、研发和特许权都是无形资产,或者说属于饭店品牌的范畴(Simon 和 Sullivan,1993)。

众所周知,品牌能够为企业和顾客双方都创造价值(Aaker,1991;O'Neill 和 Xiao,2006),但还不限于此,顾客常常以品牌为线索推知特定的商品属性,如质量(O'Neill 和 Mattila,2004;O'Neill 和 Xiao,2006)。品牌的价值主要存在于顾客的心中,从根本上是基于顾客的品牌认知度、他们对产品质量的感知度以及对品牌的忠诚度(Aaker,1991;O'Neill 和 Xiao,2006)。

饭店的客人信赖饭店的名称,他们投宿于值得信任的饭店,减少贸然入住其他不知名饭店的风险性(Bharadwaj 等,1993;O'Neill 和 Xiao,2006)。因此,强有力的品牌优势就使得饭店连锁深入人心,而且与众不同(Prasad 和 Dev,2000;O'Neill 和 Xiao,2006)。

品牌为顾客创造价值,首先就体现在它帮助消费者以确保服务质量的一致性(Keller 和 Lehmann,2003;O'Neill 和 Xiao,2006)。当顾客成为品牌的忠诚顾客之后,品牌的拥有者就能通过提高价格、减少价格弹性、扩大市场份额和更快的品牌扩张,充分利用品牌价值,从品牌价值中获利。最终,成功的品牌经营企业就能够因着股东价值的提升而在经济收入上大获裨益(Ambler 等,2002;O'Neill 和 Xiao,2006)。

对于品牌的拥有者而言,能够认识到品牌对于饭店市场价值的影响,这一点非常重要,然而那些得益于品牌的其他资产,如顾客满意度和忠诚度,更应该得到充分重视,如此才能对品牌总价值进行全面评估(O'Neill 和 Xiao,2006)。

品牌和满意度

在聚焦于顾客、越来越关注顾客的今天,饭店经理们将顾客满意度作为衡量他们总体品牌战略执行得是否成功的一项标准(Shocker 等,1994;O'Neill 和 Mattila,2004)。

对顾客满意度的战略性管理在今天这个嘈杂喧闹的市场环境中尤为重要,因为顾客早已被浩如烟海的住宿选择处所所淹没(O'Neill 和 Mattila,2004)。顾客满意度被公认为是重复购买(Oh,1999;Mattila 和 O'Neill,2003)、好的口碑(Gundersen 等,1996;Mattila 和 O'Neill,2003)以及顾客忠诚度的驱动器(Dube 和 Renaghan,2000)。

饭店住宿业的顾客满意度由以下几个要素构成:客房清洁度、饭店的维修保养、员工友善程度(Oh，1999；Mattila 和 O'Neill，2003)以及饭店的自然环境(Mattila，1999；Mattila 和 O'Neill，2003)。拥有较高顾客满意度的品牌不仅会给饭店带来较高的 ADR，而且也会在之后的时间里获得较大幅度的 ADR 增加(O'Neill 和 Mattila，2004)。

品牌扩张

在包括饭店业的诸多行业里，对原始品牌的拓展是通过推广宣传新产品和服务来实现的，这已经是很常见的战略行为(Lane 和 Jacobson，1995)。希尔顿、凯悦、洲际、马里奥特、喜达屋和温德汉姆等饭店的成长都借助于品牌扩张。消费者之所以依赖那些他们信得过的品牌，是因为这样可以节省时间和搜寻成本(Lane 和 Jacobson，1995)。消费者根据那些早已家喻户晓的品牌名字，就可以立刻想象"扩张"的品牌产品的特点和给自己带来的便利。当消费者对某一个品牌相当熟悉的时候，在他的记忆深处一定保留着积极的、强烈的和独特的品牌联想(Lane 和 Jacobson，1995)。

备选集合(Consideration sets)是"消费者在决策时进行评价的一组可能的取舍选择"(Peter 和 Olson，2005)。相对不熟悉的产品和服务，消费者更可能选择那些他们熟悉的产品以及服务。因此，熟悉的品牌所扩张的产品肯定在备选集合中，而且会由于周边暗示(peripheral cues)而更可能被消费者选择(Lane 和 Jacobson，1995)。在消费者采购时缺乏专业的产品知识的情况下，周边暗示常常发生并启发消费者、指导他们的产品选择(Lane 和 Jacobson，1995)。

品牌扩张的优点不仅在于给企业带来更高的收入，而且也节省了企业市场营销的花费(Lane 和 Jacobson，1995)。另外，知名度更高的品牌由于拥有更多拓展市场的机会，也会为企业创造更大的预期收益(Lane 和 Jacobson，1995)。

尽管品牌扩张有着诸多优势，但这里也需要指出品牌扩张的一些软肋。首先，如果一个品牌有一个非常不利的形象，那么就可能对消费者的选择产生消极影响。如果一个品牌为消费者熟知却不为其喜爱，那么它的品牌扩张很可能意味着痛苦，这一点同那些受消费者喜爱的品牌相差甚远(Lane 和 Jacobson，1995)。其次，尽管企业一直以来都保持着良好的品牌形象，但在品牌扩张的复杂多变的过程中，也无法避免品牌形象混乱或稀释的发生(Lane 和 Jacobson，1995)。第三，当消费者不再认为原始品牌是独特唯一的，也不再感受到它对自己地位提升的吸引力，那么这个品牌的核心形象就可能发生稀释(Lane 和 Jacobson，1995)，进而品牌产品和服务的市场需求减少(Lane 和 Jacobson，1995)。第四，品牌扩张比创造新品牌面对的风险要大得多，前者的风险来自对企业其他产品的挤占(Lane 和 Jacobson，1995)。在这一点上，品牌扩张可能提高企业未来的经济收入,也可能使其减少,因而品牌扩张是一把双刃剑,它既能创造企业的股市资产,也可能使之毁于一旦(Lane 和 Jacobson,1995)。因此,当企业准备投产一项与原来品牌相关的新产品,或开展一项新的服务项目时,需要意识到这是一个非常关键的战略性决策,因为企业必须考虑它将采纳的品牌战略的类型(Rao 等,2004)。

品牌经营和特许经营

无论是影响顾客选择投宿哪一家饭店品牌的消费者感知度,还是影响特许经营合同签署的特许经营者意愿,这两个因素都关乎品牌美誉。如何保护品牌美誉,使顾客满意度能同品牌相一致,这已经成为业内所关注的主要议题(Prasad 和 Dev,2000;O'Neill 和 Mattila,2004)。今天,饭店特许经营商们在不同品牌之间飞快转换,品牌忠诚度的普遍缺乏使得那些饭店品牌的经营者比以往任何时候都重视保持品牌高质量的恒久稳定(O'Neill 和 Mattila,2004)。

由于品牌归属是品牌租赁方在严格的包销协议中约定的,获得品牌经营权的饭店就比独立饭店更容易进行融资(O'Neill 和 Xiao,2006)。各饭店在品牌经营战略的选择上各有不同,因此准备进行特许经营的饭店需要仔细了解母公司的所有品牌和组合(O'Neill 和 Mattila,2006)。

不同的饭店品牌带来不同水平的收益率。饭店的业主会根据他们先前掌握的消费者——品牌关系计算收益,并试图尽快寻找那些收益率同他们的经营目标近乎一致的饭店品牌(O'Neill 和 Mattila,2006)。

饭店业主的目标是资产市值的最大化,他们已经认识到在饭店的市场价值中品牌所起的作用,这对于制定饭店的定位决策或紧缩决策显然是大有益处的。饭店连锁企业的品牌管理团队需要有效地评价品牌对饭店市值的影响力,这样才可能充实品牌的综合价值,加强品牌特许权的销售。对品牌影响力的理性分析能够暴露品牌的弱点,从而帮助品牌形象的再设计,实施战略紧缩,以及在必要时候实施品牌补救战略。此外,对品牌影响力的分析还能帮助品牌的经营者对那些尚未出炉的品牌战略进行预估,以判断他们日后成功的可能性(O'Neill 和 Xiao,2006)。

通过融资的途径获得成长对品牌质量可能带来负面作用(Michael,2000;O'Neill 和 Mattila,2004)。有证据表明,对于一个饭店品牌而言,特许经营饭店的比例和顾客满意度、饭店开房率之间存在消极的相互关系(O'Neill 和 Mattila,2004)。

一段时间以来,饭店品牌的高级执行官们将他们的成长战略聚焦在更广泛的特许经营和品牌管理,而不是在实际的饭店资产管理上。因而顾客满意度的问题可能成为一个越来越重要的成功要素，它决定了饭店品牌最终的收益情况（O'Neill 和 Mattila，2004）。2000 年至 2003 年的一项研究调查了总共 26 个饭店品牌（O'Neill 等，2006），研究人员发现了一个有趣的现象，这 26 家饭店品牌中的 23 家在这 3 年的时间里收获了顾客满意度的提高，然而与此同时他们中的大部分在平均房价和开房率上却有下滑现象。事实上有 18 家饭店品牌在整个萎靡不振的 3 年时间里都苦于平均房价的低迷。从表面看起来，各品牌在不同的市场环境中会制定不同的房价以服务于不同的战略目标。"9·11"之后，一些饭店经营者和品牌经理们决定主动降低房价以稳定甚至试图提高顾客满意水平。这是可行的，因为较低的价格能提高消费者的价值感，对满意度会有一个积极的影响。例如，在这些品牌中，马里奥特和温德汉姆就是经历房价急剧下滑的饭店代表（分别下滑 14.0% 和 13.7%），然而他们的顾客满意度在这段时间里却得到了显著的提高（分别提高 2.5% 和 4.0%）（O'Neill 等，2006）。

在 O'Neill 等研究的这些饭店品牌中，有几个特别的案例进一步说明了特许经营对顾客满意度可能存在的影响。例如，在 2000 年 La Quinta Inn & Suites 实际上是不需特许经营的饭店品牌，但是到了 2003 年初这个品牌的饭店就已经有 25.8% 是特许经营的。不走运的是，在研究工作开展的这 3 年里，La Quinta 的成长战略却总伴随着顾客满意度的下滑（降幅达 2.6%）。另外一个案例是 Hampton Inn & Suites，在 3 年里它的客房总量提高了 16.1%，2003 年该饭店品牌 99.3% 的房间是特许经营的。尽管 Hampton 在这段时间快速膨胀，却一点不妨碍它在开房率（3.7%）、平均房价（6.6%）和顾客满意度（2.5%）等业绩上的提高。Hampton 的成功启发我们，必须平衡协调品牌建设、特许权经营、服务战略和质量战略之间的关系。威斯汀（Westin）品牌特许经营的饭店比例也比之前有所提高（增幅 9.6%），平均房价（降低 0.5%）和开房率（降低 4.4%）略微有所下降。在研究开展的 3 年里，威斯汀饭店大力推广"天堂之眠"（Heavenly Bed）活动，这可能对顾客满意度的提高（2000 年~2003 年提高了 6.4%）起了一定作用，而顾客满意度反过来又能减轻该饭店低迷的房价和开房率的压力（O'Neill 等，2006）。

结论

尽管饭店品牌的巨大价值已为人们所认同，但也有一种观点普遍存在，那就是：品牌正在被引入歧途（Aaker，1991；Simon 和 Sullivan，1993）。一些人认为，我们正在将更多的工作重心放在短期绩效而不是品牌资产的长期价值上

(Simon 和 Sullivan，1993)。本文总结的近期的研究成果可能对那些正在寻求指导的企业品牌管理团队有所助益，特别是在品牌的长期战略方向的导向上。

参考文献：

Aaker, D. (1991). *Managing Brand Equity：Capitalizing on the Value of a Brand Name*. New York：Free Press.

Aaker, D. (1996). *Building Strong Brands*. New York：Free Press.

Aaker, D., and Jacobson, R. (1994). The financial information content of perceived quality. *Journal of Marketing*, 58, 191-201.

Ambler, T., Bhattacharya, C. B., Edell, J., Keller, K. L., Lemon, K. N., and Mittal, V. (2002). Relating brand and customer perspectives on marketing management. *Journal of Service Research*, 5 (1), 13-25.

Bharadwaj, S. G., Varadarajan, R. P., and Fahy, J. (1993). Sustainable competitive advantage in service industries：A conceptual model and research propositions. *Journal of Marketing*, 57, 83-99.

Brucks, M., Zeithaml, V., and Naylor, G. (2000). Price and brand name as indicators of quality dimensions for consumer durables. *Journal of the Academy of Marketing Science*, 28(3), 359-374.

Cai, L. A., and Hobson, J. S. P. (2004). Making hotel brands work in a competitive environment. *Journal of Vacation Marketing*, 10(3), 197-208.

Damonte, T., Rompf, P., Bahl, R., and Domke, D. (1997). Brand affiliation and property size effects on measures of performance in lodging properties. *Journal of Hospitality Research*, 20 (3), 1-16.

Dube, L., and Renaghan, L. (2000). Creating visible customer value：How customers view best-practice champions. *The Cornell Hotel and Restaurant Administration Quarterly*, 41 (1), 62-72.

Gobé, M. (2001). *Emotional Branding：The New Paradigm for Connecting Brands to People*. New York：Allworth Press.

Gundersen, M., Heide, M., and Olsson, U. (1996). Hotel guest satisfaction among business travelers. *Cornell Hotel and Restaurant Administration Quarterly*, 37 (2), 72-81.

Hotels. (July 2005). The largest hotel brands. p. 50.

Jacoby, J., Szybillo, G., and Busato-Schach, J. (1977). Information acquisition behavior in brand choice situations. *Journal of Consumer Research*, 3, 209-215.

Jiang, W., Dev, C., and Rao, V. (2002). Brand extension and customer loyalty: Evidence from the lodging industry. *The Cornell Hotel and Restaurant Administration Quarterly*, 43 (4), 5-16.

Keller, K. L., and Lehmann, D. R. (2003). How do brands create value? *Marketing Management*, 12 (3), 26-40.

Kim, H. B., Kim, W. G., and An, J. A. (2003). The effect of con-sumer-based brand equity on firms' financial performance. *Journal of Consumer Marketing*, 20(4), 335-351.

Kinnard, W. N., Worzala, E. M., and Swango, D. L. (2001). Intangible assets in an operating first-class downtown hotel. *Appraisal Journal*, 69 (1), 68-83.

Lane, V., and Jacobson, R. (1995). Stock market reactions to brand extension announcements. *Journal of Marketing*, 59, 63-77.

Mahajan, V. V., Rao, V. R., and Srivastava, R. (1994). An approach to assess the importance of brand equity in acquisition decisions. *Journal of Product Innovation Management*, 11, 221-235.

Mattila, A. S. (1999). Consumers' value judgments. *Cornell Hotel and Restaurant Administration Quarterly*, 40 (1), 40-46.

Mattila, A. S., and O'Neill, J. W. (2003). Relationships between hotel room pricing, occupancy, and guest satisfaction: A longitudinal case of a midscale hotel in the United States. *Journal of Hospitality and Tourism Research*, 27(3), 328-341.

Michael, S. (2000). The effect of organizational form on quality: The case of franchising. *Journal of Economic Behavior and Organization*, 43(3), 295-318.

Morgan Stanley Report. (May 5, 1997). " Globalization: The next phase in lodging ", as cited in Jiang, W., Chekitan, D. S., and Rao, V. R. (2002). Brand extension and customer loyalty: Evidence from the lodging industry. *Cornell Hotel and Restaurant Administration Quarterly*, 43 (5), 5.

Oh, H. (1999). Service quality, customer satisfaction, and customer value: A holistic perspective. *International Journal of Hospitality Manage-

ment, 18, 67-82.

O'Neill, J. W., and Lloyd-Jones, A. R. (2001). Hotel values in the aftermath of September 11, 2001. *Cornell Hotel and Restaurant Administration Quarterly*, 42 (6), 10-21.

O'Neill, J. W., and Mattila, A. S. (2004). Hotel branding strategy: Its relationship to guest satisfaction and room revenue. *Journal of Hospitality and Tourism Research*, 28(2), 156-165.

O'Neill, J. W., and Mattila, A. S. (2006). Strategic hotel development and positioning: The effect of revenue drivers on profitability. *Cornell Hotel and Restaurant Administration Quarterly*, 47(2), 146-154.

O'Neill, J. W., Mattila, A. S., and Xiao, Q. (2006). Hotel guest satisfaction and brand performance: The effect of franchising strategy. *Journal of Quality Assurance in Hospitality and Tourism*, 7 (3), 25-39.

O'Neill, J. W., and Xiao, Q. (2006). The role of brand affiliation in hotel market value. *Cornell Hotel and Restaurant Administration Quarterly*, 47 (3), 210-223.

Onkvisit, S., and Shaw, J. J. (1989). Service marketing: Image, branding, and competition. *Business Horizons*, 32, 13-18.

Peter, J. P., and Olson, J. C. (2005). *Consumer Behavior and Marketing Strategy*. New York: Mcgraw-Hill/Irwin.

Prasad, K., and Dev, C. (2000). Measuring hotel brand equity: A customer-centric framework for assessing performance. *Cornell Hotel and Restaurant Administration Quarterly*, 41 (3), 22-31.

Rao, V. R., Agrawal, M., and Dahlhoff, D. (2004). How is manifested branding strategy related to the intangible value of a corporation? *Journal of Marketing*, 68, 126-141.

Shocker, S., Srivastava, R., and Ruekert, R. (1994). Challenges and opportunities facing brand management: An introduction to the special issue. *Journal of Marketing Research*, 31, 149-158.

Simon, C., and Sullivan, M. (1993). The measurement and determinants of brand equity: A financial approach. *Marketing Science*, 12, 28-52.

Vaid, H. (2003). *Branding: Brand Strategy, Design, and Implementation of Corporate and Product Identity*. New York: Watson-Guptill.

第十章 饭店业的战略联盟
Prakash K. Chathoth[①]

引言

在过去的三十年,企业越来越多地利用战略联盟来创造新的竞争优势(Chathoth 和 Olsen,2003;Hagedoorn,1996),特别当企业展开扩张或进行变革时,协同战略就变得非常重要(Insch 和 Steensma,2006)。这种网络化的战略为企业所青睐,因为它能使企业在经营环境中保持竞争力并能够应对面前的挑战。为应对投资带来的商业风险,企业需要甄别合适的战略进行风险管理,确保他们实施的战略能够带来长期回报。在国际化的背景下企业承担着更高的风险,战略的选择尤为关键。同跨国企业结盟由于能够减轻风险而成为一项基本的战略选择。

结盟作为一种战略,其初衷是在环境存在不确定性的情形下减少企业风险承担(Burgers 等,1993;Dickson 和 Weaver,1997)。网络化被认为是一种可以帮助企业分担风险项目成本的战略(Harrigan,1985),同时也能帮助他们有能力对环境的不确定因素做出反应(Burgers 等,1993)。而且,联盟还能够有效地应对那些成熟的、成长缓慢的市场对企业的影响。事实上,联盟还被认为是一种组织生存战略(Staber,1996),联盟能帮助企业在他们的竞争领域内重振自我。

企业已经认识到联盟的重要性,即建立联盟是竞争战略开发和实施过程中的关键环节。企业需要获知大量信息,通过建立盟约也使得他们的环境扫描变得更加有效。由于增值资源非常稀缺,企业必须通过联盟分步骤地聚集力量、改变劣势。和竞争对手、供应商、顾客结盟,为企业提供了所需的力量从而能更有效率地参与竞争(Lewis,1990)。由于联盟使企业用低成本投入就能获取克服劣势、应对威胁的能力,因此通过结盟的方式获得价值增值更为可行。

无论理论界还是管理实践都已将联盟战略看成是企业价值增值的法宝,在这种情形下,亟待这个竞争优势来源做更为全面的深入研究。作为这项研究的

[①] 香港,红磡,香港理工大学酒店及旅游管理学院

先行者,本文旨在汇总众多研究人员的观点和成果,回顾战略联盟的理论基础,目的是洞悉联盟战略,从中提取并强调能形成竞争优势的资源,使行业/企业能解决所面对的挑战。特别是,本文从战略管理的角度,重点阐述了饭店行业联盟的效用。

战略联盟:定义

各种类型的战略联盟都是企业成长和学习的途径,联盟成员企业借此完成联合并实现各自的目标(Iyer, 2002)。为了实现目标共赢,联盟成员共享彼此的资源和优势(Gulati, 1995)。在一个联盟中,各成员相对他们组成的联盟保持独立,但共同控制同联盟有关的活动。联盟成员投入大量双边专属化资产(co-specialized assets),而在这之前这些资产的使用会产生相应租金(Dyer 和 Singh, 1998)。这些双边专属化资产可能存在于诸如市场营销、工艺技术、研究开发和产品生产等职能领域。当这些资源或能力从市场上购买或自行创造的获取成本较高时,联盟就成了一个可取的选择(Gulati 和 Singh, 1998)。况且,外部环境是如此的动荡不确定,企业肯定希望在核心技术和能力上的投资能拥有较大的弹性。由于联盟在应对外部环境条件上给企业提供了更大的灵活度,它自然也就成为解决这类问题的最佳途径。

在过去的三十年,联盟的成长经历了不同的阶段。20世纪70年代,企业主要从生产的角度利用联盟来接近市场或原材料的采办地。20世纪80年代,联盟用来打造规模经济或更大的发展空间。到了90年代,企业利用联盟、通过技术和能力创新来开发其核心竞争力。

战略联盟的目标和特点

Contractor 和 Lorange(1988)对战略联盟的目标进行了总结,具体包括:
- 降低风险;
- 实现规模经济;
- 技术更新;
- 制造进入壁垒/阻滞竞争;
- 应对政府指令性贸易或投资壁垒;
- 为初次扩张的企业提供国际化便利条件;

- 初步的纵向整合，将优势互补的联盟成员整合成一条价值链。

与上述目标紧密相关的，还包括以下目标：双边专属化资源和能力的获取、成本的节省、信息的共享、能够更快地对市场机会做出反应、分享企业专业知识以及学习的强化。战略联盟的特点也总结如下：
- 联盟各成员企业保持独立性；
- 战略联盟的主要形式是非资产性联合；
- 联盟不会创造出独立实体，这一点同合资相区别；
- 企业以自身的力量或能力创造双边专属化资产以捕捉市场机会；
- 联盟由行业相关企业（航空公司、饭店、汽车租赁公司）或由某一行业中的竞争对手企业（如马里奥特、希尔顿、凯悦和喜达屋）组合而成。

联盟战略的优劣势

战略联盟为参与联盟的每一家企业带来竞争优势，联盟给盟友们提供的主要有利条件包括：
- 应对环境的不确定性和波动性；
- 增强在国内和海外市场上的风险承受力；
- 在成熟的市场和新兴市场开拓成长路径；
- 能够将企业核心资源和能力的使用更富有成效；
- 通过跨组织学习开发新的企业能力。

尽管战略联盟能带来竞争优势，但必须指出它也存在某些不利之处，包括：
- 不易识别战略伙伴；
- 战略伙伴之间的兼容问题；
- 联盟成员企业之间达成共识和协议需要资源和时间的投入；
- 可能卷入冲突；
- 不断变化的内外部因素导致企业联盟战略的相关目标发生改变；
- 联盟退出壁垒（含成本）；
- 在联盟建设初期的管理成本和管理结构要求；
- 联盟活动要求相关的协调成本和协调机构。

联盟网络

过去的二三十年,随着从跨国公司网络理论到当前的跨组织网络理论的研究发展,联盟网络(alliance network)理论也在不断演进。从网络理论的观点来看,战略联盟是增加收益和价值创造的源泉(Dyer 和 Singh,1998),前提是加盟企业能够将联盟成员的特定资产进行最佳组合以攫取市场机会。由于企业需要在极短的时间内密切监视着市场、寻找着市场机会,此时获取资源和开发能力可能是个花费不菲的选择。因而,企业寻求组成联盟以更好地管理生产要素的成本,只要联盟企业经整合的资源和能力能够带来租金的最大化,企业就能优化其增值活动。这构成了企业的动因:去创造一个包括更多的企业在内的网络并将其作为企业联盟战略的组成部分。

按照 Amit 和 Schoemaker(1993)的观点,资产的专属化是价值创造过程不可或缺的一部分。然而,无论从市场上购得,还是进行内部开发获得专属资产,都需要时间,这时战略联盟为企业提供了一种更加快速和有效实现目标的选择。一个联盟要获得成功,联盟成员必须能够整合他们的资源,形成双边专属化资产、联盟特定资产(Dyer 和 Singh,1998)。必须要指出的是,如果联盟成员能有效整合他们的专属资产,他们就能够创造相关收益和优势地位(Dyer 和 Singh,1998;Teece,1987)。Dyer 和 Singh(1998)指出,只有发挥互补资源的有效杠杆作用,这样的资产整合才能带来"相关租金"(relational rents)的收益。

互换关系是跨组织理论的核心,它可以被解释为两个或两个以上的成员为了双方利益而进行的一系列有关资源转让的交易(Cook,1977)。关于战略联盟的形式和发展态势有以下一些重要理论观点,它们是基于经济学理论的联盟发展的基础理论,如市场势力理论(MPT),交易费用经济学(TCE)(Child 和 Faulkner,1998),资源观理论(RBV),产业组织理论(Industry structure view)以及关系理论(relational view)(Dyer 和 Singh,1998)。

市场势力理论(MPT)的发展基于这样一个理论前提,即如果企业拥有更强大的竞争地位就能获得成功。协作战略在强化企业的竞争地位方面扮演着不可或缺的重要角色。Hymer(1972)是将市场势力理论应用于协作战略的早期学者之一,他着力研究进攻型同盟和防御型同盟之间的差异。根据 Child 和 Faulkner(1998)的观点,企业有意使用进攻型同盟战略,是为了比通过竞争、提高产量和营销费用等办法更快速地扩大市场占有率,进而赢得竞争优势。

与此相对应的是,防御型同盟则用于制造或是加强进入壁垒,目的是维持企业的市场地位或者稳定行业环境以提升利润空间。市场势力理论还通过强调战略资源共享、知识的共享和迁移、优化产能以及风险共担,着力在经济学领域内研究相关问题(Child 和 Faulkner,1998)。该理论的前提假设是,企业能够通过选择其他企业作为同盟伙伴,获取其伙伴企业的互补性资源,在时间(更快)和成本(更低)上赢得竞争优势,最终获得成功。

Dyer 和 Singh(1998)提出的产业组织理论与此相类似,也将企业保持利润的法宝归为行业进入壁垒,强调政府管控、建立生产经济模式、强调沉没成本。资源观理论从另一个方面将稀缺的有形资源、人力资源、技术资源、财务资源和无形资源看成是超额利润的源泉,在这一点上同 Child 和 Faulkner(1998)倡导的协作战略的价值链理论基础异曲同工。

Dyer 和 Singh(1998)的关系理论以同盟成员企业集中共享资源的互补性为理论前提。在这个理论前提下,超额的利润回报首先源自于特定的关系投资、内部知识共享的惯例、互补性资源的获取以及有效管理。从关系理论的观点来看,保持利润的秘诀在于仿制的网络/双重壁垒、因果模糊、时间压缩的非经济性、跨组织资产存量的交互关联性、同盟伙伴企业的缺乏、资源的不可分割性和制度环境(Dyer 和 Singh,1998)。整合后的资源相比个体企业所拥有的资源,前者的独一性可能成为同盟企业长期保持竞争力的优势来源。当且仅当企业持续保持竞争优势的这段时期所创造的租金能够足以支持它度过整个投资回收期,企业才会进行关系投资(Dyer 和 Singh,1998)。换句话说,投资回报必须要高于进行关系投入的成本和维持资源的成本之和,企业才可能在关系投资上获益。

交易费用经济学深入研究的是进行市场交易所发生的成本(Williamson,1975)。交易费用经济学的精髓在于,它给了同盟伙伴一个跨市场交易的管理手段,可以借此实现各联盟交易的管控成本最优化。企业加入联盟本应保护他们不致增加成本,但机会主义却是一个使成本增加的因素(Williamson,1985)。机会主义会导致联盟伙伴间交易管控成本的增加。

交易费用经济学有它的局限性。它没有考虑存在于联盟伙伴企业间的内在关系,而这实际上是一种非正式关系。也就是说,交易费用经济学认为,在企业的管理风格和组织模式下所有的交易都是明晰的,在这个前提的支撑下,其管理手段只有两种形式:市场和等级制度。此外,该理论还认为,当两个甚至更多的契约企业寻找交易所带来的好处时,机会主义可能成为大家考虑问题的出发点。不过联盟伙伴企业的机会主义行为能够得到控制,具体做法是:(1)签署正式合同,明确交易中签约双方的角色;(2)以管理手段来控制交易涉及的伙伴企业的行为。然而,不同于股权联盟(如合资),内部协作的发展表明了一个迹象,即非正式的契约/约定已经成为了企业的优势来源。尽管结盟企业之间都会有机会主义倾向,但随着伙伴企业间信任关系的发展、网络化企业间关系的成熟,这种倾向会逐步消退(Chathoth 和 Heiman, 2004)。为更好地理解和诠释联盟的概念,有必要先来研究不同的联盟类型。

战略联盟的类型

战略联盟有两种基本类型:正式的合作约定和非正式的合作约定。企业进行联盟也有两种模式:股权参与的合作模式和非股权参与的合作模式,是否有股权参与决定了伙伴企业关系的实质。正式关系存在于合资形式中,两个企业共同创造了一个新的实体,两个企业都发生了实际参股。因此,在这个新企业中共同决策成为该战略联盟有效管理的基础。非股权参与的合作模式需要有协作约定,这时协作更需要的是非正式关系而非使用正式管理渠道。

Child 和 Faulkner(1998)根据影响联盟形成三大因素,对联盟的形式进行了分类。影响联盟形成的三大因素是:范围、规模和实体。范围是由形成联盟的伙伴企业的动机决定的。正是由于某类资源的一个作用使得几个企业决定组合以实现他们的目标。联盟的范围介于两个极端动机之间:聚焦型的目标和活动性,复合型的目标和相应宽泛的活动性。

联盟的规模可以从两个成员到更多的伙伴成员。两个以上的伙伴结盟称之为共同体,当需要两个以上的企业的资源去创造竞争优势时,共同体起到了作用。联盟的实体有合资类型的,也有协作类型的,这取决于联盟伙伴想怎样管理他们之间的网络化关系。

当联合体中的伙伴企业之间存在任务的不确定性,协作是一个合适的选择,要保持协作的效率,伙伴之间的弹性是必要的,协作企业之间也不存在明显的界限(Child 和 Faulkner, 1998)。构成协作的一个重要基础是伙伴企业之间的信任关系,这种信任基于这样的一个共识,即彼此信任的伙伴关系会令双方都获益。在他们的关系中不会出现伙伴企业的机会主义行为,因为这可能成为每一个企业目标实现的障碍。再者,协作是企业间成熟的相互关系的结果,每个企业都能清楚地理解彼此的长期目标、企业行为和企业文化。因此,根本不了解彼此运营方式的企业是不会寻求用协作的形式来解决问题的。

Contractor 和 Kundu(1998)在他们对于全球饭店企业的研究中,强调了合资形式和协作形式之间的差别。他们研究了从合资的形式到非参股的合同形式的不同企业的海外市场进入模式,发现非参股的合同形式或协作形式的交易成本低,并且有潜力创造更多的租金。这种形式的联盟用收益就可以估算出企业的回报。不同的是，合资形式的联盟使用税后利润来估算企业的回报。Chatholli 和 Olsen（2003）进行了深入研究后指出，在计量租金/利润生成的方法上，Contractor 和 Kundu's（1998）的研究提供了一个更好地了解协作和合资的区别的平台。他们指出，对于协作关系而言，边际成本并不重要，因此可以用发生的收益来计量；但对于合资而言，由于结盟企业创造了一个新的实体，这个实体上依附了重大的成本要素，因而应该用产生的利润来进行计量。

基于纵向和横向的协作约定，也可以对联盟进行分类。根据不同的协作约定，Ghemewat 等（1986）将联盟分为"X"型和"Y"型。纵向的协作关系是"X"型联盟，在联盟中各同盟企业各自承担不同的职能；而横向的协作关系为"Y"型联盟，联盟中各同盟企业承担类似的职能。纵向的或是"X"型联盟常见于买方和卖方企业组成的联盟，横向的或是"Y"型联盟则由竞争企业构成。还有一种分类是基于伙伴企业间的职能约定，诸如 Pucik（1988）将联盟按技术关系、双边生产协议、销售和分销网络、产品开发合作和出资合作进行分类。

战略联盟方法

一个联盟的成长需要一个过程，它经历了几个阶段。同前所述，联盟的基本原则是基于这样一个事实，即一个企业的独有资源经过和其他企业的资源整合后创造出的一系列资源所增加的价值，要远远大于它独立使用后所创造出的价值。这加大了仿制壁垒，为联盟成员创造了竞争优势。资源整合后的战略定位是联盟成员价值创造过程的关键所在。企业经过取舍决定优先满足哪些需要，然后根据这些需要开始联盟的进程。联盟形成的第一步是企业发起联盟的战略性决策。

Child 和 Faulkner（1998）认为是否发起联盟取决于企业的战略方向，即使企业还不具备向这个战略方向推进的能力。

这就是和其他企业一起保持同盟者身份的理由，因为那些有能力去完成目标的其他企业可能对自身企业有益处。他们的规模（资产）、技术、市场准入和形成竞争优势的其他能力是选择伙伴时重要的筛选条件（Porter 和 Fuller，1986）。因而，筛选成为了联盟前期阶段的重要工作。选择联盟伙伴时必不可少的标准还包括战略和文化的匹配度（Child 和 Faulkner，1998）。不同企业的资源整合要求企业战略匹配，战略匹配本身就是价值创造，同时协同效应应优于竞争关系。文化契合度从另一个方面而言也反映企业对文化差异的兼容能力。契合的关键在于联盟伙伴的妥协意愿，即在行动方向和所采取的共同行动上出现差异时是否愿意妥协。

进行组织筛选之前,需要对伙伴之间存在的协同作用了如指掌,还要知道谁有能力对这个联盟的总目标有更大的贡献。筛选之后就进入了下一个步骤:组织互补(Dyer 和 Singh,1998)。这个步骤为确定彼此资源共享的方式和资源互补所带来利益的分配方式奠定了基础。Dyer 和 Singh 认为伙伴企业间在系统、程序和文化上的兼容程度对价值创造过程有影响。对这个领域的研究也表明,决策过程、运营体系和文化是提高组织互补性的关键因素。战略的互补关系是整合后的资源获取未来发展机会的潜力,而显性的互补反映的是过去在完成合作性任务时显现出的那些互补的方面(Doz,1996)。在未来的伙伴企业所拥有的资源中找出互补性,在联盟的成员筛选阶段是一项必不可少的工作。

在联盟的起始和成长阶段,对管理方式的选择会影响联盟推进的速度。在联盟进程的一开始,机会主义可能是一个障碍因素。企业可能会选择一家正式的管理机构以密切监视伙伴企业的动向。随着信任关系的发展,联盟日益成熟,一个更为非正式的组织会成长起来(Chathoth 和 Heiman,2004)。这将使伙伴企业之间非正式的契约关系得到发展。

必须指出,组织文化的相似性影响到联盟所适用的契约类型。与契约式合作(CJV)相比,有着类似的文化特征的企业倾向于股份合资(EJVs),反之亦然(Tallman 和 Shenkar,1994)。而且,在下述情况下对股份合资的采纳远远大于契约式合作:(1)相比集体主义的本土文化,联盟中的母公司却来自个人主义的文化背景;(2)组织能力的分享比专业技术的分享有更大的空间。只有当信任成为伙伴关系发展的基础,而且伙伴企业对其他企业的监视在一个较低的控制水平,契约式合作才可能在联盟内出现。

Dyer 和 Singh(1998)总结了在联盟内实施管控手段的好处,他们也指出使用非正式的管控模式来管理联盟内各交易是最理想的。因为:(1)边际成本最低;(2)难于模仿。另一方面,非正式管控模式的局限也在于它的形成需要花费大量的时间,如果对伙伴企业机会主义行动的防御度低,参与联盟的企业会面对可能发生机会主义侵害的风险。然而,我们必须看到,伙伴企业间信任关系的发展是联盟获得长久成功的保证(Chathoth 和 Heiman,2004)。

图 10.1 概要地描述了联盟的开创过程。如图所示,联盟的创始以企业参与联盟的战略决策拉开序幕,一旦做出决策,联盟的开创进程就进入到第二个步骤,制定规划,明确参与某个合作伙伴的联盟战略以及要实现的长期目标。随后根据联盟战略的经营目标确定搜索条件。

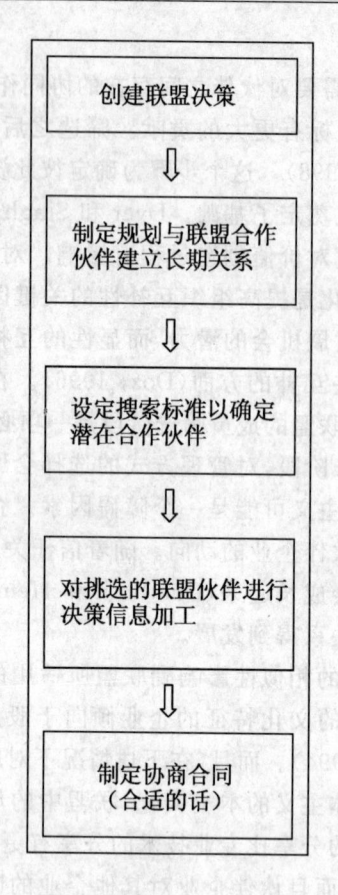

```
创建联盟决策
   ⇩
制定规划与联盟合作
伙伴建立长期关系
   ⇩
设定搜索标准以确定
潜在合作伙伴
   ⇩
对挑选的联盟伙伴进行
决策信息加工
   ⇩
制定协商合同
（合适的话）
```

图 10.1 联盟创造的过程

一旦上述联盟形成的有关条件都满足了，就可以开始寻找合适的联盟伙伴了。相似理论的观点是，拥有相似的战略焦点的企业彼此结成联盟（Insch 和 Steensma，2006）。如果有关联盟伙伴甄选所需的决策信息充分，那么结为联盟就可能发生。所以寻找联盟的企业会动用各种资源以获取信息。一旦找到合适的伙伴，就会启动谈判和契约议程（如果适宜）。在这个阶段，各企业都积极讨论联盟的管控机构和控制手段的问题。值得一提的是，要谋求联盟的长期成功，就要能够整合正式的和非正式的控制手段，并成为管控机制的重要组成部分。

饭店行业的联盟

饭店行业的联盟已经从以契约为基础的股权联盟发展到非契约型的关系联

盟(Chathoth 和 Olsen，2003)。这一发展态势已被饭店行业的很多案例所证实。以契约为基础的联盟以管理合同或特许经营的形式出现，在这种联盟中战略资源的整合是通过伙伴之间结盟来实现的。行业中有采用管理合同形式的希尔顿酒店，有开发了特许经营合同的假日酒店，以及后来者居上的一些饭店和餐饮行业的领军企业，如马里奥特、凯悦、雅高、洲际、最佳西方、麦当劳、肯德基等等。这些企业力图借助管理合同或特许经营合同实现全球成长。

联盟常为处于成熟阶段的企业在一个正在成长的市场中所用，以获得市场准入。例如，具有亚洲背景的营销联盟泰姬酒店和博彩国际集团(Taj Group of Hotels 和 Raffles International)。联盟的主要目标是：为加盟企业在他们还没有站稳脚跟的市场上创造营销渠道。印度贵族风酒店集团(Oberoi Group)、希尔顿酒店、ITC迎宾集团(ITC-Welcomgroup，印度烟草公司)和喜达屋酒店也共同组建了一个类似的联盟。另外，饭店行业中还有喜达屋酒店集团和 Vacation.com 网站也组建了营销联盟。这个联盟的建立是为了向 Vacation.com 的会员提供购买喜达屋酒店产品的平台，按照这家网站的董事长和CEO的说法，他们为其代理商提供"授权和奖励去推广和销售饭店的客房"。

子午线日光酒店(Le Meridian & Nikko Hotels)也属于营销联盟。这些饭店为集中力量改善他们的订房系统，使顾客能得到一种全球"一站式"服务，开始实施营销联盟战略(Chathoth 和 Olsen，2003)。全球饭店联盟(the Global Hotel Alliance)也是一种营销联盟，以技术手段来实现协同效应，该联盟的目标是"吸引越来越多的独立经营的区域性品牌饭店，这些饭店在他们的本土市场上以饭店产品和服务传承和发扬传统文化，以他们的加盟为顾客提供更多的选择和更大的优惠"。该联盟已经囊括了7家杰出的饭店品牌，如泰国大喜酒店集团(Dusit Hotels & Resorts)、凯宾斯基酒店集团(Kempinski Hotels)、台湾丽致酒店集团(Landis Hotels & Resorts)、马可波罗酒店集团(Marco Polo Hotels)、美国奥姆尼酒店集团(Omni Hotels)、泛太平洋酒店集团(Pan Pacific Hotels & Resorts)、印度里拉酒店集团(Leela Palaces & Resorts)。联盟给予加盟饭店企业更为全球化的市场准入，同时顾客和旅行社可以在联盟开办的一站式互联网网站上，非常便利地查询所有联盟会员饭店的客房及航空公司的机票，并且享受十分具有吸引力的价格。其中一些饭店成员彼此承认对方的顾客优惠计划，这样顾客就能够方便地累计积分以及在不同饭店之间使用积分。

奢侈品联盟在战略上与全球饭店联盟相似，不同的是它的范围，它立足高端的豪华接待市场，以技术支持的营销联盟将饭店、铁路、邮轮整合成为一体，向顾客提供更为宽泛的奢侈旅行产品选择。加盟的企业有世界一流酒店组织(The Leading Hotels of the World)、罗莱夏朵精品酒店(Relais & Chateaux)、东方快车酒店集团(the Orient-Express Hotels)、火车与邮轮集团(Trains & Cruises)、豪华联盟网站(Luxury alliance.com)。

20世纪90年代末,胜腾(Cendant)、马里奥特、凯悦和喜达屋组成的联盟是一个类似联合体性质的协约组织。该组织建立了一个预订系统同在线旅游中间商抗衡,如Expedia和Travelocity这样的旅游电子商务网站(Cline,2000)。

饭店和餐饮企业常使用联合品牌,这也是一种联盟战略。这样的案例有逸林酒店(Doubletree Hotel Corporation)和纽约餐饮集团(the New York Restaurant Group)的联合,四季酒店(Four Seasons Hotels)和Bice Ristorante餐饮的联合(Strate和Rappole,1997)。还有一些联合,诸如复兴酒店(Renaissance Hotels)和星巴克咖啡(Starbucks)、希尔顿和露得清(Neutrogena)、W.酒店和国际著名品牌的形象设计机构Bliss。

回顾历史,联盟曾经被用来解决人力短缺的问题。在1996年,美国国家餐饮协会的教育基金会(the Educational Foundation of the National Restaurant Association)和美国酒店及汽车旅馆协会的教育研究院(the Educational Institute of the American Hotel & Motel Association)组建了住宿行业联盟(Hospitality Business Alliance),就是为了解决美国住宿行业的人力开发问题。该案例也支持了这样一种观点,即联盟对于解决所有经营领域和运营效益的问题都有所助益。

启示和结论

由于战略联盟能帮助联盟伙伴利用彼此的资源和能力来克服自己的劣势、排除面临的威胁,因而被公认为是企业成长的手段。今天全球经济背景下,饭店企业利用联盟来进入全球市场是很有必要的。获取资源或者在企业内部开发这些资源成本很高,但加入联盟给了企业一个更经济的选择。

正如前面讨论过的,越来越多的联盟正在组建着,这使供应商和顾客能够更便利地创造和消费定制化产品,享受完整的旅游体验。通过有效地利用联盟,供应商能够更好地理解和满足顾客需求,同时还能以较少成本、改善企业经营。

对饭店企业而言,要能有效地利用联盟、促进企业的成长,怎样创建联盟,如何使之存续一段较长的时间,这些核心理念的理顺是非常必要的。学者们观察到,在饭店行业领域联盟的失败率较高,所以饭店企业创建联盟的能力非常重要90,首先要能够用完善的甄选标准识别合适的伙伴,同时使用管控机构有效地管理联盟的进程,使合作伙伴能整合在一起而不是互相疏远。失败的联盟给我们以启示,机会主义对联盟走向成功极其有害。为确保机会主义不会在联盟早期就埋下种子,结盟伙伴必须随着联盟的不断演进,分步骤地建立彼此信任。这对于管理成本、管理手段和联盟自身的管理费用都会有影响。

对饭店联盟领域的未来研究应集中在接待业联盟的演变。研究人员应以进化论的观点以及信任度在不断演变的联盟中所起的作用为出发点,对联盟架构和管控手段进行深入研究。同时为业内人士以证据说明,为什么应将联盟看成是一项长期战略。在过去的10年,随着这项战略为越来越多的饭店企业所用,应开展更多的相关研究。

参考文献:

Amit, R., and Schoemaker, P. (1993). Strategic assets and organizational rent. *Strategic Management Journal*, 14, 33-46.

Burgers, W. P., Hill, C., and Kim, C. (1993). A theory of global strategic alliances: The case of the global auto industry. *Strategic Management Journal*, 14(6), 419-432.

Chathoth, P. K., and Heiman, B. (2004). *Governance Cost in Alliances: Combining the Evolutionary and Transaction Cost Economics Views*, Jan 8-11, 2004, Proceedings of the International Business and Economy Conference, San Francisco, CA.

Chathoth, P. K., and Olsen, M. D. (2003). Strategic alliances: A hospitality industry perspective. *International Journal of Hospitality Management*, 22, 419-433.

Child, J., and Faulkner, D. (1998). *Strategies of Cooperation: Managing Alliances, Networks, and Joint Ventures*. New York: Oxford University Press.

Cline, R. S. (2000). E-commerce: The pace picks up. *Hotels*, 34, 71.

Contractor, F. J., and Kundu, S. K. (1998). Franchising versus company-run operations: Modal choice in the global hotel sector. *Journal of International Marketing*, 6(2), 28-53.

Contractor, F. J., and Lorange, P. (1988). "Why should firms cooperate?" The strategy and economics basis for cooperative ventures. In F. J. Contractor and P. Lorange (Eds.), *Cooperative Strategies in International Business* (pp. 3-28). New York: Lexington Books.

Cook, K. S. (1977). Exchange and power in networks of interorganizational relations. *The Sociological Quarterly*, 18, 62-82.

Devlin, G., and Bleackley, M. (1988). Strategic alliances: Guidelines for success. *Long Range Planning*, 21 (5), 18-23.

Dickson, P. H., and Weaver, K. M. (1997). Environmental determinants and individual-level moderators of alliance use. *The Academy of Management Journal (Special Research Forum on Alliances and Networks)*, 40 (2), 404-425.

Doz, Y. L. (1996). The evolution of cooperation in strategic alliances: Initial conditions, or learning processes? *Strategic Management Journal, Summer Special Issue*, 17, 55-83.

Dyer, J. H., and Singh, H. (1998). Relational view: Cooperative strategy and sources of interorganizational competitive advantage. *Academy of Management Review*, 23(4), 660-679.

Ghemewat, P., Porter, M. E., and Rowlinson, A. (1986). Patters of international coalition activities. In M. E. Porter (Ed.), *Competition in Global Industries*. Boston, MA: Harvard Business School Press.

Globalalliance. com. Obtained from globalalliance. com, http://www.globalhotelalliance.com/About/Whoweare/ Whoweare/LG-EN/Content.aspx

Gulati, R. (1995). Does familiarity breed trust? The implication of repeated ties for contractual choice in alliances. *Academy of Management Journal*, 38, 85-112.

Gulati, R., and Singh, H. (1998). The architecture of cooperation: Managing coordination costs and appropriation concerns in strategic alliances. *Administrative Science Quarterly*, 43(4), 781-814.

Hagedoorn, J. (1996). Trends and patterns in strategic technology partnering since the early seventies. *Review of Industrial Organization*, 11, 601-616.

Harrigan, K. R. (1985). *Strategies for Joint Ventures*. Lexington, MA: Lexington Books.

Hymer, S. H. (1972). The multinational corporation and the law of uneven development. In N. Bhagwati (Ed.), *Economics and World Order*. London: Macmillan.

Insch, G. S., and Steensma, K. (2006). The relationship between firm strategic profile and alliance partners' characteristics. *Journal of Managerial*

Issues, 18(3), 321-339.

Iyer, K. (2002). *Learning in Strategic Alliances: An Evolutionary Perspective*. Academy of Marketing Science Review, p. 10, html version available at http://www.amsreview.org/articles/iyer10-2002.pdf

Lewis, J. D. (1990). *Partnerships and Profit*. New York: Free Press.

Luxuryalliance.com. Obtained from http://www.luxuryalliance.com/

m-travel.com. Obtained from http://www.m-travel.com/news/2007/07/starwood-and-va.html

Porter, M., and Fuller, M. (1986). Coalitions and global strategy. In M. Porter (Ed.), *Competition in Global Industries*. Boston, MA: Harvard Business School Press, 315-344.

Pucik, V. (1988). Strategic alliances, organizational learning and competitive advantage: The HRM agenda. *Human Resources Management*, 27 (1), 77-93.

Staber, U. H. (1996). The social embeddedness of industrial district networks. In U. H. Staber, N. V. Schaefer, and B. Sharma (Eds.), *Business Networks: Prospects for Regional Development* (pp. 148-174). Berlin: de Gruyter.

Strate, R. W., and Rappole, C. L. (1997). Strategic alliances between hotels and restaurants. *Cornell Hotel and Restaurant Administration Quarterly*, 38 (3), 50-61.

Tallman, S. B., and Shenkar, O. (1994). A managerial decision model of international cooperative venture formation. *Journal of International Business Studies*, 25 (1), 91-113.

Tata.com. Obtained from http://tata.com/indian_hotels/media/20040820.htm

Teece, D. J. (1987). Profiting from technological innovation: Implications for integration, collaboration, licensing and public policy. *The Competitive Challenge: Strategies for Industrial Innovation and Renewal* (pp. 185-219). Cambridge, MA: Ballinger.

Williamson, O. E. (1975). *Markets and Hierarchies: Analysis and Antitrust Implications*. New York: Free Press.

Williamson, O. E. (1985). *The Economic Institutions of Capitalism*. New York: Free Press.

Ⅲ篇
核心竞争力

Ⅲ

校小事典六

第十一章 资源分配决策和组织结构

Robert J. Harrington[①], Michael Ottenbacher[②]

引言

资源分配决策是实现组织目标的战术方法。这些分配决策受公司的行动计划和政策的限制,通过公司行动计划和政策影响组织结构,最终影响组织绩效。资源分配决策和组织结构的基本概念是正在讨论的管理理论基本原则的要点。资源分配决策代表着战略选择态度,其核心观点是:就组织未来发展方向及其结构,管理部门制定战略决策时享有很大的自由权,包括如何应对各种环境压力、变化以及其他影响(Child,1972;Pennings,1975)。

组织结构的影响力与组织理论的根源有关。该领域的初期工作强调必须以一种盈利方式来整合人力资源和硬件资源(Wren,1994)。早期的观点支持结构环境战略决策论。除战略之外,这一学派认为组织结构是一个复杂的变量体,包括组织文化、价值观、组织过去和现在的功能以及组织的历史功过(Hallt Saias,1980)。这些主要观点在战略管理文献中引起了战略和结构问题长达四十多年的学术争论(Amburgey 和 Dacin,1994;Chandler,1962;McWilliams 和 Smart,1993;Miller,1986)。

不少学者已从个体、群体、部门、单位和组织角度去研究如何构建一个组织,及其形成原因和后果等问题。早期的研究指出,组织结构限制了组织发展(即,组织结构限制了我们成功实施战略的能力),而且还影响战略选择(即,限制了战略管理者为适应战略需要而设计组织结构的能力)。

虽然有关资源分配决策和组织结构的议题很多,但本章将主要讨论其在饭店企业的应用。首先,文章回顾了整个饭店业文献中资源分配决策和组织结构的现有观点。应用部分文章讨论了为进入高速发展的餐饮行业的资源分配决策和组织结构问题。文章将专门讨论零售和餐饮业之间新出现的通道模糊这一趋

[①] 美国阿肯色州,法耶维,阿肯色州立大学酒店和餐饮管理系
[②] 美国加州,圣地亚哥,圣地亚哥大学酒店和旅游业管理学院

势,旨在阐述控制因素的程度、资源可用性和需求的不确定性对结构决策的影响。这一例证突出了战略选择的关键资源分配决策问题,同时也粗略地了解了影响结构决策的因素,如纵向一体化和所有制形式。

文献综述

文献综述重点放在战略与结构争论背后的推动力、早期有关环境的研究发现和有关资源分配决策及其与组织结构关系的最新研究。

传统的战略与结构争论

这一争论中的老问题是:战略和结构哪个在先?虽然乍一看这种说法理论性很强,但是潜在的问题与从业人员有关,即我们制定资源配置决策仅仅以实现既定的战略目标为基础吗(假设有可能取得必要的结构以实现这些目标)?或者,作为决策者,严重受限于实际所能取得的成绩吗?我们所能取得的成绩基于现行的组织结构和既定环境下改变该结构的有限能力。

Chandler(1962)的一项早期研究强烈支持战略和战略选择对企业组织结构的影响。虽然"战略决定结构"观点已被该领域的同行研究者多次使用(Andrews,1971;Ansoff,1965;Schendel 和 Hofer,1979),但是源自社会学和组织理论的相反观点提出:结构决定战略(Amburgey 和 Dacin,1994;Hall 和 Saias,1980)。这一观点认为:战略来源于结构,并反过来导致结构的修正。两种观点都有可取之处;"战略决定结构"观点认为,领导者行为和规划很重要。其核心概念是:(1)管理者对环境事件进行解释说明;(2)他们根据变化需要分配资源以适应组织结构;(3)这一变化可以高效地使用公司资源。这样,组织可以成功地实施已设定好的竞争方式,以取得预期绩效(Olsen 等,1998;Porter,1980)。

这一观点看似合理,但是正如权变决定论所强调的,结构是一个复杂的变量混合体,很容易对可能实施的战略,实现结构变革的能力和最终的低效率产生重大影响。例如,Hall 和 Saias(1980)指出组织文化等问题从结构上限制了战略选择,同时建议结构特征应通过延迟或加速某些类型信息的传播以过滤用于资源分配决策的信息。正如作者所说:"一旦组织开始运行,结构特性就限制了它对自己及其所处环境的认识"(Hall 和 Saias,1980)。

这一基本概念似乎类似于决策文献中组织层面的有限理性(Simon,1945)。决策的严格理性的方法受到了抨击,原因是它假设"完全理性的人":信息收集无成本,决策者可以完全掌握信息,决策者具有完美的逻辑思维能力,唯一的标准是经济增长。正如 Simon(1945)指出的那样,出于人为因素、情绪因素和情境因素,管理者的理性受限并不完美。按照 Hall 和 Saias(1980)的观点,这一概念应用于组织层面,限制了资源分配决策过程中的信息类型、数量和用途,并限制了多种绩效利益,而不只是经济刺激。

通过同时探讨战略与结构关系的两个观点,就逻辑而言双方各有可取之处。受限于取得战略目标的资源分配决策很可能源于基于环境事件、组织结构和无形结构因素,如文化、价值与历史等变量之间的相互影响。这一综合方式似乎暗示了内部和外部需要之间的协调,同时提醒管理者在确定和实施资源配置决策时必须考虑环境和过程因素。

尽管从学术角度看这一争论很有趣,但是短期内解决这一争论是不可能的。对从业人员而言,这一辩论有利于整合权变理论和资源基础理论,并将之应用于饭店服务业。因此,接下来的部分将讨论权变理论以及资源基础理论对分配和结构决策的适用因素。

权变理论及环境对结构的影响

权变理论的基础观点是:没有最好的组织方式(Scott,1998),有效的资源分配决策要求公司在发现自身内在的担忧、潜在能力和组织结构的环境中创造一个"最优匹配"(Harrington,2004b;Olsen 等,1998;Scott,1998)。

权变理论不主张权变决定论,而主张结构调整理论。换句话说,很多当代权变理论支持者的基本主张是结构功能主义学说,该观点认为:认识到表现不达标后调整结构以重新适应环境(SARFIT)。尽管已显示战略、环境和结构之间的不匹配对绩效产生了不利影响(Burns 和 Stalker,1961;Geiger 等,2006;Harrington,2004b;Harrington 等,2004;Lawrence 和 Lorsch,1967),但是几乎没人支持结构变化是自动反应这一观点。这一观点反对只依赖权变决定论和战略选择,相反认为应该取决于战略结构和公司运营环境之间复杂的相互作用(Amburgey 和 Dacin,1994;Harrington,2004b;Hill 和 Hoskisson,1987)。例如,Harrington(2004b)研究发现外部复杂性、内部复杂性和公司绩效之间有联系。这一发现表明来自 18 个行业的执行官已默认实现内外部复杂性的匹配(Ashmos 等,2002),只有这样公司才可以实现超常的收益——战略管理的主要目标(Harrington,2004b)。

饭店业领域的一个相关概念是匹配原则(Olsen 等,1998)。Olsen 与他的同事们将这一原则描述为一个包罗万象的战略管理基础。其基本观点是:环境力量驱使企业环境变化。领导者选择有竞争力的方式来有效利用这些力量(对公司来说这既是机会又是威胁)。这些选择要求通过资源分配来影响组织结构;最终影响组织绩效。如果这些选择与环境变化和公司结构相匹配,那么公司将会获得可持续发展的竞争优势(Olsen 等,1998)。

乍一看,这一文献综述似乎暗示战略选择的拥护者和权变决定论在兜圈子。事实上,匹配原则和结构功能主义观点就如同一个硬币的两面。因此,尽管匹配原则的解释是从战略选择角度提出的,而结构功能主义者的观点从权变理论和组织理论角度提出,但是两者在相互适应和调整的过程方面得出了相同的结论,这一结论基于平衡内外部需要以确定将获得什么、怎样实施以及所涉及到的复杂的相互作用。

资源基础理论和无形资产

资源基础观提供了有用的概念,因为它使战略选择和结构观不再主要以物质资源和制造加工为基础,而是更加认识到对无形因素和部门单位层面的分析,这两者都更适合于服务基础的环境,如饭店业。例如,饭店业和其他高接触服务企业的独特特征表明它们不同于战略文献中描述的"应该是什么"的规范描述。像单位的地理分布(Harrington,2005)、规模(Byers 和 Slack,2001)、所有制形式(Bradach,1997;Roberts,1997),预测需求曲线的难度以及服务区别于产品(无形性、异质性、易腐性和不可分割性)的关键特征(Olsen 等,1998)等环境和情境问题将影响从资源分配决策和组织结构文献中推断出的一般假设。

资源基础理论更加注重无形资源和活动的方法能直接应用于饭店业理念服务(Harrington,2004;Olson 等,1998)。每个饭店体验都可看作是为顾客提供的一系列有形和无形的产品和服务。该体验总体从一系列资源和能力发展而来。这一系列资源和能力创造了整个"产品"或作为产品—服务连续统一体的一部分体验(Olson 等,1998)。鉴于提供的大多服务本质上是无形的,因此公司分配资源目的是为顾客创造价值,同时希望可以创造的服务体验难以模仿(Harrington,2004a)。

模仿障碍

在饭店业环境中,竞争者可以很快地复制和模仿其他企业的构思(Olson,1998)。造成这种情况的原因之一是饭店业的自主创新在本质上是透明的,并且创造这些产品和服务的资源(不论有形或无形)在市场上随时可得。在文献中提到的饭店业设置模仿障碍的两个方法是:信息不对称(Barney,1986;Williamson,1985)和因果模糊(Reed 和 DeFillippi,1990)。

信息不对称,即竞争者在市场上难以获得有关成本和其他专业知识方面的信息。因此,如果竞争者(或品牌餐饮产品的网络成员)可以获取完整的信息,他们将很快知道在哪里和怎样形成竞争优势。Reed 和 DeFillippi 描述了默会性、复杂性和人力资本专用性之间的因果模糊性。默会性即指通过体验知道怎么做，是一种"从做中学"的方法。复杂性源于大量异质性技术、组织惯例和组织环境中的经验的增加。因此限制了竞争对手通过观察来模仿，并且复杂性的增加保护了公司的信息免遭外泄，尤其是在竞争对手招募员工的时候。人力资本专用性是公司资源获取和开发具有专业知识和能力的人力资源的一种特殊调配，默会性、复杂性和人力资产专用性对模糊性有直接和相互影响的作用。因此，这三要素将导致更模糊的关系，从而最终加大企业竞争者的模仿障碍（Harrington，2004）。

从营销角度看，因果模糊是无形概念（如品牌权益）的一个主要驱动力，它通过不断发展的内部默会过程以及影响顾客对公司产品和服务的质量和形象的看法这一持续过程衍生而来。Aaker（2004）将品牌权益归类为品牌忠诚度、品牌知名度、感知质量、品牌联想和其他专属品牌权益（例如，专利、商标和渠道关系等等）。

品牌权益相当雄厚的餐饮业实例包括麦当劳（巨无霸）、汉堡王（华堡）、澳美客牛排（洋葱花球）和奶品皇后（暴风雪系列）。在这些企业中，产品名称本身是一个品牌。但是，它还能使顾客自动回想整个有形和无形资产的品牌运作。在最近的一次访谈中，麦当劳的前任董事长也证实了这一观点，并且强调了有关有形和无形概念的品牌资产的重要性。因此，品牌产品中内在的一系列因素如麦当劳的鸡蛋汉堡，就可以使其免受直接复制。这包括与供应商的关系、执行程序、地理位置因素和价量关系。

战略过程、决策和结构
战略过程

战略规划的关键考虑因素是怎样规划、实施和评估战略规划过程。就资源分配决策及其对组织结构影响这两点来说，这一问题尤其重要。资源配置决策指决定如何实现战略目标。文献指出了对决策过程和结果都很重要的一些关键特征，这些特征包括：过程是如何发生的，谁参与了这一过程（Ashmos 等，2002；Brews 和 Hunt，1999；Harrington，2004b、2005；Mintzberg 等，1998；Okumus 和 Roper，1999）。

外部环境特征、内部环境和过程对预期结果的影响之间的情境联系是这一领域的研究重点。因此，对决策者而言，资源分配的关键因素包括设计尽可能取得理解结果和绩效的战略过程决策。正如本研究和其他一些研究指出的那样，这一决策包括对饭店业外部因素（例如不确定性、变动性、敌对行为和复杂性）

(Harrington,2004;Jogaratnam 和 Tse,2006)和内部因素(结构[规模和所有制]、文化和价值观等)的影响的理解(Bradach,1997;Okumus,2004;Parsa,1999;Ritchie 和 Riley,2004;Schmelzer 和 Olsen,1994)。

战略决策

战略决策领域的大多数研究都是从战略或管理选择的角度进行的(child,1972;Hambrick 和 Mason,1984;Olsen 等,1998)。这一观点表明组织结构和流程部分反映了管理层对背景变量(内部和外部)的认知解释,从而形成了资源分配过程中的某些问题(如内部结构的复杂性)的决策(Ashmos 等,2002)。

Robert(1997)坚决认为饭店业的专营选择限制了管理层的自行决定权,也影响了战略决策。Byers 和 Slack(2001)研究了小型娱乐产业中企业老板的战略决策过程,这一研究认为这一商业领域的公司采用适应性和灵活性的决策方式。采用这种方式的原因包括时间限制,不愿放弃控制权以及该行业企业主的独特特征,即"能在追求自己的兴趣爱好的同时经营生意"(Byers 和 Slack,2001)。Harrington 和 Kendall(2006a)发现组织经常使用两种主要战略:从中往上再向下和自上而下的方式。在很多情况下,餐饮业的中层管理者充当着边界人员的角色综合了组织上下层间的信息。在高度不确定性环境下和使用多种所有制形式的企业中,这一方式特别普通。独裁的自上而下的管理方式也广泛应用于餐饮业(在样本中占 85% 的时间)。总的来说,该研究证明了基于所有权类型(特许经营、独资和集体所有)、单位数量和任务环境的管理结构需求间的关系。

由于理解的特征通常是在管理层的自由决定权和决策目标之间能协调匹配,所以这些研究涉及了适当结构实现战略目标的必要性和能力。总体而言,决策研究显示了决策和决策过程的背景环境的重要性。尤其是,当授权给资源配置团队或设计决策过程时,应该考虑如下三个重要因素:不确定性、复杂性和不稳定性。

饭店业的组织结构和卓越服务

很多服务业公司都知道优质服务的重要性以及其与竞争优势的关系。顾客可以来界定服务质量,许多行业部门都享有提供优质服务的美誉。例如,麦当劳和丽思卡尔顿酒店就是两家享有服务质量美誉的企业,但是他们取得成功所采用的结构和方式却不同。麦当劳使用绝对标准化的管理方式:所有的布局、设备和员工行为都受到标准操作程序和培训系统的影响。相反,两次 Baldrige 奖(美国国家质量奖,Baldrige 是里根总统时代的美国商务部长的名字)的获得者——

丽思卡尔顿却使用另一方式:强调授权所有员工,从而使他们可以为顾客提供更为优质的服务。两家公司实现优质服务的方式截然不同,用以确保满足顾客期望而设计的组织结构也完全不同。

传统的结构特征

尽管每个组织的结构构造都不同,但是根据劳动分工和公司活动协调,基本结构特征分为纵向结构和横向结构。任何组织的关键结构决策有:控制范围、扁平式或高耸式组织、任务正规化、活动集权或分权等。前面谈到的与权变理论相关的一个关键因素是:机械组织结构和有机组织结构。机械结构的特点是:高耸式、高度专业化、集权和正规化。有机结构的特点是:扁平化(几乎无等级)、劳动低专业化、非正规化和分权过程。这一领域的研究显示:处于比较复杂和不确定的环境中的企业采用有机结构为主导形式可以取得好的业绩;处在不太复杂和稳定环境下的企业采用机械结构能取得更好的业绩(Burns 和 Stalk,1961;Lawrence 和 Lorsch,1967;Harrington,2004b)。

复合形式和其他形式

饭店业文献中一些研究显示在不同组织层级使用多种形式设计组织意义重大。Ritchie 和 Riley(2004)发现多单位经理人扮演了沟通角色来协调有机的一线结构,即允许员工处理操作中的突发事件,同时在较高组织层级保持环境稳定,采用正规的机械结构实现自上而下的战略沟通。

Harrington(2005)以快餐店(QSR)为例,论述多重结构式模型。早期研究证明 QSR 环境采用个性化(自上而下)的方法有助于取得更高的效率。饭店业的这一部门有更多的相似性和更少的不确定性。理论上讲,这一部门组织形式的本质暗示采用自上而下的机械模型是可行的。从公司到单个部门制定产品规格、服务水准和营销活动等,特许经营模式都应该采用自上而下的管理方法。早期研究成果已证实了这一论点。Parsa(1999)坚决认为 QSR 部门的特许专营权的利润增加水平与 Bourgeois 和 Brodwin 的变革模型应用有关;他们认为该模型主要是一种自上而下的战略决策方法。Bradach(1997)发现 QSR 公司采用复合形式来管理连锁餐厅和战略制定程序。尽管文献中将专营——企业结构描述为一种地方经营者——官僚管理者结构,但 Bradach(1997)发现这一结构通常为一个"大的独立阶层(公司结构)"和"一个半自治的低阶层的联盟(特许经营结构)"。因此,采用多重模型能使公司利用其优势管理并指示出公司的主导方向。特许专营单位的优势是熟悉当地市场的需要,并且愿意捍卫连锁店高层管理者的理念(Bradach,1997)。这一发现证实了多种所有制结构对资源分配决策及其过程的影响价值。

除了各种所有权结构和传统组织形式外,由于国界、技术和人口等的变化,出现了一些其他的现代组织结构,主要的现代组织结构分为网络、虚拟和模块组织结构。网络组织是便于网络各成员之间而不是某公司内部的资产共享的结构。该资产对传送成品和服务是必需的。虚拟组织也是一个网络组织,而且是一个不断变化的独立团体,他们共享技能、知识、成本和双方市场(Johns 和 Soks,2005;Miles 和 Snow,1992)。模块组织结构是只在内部执行少数核心功能,并且把所有非核心功能外包给其他专家和供应商(Karim,2006)。尽管网络组织和虚拟组织的本质要求他们放弃许多控制权,然而模块化组织仍然保持着对战略和目标的完全控制(Dess 等,1995)。

结论

对文献进行综合分析后得出如下几个重要观点。首先,大量证据认为,应该在公司战略目标、资源配置和组织结构之间实现协调或匹配。这一匹配不是自发产生的,相反需要依靠经验来形成默会技能。这些因素之间的匹配最终为公司提供了更高的绩效。这种高绩效取决于两方面:(1)通过使用专业知识理解组织文化、价值观和历史影响以增加成功实施的可能性;(2)采用适应组织内部不确定性环境需要的组织形式。

从业人员和研究人员应该从不同层次上考虑这些关系,从而可以在整个公司恰如其分地实施资源分配。例如,鉴于上述饭店业的特征(例如,多个单位企业和独立经营者的联合,各种所有制结构,不同的组织规模和分布广泛的业务单位),公司很有可能基于环境和组织层次采用多个战略决策过程模型。Ritchie 和 Riley(2004)发现多单位服务公司里的较低层级就是组织应对环境中的不确定性的地方,从而抵挡来自组织较高级别的不确定性。Bradach(1997)发现 QSR 连锁店在战略管理过程中采用多种管理形式,以同时平衡控制和适应性的需要。这一发现说明需要在单位层面采用一个更为适当的方法以保持灵活性,同时需要在公司层面上使用一个更为传统的自上而下的方式来保持其控制力和线性战略方向(Harrington,2005)。

举例说明一些要点,麦当劳过去几年实行的资源分配决策重组受到了很多因素的驱动。首先,就所有权结构而言,麦当劳的领导者竭力在特许经营权和公司所有制之间实现均衡。在美国市场,麦当劳的所有制结构主要是 80∶20(80%为特许经营,20%为公司所有)。在国际上,所有制结构是 40∶60(40%为特许经营,60%为公司拥有)。正如麦当劳的现任董事长所说:"从战略上来说我认为,在国际上我们应该让更多专业公司来管理我们的餐厅,因为授权给专业公司是建立该社区品牌效应的最有效方式。但这是很难的,因为涉及到麦当劳的收益——我们是拥有者时收益会更大。因此,当我告诉我的团队这一想法时,很多人都皱起了眉头。"为了评估这一潜在的结构重组决策,麦当劳的领导者遵循了以下战略决策过程:

① 分析——(a)与专业公司沟通;(b)评估专业公司的能力;(c)分析市场;(d)决定谁有管理更多单元的能力;(e)为每一个单位确定一个具有竞争力的价格,使其好好干且能取得好的收益;(f)向员工和供应商征求意见。

② 经济上的考虑——涉及公司、专业公司以及股东。

③ 制定行动计划。

④ 实施计划。

这次结构重组评估和实施过程包括利用来自专业公司、管理者、雇员和供应商的信息,同时评估公司,提出问题以确定"是什么在起作用"以及"你将改变什么"。麦当劳的经验强调组织参与的重要性,同时也强调了承诺期限内努力取得的成果(在餐厅花费的时间,基于参观、培训、见习以及与专业管理者的工作经历等之后而形成直觉的时间)。这一时限内大多涉及从组织各成员建立信任和承诺。通过打破实施障碍避免在资源分配之前高代价的损失,该过程提供了更大的成功保障。

简单地说,早期的文献和麦当劳的案例显示在资源分配决策过程中需要均衡内、外部因素。此外,研究发现支持这一观点:没有最好的做事方式,领导者需要注意选择,这些选择包括各种业务选择,同时包括过程选择,例如谁应该参与过程以及要求多大的适应性。组织选择包含传统的有机模型和机械模式,同时还包括多种所有制形式(Sorenson 和 Sorensen,2001)。新的组织形式(如网络组织、模块组织和其他的混合形式)为提高服务质量和组织能力同时降低成本提供了潜在的机遇。

应用:关键资源分配因素

这部分将集中研究可能影响战略计划内、外部实施的决策(如结构布置)的关键资源分配因素。所讨论的决策与可能进入品牌餐饮产品零售业有关。具体地说,文章先概述了进入品牌餐饮产品零售业的关键资源分配决策因素,然后论述了影响组织结构决策的因素。

在食品零售环境下的餐厅品牌产品

在过去的二十年里,餐厅和食品杂货店之间的差异慢慢消失了。随着绝大多数业务全面的杂货店和零售超市开始出售方便食品,零售业已经进入到了餐饮市场。全球价格走势报告将这一非传统的策略描述为"通道模糊"(Ernst 和 Young,2004)。这里品牌饭店产品被定义为与特定的餐厅品牌有关,可以在食品零售(杂货店)环境下购买到的食品。也就是说,使用饭店品牌的食品已经从餐饮企业转向杂货店零售柜台销售。关于这一现代食品议题的研究几乎没有。因此,这一章节的讨论目的是探讨资源分配对餐饮企业进入零售业领域的作用。

图 11.1 为我们提供了一个在这一领域制定资源配置决策时需要考虑的关键问题的框架。这一框架基于我们对这一论题的早期研究,以及与餐饮业部门的资深决策者的深度访谈。在评估这一领域的资源分配选择时,饭店经营者需要评估无形资产,例如公司品牌、品牌权益和品牌认知度,从而确定品牌产品的价值增值(Aaker,2004)。其他与确定资源分配直接相关的问题包括零售可行性,内、外部实施问题以及进入障碍(成本和过程)。

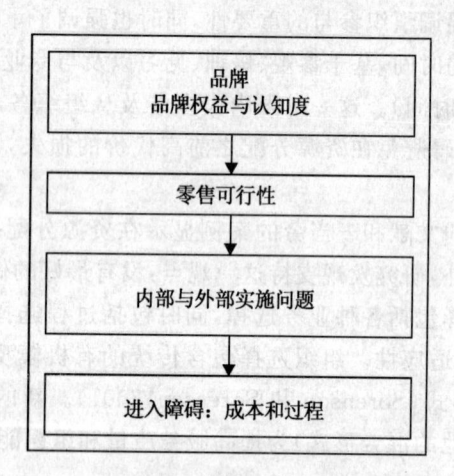

图 11.1 品牌餐饮产品决策中的关键问题

资源分配决策——第一步:评估与战略目标和品牌权益的适应性

餐饮经营者考虑进入品牌餐饮产品市场(零售)时,必须在进入之前考虑该组织的战略目标以及品牌、品牌资产和品牌知名度的实际价值,以确定品牌延伸有益。Aaker(2004)认为品牌延伸的好处具有五个主要特点:

① 加强了品牌知名度和品牌形象。与花钱做广告相比,将品牌放置在另外的环境中是一个更有效的品牌建设方法。

② 改变品牌形象。如果一个品牌为了支持战略创新需要扩大或者改变其

合作关系,那么最令人信服的方法就是把品牌转向一个新的领域。

③ 通过创造进驻新兴产品市场的竞争优势提供保持关联的方式。如果没有现有的品牌权益,这些新兴产品市场将难以或不可能进驻。

④ 阻止竞争对手在该市场获得或开拓稳固地位。因此,品牌延伸尽管困难重重,却是一种战略防守,值得努力去做。

⑤ 为品牌提供能量源,尤其在品牌已经建立并出现疲软的时候。

通过使用组合的无形的品牌权益,餐饮商应该能够利用这一权益来创造更多的机会,甚或更多的收入。这一手段与有形资产(如资金、设备和财产)没什么不同。品牌延伸是促使消费者的意识和忠实转向新的或公司目前不具竞争优势的市场的方法。如果这一品牌权益足够强大,对该品牌忠诚或至少知道该品牌的顾客应该会跟着进入这一新市场。"通道模糊"就是品牌延伸的直接结果。自有品牌和品牌餐饮零售产品的延伸为很多经营者提供了延伸品牌价值的机会。为了准确算出这一战略的潜在利益,餐饮经营者需根据所拥有的有形和无形资产考虑各种问题。很多公司已经决定不进入零售领域,而是完全集中于餐饮业。以麦当劳为例,其领导层决定不进入品牌餐饮零售市场,而很多快餐服务竞争者都已经这样做了(例如塔克贝尔)。麦当劳根据合作的责任问题解释了他们的这一决策。他们坚信每个人的工作重点应该集中于全球33 000多个餐厅,改善顾客的体验。麦当劳的品牌战略集中于:整洁的休息室、相关的建筑设计、新食品的推出和友好服务,而不是与品牌权益有关的外部产品。当然,该公司收购了波士顿市场这为其在品牌餐饮产品领域提供了一个很强的立足点——但是显然它是不同于麦当劳的一个品牌(有趣的是,波士顿市场的品牌餐饮产品比该餐馆理念更成功。而该餐馆理念是品牌建立的基础)。

因此,餐饮业领导者考虑进入这一领域时,应该回答下列问题:我们品牌权益的优势是什么?品牌餐饮零售产品能为公司提供可行的品牌延伸吗?潜在的利益是什么?另外,在试图回答这些问题的同时,领导者应该首先基于知识、洞察力和专业知识,确定谁应参与决策过程,然后综合理想的参与水平设计资源配置决策过程,以增加取得最优方案、成功实施并获得组织支持的可能性(Butler,1997;Harrington和Kendall,2006;Nutt,1989)。

资源配置决策——第二步:零售可行性分析

为了全面理解零售食品市场,测定饭店食品零售的可行性,必须考虑目前国有和自有品牌食品产品之间的竞争。根据与杂货店经理和经营者的访谈,食品零售商认为所有的产品要么是国有品牌要么是自有品牌。一位受访者(一大型零售食品集团的营运总监)表示:20世纪70年代末和80年代初自有品牌的创立在产品组合方面给予了零售商更多的控制权,允许他们对消费者的需求做出回应。20年前的这种品牌范式转变造成了这种情况:即零售商也可以提供各种物美价廉的产品和产品系列,而不仅仅是由少数大型跨国制造商来决定产品的开发、定价和产品组合。

对零售商而言,一个明显的优势就是零售商店的品牌;零售商店品牌承载了大量的品牌权益,因为很多消费者忠实于特定的杂货连锁店。忠实度提高带来的后续影响不只是基于价格的竞争,还提高了杂货连锁店的账本底线。受访者表示由于低廉的营销成本,自有品牌产品的利润率比国有品牌更高。De Wulf等(2005)的研究支持这一共识。该研究中,研究人员对比了消费者对国有品牌和自有品牌产品的认识。他们的研究证实,一般认为与国有品牌相比,自有品牌往往能提供质量相同甚至更好的产品,并且价格更低廉。与国有品牌相比,顾客惠顾零售商店对商店品牌权益认知也有影响(De Wulf 等,2005)。

访谈表明,食品零售界专业人士将品牌饭店食品看作是自有品牌集团的一部分,因为这些产品的利润率通常高于国有品牌。这是由于很多品牌餐饮服务产品并非完全由传统的制造商所控制,也可以由产品开发顾问和餐饮经营者的合资企业管理。但是,零售商认为各餐饮品牌产品可能会在制造、管理和收益方面有所不同。以总部设在美国的卡尔森休闲餐饮连锁店为例(TGI Friday's),标有该品牌名称和标志的零售产品是由包括亨氏(Heinz)和迪阿吉奥(Diageo)等一些大型跨国公司生产的;在这种特定的情况下,消费者的反应和关系也受制于这些组织。因此,采用这种模式就限制了卡尔森休闲餐饮连锁店管理顾客体验的能力。

根据一大型连锁餐厅的媒体代表所说,公司在产品开发方面有一些自主权,但是在大多数情况下,与制造商的协议是只缴纳使用餐厅理念名称和标志的专营费用。这使连锁店的责任和资源输出减少至零——所有来自专营权的费用收入成正向现金流。由于保密的原因,有限的信息使得无法理解饭店集团和制造商之间的总体关系。然而,如果这些零售产品的管理权取决于这些大型的国有品牌生产商,那么这些产品就不太可能视作自有品牌产品。因此,是否视品牌餐饮零售产品为自有品牌取决于如下各利益相关者之间的关系:餐饮经营者、产品开发顾问、研发团队和制造商。

麦当劳和纽曼食品公司之间的关系为这一零售可行性方案提供了一个有趣的转变。在这一案例中,通过从该零售食品业引进知名品牌名,麦当劳和纽曼的联合品牌共同协作,为他们的沙拉产品创造品牌权益。麦当劳曾经自己生产过一种色拉,取名"色拉杯",他们做了广泛的研究,确定了一些因素,但是仍存在一些问题阻碍了这一新的生产线的成功(包括底价、包装以及提高色拉酱质量的费用等)。尽管麦当劳拥有悠久的品牌权益(如松饼和炸薯条),但是直到前不久,才打开沙拉业务方面的权益。为了解决这一问题,领导层与纽曼建立了一个合作品牌。纽曼是一家享有沙拉酱专家美誉的企业,使用天然的原材料,坚持可持续发展。麦当劳希望与纽曼保持这一合作关系,这样他们就可以利用纽曼在零售市场上的数百万销售额产生的品牌权益,使其为自己的色拉创造魅力。这一方向的"通道模糊"使麦当劳成为餐饮业的最大生产销售商。

以上讨论突出了零售业可行性分析的三个主要问题。首先,从零售商角度来说(特别是中小型的餐厅组织),品牌餐饮产品的可行性取决于该产品是否是自有品牌,这将为零售商带来更大的利润。其次,从餐饮服务经营者的角度来说,有必要确定品牌权益实际水平是否已经建立以保证消费者价值增值。第三,可以采用通道模糊处理的方式,即,将餐饮产品加入零售业和将零售品牌带入餐饮业。尽管消费者的价值增值是因为各种有形或无形的属性,品牌餐饮服务项目中的价值很有可能以与所了解的质量有关的品牌知名度形式。因此,在消费者购买前,它增加了消费者信心并且降低了消费者顾虑(Locander 和 herman,1979)。

资源配置决策——第三步:决策实施的内部和外部问题

本节将指出确定了零售可行性后需要考虑的几个问题。其中包括生产维修和营销控制、结构布置、内部知识,确定公司是否有需要利用的资源。这些资源分配问题直接涉及到所有权和组织结构选择的决策。

对不同类型的餐饮业务而言,有许多机会进入零售食品的品牌。基于对现有产品和访谈记录的研究,很难区分产品开发是来源于快速服务理念、优雅的就餐环境还是宽松的运作环境。一家大型食品开发公司的经理认为需要考虑的最重要的一点是品牌权益及其在市场上的影响力。第二个考虑因素是产品的性质、如何适应品牌以及最终如何生产。

总部位于多伦多的产品开发公司与餐饮经营者合作开发零售食品,过去曾与很多餐饮服务公司合作,包括希腊先生(Mr. Greek Restaurants))、果仁爆米花(Kernels Popcorn)、披萨、金扒家族餐厅(Golder Griddle Family Restauraots)和纽约薯条(New York Fries)。在产品开发公司案例中,他们试图调整彼此之间的关系以适应餐饮服务经营者,提供产品开发、零售服务和外包生产等服务。在这一过程中成功的关键因素是确保产品类型与品牌始终保持一致。例如,如果消费者不能把产品类型与其所标识的品牌联系在一起,那么这种品牌延伸就不会发挥作用。这种情况将不会为消费者提供与品牌有关的产品质量信号。

产品研发公司与餐饮服务组织合作的出现为现代有机组织形式(如网络组织和模块组织)提供了一个例证。在这种情况下,餐饮企业领导层制定组织结构决策的基础是:谁能最有效而经济地发挥作用,组织活动,而不是根据传统组织结构图里的固定的组织关系(Miles 和 Snow,1992)。这一新的结构可以采用虚拟组织形式(合作伙伴联盟集中于他们最擅长的领域)或模块组织(将非核心活动外包给专业人士)(Dess 等,1995)。

我们的采访指出了参与产品开发、生产、营销和零售各方面的不同参与程度。例如,像 TGI Friday's 这样的公司可能会决定分配最少的资源来实现目标,而依赖他们的品牌知名度优势来满足零售需求。然而,很多公司(例如 Salsateria——美国安大略一个小型的私营企业)不仅仅负责将食品引入市场,同时也负责产品经销。例如这两个公司:LeBiftheque 和 Montana's Cookhouse(休闲餐饮连锁公司),经销权仍由自己负责,然而成品的扩大、生产和包装可能会外包给食品开发和制造企业。

参与形式不同的原因是什么呢?我们的受访者指出了几个问题:这与文献中从宏观与微观角度对管理、组织结构、营销和创新等方面论述的观点一致。(Barkema 和 Vermeulen, 1998; Ottenbacher 和 Gnoth, 2005; Harrington, 2004b)。

图 11.2 强调了影响资源决策和结构决策的关键因素,这些因素包括完全内部因素,某种形式的合资经营因素(包括由两个私营企业合作创建一个独立实体,也包括内部和外部团体的结合,如内部产品开发部门和外部加工部门的结合),以及完全外部因素(如批准品牌名称和标识)。这些组织结构因素是基于餐饮经营者的资源分配决策,包括管理权水平、资源和资源保障、信息传播以及需求的不确定性等问题。

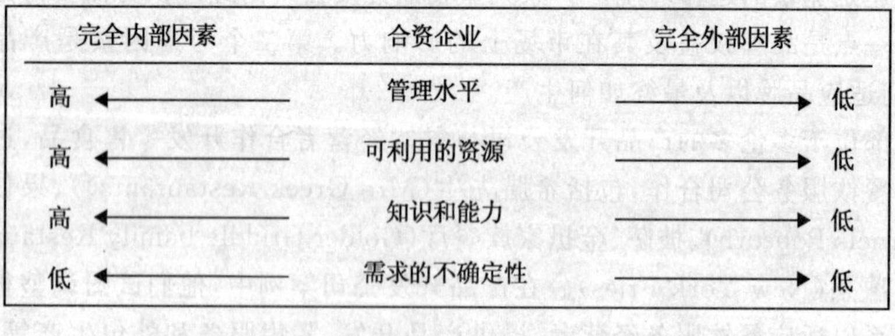

完全内部因素	合资企业	完全外部因素
高 ←	管理水平	→ 低
高 ←	可利用的资源	→ 低
高 ←	知识和能力	→ 低
低 ←	需求的不确定性	→ 低

图 11.2 影响内部和外部执行决策的关键因素

管理水平

对产品及其经销的管理需求和相关信息传播(如方法或加工问题)的担忧或在某种程度上促进决策者批准品牌,建立合资企业,或成立一个独立的部门开发、生产并经销品牌餐饮生产线。当其中一个或多个领域需求较高时,餐饮经营者更有可能在产品开发、制造和经销领域考虑内部进行。

从某种程度来说,这一管理问题与模仿壁垒资源观有关。在品牌餐饮产品领域,品牌形象和品牌权益是两个关键因素,有效防止竞争者、联盟合作伙伴或零售连锁店在市场上模仿产品。品牌权益的可持续性与因果模糊性观点有关,它来源于默会性、复杂性和人力资产的专属性等概念。鉴于品牌权益的无形性,显然在食品服务经营和品牌餐饮产品领域,这些概念的重要性在于增强了模仿障碍。一位受访者指出了在产品开发检测和实施阶段管理的重要性,包括产品大小、成分、包装和定位等各方面。

因此,组织结构决策不仅仅受到品牌餐饮产品有形要素的控制程度的影响,同时也受到更多无形要素的影响,如默会过程和人力资产的专属性,它们或许提供了可持续的品牌权益,从而最终获得竞争优势。正如麦当劳的主管领导所指出的那样,组织结构和控制是"一个阴阳调和过程,一个不断给予和索取的过程,一个不断合作的过程,一个为了全局而不得牺牲舍弃的过程"。因此这些决策需随着时间不断变化,具有较强的适应性。

现有资源

决策的第二个问题是公司是否有资源来进行经营(例如知识、技能、设备、网络、销售渠道、时间和资金)。与管理水平和信息传播一样,如果一家餐饮公司可用资源水平、知识和能力很强(或很低)(或者在市场上可以得到),公司将更有(或没有)可能主要使用内部途径来生产品牌餐饮产品。

除了内部限制因素外,公司应该考虑现存的或潜在的可利用关系,在推出品牌餐饮产品中最大化各方利益。这些关系可以是与供应商、教育设施、农业研究中心或者其他可以用来分享各种资源或能力的单位之间,在某些情况下,甚至与竞争者也可以共享网络资源。例如,竞争企业可以共享负责特别活动或项目的专业工作人员,并且为采购或营销目的可以达成合作协议(Harrington,2004a)。

需求的不确定性

图 11.2 中最后一行是对品牌产品需求的不确定性。这一问题最终将影响风险和收益关系,是要慎重考虑的因素(Barkema 和 Vermeulen,1998;Buckley,1983)。许多餐饮企业已经制定出了精密的"测试销售模式"或类似的方法,一旦全面投入使用,除了能测定需求水平之外,同时能解决新产品实施过程中的问题。正如一位主管领导所说,新产品必须经过严格的程序,平均需要 8 个月的时间。这一过程降低了巨大的风险。在产品开发领域,餐饮领导者的管理责任已演化成为一个"交叠更替的管理机遇和管理风险生命周期"。

为了确保稳定的需求水平,食品零售经销商考虑的关键因素是将产品放置在商店的货架上,呈现在消费者面前。对很多经营者而言,让产品上架的成本是非常高的。根据与具体零售商的协议,让产品上架需要交费。我们的受访者表示,假设商店有可用空间,货品上架费用大概是 25 000 美元到 50 000 美元不等。在北美,一个中等大小的食品店会拥有 8 000 到 10 000 种不同的产品。货架指定给大型的跨国公司的产品,如卡夫和雀巢。因此,我们的采访揭示了私营餐饮经营者获得货架或者冷冻空间来展示他们的品牌餐饮产品的困难。此外,不仅将餐饮食品上架是一个挑战,货架上的具体位置对高销售额也很关键。由于这一原因(除了开发和制造的利益相关者之外),受访者强调利用制造商或者咨询公司的网络和链接的重要性,从而成功地实现品牌餐饮产品向零售业的转移。

因此,公司的纵向一体化水平(供应链中的前后一体化)涉及将品牌餐饮产品打入市场这一过程,这一过程取决于产品和环境。在一些案例中,例如 Salsateria 纵向一体化的各方面,从概念到最后分配对消费者和公司来说都是很适合的。然而,如果餐饮经营者打算大规模经销产品,这一过程中的所有要素对公司内部的外包或一体化来说都是开放的。

资源配置决策——第四步:进入壁垒

上面我们已经讨论了模仿壁垒,但是传统的进入壁垒观点在品牌餐饮产品的决策中很重要。对于餐饮经营者而言,进入壁垒分为两类:成本和流程。就成本壁垒而言,成本问题是多方面的。除了上述的上架费用之外,还有许多与产品开发和制造有关的成本费用。

在将餐饮产品打入零售市场的过程中,受访者指出的一个关键问题是处理好政府规章制度。规章制度的重要性取决于生产规模和产品销售的区域。例如,如果生产只限于在个别州或省,该州、省或自治区将管辖这一过程。州级卫生部门或省卫生部门就是很好的例子。然而,如果目标是在全国范围内经销,联邦政府机构将会参与每一步:从监管和食品安全执法到营养标识。在美国,食品安全和检验可能跨越几个组织,包括美国农业部(USDA)和美国食品和药品管理局(FDA),而在加拿大,主要机构就是加拿大食品检验局(CFIA)。因此进入全国性分销市场的另一壁垒是充分了解这些问题。

根据一位产品开发经理所说,配方和程序改进的成本可能达到 25 000 美元,甚至更多。然而,对于大型国际活动而言,这一成本有可能达到几十万甚至几百万美元。对于决定自己进行生产的经营者而言,将会有更大的成本支出。首先是设置和管理一条独立生产线的成本费用,尤其是零售产品的生产。这些产品的生产从根本上来说不同于典型的餐饮环境。主要区别之一就是新鲜材料的使用。尽管在大多数餐厅厨房，一个公认的标准是材料新鲜，但是在创造最优品牌餐饮产品时，保质期和配方的改进却成了核心焦点。与餐厅中通常使用的设备相比，如包装、快速降温和大规模的生产设备，配方改良需要不同的设备和技能。其他的成本要素包括原料和成品库存储备，以及生产这些产品所需的额外工作人员。因为该领域的绝大多数餐饮经营者都不具备充分的经济能力，或专业知识，所以很多企业都选择和专注于开发和生产零售食品的公司一起合作。

挑战和优势

前面间接提到的挑战之一是控制力的缺失：餐饮经营者在将产品打入零售市场时需做出妥协。最终，任何质量问题都将严重影响整个餐饮品牌，而不仅仅是零售产品。例如，如果该公司为餐饮经营者生产了某品牌餐饮食品，结果使顾客食物中毒，这将毫无疑问地摧毁整个品牌权益。

餐饮经营者必须权衡财务和具有潜在优势的控制风险。正如 Aaker(2004) 指出的那样，品牌延伸到新市场的优势包括提高品牌可见度、提高名牌活力和扩大品牌的消费者领域，而这些之前都没有达成。

完成和实现这些优势的一个很好的例子就是：Lick's 家庭汉堡产品在整个安大略省麦德龙集团(Metro Group)食品店的出售。虽然 Lick's 只是多伦多地区的一个餐饮连锁店，但是该品牌餐饮产品在全省范围内都能买到，这就为 Lick's 已经建立好的品牌产品生产线提供了一个潜在的未来增长平台。Lick's 利用的另一个优势就是在整个零售业和餐饮业宣传它的品牌。以 Lick's 的零售产品为例，大多包装里都有一张优惠券，目的是为餐饮部门带来更多的业务。这一营销活动的另一个优势是：使 Lick's 能跟踪零售业和餐饮业之间的转型。当然，最后的优势是潜在的收益和利润。在许多情况下，如果组织结构是以这种方式建立的，制造商和产品加工者要承担金融风险，而餐饮经营商则收取商品使用费。除了来自零售产品生产线的收入之外，这一过程的另一个隐含的优势是增加了广告效益，即持续不断地在消费者的面前出现食品的名称。

结 论

资源分配决策回答了"如何"实现战略目标。资源分配决策和组织结构是战略选择观点的核心，并且影响着该公司的未来发展方向。对从业人员而言，这一讨论的有益结果是应用于饭店服务业的权变理论和资源观的一体化。因此，不论你赞同战略结构观点的哪一方，研究的逻辑性和综合性都表明如果考虑到变量之间复杂的相互作用(例如,环境事件、物理组织结构和无形的结构要素如文化、价值观和历史),就更有可能成功实施分配决策。这一综合方法揭示了需要协调内外因素,同时领导层在确定和实施资源分配决策过程中需要考虑背景和过程。

我们认为,联盟原则和结构功能主义观点这两个概念是一个硬币的两个方面。仔细研读这两个观点,我们发现了一个协调和调整的动态适应过程,它的基础是平衡内外部需要,以确定实现目标,怎样实施以及涉及的复杂的相互作用是什么。鉴于目前饭店业环境动荡、复杂和快节奏的本质,这一动态成分具有重大的意义。

应用部分揭示了零售食品市场不断发展和竞争的本质。制造商和零售商不断寻求新的方式获取竞争优势,使用餐饮业务品牌就是实现这一目标的一种方法。这一商业模型为餐饮产品进入市场提供了另一种范式。不像大型企业的传统过程即花费大量资金用于产品研发,然而花更多的资金进行营销,现在的商业模型利用现有的知识和品牌权益形成了更为合作的方法。

根据我们的采访,典型的商业模型包括餐饮经营者在厨房运作过程中开发一个新的菜单项,然后在餐厅让顾客测试食品质量和受欢迎程度。同时,经营者通过可靠的质量构建公司品牌,设立特色菜。之后,零售产品顾问或制造商取走这一特色菜项目并进一步开发以进入零售市场,产品一旦准备入市出售,生产能手就会利用零售业内部已经建立起来的关系获得进入有限货架空间的权利,在零售店销售产品。由于产品得益于餐饮公司现有的品牌权益,所以对于生产能手和零售商而言,这一过程中的一个关键优势是降低了新产品品牌推广的需要。在很多情况下,与典型的国有品牌相比,这增加了零售商的利润空间。通过充分利用这三个主要的利益相关者(餐饮经营者、生产专家和零售商)的能力,这一商业模型和合作使每一参与方都受益,包括零售消费者,他们初次购买食品时的不确定性和顾虑将减少。

零售业和餐饮业之间新出现的通道模糊趋势证明了战略选择的关键资源分配决策问题,控制水平的影响,资源有效性和结构决策的需求不确定性。在这个例子中,组织结构选择强调各种可能性,包括有机和机械模式、各种所有制形式以及新的组织形式如网络、模块和其他混合形式。

参考文献:

Aaker, D. (2004). *Brand Portfolio Strategy: Creating Relevance, Dif-*

ferentiation, *Energy*, *Leverage*, *and Clarity*. New York: Simon & Schuster, Inc.

Amburgey, T. L., and Dacin, T. (1994). As the left foot follows the right? The dynamics of strategic and structural change. *Academy of Management Review*, 37(6), 1427-1452.

Andrews, K. R. (1971). *The Concept of Corporate Strategy*. Homewood, IL: Dow Jones Irwin.

Ansoff, H. I. (1965). *Corporate Strategy*. New York: McGraw-Hill Book Co.

Ashmos, D. P., Duchon, D., McDaniel, R. R., Jr., and Huonker, J. W. (2002). What a mess! Participation as a simple managerial rule to complexity organizations. *Journal of Management Studies*, 39, 189-206.

Barkema, H. G., and Vermeulen, F. (1998). International expansion through start-up or acquisition: A learning perspective. *Academy of Management Journal*, 41, 7-26.

Barney, J. B. (1986). Strategic factor markets: Expectations, luck and business strategy. *Management Science*, 32, 1231-1241.

Barney, J. B. (1991). Firm resources and sustained competitive advantage. *Journal of Management*, 17, 99-120.

Bonn, I., and Rundle-Thiele, S. (2007). Do or die—Strategic decision-making following a shock event. *Tourism Management*, 28(2), 615-620.

Bourgeois III, L. J., and Brodwin, D. R. (1984). Strategic implementation: Five approaches to an elusive phenomenon. *Strategic Management Journal*, 5, 241-264.

Bradach, J. L. (1997). Using the plural form in the management of restaurant chains. *Administrative Science Quarterly*, 42 (2), 276-303.

Brews, P. J., and Hunt, M. R. (1999). Learning to plan and planning to learn: Resolving the planning school/learning school debate. *Strategic Management Journal*, 20, 889-913.

Buckley, P. J. (1983). New theories of international business: Some unresolved issues. In M. Casson (Ed.), *The Growth of International Business*. London: George Allen and Unwin.

Burns, T., and Stalker, G. M. (1961). *The Management of Innovation*. London: Tavistock Publications Limited.

Butler, R. J. (1997). Designing organizations: A decision-making perspective. In A. Sorge and M. Warner (Eds.), *The IEBM Handbook of Organizational Behavior* (pp. 308-329). London: International Thomson Business Press.

Byers, T., and Slack, T. (2001). Strategic decision-making in small businesses within the leisure industry. *Journal of Leisure Research*, 33(2), 121-136.

Chandler, A. (1962). *Strategy and Structure*. Cambridge, MA: MIT Press.

Child, J. (1972). Organizational structure, environment and performance: The role of strategic choice. *Sociology*, 6 (1), 2-22.

Dess, G. G., Rasheed, A. M. A., McLaughlin, K. J., and Priem, R. L. (1995). The new corporate architecture. *Academy of Management Executive*, August, 7-20.

De Wulf, K., Odekerken-Schroder, G., Goedertier, F., and Van Ossel, G. (2005). Consumer perceptions of store brands versus national brands. *The Journal of Consumer Marketing*, 4(5), 223-232.

Ernst and Young (2004). Consumer products. Retrieved August 2006 at http://www.ey.com/global/.

Geiger, S. W., Ritchie, W. J., and Marlin, D. (2006). Strategy/structure fit and firm performance. *Organization Development Journal*, 24 (2), 10-22.

Hall, D. J., and Saias, M. A. (1980). Strategy follows structure! *Strategic Management Journal*, 1, 149-163.

Hambrick, D. C., and Mason, P. A. (1984). Upper echelons: The organization as a reflection of its top managers. *Academy of Management Review*, 9, 193-206.

Harrington, R. J. (2004a). Part I: The culinary innovation process, a barrier to imitation. *Journal of Foodservice Business Research*, 7 (3), 35-57.

Harrington, R. J. (2004b). The environment, involvement, and performance: Implications for the strategic process of food service firms. *International Journal of Hospitality Management*, 23(4), 317-341.

Harrington, R. J. (2005). The how and who of strategy-making: Models and appropriateness for firms in hospitality and tourism industries. *Journal of*

Hospitality & Tourism Research, 29(3), 372-395.

Harrington, R. J., and Kendall, K. W. (2006). Middle-up-down and top-down approaches: Strategy implementation, uncertainty, structure, and foodservice segment. *Tourism: The International Interdisciplinary Journal*, 54(4), 385-395.

Harrington, R. J., Lemak, D., Reed, R., and Kendall, K. W. (2004). A question of fit: The links among environment, strategy formulation and performance. *Journal of Business and Management*, 10 (1), 15-38.

Hill, C. W. L., and Hoskisson, R. E. (1987). Strategy and structure in the multiproduct firm. *Academy of Management Review*, 12(2), 331-341.

Jogaratnam, G., and Tse, E. C.-Y. (2006). Entrepreneurial orientation and the structuring of organizations: Performance evidence from the Asian hotel industry. *International Journal of Contemporary Hospitality Management*, 18(6), 454-468.

Johns, G., and Saks, A. M. (2005). *Organizational Behaviour* (6th ed.). Toronto: Pearson Education Canada, Inc.

Karim, S. (2006). Modularity in organizational structure: The reconfiguration of internally developed and acquired business units. *Strategic Management Journal*, 27 (9), 5.

Lawrence, P. R., and Lorsch, J. W. (1967). *Organization and Environment Managing Differentiation and Integration*. Boston, MA: Harvard University.

Locander, W., and Herman, P. (1979). The effect of self-confidence and anxiety on information seeking in consumer risk reduction. *Journal of Marketing Research*, 16(May), 268-274.

McWilliams, A., and Smart, D. L. (1993). Efficiency vs. structureconduct-performance: Implications for strategy research and practice. *Journal of Management*, 19, 63-78.

Miles, R. E., and Snow, C. C. (1992). Causes of failure in network organizations. *California Management Review*, Summer, 53-72.

Miller, D. (1986). Configurations of strategy and structure: Towards a synthesis. *Strategic Management Journal*, 7, 233-249.

Mintzberg, H., Ahlstrand, B., and Lampel, J. (1998). *Strategic Safari*. New York: The Free Press.

Nutt, P. C. (1989). Selecting tactics to implement strategic plans. *Strategic Management Journal*, 10, 145-161.

Okumus, F. (2004). Potential challenges of employing a formal environmental scanning approach in hospitality organizations. *International Journal of Hospitality Management*, 23, 123-143.

Okumus, F., and Roper, A. (1999). A review of disparate approaches to strategy implementation in hospitality firms. *Journal of Hospitality & Tourism Research*, 23, 21-39.

Olsen, M. D., West, J., and Tse, E. C. (1998). *Strategic Management in the Hospitality Industry* (2nd ed.). New York: Wiley.

Ottenbacher, M., and Gnoth, J. (2005). How to develop successful hospitality innovation. *Cornell Hotel and Restaurant Administration Quarterly*, 46(2), 205-222.

Parsa, H. G. (1999). Interaction of strategy implementation and power perceptions in franchise systems: An empirical investigation. *Journal of Business Research*, 45, 173-185.

Pennings, J. (1975). The relevance of the structural-contingency model for organizational effectiveness. *Administrative Science Quarterly*, 30, 393-410.

Porter, M. E. (1980). *Competitive Strategy*. New York: The Free Press.

Reed, R., and DeFillippi, R. J. (1990). Causal ambiguity, barriers to imitation, and sustainable competitive advantage. *Academy of Management Review*, 15, 88-102.

Ritchie, B., and Riley, M. (2004). The role of the multi-unit manager within the strategy and structure relationship: Evidence from the unexpected. *International Journal of Hospitality Management*, 23(2), 145-161.

Roberts, C. (1997). Franchising and strategic decision making. *Journal of Hospitality & Tourism Research*, 21(1), 160-178.

Schendel, D. E., and Hofer, C. W. (1979). *Strategic Management: A New View of Business Policy and Planning*. Boston, MA: Little, Brown & Co.

Schmelzer, C. D., and Olsen, M. D. (1994). A data based strategy implementation framework for companies in the restaurant industry. *Internation-

al Journal of Hospitality Management, 13, 347-359.

Scott, W. R. (1998). *Organizations: Rational, Natural, and Open Systems* (4th ed.). Upper Saddle River, NJ: Prentice-Hall, Inc.

Simon, H. A. (1945). *Administrative Behavior*. New York: The Free Press.

Sorenson, O., and Sorensen, J. B. (2001). Finding the right mix: Franchising, organizational learning, and chain performance. *Strategic Management Journal*, 22, 713-724.

Teare, R. E., Costa, J., and Eccles, G. (1998). Relating strategy, structure and performance. *International Journal of Contemporary Hospitality Management*, 10 (2), 58-77.

Williamson, O. E. (1985). *The Economic Institutions of Capitalism*. New York: The Free Press.

Wren, D. A. (1994). *The Evolution of Management Thought* (4th ed.). New York: Wiley.

IV 篇
执行竞争力

第十二章 战略性人力资源管理——形成核心竞争力的高绩效人力体系

Kevin S. Murphy[①] 和 Michael D. Olsen[②]

引言

过去二十年,学者们针对企业绩效与人力资源管理(HRM)实践之间的关系进行了大量的研究。这些实证研究结果证明了企业人力资源管理(核心能力)和绩效之间的联系是企业的竞争优势。但是,研究同时也表明人力资源不可能脱离企业其他要素或是整体战略而单独运行。人力资源是在一个相互联系而又复杂的系统中运行的,这个系统在战略人力资源管理(SHRM)范畴中被称为高绩效工作实践(HPWP)。在饭店和旅游管理领域,这个系统也被称为高绩效人员系统(HPPS),体现了饭店业经营管理上的独特性。

本章概括了美国饭店行业中 HPPS 的发展,并论述了企业 HRM 核心能力应包括的实践。事实表明有能力执行这个系统的企业内部能互补匹配,从而为企业无形的人力资本(员工)增值,并创造更大的经济价值(Delery,1998)。这样的企业可以在行业中拥有更强的竞争力。服务行业关于 HPWP 的研究仅仅局限于高管制的行业如银行业,然而顾客喜好、流行趋势和市场力量对饭店业的影响非常深远,基于高管制行业的 HPWP 的研究结果对饭店业的指导性意义十分有限。因此,本章将论述美国饭店业的 HPPS,它不同于基于制造业的 HPWP 系统。

[①] 中佛罗里达大学
[②] 弗吉尼亚科技大学

文献综述

有关 HPPS 的文献分为两类。在过去的 20 年中这方面的研究,一类是以企业资源基础观(RBV)为基础的 SHRM,研究得到了长足的发展。另一类是饭店业一致性模型(Co-alianment model),它源自商业环境的相关研究,主要关注企业的战略选择和组织结构与企业所处的商业环境相协调。另外,本章还将讨论其他一些重要的概念和主题。

战略人力资源管理(SHRM)

SHRM 在商业理论中属于相对较新的领域,作为 HRM 的宏观层面的理论,SHRM 是 HR 配置为满足企业需求而设计的一个蓝图。Wright 和 McMahan 定义 SHRM 为"为使企业达成目标所进行的有计划的人力资源部署和活动模式"(1992)。理论上来讲,SHRM 关注于人力资源的本质和影响企业人力资本的管理决策。人力资源管理(HRM)的战略和非战略框架是 SHRM 理论模型的起源点。

SHRM 的研究者是该理论的拥护者,该理论证明了 HRM 实践、可持续性竞争优势(SCA)和公司绩效之间的关系。比如,Cappelli 和 Singh (1992),Wright 和 McMahan (1992),Pfeffer (1994),Lado 和 Wilson (1994),Huselid (1995),Jackson 和 Schuler (1995),Becker (1996),Delaney 和 Huselid (1996),Boxall (1998),Pfeffer (1998),Schuler 和 Jackson (2000),Ulrich 和 Beatty (2001),Lepak 和 Snell (2002),以及其他学者都曾直接或间接地尝试推论单个或多个人力资源管理变量对企业绩效的影响。这些努力推动了以 HRM 实践、SCA 和企业绩效之间关系为重点的 SHRM 研究的快速发展。

有证据证明"企业管理人力资源的方法对企业其他方面的绩效有着重大的影响"(Delery, 1998)。应该注意组织资源重心的变化,因为已经从传统的微观人力资源管理转变到了组织人力资本宏观管理实践,HRM 系统论述中已经暗含 HPWP 概念。然而,与传统的 HRM 问题相比,对 HPWP 及其在 SHRM 中的重要性的研究没有受到重视 (Delery, 1998)。关于 HPWP 的研究有些混乱,研究者们在构成 HPWP 体系的微观 HRM 实践方面普遍存在分歧。对于应包括具体哪些 HR 实践也没有达成共识(Guest 等,2004;Becker, 1996;Rogers 和 Wright, 1998;Chadwick 和 Cappelli, 1999)。Becker (1996) 确定了未来应该着力解决的六个关键性未解问题,认为首先应该在 HRM 实践问题上达成共识。Rogers 和 Wright(1998)认为未来 10 年最关键的是在 SHRM 领域为企业绩效建立一个清晰的、合理的和一致的结构。的确,结构的开发和测量方法的认定是研发模型的基础(Nunnally,1978)。

目前,评估人力资源功能的理论"还处在萌芽期且发展严重受阻"(Lev,2001)。该概念复杂且受多种中介变量影响,以前一直都没有获得全面和良好的发展。然而,一些研究已经证明人力资源实践和企业绩效之间有着正向的联系(Becker 和 Huselid,1998;Becker,1996;Delaney 和 Huselid,1996;Huselid,1995)。Becker(1996)的研究将有影响的人力资源实践称为"最好的实践",这种实践活动试图通过建立企业基准来显示有效的人力资源实践。例如,一个公司可能比较员工选择过程、福利、培训、薪酬和员工关系实践等,这种单个 HR 实践和企业绩效之间的关系难点在于,人力资源管理实践几乎没有孤立运作的。

普遍认为所有公司的 HR 实践与其相关的结果都是相同的(Delery 和 Doty,1996)。在 SHRM 领域,这是最简单和最直接的理论关系。认为在一个组织产生效果也将在另一个组织产生同样的效果。正如"最佳实践"方法,普遍论在寻找一个 HR 实践或 HR 实践集能普遍适用于所有或绝大多数企业。Pfeffer(1994)列举了 16 个最有效率的人力资源实践,1998 年将它们减至 7 个,即就业保障、新员工的选择性招聘、自我管理团队和决策权下放作为企业的基本设计原理、与业绩挂钩的高薪酬、广泛的培训、缩小地位差别和屏障(包括各层次的衣着、语言、办公室安排和工资)、全企业有关财务和绩效的广泛性信息分享。

Delery 和 Doty(1996)部分基于 Pfeffer 原来的 16 项要素也开发了 7 项最有效率的人力资源实践活动:内部的职业发展机会、正规的培训系统、绩效评估、利润共享、就业保障、沟通机制和工作定义。另外,还有一些实证研究调查了企业绩效和人力资源系统的关系,很值得在这里介绍。

Huselid(1995)详尽地评估了 HPWP 系统和企业绩效的种种关联。Huselid 的研究采用了美国劳工部(1993)对 HPWP 的定义,包括了"大规模招聘、选拔和培训程序、信息共享、态度评估、工作设计、投诉机制、工人和管理者共同参与项目的、奖励员工表现的绩效评估、晋升和员工薪酬奖励系统"。根据对美国近一千家企业调查,结果显示"HRWP 实践对员工中间结果(人员流动和生产力)以及短期和长期企业财务绩效的测量都有显著的影响"。Huselid(1995)发现大量证据证明不管公司规模和类型,重视 HPWP 投资有助于降低人员流失,提高生产力和商业财政绩效。

在 1996 年关于 HRM 实践对组织绩效感知的研究中,Delaney 和 Huselid

调查了盈利和非盈利机构,以确定 HRM 实践,例如人员选择、培训和奖励薪酬与企业绩效之间是否存在积极的联系。总的来说,本次研究证明了 HRM 对于企业绩效有着积极的作用。Huselid 等(1997)利用企业公开的财务信息为企业绩效的依据做了类似的研究,其结果显示在 HR 上的投资是企业竞争优势的潜在资源;然而,作者也认为对如何实现这种可能性或使其落实的条件仍然了解不够。

除上述实证研究之外,一些学者也为这个重要议题的进一步研究提供了概念和理论上的框架。Wright 和 Snell(1998)提出的框架为理解双重作用提供的理论支持,该双重作用指调整企业的 HR 系统以适应企业的战略需求,同时建设该系统,使其能灵活地适应企业的各种战略需求。作者认为,企业应该同时提升 SHRM 的适应性和灵活性以建立 SCA。

尽管目前已有许多关于内部契合有效性的研究,但是很少有证据显示 HR 协调系统的必要性和重要性(Delery, 1998),尤其是在饭店行业。在所有的组织中 HR 都可能发展成为竞争优势,但是未来 10 年 SHRM 研究的主要任务就是"为组织绩效建立一个清晰的、一致的和连贯的结构"(Rogers 和 Wright, 1998)。

HPWP 系统

有证据证明"组织管理人力资源的方法将对该组织的很多其他相关绩效产生重大影响"(Delery, 1998)。应该注意组织资源重心的转变,因为它已经从传统的微观人力资源管理转变到了组织人力资本宏观管理实践。HR 系统的论述中已经暗含 HPWP 概念。然而与传统的 HRM 问题相比,对 HPWP 及其在 SHRM 中的重要性的研究没有受到重视(Delery, 1998)。关于 HPWP 的研究有些混乱,研究者们在构成 HPWP 体系的微观 HRM 实践方面存在分歧。(Becker, 1996)。研究表明并不是很多管理者具备所需的专业知识,也没有很多人知道怎样将 HRM 实践与适合组织特定环境和发展战略的 HPWP 系统结合(Barney 和 Wright,即将出版;MacDuffie, 1995)。MacDuffie(1995)认为形成 HRM 总体系的是一系列 HR 实践而不是某单个实践。MacDuffie 进一步指出构成 HPWP 综合系统的是一个系列而不是多个系列。

Guest 等(2004)认为,现代 HRM 的一个很重要的特征是认为多种实践组合远远优越于特定手段的小心应用,比如,复杂的人员挑选程序、培训或者是工作设计。但是,对于哪些实践可以被整合为更有效率的 HRM 却至今没有定论。

希望理论和实证研究能得出相关结论。

学者们达成了共识——应明确阐述 HPWP 的内容以确保员工可以获得高技能、技能、积极性,并使得他们可以自发地努力工作。这一综合性的结果应该是增值绩效(Appelbaum 等,2000;Becker 等,1997;Delery 和 Doty,1996;Huselid,1995;Macduffie,1995)。

最后,关于 HPWP 系统的实证研究的结果证明了在 HR 上的投资是企业竞争优势的潜在资源;然而对于如何将潜在资源转变成竞争优势,或者潜在资源转变的条件等问题仍很少触及。再一次声明,研究者们在构成 HPWP 体系的微观 HRM 实践方面,以及有定义的 HRM 构成要素方面都没有达成共识。虽然目前为止这个问题还未解决,但是有理由预期未来的研究将为我们带来解决方案。

持续性竞争优势(SCA)

SCA 的概念出现在 1984 年,当时 Day 提出了有助于组织"持续其竞争优势"的几种战略。真正使用 SCA 这一术语的是 Porter(1985),他提出了公司能拥有一般竞争战略类型(低或适当的成本)来获得持续竞争优势。然而,第一次赋予 SCA 定义的却是 Barney(1991):"当一个企业采取的战略能给企业创造价值,而同时任何当前或可能的竞争者没有采用,并且当其他企业不能复制这个战略的价值时,这个企业就被认为拥有持续竞争优势"。Hoffman 根据词典和 Barney 2000 年的著作,也给 SCA 下了一个定义:"SCA 指通过执行不能同时被任何现在或未来的竞争对手执行,也不能复制此战略利益的一些独特的能创造价值的战略而获得的持续性利益"。

SHRM 理论表明 HPWP 系统可以通过开发公司的显性核心技能促成持续性竞争优势。HPWP 系统能产生多种组织关系,根植于企业的历史和惯例,能创造隐性的组织知识(Barney,1997;Reed 和 DeFillippi,1990)。

适配理论

适配理论概念化了该模型四个构建之间的相互影响(图 12.1)。当这四个建构(环境事件、战略选择、企业结构和企业绩效)在组织的总战略指导下彼此协调一致时,适配就形成了。适配理论认为:如果企业可以在不断变化的环境中辨识出机会,并能投入资金以寻求利用这些机遇的竞争性方法,把资源分配给能创

造最大价值的部门,那么企业的所有者和投资人就更有可能获得利润。(Olsen 等,1998)

环境事件 ➡ 战略选择 ➡ 企业结构 ➡ 企业绩效

图 12.1 适配原则

环境扫描(ES)是适配原则四个要素中的第一要点。Pinto 和 Olsen(1987)定义 ES 为探究公司外部环境与高层管理长期战略决策直接或间接相关的信息的过程。ES 是多个层次的,如,可以是远程的、功能性的,也可以是任务、公司(Olsen 等,1998)。

战略选择(适配原则的第二个要点)是企业竞争性方式有目的的选择,它反映了企业预先制定的战略,并应用于市场竞争。竞争性方式是企业产品和服务以独特的方式进行的组合,从而使其成为一种持续竞争优势。企业的整套竞争方式是该企业区别于竞争对手的产品和服务战略组合。Slatery 和 Olsen(1984)分析了饭店组织环境,明确了环境和组织的各种关系模式。

企业结构指如何组织一个企业以便高效地、一致地和有效地将其有限的资源进行配置,从而获得竞争方式。为此企业必须发展或已经拥有核心竞争力(core competencies)(适配原则的第三个要点)(Olsen 等,1998)。核心竞争力是一个企业做得好而且超过其他任何竞争对手的综合方面。竞争方式和核心竞争力的结合可以得出竞争优势,这是一个无法轻易被复制或取代且具有持续性的优势。一个优秀战略的本质是能够将企业定位在一个或多个领域获得 SCA,这就可以为企业带来超越平均水平的利润。为了做到这一点,企业不仅要成功地制定一个好的战略、竞争方式和核心竞争力,更要有一个好的执行力(适配原则的第四个要素)。

执行力是发生在企业环境内部的一个过程。由于每个企业都有不同的环境,所以执行的过程也不同。这也部分说明了企业执行过程不同的成功程度。因此,战略的执行是一个企业在其环境下的行为结果,而这些行为会对执行过程产生影响。Schmelzer 和 Olsen (1994)认为影响执行过程的主要环境变量是环境的不确定性、企业结构(决策、定形、层级)和组织文化。包含在执行中的过程变量有信息系统、计划和控制、项目开展方式、资源配置、培训方法和不同的奖励方式。所有这些变量都可以使执行过程变得复杂,为最后的评估方法带来难度。

适配理论的最后一个建构是企业的绩效评估,从而形成了反馈和复查循环机制。West 和 Olsen (1988)对餐饮行业进行了调查,以确定支持企业战略的

ES是否会对企业绩效产生影响。其结果表明如果以投资收益率(ROR)和资产收益率(ROA)为分类标准,较高绩效企业的ES的水平要远远高于较低绩效的企业。这个研究证明餐饮企业可以通过利用ES和组织战略来改善企业绩效。

高绩效人员系统(HPPS)

上述几个部分详细地叙述了适配理论和SHRM理论的研究成果,适配和SHRM理论是美国饭店业休闲餐馆管理HPPS概念化建构发展的基础。已证明有能力执行这些具有普适性系统的企业都增长了其人力资本(员工)这一无形价值和创造了更大的经济效益(Delery,1998)。图12.2是一个概念理论模型,它详细描绘了关键概念之间的关联。另外,这个模型是美国休闲餐馆单元级管理者HPPS概念化的有效的理论模型。

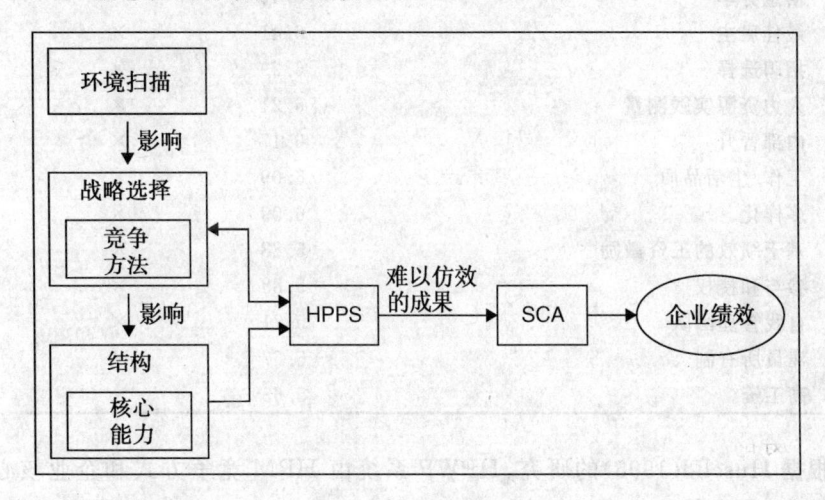

图12.2 理论模型

图12.2是HPPS模型的构架,它基于前人对适配和SHRM的理论研究和探索性研究结果(Murphy,2006),该模型框架概念化了将产生美国休闲餐馆单元级管理SCA的建构关系。HRM工作实践维度和测量HRM工作实践投资的业绩表现也包含在该框架中。这个模型的设计表明,投资工作实践的决策是ES和战略选择的结果,其目的是通过使用无形人力资产,特指单元管理,为企业发展核心能力。HPPS框架具体维度的选择是基于企业管理人员对于内外部环境影响力的扫描,反映了适配模型论的第一个建构。

适配模型巩固了这个理论框架模型,受适配模型主要观点的影响。环境力量竞争性方法和核心能力对这个框架的结构有着非常重要的影响,竞争方式和核心能力与这些力量的联合可以带来竞争优势。然而,每一个框架的运行都有其适应度,本研究结果认为,它构成了企业 HPPS 结构人员管理实践或维度,对于企业价值创造过程非常重要。

Murphy 2006 年的研究数据表明由平均秩结构成 HPPS 的工作实践维度为培训和技能发展、信息分享、最佳雇主、招聘选择、人力资源实践测量、内部晋升、工作/生活品质、多样化、基于绩效的工资激励、参与和授权、自我管理团队、雇员所有制和高工资(表 12.1)。根据研究结果,以上这些项目都属于休闲餐饮服务业的相关维度,体现在 SHRM 理论模型(图 12.3)的第一个结构中。

表 12.1 HPPS 工作实践维度平均秩法图

工作实践维度	均值	澳拜客牛排餐馆
培训和技能发展	6.58	×
信息分享	6.46	×
最佳雇主	6.41	×
招聘选择	6.29	×
人力资源实践测量	6.21	×
内部晋升	6.17	×
工作/生活品质	6.09	×
多样化	6.09	×
基于绩效的工资激励	5.88	×
参与和授权	5.88	×
自我管理团队	5.71	×
雇员所有制	5.67	×
高工资	5.63	×

根据 Huselid(1995)的研究,HPWP 系统由 HRM 竞争方式和企业核心能力构成,两者结合起来就可以产生 SCA。但是,Murphy(2006)的研究显示,餐厅的 HPPS 不是竞争方式和核心能力的结合,而是融合了多种核心竞争力以支持竞争方式。休闲餐馆 HPPS 支持的首要的竞争方式(系列产品和/或服务)是管理团队,这是客人服务体验的一个无形元素。管理团队是执行服务计划的群体,他们雇佣和培训服务人员以确保满足高质量的客人服务体验,必要时也可以调整计划以完善体验。高绩效管理不常见,不易模仿而且能增值并难以淘汰。根据 Barney(1991)的研究,SCA 有四项基本要素:少见、无法效仿、增值和不可替代性。

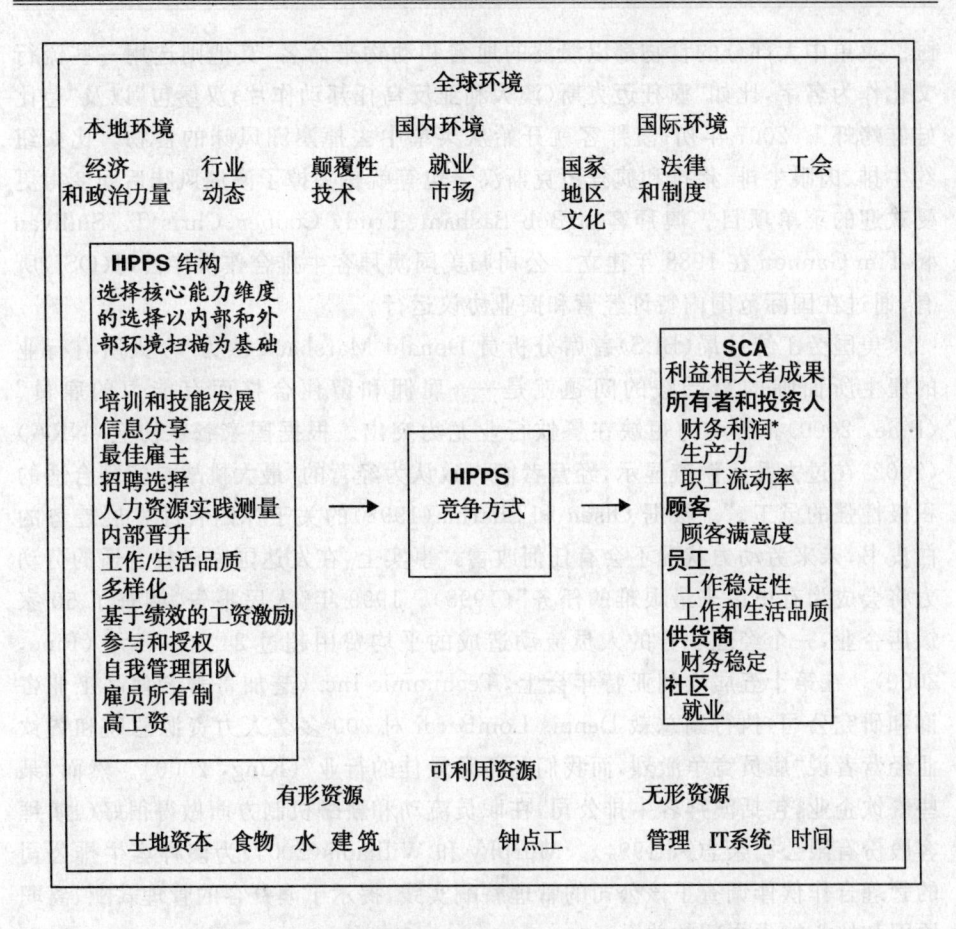

第十二章 战略性人力资源管理——形成核心竞争力的高绩效人力体系

```
全球环境
  本地环境              国内环境                国际环境
  经济       行业        颠覆性    就业         国家      法律        工会
  和政治力量  动态        技术      市场         地区      和制度
                                               文化

  ┌─────────────────┐                        ┌─────────────────┐
  │ HPPS 结构         │                        │ SCA              │
  │ 选择核心能力维度   │                        │ 利益相关者成果    │
  │ 的选择以内部和外  │                        │ 所有者和投资人    │
  │ 部环境扫描为基础  │                        │  财务利润*        │
  │                  │                        │  生产力          │
  │ 培训和技能发展    │                        │  职工流动率       │
  │ 信息分享         │     ┌────────┐         │ 顾客            │
  │ 最佳雇主         │     │ HPPS    │         │  顾客满意度       │
  │ 招聘选择         │ →   │ 竞争方式│  →     │ 员工            │
  │ 人力资源实践测量  │     │        │         │  工作稳定性       │
  │ 内部晋升         │     └────────┘         │  工作和生活品质   │
  │ 工作/生活品质     │                        │ 供货商           │
  │ 多样化           │                        │  财务稳定         │
  │ 基于绩效的工资激励│                        │ 社区             │
  │ 参与和授权        │                        │  就业            │
  │ 自我管理团队      │                        └─────────────────┘
  │ 雇员所有制        │
  │ 高工资           │
  └─────────────────┘

                        可利用资源
          有形资源                       无形资源
  土地资本  食物  水  建筑       钟点工      管理  IT系统  时间
```

图 12.3 美国休闲餐厅单元管理的 HPPS 理论模型

*注释：本模型的财务利润不仅包含现金,同时也反映了市场价格和会计利润的价值创造。

应用

"没有规章,只有合适"是美国休闲餐饮业中大多数牛排类餐厅的标语。澳拜客牛排公司(Outback Steakhouse Inc.)是在北美、南美、欧洲、亚洲和澳洲的23个国家拥有900家美式休闲餐厅的连锁公司,其总部设在佛罗里达州的坦帕市。澳拜客专营从澳洲进口的 USDA(美国农业部)特级牛排和其他产品。顾名思义,澳拜客(Outback)牛排餐厅以澳大利亚内陆风情为主题,比如,回飞镖(澳大利亚土著居民独特的狩猎武器)、鳄鱼标本、澳洲地图和土著艺术家的绘画。菜单中大部分的食物都以澳洲的地名和动物来命名,其他则选用一些流行文化作为名字,比如"疯狂迈克斯(澳大利亚反乌托邦动作片)汉堡包"以及"芭比娃娃烤虾"。2007年初,澳拜客就开始从菜单中去掉澳洲风味的食物。比如纽约牛排、肉眼牛排、猪排和疯狂迈克斯汉堡包等就是去掉了澳洲风味后而变得更受欢迎的菜单项目。澳拜客由 Bob Basham、Trudy Cooper、Chris T. Sullivan 和 Tim Gannon 在1988年建立。公司归美国澳拜客牛排合作伙伴公司(OSI)所有,通过在国际范围内特许经营和商业协议运行。

美国劳工统计局(BLS)首席分析员 Donald Marshack 认为"今天所有行业的雇主所面临的最严峻的问题就是——雇佣和留住合格而有能力的雇员"(Pine,2000)。劳动力短缺在餐饮行业尤为突出。根据国家餐饮协会(NRA)(2002)在过去几年调查显示,经营者们一致认为经营的"最大挑战是招聘合适的积极性强的员工。"根据 Olsen 和 Sharma(1998)的关于休闲餐厅发展趋势的白皮书,未来劳动力状况不会有任何改善,"事实上,在发达国家寻找合适的劳动力将会成为有史以来最艰难的任务"(1998)。1999年《人民报告》调查了50家饭店企业,一个经理职务的人员流动造成的平均费用超过24 000美元(Pine,2000)。在第十五届埃利亚特年会上,Technomic Inc.(芝加哥著名食品工业咨询和研究公司)执行副总裁 Dennis LomBardi 对200多名人力资源总监和餐饮业经营者说"雇员竞争激烈,而我们并不是最佳的行业"(King,2000)。然而,某些餐饮企业,包括澳拜客牛排公司,在职员流动和薪酬机制方面做得很好(《澳拜客股份有限公司杂志》,1994)。Murphy 和 Williams(2004)为澳拜客牛排公司的管理合作伙伴调查了该公司的管理薪酬实践,揭示了澳拜客的管理薪酬、离职原因和核心能力之间的关系。

澳拜客并没有使用传统手段去聘任总经理来运营餐馆,而是利用领先于行业其他企业的薪酬制度和低风险的获利权来吸引有经验有素质的管理人员。澳拜客试图通过给总经理25 000美元入股权和一份长达5年的合约来留住员工。其工作时长维持在每周55小时(5~11小时/每天),以使管理人员有机会享受生活以避免过度劳累。另外,通过5年的合同期,管理者有能力在公司内扎根。致使管理层员工流动率仅为9.7%,该战略发挥了一定的作用。

很难测量作为核心能力的薪酬体系的优点,因为其受到很多内在因素的制约。首先,调查员工时,变量很多,难以预测餐馆经理会在该工作岗位干多久后厌倦或决定离开。澳拜客在缓解这个问题上做了一个很好的表率,它在员工就职管理岗位之前要对其进行仔细审核(Hayes,1995)。所有澳拜客经理级员工都是这个行业的资深员工,他们都拥有数年餐饮业的工作经验。澳拜客对这个级别的员工不使用传统的招聘方法,相反,由于可能成为经营成功的餐馆和餐

第十二章 战略性人力资源管理——形成核心竞争力的高绩效人力体系

企业的管理合作伙伴,并有可能获得企业的部分利润,经理者们应声而出。如果想成为澳拜客经理,必须先当总经理助理并通过一个长达 6 个月的培训,从而企业可以判断其是否能够适应澳拜客的企业系统和企业文化(Hayes, 1995)。

此核心能力可能看起来容易被模仿,但是迄今为止,没有任何其他主要休闲连锁餐厅试图模仿澳拜客引进管理合作伙伴而不是总经理"雇员"的方法。这也使得澳拜客可以继续使用这个方法去招聘和留住合格的管理人员,这也是他们成功的一个关键所在(《澳拜客股份有限公司杂志》,1994)。高薪酬体制和每隔 5 年延长合同期限或者找新人接替离职经理的能力使得澳拜客在现在以及很远的将来都能保有这种核心能力。随着这种核心能力的效力的显现,其他大型的休闲主题餐厅组织都意识到如果企业要增长,创建未来企业价值,他们必须雇佣最好的总经理并且待之以高薪,以留住有能力的员工,并使其可以长期地为企业奉献高的工作绩效。因此,休闲餐饮业的新进企业已小规模地采用澳拜客的管理实践方法。

澳拜客的运营管理系统

企业内部的员工和外部的观察员都认为澳拜客成功的基础在于有能力雇佣和保留高素质的餐厅管理人员,其方式是如果餐厅经理愿意签订一份 5 年的服务合同,他们就将有机会以 25 000 美元购买其为之服务餐厅 10% 的股份(Hayes, 1995)。公司认为这样的承诺和丰厚的股份(10% 的营业收入)可以吸引并留住有经验的、有干劲的餐厅经理。企业同时对大多数的餐厅做出了只经营晚餐的限制,这也减少了经理和员工的工作时间(每周 5 个工作日,最多 55 个小时的工作时间)。这使得平均每位管理人员可以每年从营业收入中赚取 10% 共计 73 600 美元的红利,另外他们还会获得 45 000 美元的基本年薪,所以一个澳拜客的经理人每年的收入可以高达 118 600 美元(企业杂志,1994)。澳拜客的运营管理系统一共有 13 个维度:10% 所有者股权;退休计划;10% 营业红利;45 000 美元的基本年薪;连续工作 5 年可获得 4 000 股股票认购权;合同续约奖励/合同到期时套现(最后两年可以提取 5 倍的 10% 现金流);医疗、牙齿和人寿保险;休假/带薪休假;工作品质;经理/合伙人的地位;社团关系/定位;工作自主性;工作状态。这些维度的主要特征如下:

经济利益角度

所有者股权/股本权益:餐厅经理愿意签订一份 5 年的服务合同,他们就将有机会以 25 000 美元购买其为之服务餐厅 10% 的股份。公司认为这样的承诺和丰厚的股份(10% 的营业收入),可以吸引并保留有经验的、有干劲的餐厅经理。在服务满 5 年之后,这些管理伙伴可以另签一份合同,并能将股票购买权限提升至所运营餐厅的 20%。

退休计划:企业为其管理人员提供 401K 计划①。

绩效红利:对于很多管理人员来说,这是每年最大的一笔收入。管理人员可以获得所经营的餐厅的 10% 的经营所得。此项政策可以帮助管理人员赚取平均每年 118 600 美元的收入,在运营情况好的餐厅收入甚至可以超过 160 000 美元。

基本年薪:管理人员的基本年薪是 45 000 美元,自从 20 世纪 90 年代早期至今就没有再改变过了。

服务 5 年后的股票认购权:澳拜客的经理在他们第一个 5 年合约中共有 4 000 股的股票认购权。如果他们选择再留任 5 年,他们将会得到更多的股份。

合同到期时的套现/续约奖励:在管理人员合同期将至时,他们可以提取最后 2 年餐厅 10% 营业额的 5 倍,或者选择续约奖励。有些管理人员甚至可以获得高达 300 000 美元的现金。

其他福利:作为合同的一部分,企业为管理人员提供医疗、牙齿、人寿和伤残保险。

带薪休假:澳拜客经理的带薪假期以及公众假日也是管理合同中的一部分。在他们 5 年合同期满时,他们可以获得 1 个月的带薪假期,去公司总部佛罗里达和公司的高层讨论他们的未来,放松一下,并决定是否和澳拜客企业续约。

非经济利益角度

高标准的工作条件:企业限定餐厅只提供晚餐,这将管理人员的工作时间减少至每周 50~55 小时,每周 5 天工作日。

餐厅合伙人的地位:澳拜客相信餐厅经理愿意拥有一家属于自己的餐厅。所以经理们的名字被放在餐厅门口,并标注为所有者。

社团关系/定位:公司相信稳固的社团关系对于餐厅的成功起着至关重要的作用,所以管理人员应该积极地融入到他们工作和生活的环境中去。同时公司以社区为基础的市场计划也希望它的经理们可以与他们所工作和生活的社区发展紧密的联系。

---

① 注:401K 计划美国政府 1980 年开始实施的退休计划,是国家、企业、个人三方为员工退休养老分担责任的典型制度设计。

工作责任：与其他餐厅的经理一样，澳拜客的经理也要对很多事情负责。但是事实上他们要负责更多，因为他们拥有的公司股权使得他们不能对餐厅经营困境坐视不理。

工作自主性：澳拜客的经营哲学是雇佣最优秀的人员并放手让其自由领导，公司仅做远程监督。这给了经理们在每日工作中以很大的自主权。

每个人都有自己对报酬的定义，它依赖于每个人不同的人生经历。总的来说，它应包含所有的现金收入和员工从他所在企业里获得的各种福利(Lawler, 1998)。Dibble(1999)拓展了这个定义，他认为报酬指雇主所提供的不一定和工资或现金有关的福利收入，甚至一些比如员工培训和发展福利，尽管员工并没有将它们视为报酬，但是它们却是一种金钱的替代品，是雇主的一项主要开支。Murphy 和 Williams(2004)的研究使用了已发表的关于澳拜客牛排餐厅企业的文献中的报酬包括选项(表12.2)，公司发行的资料和与经理们的访谈结果以平均值表示。

表 12.2 澳拜客薪酬维度平均秩表

澳拜客薪酬维度	均值	标准方差
所有者股权/股本权益	6.56	0.97
续约奖励/合同到期时提取现金	6.17	1.30
绩效红利	6.16	1.56
工作责任[a]	6.05	1.24
工作自主性[a]	6.05	1.17
高标准的工作条件[a]	6.03	1.31
作为餐厅管理者的地位[a]	5.86	1.68
社团关系/定位[a]	5.80	1.25
股票认购权	5.34	1.90
带薪休假	5.03	1.65
基本工资	4.91	1.43
医疗、牙科、人寿保险	4.56	1.66
退休计划	4.47	1.92

a 属非经济利益维度

从上表可以看出，澳拜客的经理薪酬计划对管理人员的留用有非常显著的积极影响，因此，澳拜客将管理人员的离职率降低到每年4%～5%，而整个行业的离职率平均高达27%（企业杂志，1994；Ghiselli等，2000）。这与过去对于管理人员离职率的研究结果相一致，即公司薪酬对员工决策和离职意向有着非常重要的影响(Lawler, 1987；Mobley, 1982)。另外，Steers 和 Porter (1991)认为薪酬最好的公司能留住最好的员工。他们同时也发现，高奖金可以带来高工作满意度,从而可以降低离职率。Murphy和Williams(2004)的研究结果进一步证明了低离职率和领军整个行业的营业收入而言,澳拜客为其管理伙伴提供的薪酬计划是一项有着高附加值的核心能力(Garger,1999;企业杂志,1994;Olsen等,1998)。

澳拜客相信,它们提供的薪酬计划可以有效地避免离职、保留有能力的管理人员,并吸引有经验、高素质的管理人员,同时可以为企业带来高附加值的核心能力(企业杂志,1994)。研究表明澳拜客牛排餐厅的薪酬对其管理伙伴的挽留作用非常大,也证明与传统薪酬项目(基本工资、保险和退休计划)相比,管理伙伴更容易受到这个计划非传统属性的影响(续约奖励、股票认股权和所有者股份)。管理人员对澳拜客整体的薪酬方案完全赞成认可。这对澳拜客来说是很好的预示,因为它证明了这一完善的、非传统的薪酬体系已经成功地成为他们的核心能力。

这个研究也证明影响管理者合作伙伴离开的决定性因素是薪酬计划、生活品质和家庭生活品质等没有解决的非经济因素。尽管受访者清楚地表示薪酬中的经济因素的确影响他们选择留在澳拜客,但他们也同样明确地表示薪酬的非经济因素,工作和生活的品质对他们的离职意向有着最重要的影响。对于经理们来说,每周工作55个小时,晚上和整个周末都工作就很劳累(美国劳工部统计,2003)。随着年龄的增大,没有足够的时间同家人和朋友在一起使得管理人员心生倦怠。还存在过度劳累的风险,管理人员可能会决定去寻找一种比做为一个成功餐厅管理者更有价值的生活(Mcfillen等,1986)。要想使其薪酬计划继续做为行业中的领跑者,澳拜客今后要解决这些问题。

做为成功餐饮企业当中的一员,澳拜客和芝士蛋糕工厂(Cheesecake Factory)持续而高效的绩效有赖于它们独特的人力资源管理能力,从而赢得竞争优势(Murphy和DiPietro,2005)。相反,如果人力管理系统阻碍了企业新能力的发展甚至/或者对现有组织能力也造成了损害,这可能为企业带来负债和竞争弱势。

Steers和Porter(1991)的研究表明,企业所提供的报酬与员工个人对企业的忠诚度有着明确的联系。在近些年,员工的福利从种类到总数上都有所增加。传统上,餐厅总经理的薪酬由基本工资和基于完成总收入和支出目标的绩效奖金构成(Muller,1999)。总的来说,薪酬被分为经济和非经济两种奖励,但是"自助"式薪酬方案的出台使得员工在一定范围内有了更个性化的选择,薪酬的类别也变得模糊了。另外,越来越多紧俏员工开始充当自己的经纪人,根据自己对该公司的价值,为自己的薪酬与企业进行谈判,就像职业运动员一样。

第十二章 战略性人力资源管理——形成核心竞争力的高绩效人力体系

关键因素和难点的思考

HPPS 结构暗示环境扫描必须要辨识出驱使变化的内外部环境力量,以使企业选择 HPPS 建构维度。研究证明,有 13 种 HRM 维度适合于美国休闲主题餐厅行业的管理(表 12.1):培训和技能发展、信息分享、最佳雇主、招聘选择、人力资源实践测量、内部晋升、工作/生活的品质、多样性、基于绩效的工资奖励、参与授权、自我管理团队、员工所有制和高工资。这些维度对企业非常重要,它们是企业高附加值核心能力的基础组成部分。

本研究发现 HPPS 结构由 13 个维度构成,它们能为休闲餐饮业带来 SCA。根据 Huselid(1995)的研究,HPWP 系统由 HRM 竞争方式和企业核心能力构成,两者的结合可以产生 SCA。但是,本文却证明餐厅的 HPPS 不是竞争方式和核心能力的结合,而是多种核心竞争力的结合以支持竞争方式。HPPS 支持的最主要的竞争方式(产品和/或服务系列)是休闲主题餐厅的管理团队,这是客人服务体验的一个无形元素。管理团队负责执行完成该服务计划。他们招聘、管理和培训员工来保障客人的消费体验,在有需要时调整服务计划以改善客户体验。高绩效的管理非常珍贵、难以模仿、附加值高难以替代。根据 Barney(1991)的研究,SCA 有如下 4 个基本要素:少见、无法模仿、增值和不可替代性。

餐厅的 HPPS 构建不同于制造业 HPWP 系统,因为餐厅的 HPPS 关注的是多方面的核心能力,从而支撑增值的管理人员竞争方式——管理。管理是一个无形的竞争优势,它监管优质的食物和服务的产出,以获得顾客的满意。

在大多数高绩效餐饮企业里,在清晰而明确的组织结构中,管理人员能自主管理他们的工作环境。如同澳拜客(OSI)的 John Denopli 所说,"他们(管理人员)是船长,掌控着自己的命运,我的任务就是帮助他人获得成功"。在这些工作系统中,管理人员更了解企业的运营环境,因为他们占有餐厅营业业绩的一定股份。HPPS 认为,管理人员是一个组织获得成功的关键要素,组织给他们机会与他们的员工进行沟通、参加开会解决问题、共享信息。HPPS 和人员管理系统有助于保持员工高昂的工作热情。员工参与系统有赖于有形和无形因素之间的相互影响。

休闲餐厅服务部门的工作与之前研究过的制造业和其他政府管辖行业的工作内容有所不同。根据本文的研究结论,之前的研究中所涵盖的工作设计、就业保障、降低地位差异和障碍等方面并不适合于美国休闲主题餐厅的管理。

这是一个重大的区别,也是本研究的重大发现。美国在过去的几个商业周期中已经成功地从制造业经济转变为服务和知识经济。然而主流的会计实务、学术商业研究和政府统计仍没有跟上这种快速的经济环境的变化。非常明确，未来美国经济将有赖于无形的知识所创造出来的价值,这种价值难以量化且极易改变。因此,餐厅的管理人员对于 HPPS 了解得越多越详尽则越可以为企业创造出更大的价值。因此,了解 HPPS 中吸引并留住属无形资产、能创造价值的餐厅经理所需的组成要素,这将最终为公司创造价值。

HPPS 的绩效测量

测量 HPPS 有效性的难度在于它的无形性,无形性指个人或群体,尤其是组织群体中具有的特性,它影响绩效,却难以量化。它常常用来解释为什么会出现意料之外的优异或糟糕的绩效以及怎样去测量一个不可测量的事项。在当今这个知识经济时代,尽管无形资产的实际价值远超于有形或实物资产,但对于无形性的测量依然是一个相当大的难题。如前面所述,本研究认为餐饮业的 HPPS 是支持企业竞争方式的各种核心能力的结合。HPPS 支持的最主要的竞争方式是休闲主题餐厅中的高附加值的管理团队,它监管优质食物和服务的产出,以让顾客满意。

竞争方法的标准定义为:竞争方法是产品和服务的一种组合,它们以某种方式进行组织以吸引行业需求曲线内的顾客(Olsen 等,2006)。

这个定义不包括增值的管理人员竞争方法,然而,几乎每个休闲主题餐厅的运营者都同意高品质的管理可以为企业带来增值,但是这种人才难找,并且流动性大。意识到这一点并不一定意味着组织需要改变他们的商业模式以获得 HPPS。因此,需要测量的不是核心能力,而是竞争方法——管理,企业组织真正想要了解的是,他们在竞争方法上的投资是否获得了可以接受的回报;他们在核心能力上的投资用来支持竞争方法是否值得;或者企业是否应该把有限的资源投资到其他有形或无形资产。

那么,休闲主题餐厅应该使用怎样的测量手段?本文认为可以参考餐厅的员工保留率、离职率、顾客满意和营业现金流来评估财务业绩。但是,模型(图 12.2)的绩效部分并不能代表所有的利益相关者,所以,需重新评估业绩测量以决定员工调查是否需列入评估体系中。另外,总的来说,作者认为用来测量工作实践和 HPPS 效果的绩效维度并没有非常精准地反映这些核心能力的实际价值。本研究认为,餐厅的 HPPS 是支持竞争方法(管理)的核心能力的组合,所以需测量的是竞争方法而不是核心能力。为了有效地测量美国休闲主题餐厅业所有的利益相关者的所得,应集体评估员工的保留和离职率、顾客的满意度、营业现金流、员工的工作和生活品质以及同类型餐厅的销售业绩。

人力资本的无形性

Baruch Lev 是纽约大学斯特恩商学院的一名教授,他是无形性研究领域最权威的学者,曾在 2001 年受布鲁金斯学会(Brookings Institution,设在美国华盛顿,是一个非盈利的政治学与经济学研究所)委托从商业的各个方面综合研究无形资产。Lev 博士仅仅撰写 2 页纸来说明人力资源的无形性,结论是"有关人力资源费用(无形性)的研究处于初期阶段,由于缺乏企业公开的人力资源资料,无形资产的研究严重滞后"。关于人力资源无形性研究的文献非常有限,难以从已有的研究中得出任何结论,尤其是证券交易委员会(SEC)也没有要求上市公司公开与员工有关的重大的财务信息。根据《商业周刊》最近的封面报道,最近 10 年也没有太大的改变。

特别是在这样快速发展的知识经济时代里,评估上市公司为它们无形资本所做的花费是一件非常困难的事情。以员工培训为例:过去培训师需要搭乘飞机飞到企业所在地授课,除了老师和设备成本外,公司还要花费大量的时间。但是现在在线学习,以及其他学习方式的创新大大地降低了培训费用。IBM 从 2003 年到 2004 年间降低了 1.4% 的培训预算,合计 1 千万美元,而教室的数量和网上的学习时间却增加了 29%。其他公司的培训成本是否也有显著的减低?这个答案无从得知。

多年来学者和业内人员就意识到个体员工的绩效影响着企业业绩结果(Huselid,1995)。在近些年,学术界对这个领域的关注有所增强,并开始认真思考。作为团队中的一员,员工是企业竞争优势特色的来源,这很难被竞争对手模仿。形成独特的、可持续发展的竞争优势的就业体系是一个"无形资产",它不同于传统的资产(工厂和设置)评估中采用资产负债对照表。《商业策略评论》杂志的一篇文章曾引用比尔·盖茨所说的话:"我们最重要的资产就是我们的软件和软件开发能力,它们全都没有体现在资产负债表中"(1999)。根据《哈佛管理时事通讯》的报道,在当今这个时代,企业的无形资产的价值平均高出有形资产三倍(Wagner,2001)。例如,微软在 2000 年报告其年度收入为 230 亿美元,有形资产为 520 亿美元,市值(普通股票×股票价格)超过 4 230 亿美元。无形资产和有形资产之间的差距高达 8 倍。

"随着创新的加快,资产的测量越来越难了,最难测量的三种是人力资本、健康保险和计算机"(Rohwer,1999)。人力资本主要指员工利用他们所受的教育、知识和能力为企业的经济发展做出贡献的能力;它指员工的专业知识、能力、技能和专长。"目前,最好的人力智力资本价值的指标就是市值与净值比"(Dzinkowski,2000)。这个测量的难度在于难以区别代表人力资本的无形资产部分和其他类型无形资产(如商标)的不同。另外一个复杂的问题是股票市场价值非常不稳定,而其账面价值往往不能代表企业的真实价值。2002年7月26号星期五,股票市场下跌厉害,泰科国际有限公司(Tyco International)宣布公司已经聘请了摩托罗拉公司前总裁 Edward Breen 出任其新的 CEO(Eisiner,2002)。泰科的股票在当天暴涨了46%,市值达到了75亿美金,而同时摩托罗拉的股票跌了25亿,一个员工的流动引发了100亿美金的市场波动。这是否就是人力资本无形性力量和价值的最好佐证……或者,仅仅源于某些市场力量的狂热?也许两种可能都有吧!

无形资产评估

David Norton(平衡记分卡的合作开发人之一)认为,在新经济体制下商业管理者们最大的担忧是"人力资本是价值开发的基础",但是企业并不知道怎样创造、测量和保有人力资本,或者最终对其进行评估(Becker 等,2001)。高层管理者意识到,他们正在进行一场人才较量,但是他们却只知道像管理企业运营成本一样管理他们的人力资本,当预算紧张时就要进行裁减(Becker 等,2001)。本文对于无形资本的研究贡献在于改善了模型以证明人力资源管理无形性维度的经济价值,从而获得 HPPS。另外,本文也证明了为什么餐厅企业应该将投资人力资源管理作为发展核心能力的一项战略,核心能力可以为企业创造经济附加值(EVA)。无形的 EVA 是员工创造附加值的潜能和能力,这种无形的 EVA 远远大于员工在工作活动中创造的产品和服务成本。

有很多种无形资产能够创造价值,包括熟练的员工、专业的培训和开发、知识产权、业务流程、与客户的密切关系、企业文化、品牌资产以及很多其他没有在大多数资产负债表中体现出来的项目。管理者和投资人必须懂得怎样辨别可以创造价值的无形资产;怎样测量它们以理解它们所创造的价值的本质;以及怎样提高无形资产的价值以使盈利底线明显提升。财务总监(CFOs)、运营总监(COOs)、行政总裁(CEOs)们从不同的方面解决这些问题,表现为商务智能和平衡计分卡的使用——企业的业务流程自然会映射出企业的战略。然而,只有极少数的人力资源经理被认为代表了人力资源的价值,因为人力资源价值创造的过程依然没有得到全面的理解或依然没认识到它们之间是因果关系。

第十二章 战略性人力资源管理——形成核心竞争力的高绩效人力体系

形成现在企业战略趋势的主要驱动因素是商业价值测量的转变。在20世纪80年代早期,75%以上的企业市场价值是由企业资产负债表上的有形资产决定的,但是在今天,该比例已经小于25%。"企业视员工为净成本的时代已经一去不复返了。在21世纪的知识经济环境下,必须视人才为财富和能力创造者,他们可以深深地影响市场吸引力、企业声誉和绩效。企业应该做好业务评估,然后改善管理技巧以引导企业获得成功,但是,却始终没有一种可以适应全部目的的评估技能的方法。已有的有关无形资产价值的研究领域包括顾客资本、人力资本、智力资本和关系资本。毫无疑问,企业专业技能(无形资产)测量领域正在历经一场质的改变"(Allister,2003)。

关于这个话题还有许多问题有待解决,但是,可以总结为两句简单的话。当企业的高管不能辨识,从而无法控制企业90%的价值时,他们能有多轻松自在?另外,利益和风险是共存的,当企业的领导人不能辨别企业价值的主要来源,也无法确定企业承担的风险等级时,其他的企业利益相关者,特别是投资人和监控者,能有多轻松自在?

在新经济时代,企业价值增长的主要途径不再是固定资产的投入,而是对于智力的、组织的和企业声誉资产的投入。无形资产对于企业增长的重要性和对其进行辨识、测量以及解释的能力之间的不一致,是餐饮企业的一个严重的潜在问题。

结论

2005年,餐饮业雇佣了超过12 000 000名员工,是美国最大的私营经济体,提供了9%的劳动力就业岗位。很多的餐饮企业已经学会从一个全新的角度定位其雇员,他们将员工视为拥有无形资产(知识、经验、技能等),对企业至关重要的战略人力资产。行业报告和表现表明企业采用人力资源管理战略,餐饮企业的绩效得到了提升,员工的地位也提高了。整个行业应该摆脱这种过时的人力资源范式,这种范式员工离职率高,行业要花费数十亿美元用于重新招聘、提高生产力和服务质量,重新培训员工技能、传授经验(Pine,2000)。Gordon(1991)的结论是:"企业文化包括共享的责任义务和价值,受企业运营的要求影响"。食品服务业,尤其是餐饮业验证了Gordon的观点,当决定员工的去留时,行业规范决定了企业的文化和员工的想法。餐饮业中的很多企业仍然按照传统的范式尽可能少地授予员工权力,因为过去企业就是按照这种传统方式挣钱的。如果这些仍在采用这种人力资源管理模式经营的企业想要获得其员工无形价值的全部潜能,他们必须从观念上彻底改变。

饭店业领导者要想有效地使用一致性战略,他们必须要从有效的环境扫描过程开始,这个过程不仅仅是要设定指定标准以检测竞争对手对理念的模仿。企业高管必须积极主动地寻找获得 SCA 的方法,从而在未来立于不败之地。现在,该行业最盛行的战略是单位增长战略。然而经过一段时间后,餐饮业将会变得饱和。现在每 350 个美国人就拥有一家餐厅。这个行业继续发展的空间还有多少? 那些在未来能走更远的企业需要适应这种缓慢增长的行业现实,并且必须寻找到更有效的方式获得利益增长。它们需要开发新的竞争方法和核心竞争力,比如综合的人力资源系统以便为企业带来持续性竞争优势。

过去有关商业战略的文献研究忽视了人力资源对战略执行阶段的作用,而现代的理论研究认为人力资源和开发人力资源的组织系统可以形成 SCA(Becker,1996;Barney,1995)。一些经典战略理论采用战略选择的观点,建议企业应该了解自己并选择一个普遍性战略以应对外界竞争;近些年来,一些理论家从企业的资源基础观的角度审视组织战略,认为企业只有通过创造竞争对手难以模仿的、稀有的价值才能开发 SCA(Penrose,1959;Wernerfelt,1984;Barney,1991;Barney 和 Wright,1997;de Chabert,1998)。有关战略选择的文献中讨论的竞争优势传统因素包括技术、自然资源、生产力的提高和低成本的领导,它们被企业视为创造财富的要素。但是与经过充分的研究而发展出来的人员系统相比,很多人认为传统的竞争优势类型越来越少,难以发展,容易模仿(Murphy 和 Williams,2004)。有经验的管理人员都会通过申明他们的身份,他们想要的住所条件以及想要的工作方式来不断地为企业和餐饮行业带来价值。

"人能不断学习,提高服务质量,把一个领域的知识应用到另一个领域,有效地结合其他资源等,这些能力是人与其他资源的本质区别"(Penrose,1959)。人类的技术被视为单独的资源门类(无形资产),是一种独特的资源,与传统的创新利润的资源(如商品制造)相比,它能为组织带来更大的价值。Boxall(1998)利用人力资源理论概述出"人力资源优势"理论的基本要素。Boxall 认为能产生可持续性竞争优势的人力资源具有稀缺性、相对稳定性和较强的适应能力。要想在行业中稳定地发展,企业必须通过优秀的人力资本和组织过程来建立人力资源优势。这个优势性的来源有赖于比其竞争对手更高品质的利益协调性(企业和员工)和企业员工开发。由此可以看出,不管是现在还是未来,人力资源战略已成为非常重要的竞争优势的来源,"管理的挑战将是通过企业的员工来创造价值而不是把他们当作一种物品来利用"(Olsen 和 Zhao,2002)。

第十二章 战略性人力资源管理——形成核心竞争力的高绩效人力体系

参考文献

Alexander, S. (1998). No more turnover. *Computer World*, 32 (21).

Allen, R. L. (2000, Jan. 10). Can enhanced employee benefits, marketing end labor shortages, *Nation's Restaurant News*, p. 25.

Barney, J. B. (1991). Firm resources and sustained competitive advantage. *Journal of Management*, 17 (1), 99-121.

Barney, J. B. (1995). Looking inside for a competitive advantage. *Academy of Management Executive*, 9 (4), 49-61.

Barney, J. B. (1997). *Gaining and Sustaining Competitive Advantage*. Reading, MA: Addison, Wesley.

Becker, B. E., and Huselid, M. A. (1998). High performance work systems and firm performance: A synthesis of research and managerial implications. *Research in Personnel and Human Resources Journal*, 16 (1), 53-101.

Becker, C. (1996). Penetrating the surface of empowerment: A guide for teaching the empowerment concept to future hospitality managers. *Hospitality Educator*, 8 (4).

Bohl, D., and Ermel, L. (1997). Responding to tight labor market: Using incentives to attract and retain talented workers. *Compensation and Benefits Review*, 29 (Nov/Dec).

Boxall, P. (1998). Achieving competitive advantage through human resource strategy; towards a theory of industry dynamics. *Human Resources Management Review*, 8 (3).

Bureau of Labor Statistics. (2003). *The 1998-1999 Occupation Outlook Handbook*, Retrieved from http://www.bls.gov/oco/cg/print/cgs023.htm on May 15, 2005.

Conner, K. (1991). Historical comparison of resource-based theory and five schools of thought within industrial organization economics: Do we have a new theory of the firm? *Journal of Management*, 17 (1), 121-154.

Davis, S., and Meyer, C. (1998). *Blur*. Reading, MA: Addison-Wesley.

de Chabert, J. (1998). *A Model for the Development and Implementation of Core Competencies in Restaurant Companies for Superior Financial*

Performance. Unpublished dissertation, Virginia Tech.

Delaney, J., and Huselid, M. (1996). The impact of human resource practices on perceptions of organizational performance. *Academy of Management Journal*, 39, 949-967.

Delery, J. E. (1998). Issues of fit in strategic human resources: Implications for research. *Human Resources Management Review*, 8 (3), 289-309.

Delery, J. E., and Doty, D. H. (1996). Modes of theorizing in strategic human resources management: Tests of universalistic, contingency, and configurational performance predictions. *Academy of Management Journal*, 39, 802-835.

Dibble, S. (1999). *Keeping Your Valuable Employees*. New York: Wiley.

Ermel, L., and Bohl, D. (1997). Responding to a tight labor market: Using incentives to attract and retain workers, *Compensation and Benefits Review*, American Management Association International, 29(6).

Frumkin, P. (2000). Lone Star Land-banks 10 lonely sites as it moves to upgrade staff, finances, *Nation's Restaurant News*, 34(7), p. 110.

Garger, E. M. (1999). Holding on to high performers: A strategic approach to retention. *Compensation and Benefits Review*, 15 (4).

Ghiselli, R, LaLopa, J., and Bai, B. (2000). *Job Satisfaction, Life Satisfaction, and Turnover Intent of Foodservice Managers*. Paper presented at The Council on Hotel Restaurant Institutional Education, New Orleans, LA.

Gray, C. (1998). Holding your own, *Financial Executive*, 14(5).

Grindy, B. (1998, February). *Customer Loyalty Key to Success*. *Restaurants USA*, Retrieved from http://www.restaurant.org/rusa/1998/february/fst9802a.html on May 15, 2005.

Hartog, D., and Verburg, R. (2004). High performance work systems, organizational culture and firm effectiveness. *Human Resource Management Journal*, 14 (1), 55.

Hayes, J. (1995). Inside outback: Company profile, *Nation's Restaurant News*, 29(13), 47-86.

Hickton, M. (2000). *David verses Goliath*. National Restaurant Association, *Restaurant Report*, Retrieved from http://www.restaurantreport.

com/features/ft_davidvsgoliath. html on May 15, 2005.

Horovitz, B. (2002). Quick casual takes place at restaurant table, *USA TODAY* , June 03, 2002.

Huselid, M. A. (1995). The impact of human resource practices on turnover, productivity, and corporate financial performance. *Academy of Management Journal*, 38, 635-667.

Huselid, M. A., Jackson, S. E., and Schuler, R. S. (1997). Technical and strategic human resource management effectiveness as determinants of firm performance. *Academy of Management Journal*, 38, 635-667.

Inc. Magazine. (December 1994). Entrepreneur of the year, pp. 40-59.

Jackson, S. E., and Schuler, R. S. (1995). Understanding human resource management in the context of organizations and their environments. *Annual Review of Psychology*, 46, 237-265.

Joinson, C. (1999). The cost of doing business, *HR Magazine*, 44(13).

Kapner, S. (1996). Robert Basham: Outback co-founder fuels chain with a get things done attitude, *Nation's Restaurant News*, 30(40), p. 148.

King, P. (2000). Elliot conference addresses industry's concerns about shrinking labor pool, *Nation's Restaurant News*, 34(17), p. 6.

Lado, A. A., and Wilson, M. C. (1994). Human resource systems and sustained competitive advantage: A competency based perspective. Academy of management. *The Academy of Management Review*, 19 (4).

Lawler, E. E. (1981). *Determining Total Compensation: Strategic Issues, Pay and Organization Development*. Reading, MA: Addison-Wesley.

Lawler, E. E. (1987). *The Design of Effective Reward Systems*. Englewood Cliffs, NJ: Prentice Hall.

Lazear, E. (1999). Personnel economics: Past lessons and future directions. *Journal of Labor Economics*, 17 (2).

Linstone, H., and Turoff, M. (1975). *The Delphi Method: Techniques and Applications* . Massachusetts: Addison-Wesley Publishing Company.

Linstone, H. A., and Turoff, M. (1979). *The Delphi Method*. Boston, MA: Addison-Wesley.

Marvin, B. (1994). *From Turnover to Teamwork*. New York: Wiley.

Mcfillen, J., Riegel, C., and Enz, C. (1986). Why restaurant managers quit (and how to keep them). *The Cornell Hotel and Restaurant Administra-*

tion Quarterly, 27 (3).

Miles, M. B., and Huberman, A. M. (1994). *Qualitative Data Analysis: An Expanded Sourcebook*. Thousand Oaks, IL: Sage.

Mobley, W. H. (1982). *Employee Turnover: Causes, Consequences, and Control*. Reading, MA: Addison-Wesley.

Muller, C. C. (1999). The business of restaurants: 2001 and beyond, *Hospitality Management*, 18(4).

Murphy, K. S. and DiPietro, R. B. (2005). Management compensation as a value-adding competitive method for casual theme restaurants, *FIU Hospitality Review*, 22(2).

Murrmann, S. K. et al. (1987). The level of compensation and employee benefits for entry level managers in the hospitality industry survey. The Virginia Tech Center for Hospitality Research and Service.

National Restaurant Association, (2002). *Industry Studies: The Restaurant Industry* 2010, http://www.restaurant.org/research/.

National Restaurant Association, (2003). *Forecast*, 2003 *Executive Summary*, Retrieved from http://www.restaurant.org/research/forecast.cfm on May 10, 2005.

Nunnally, J. (1978). *Psychometric Theory* (2nd ed.). New York: McGraw-Hill. p. 245.

Ohlin, J. B., and West, J. J. (1994). An analysis of fringe benefit offerings on the turnover of hourly housekeeping workers in the hotel industry. *International Journal of Hospitality Management*, 12 (4).

Olsen, M. D. (1995). *Environmental Forces, Competitive Methods and Industry Performance—A Study of Multinational Chains In the Hotel Industry, into the New Millennium: The White Paper on the Global Hospitality Industry*, International Hotel and Restaurant Association, Paris, France.

Olsen, M. D., and Sharma, A. (1998). *Forces Driving Change in the Casual Theme Restaurant Industry*. Paper presented at the International Hotel and Restaurant Association Conference, Paris, France.

Olsen, M. D., West, J. J., and Tse, E. C. (1998). *Strategic Management in the Hospitality Industry* (2nd ed.). Boston, MA: Wiley.

Olsen, M. D., and Zhao, J. (2002). *Forces Driving Change in the Foodservice Industry and Competitive Methods of Multinational Foodservice*

Firms. IH & RA White Paper, Paris, France.

OutbackInc., (1998). *Annual report*, Retrieved from http://www.corporateir.net/ireye/ir_site.zhtml? icker osi & script 700 & layout 11 on June 10, 2005.

OutbackInc, (2005). *News Releases*, Retrieved from http://www.outback.com/companyinfo/pdf/madduxreport_sept2004.pdf on June 13, 2005.

Papeiernik, R. (2002). Technomic: 100 largest chains' sales growth matched '00's pace. *Nation's Restaurant News*, June 3, 2002, p. 12.

Papiernik, R. (1999). National Restaurant Association: Restaurant industry 2010, the road ahead, *Nations Restauran News*, 33(44), pp. 1, 6.

Papiernik, R. (2000). Boston chicken: All over but the carving. *Nation's Restaurant News*, May 22, 2000, p. 3.

Patil, P., and Chung, B. G. (1998). Changes in multiunit restaurant compensation packages. *The Cornell Hotel and Restaurant Administration Quarterly*, 39 (3).

Penrose, E. T. (1959). *The Theory of the Growth of the Firm*. New York: Wiley. Pfeffer, J. (1998). Seven practices of successful organizations. *California Management Review*, 40 (2), 96-124.

Pfeffer, J., Hatano, T., and Santalainen, T. (1995). Producing sustainable competitive advantage through the effective management of people. *The Academy of Management Executive*, 9 (1), 55.

Pine, B. (2000). Lending a hand. *Restaurants USA*, 20 (3), 31-35.

Porter, E. (1985). *Competitive Advantage: Creating and Sustaining Superior Performance*. New York: The Free Press.

Prahalad, C. K., and Hamel, G. (1990). The core competence of the corporation. *Harvard Business Review*, 68 (May-June), 79-91.

Prewitt, M. (September, 2000). Studies find operators create employee turnover problem, *Nation's Restaurant News*, 34(36), p. 8.

Prewitt, M. (October, 2000). MUFSO 2000: Conference probes labor recruitment woes, solutions, *Nation's Restaurant News*, 34(41), pp. 1, 6.

Pugh, D. S., Hickson, C. R., Hinings, C. R., and Turner, C. (1969). The context of organizational structures. *Administrative Science Quarterly*, 16 (March), 91-114.

Raleigh, P. R. (1998). Employee theft and turnover not inevitable, *Nation's *Restaurant News*, 32(18), pp. 46, 114.

Reed, R., and DeFillippi, R. J. (1990). Casual ambiguity, barriers to imitation, and sustainable competitive advantage *Academy of Management Review*, 15 (1), 88-102.

Roseman, E. (1981). *Managing Employee Turnover: A Positive Approach*. New York: AMACOM.

Schmelzer, C. D. (1992). *Case Study Investigation of Strategy Implementation in Three Multi-unit Restaurant Firms*. Unpublished doctoral dissertation. Virginia Polytechnic Institute and State University, Blacksburg.

Schmelzer, C. D., and Olsen, M. D. (1994). A data based strategy implementing framework for companies in the restaurant industry. *International Journal of Hospitality Management*, 13 (4), 347-359.

Schmidgall, R. S., and Bechtel, C. (1990). ESOP's: Putting ownership in employees hands. *The Cornell Hotel and Restaurant Administration Quarterly*, 30 (4).

Slattery, P., and Olsen, M. D. (1984). Hospitality organizations and their environments. *International Journal of Hospitality Management*, 3 (2), 55-61.

Steers, R. M., and Porter, L. (1991). *Motivation and Work Behavior*. New York: McGraw Hill.

Sullivan, J. (21 December 1999). Human resources propel the future of foodservice. *Nation's Restaurant News*, pp. 72, 74.

Tabacchi, M. H., Krone, C., and Farber, B. (1990). A support system to mitigate manager burnout. *The Cornell Hotel and Restaurant Administration Quarterly*, 31 (3).

The Wild New Workforce. (1999). December 6. *Business Week*.

U.S. Department of Labor, (1993), *High Performance Work Practices and Firm Performance*, Washington, DC: U.S. Government Printing Office.

Van Houten, B. (1997). A piece of the pie, *Restaurant Business*, 96 (13).

Venkatraman, N., and Prescott, J. E. (1990). Environment-strategy coalignment: An empirical test of its performance implications. *Strategic Management Journal*, 11, 1-23.

Wasmuth, W. J., and Davis, S. W. (1983). Managing employee turnover: Why employees leave. *The Cornell Hotel and Restaurant Administration Quarterly*, 24 (1).

West, J. J., and Anthony, W. (1990). Strategic group membership and environmental scanning: Their relationship to firm performance in the foodservice industry. *International Journal of Hospitality Management*, 9 (3), 247-268.

West, J. J., and Olsen, M. D. (1988). Environmental scanning and its effect on firm performance: An exploratory study of the foodservice industry. *Hospitality Education and Research Journal*, 12 (2), 127-136.

Woods, R. H. (1999). Predicting is difficult, especially about the future: Human resources in the new millennium. *Hospitality Management*, 18.

Wright, P. M., Dunford, B. B., and Snell, S. A. (2001). Human resources and the resource based view of the firm. *Journal of Management*, 27 (6).

Wright, P. M., and Snell, S. A. (1998). Toward a unifying framework for exploring fit and flexibility in strategic human resource management. *Academy of Management Journal*, 23 (4).

第十三章 以信息技术的投入带动公司价值增值

Daniel J. Connolly[①]

所有企业都存在一个永恒的问题——企业如何才能增值。价值可以从多种不同的角度予以定义,可能源自于有形和无形因素。企业主要的利益相关者包括股东(投资人)、顾客和雇员。通常股东们会参考投资风险水平从他们投资的经济收益来衡量企业价值。顾客的价值评定是以性价比来决定的,也就是他们从商品和服务中所获得的价值有赖于他们为此支付的价格。从雇员的角度,企业的价值包括雇员获得的工资以及工作的内在奖励。然而,关于信息技术(IT)最难以理解的问题之一是"如何测量价值"。随着成本上涨、资本应用的密度增强,以及因竞争的需求而必须加大对 IT 技术的投资时,这个问题就变得尤为重要,同时它也是本章要讨论的主题。饭店的业内人士必须回答好这个问题,以创造有影响力的商业个案,并以此来评估和制定恰当的战略与资源配置性决定,同时也可以检测 IT 项目的完成情况以及有效地管理 IT 员工。

在大多数的机构里,IT 都位列五大主要投资项目之中,但它同时也是商业领域最不被了解的(Lutchen,2003)。很多业内高管对 IT 最普遍的态度就是过高的期待和过低的使用(Betz,2006)。正如 Maizlish 和 Handler(2005)指出的:

在 IT 领域的投资是企业的一个无底洞,没有任何一项如此大规模和如此高昂的企业投入像 IT 项目一样缺乏科学的管理、流程和绩效评估。

对于企业运营中种种要素的研究(例如,萨班斯-奥克斯利法案)使得企业认识到它们的 IT 项目要肩负起更严格的监管责任,更要为企业的有形和持续性收益而负责(Weill 和 Ross,2004)。Nicholas Carr 在 2003 年提出了有关在商业企业中 IT 商业战略重要性的观点引发了这一领域研究的一个高潮(Carr,2003)。他那篇具有争议性的文章主要讨论了 IT 技术在企业管理中的价值,以及它创立竞争优势的能力。在他的文章中有许多值得借鉴的观点,很难想象如

---

① 丹佛大学

果缺少了IT技术的应用,今天这个复杂而又充满竞争的饭店业将会何去何从。对于任何一家饭店企业来说,IT是一个基本工具,是企业竞争手段的重要组成部分(Piccoli,2004)。更重要的是,为了赢得竞争,今天的市场环境对于IT技术的要求直接提升了企业投资和管理水平。Carr的文章中一个很重要的论述就是,单独的IT技术不足以提供战略价值。目前的问题是,企业内部是怎样使用IT技术的?IT有哪些能力?只有当IT与企业战略相适应时,当企业的业务流程转到对IT技术的利用时,以及当企业员工有能力使用IT并可以用IT技术所提供的信息来指导其行为,而其竞争对手还难以做到时(例如,比竞争对手做得更快、更好、更具差异以及/或成本更节约),IT技术的价值就体现出来了。

  为了从IT技术中获得优势和价值,企业需要加强企业资源与能力之间的联系。Mata等人(1995)将此观点视作企业资源基础观。根据他们的研究,一个企业可以通过一系列事件、资源、经验以及管理过程的聚焦和关注来获得竞争优势。换言之,竞争优势不仅是一个企业决定怎样去竞争(例如,战略和竞争方法的选择),更要看它有哪些资产可以用来竞争。可以提供市场竞争优势的并不是某种单一因素,而是一系列的原材料或者特殊资源的结合,Plimpton(1990)把这一些隐藏的竞争优势命名为"X元素"。在很多组织中,与组织结构相集成的软件应用和IT技术为竞争优势带来了资源(Adcock等,1993)。因为竞争优势的本质特点决定了它和它的影响因素很难辨别且难以模仿。只要它的不可复制性和先进性存在,竞争优势就可以持续,只不过在今天这种竞争异常激烈的市场环境下,这种持续的时间也会变得越来越短。因为持续性维持的时间越来越短,企业应该不断地创造新的优势(Wiggins和Ruefli,2005)。

  目前,有很多关于IT成功应用和它们对于企业成功而做出贡献的案例。比如,Hiebeler等人(1998)列出了最好的40家行业领导企业,包括几家饭店企业,比如沃尔特迪士尼、丽兹卡尔顿和凯悦酒店。几乎在所有的案例中,作者都暗示和明示了IT是一个关键性的成功要素,它对于企业能够在行业中占据领先的位置有着不可磨灭的贡献。IT技术经常被用在帮助企业获得收入、降低成本、改善管理抉择、改善企业控制力、增强顾客满意度和加强信息传递及交流等方面。但是,尤其是在饭店行业,有关IT的直接贡献和企业应该怎样执行投资IT的决定、企业使用IT的方法以及企业用来评估和选择投资方式的标准等方面的研究还是相当不充分的。对于业内人士来讲,战略IT的计划和投资是一个长期而复杂的任务(Caldwell,1998;Post等,1995;Applegate等,1996;Dreyfuss,1995;Liao,1994;Laberis,1994;Diebold,1987;Sprague和McNurlin,1986;Parsons,1983),而且问题的产生与理论指导无关,只是由于缺乏适合的测量工具、技术和标准(Saunders和Jones,1992)。

从表面上来看,IT 投资的决定直接而简单,因为所有的投资项目都将会被采用,进而为企业带来增值。事实上,投资决策的过程非常复杂,因为定义和测量 IT 的价值以及预计 IT 项目预期和实际的贡献是非常困难的。这种定义和测量收益上的困难,使得很多企业认为 IT 项目的花费无关紧要,甚至在企业成本有限的情况下,IT 方面的投资可以首先被削减掉(Antonucci 和 Tucker,1998)。由于有相当多的维度需要考虑,比如是自己设计或是购买(或者量身购置)软件的决策、租借或是购买软件的决定,使得决策制定的过程更加复杂。

因为对于 IT 的投资会影响到客户服务、业务处理的能力、员工绩效等,所以此项投资将对企业经营的各个方面都有相当重要的影响。然而,让人感到意外的是,很多企业的主管对于 IT 项目投资和战略的决定都没有经过精心的准备(Weill 和 Broadbent,1998;Weill,1991)。这些管理人员不能有效地评估现金流、统筹时间以及一个 IT 项目的使用寿命,这就增加了投资的不确定性和风险性。因此,他们不愿作出重要的 IT 投资决策,当他们必须选择一个 IT 项目时,尽管他们会做出极大的努力,但是选择结果却经常出现失误。通常各个行业公开发表的 IT 统计数据显示,超过 3/4 的 IT 项目不能按时完成、超预算或者不能够完成既定任务(O'Brien,1997),或者不能提供预期中的营业收入(Neelakantan,1996)。饭店行业的数据甚至还要差些,这就增加了管理人员对 IT 项目功能的怀疑。

传统投资预算方法下的实践

IT 项目投资评估最通常的方法是投资预算法,它使用传统的财产测量方法和企业现金流评估方法,这个评估方法基于现值计算现金流量技术来计算资金时值(Bacon,1992)。总的来说,对于 IT 项目的评估,投资预算法的不足之处包括:(1)错误地假定了所有现金流都是已知的(例如,现金流可以被预期和量化);(2)错误地假定了任何 IT 的贡献(包括好的方面和坏的方面)可以被定量、用货币的方式表达并以经济标准来衡量;(3)不能体现组织和行为因素(Bacon,1992;Hubbard,1999)。按现值计算现金流量技术的缺点是:(1)利润难以量化,甚至会被忽略;(2)财务分析主要聚焦在代替成本上(例如,劳动力和劳动资料的节约)和忽略战略性内涵,例如新产品和服务的开发或提高现有水平;(3)这种计算方法也会高估预期风险、提高报偿的预期回报率(收益率);(4)没有考虑放弃一项投资或 IT 项目的机会成本;(5)倾向于对短期收益的分析;(6)IT 投资覆盖了整个组织,它依赖于不同 IT 投资和组织不同部门的互动,而不是单纯财务部门（Clemons 和 Weber，1990；Weill，1991）。

不巧的是，在今天的思维模式下，对于绝大多数 IT 项目的评估所采用的财务模式，例如，净现值（NPV）和按现值计算的现金流量分析法，都不能充分地估算出其应得的财务收益。饭店业成熟的管理模型和长期的发展历史，决定了它的财务收益或者在某个特定城市里新开发物业的成功性。但是对于科技项目，它却缺乏同样严谨的模型和历史数据，特别是每一个科技项目都有其独特性。尽管这样的问题不仅仅出现在饭店业，但是饭店行业特有的问题是，这个行业比较保守，如果 IT 项目的收益不能被定量也不能准确地计算出收益周期时，这个行业为了确保给利益相关人长期收益的承诺而不愿意采用新技术。当投资充满了不确定性时，当现金流的时间性无法预知时，当投资被视为巨大的风险时，饭店的所有者和投资人，将把他们的投资资本转向那些收益更有确保性和风险更小的其他项目。因此，在这种考量下，IT 技术永远只能占据企业投资决策的次席。所以，必须努力改变这种想法，更要开发财务模型，以准确预测和获得 IT 技术带来的财务收益。

直到近期，大多数技术投资决策都开始仿效制造业模式——使用头脑风暴方法。这种方法可以建立与 IT 技术应用或能力相关的商业范例，从而降低成本或者节省劳动力。不过，管理者对于 IT 技术的态度在近些年也有所转变。很多具有科技敏感性的饭店业企业正在 IT 技术中寻求对于建立战略和竞争优势的方法，这些投资的收益都是长期而鲜有短期。可是企业的所有人和投资人却要求更快速的回报。而且，如果将 IT 技术应用于战略目的的话，它的有形利润则难以定量和计算。

Sabherwal 和 King（1995）罗列了组织的决策模式，可分为五种不同种类：规划式决策（Planned）、自我中心式决策（Provincial）、渐进式决策（Incremental）、易变决策（Fluid）、政治性决策过程（Political）。而在饭店业的 IT 项目投资决定甚至可以被分为 6 种，所有项目的决策过程都包含在以下 6 种之中：（1）投资的必要性；（2）坚定投资将为企业带来长期收益的信心（或者直觉）；（3）项目从直觉上就很吸引人或者看上去会带来显著的利润；（4）项目是被要求或者是被授权做的（或是通过法律或规则，或是通过最高管理层）；（5）根据竞争者的行为而作出反应，以确保利益或保护市场份额；（6）投资分析中的高风险以及预期或现实的不确定性都将使投资决策面临被撤销的风险。

有关 IT 的决策常常充满了变化，因为 IT 投资决策难以评估，且企业的执行力逊于对于它们战略利润的评判（Antonucci 和 Tucker，1998；Farbey 等，1992；Clemons 和 Weber，1990；Diebold，1987）。有很多公司没有正式的决策过程，就算它们存在，也经常不被执行；与之相反的是，项目的决策过程经过了深思熟虑,该项目才能够获得认可和投资(Farbey 等,1992)。企业往往采用简单的方法来建立整体 IT 项目的预算,比如,以已有预算作为基准(当年预算的一定百分比,这个分数是由企业主要管理者和 IT 项目的负责人通过协商的方式决定),或者是以竞争对手的 IT 项目成本为基准来保持竞争地位。无需多说,特别是当资源必须被综合分配时,有其他可替代的项目以及项目建设需要耗费巨资时,上述的这些方法并不是十分的严谨,甚至会导致不适当的或者不正确的投资决定。Betz(2006)在关于 IT 项目管理,有效地发展 IT 管理监察,事故处理和合理的决策制定等方面做出了很大学术贡献。他强调特别是涉及到员工、次序和执行时,IT 项目需要更好的整体监管和责任制。

不幸的是,对于 IT 项目的管理非常复杂,它难以具体化。IT 项目的利益不是很显著或很确定,无疑它效果的显现需要时间,甚至具有隐蔽性。因为 IT 技术的利益是分布在一个企业整个利润价值链中的(Porter, 1985),它难以甚至几乎不可能去测量 IT 技术所衍生出来的利润,单独测量 IT 技术的利润,或者建立 IT 技术与利润之间的因果关系。甚至有关 IT 与企业绩效的研究也是一个难题和复杂的任务,因为其中存在着很多混淆的变量(比如,组织结构和组织过程)以及很多外部变量(Hildebrand, 1997; Loveman, 1991; Bakos, 1987; Chakravarthy, 1986; King, 1983)。因为在这一领域有很多不确定性因素,所以 IT 项目与企业绩效之间的因果联系也很难建立起来。

这种联系和具体证据的缺乏(比如有关 IT 的优势、能力、利益,特别是 IT 作为一个支持手段或者其实用功能甚至超越了战略工具作用),使得 IT 项目难以在饭店业进行推广(Cho, 1996)。这种缺乏带来了以下问题:当管理者制定有关 IT 投资的决策时,什么因素应该被考量进去。在 IT 投资决策中总是存在一种怀疑论调,因为 IT 技术本身衍生的总是无形的收益和利益,所以当企业用资源和资本来衡量投资项目时,IT 项目总是会被其他有形的、可见的项目所替代,似乎这样做能够帮助企业增加保障和减少风险。比如,一个处在行业领导位置的国际连锁饭店的 IT 项目主管就曾在一个行业交流会上讲述了他是怎样为一个 IT 项目的投资而努力,但是此项投资最后还是转给了一个需要升级的传统硬件设施。如果不去投资 IT 项目,那么饭店的高级管理者就可以为客房做更加漂亮的大理石浴室,因为这可以更快速而直接地对客人产生影响。目前,这样的逻辑很难被打破,它代表了这个行业领导者物质化的心态和短视的思维。但是,这种短视的想法使得企业不能获取 IT 技术应用的长期战略可能性,也会阻碍整个行业 IT 技术的发展和前进。

传统价值评估方式是从会计和财政实践中衍生出来,它关注由财务资本支持的有形资产,但是在信息经济时代,这些因素就不充分了,评估方式还应该涵盖做为无形因素的员工与顾客关系(Cline 和 Blatt,1998)。这种全局性视野也为 IT 项目投资所衍生出来的价值提供了更完整的评估结果。

　　Loveman(1991)建议,因为商业企业管理者不能有效地测量 IT 成本和利润,他们也就不能做出有关 IT 资源配置和投资的有效决定,从而导致资源的错误配置和无效以及无法实现的利润。对于 IT 项目,企业必须有一个清晰的全局观,IT 怎样与企业相配合,资源的配置和投资都应列入这个观念。

利用多元分析方法

　　为了减少单纯财务方法来评估 IT 投资决策的局限性,企业就需要采用综合性、全局性的评估方法。文献曾建议当企业对 IT 项目进行评估时,采用组合式测量方法来针对多种维度和规范要比单一测量方法更有效。组合式方法可以(或者是可能)更好的同时完成定量和定性两方面的测量。Parker 等人在 1998年认定了六个等级的 IT 衍生价值:投资收益(ROI)、战略协作、竞争优势、管理信息支持、竞争反应和构建战略信息系统。Bacon(1992)使用这个价值框架认定了 3 大类 15 条标准(表 13.1),同时开展了一个调查,以确定当企业制定 IT 投资决策时,哪些因素需要被考虑。

　　Bacon(1992)从所需要考虑的关键要素的角度出发来研究 IT 投资决策,而不是研究其过程。同样的思维角度,Semich(1994)、Shein(1998)和 Madden(1998)都建议使用多因素评估方式,其依据是 Kaplan 和 Norton(1992、1996)首先建立的平衡计分技术。采用这种方法,大多数的分析可以采用简单的电子表格,在以下的四个组别里对各个因素进行分组并排序:财务、内部业务流程、客户服务和组织学习及创新。

　　Farbey 等人(1991)从利益导向方向来评估 IT 项目及其投资。这种方法,IT 项目所衍生出来的利益可以归入一个或多个以下类别(作者按照影响递增的方式排列):

　　1. 效率:节省(或无需)时间、人力、资金或者公司其他资源;
　　2. 功能:提供处理或完成新任务或者行为的能力,或者提高已有任务或行为的质量标准;
　　3. 沟通:连接不同的系统,以增强信息交换能力;
　　4. 管理:改善管理的质量和能力,以增强决策能力;
　　5. 战略:支持企业目标,为竞争优势创立机会。

表 13.1　IT 项目选择(投资决策)标准

种类	测量
财务标准	
按现值计算的现金流量	净现值
	内部收益率
	盈利能力指数
其他财务标准	平均/投资收益率
	偿付方法
	预算拮据
管理标准	支持明确的企业目标
	支持隐含的企业目标
	竞争系统快速反应
	支持管理决策制定
	获得利润的可行性
	法律/政府的需要
发展标准	技术/系统的需要
	介绍/学习新技术
	项目完成的可行性

来源：Bacon (1992)。

　　Benjamin 等人在 1984 年基于他们讨论过的战略机会为 IT 投资提供了一个简化框架。这个框架里的要素是基于竞争市场和企业内部运营的,包括：

1. IT 能够显著提升企业的管理方式以创造竞争优势；
2. IT 可以提高内部能力和效率。

　　从另一方面讲,Rockart (1979) 的研究更重视的是要素而非标准,他指明了关键性成功要素,定义了企业竞争和绩效的基础。他认为那些关键性成功要素可以决定一个企业的优势和需求,因为,做对的事情会使得企业更兴旺。在他的研究中,Rockart 呈报了一个他对几位企业高层管理者的访谈过程,这个过程帮助他辨识出了一个企业的关键性成功要素。在此之后,Boynton 和 Zmud (1984)、Geller (1984) 以及 Shank 等人 (1985) 都应用了 Rockart 的访谈法去寻找关键要素。

　　这个关键成功要素技术是一项包含了企业高层管理人员的战略方法。Davenport 等人 (1989) 提供了一个类似的方法,称之为"原理法",或者 Weill 和 Broadbent (1998) 称其为"管理箴言"。使用这个技术后,企业的高级管理者可以通过一系列管理原理(箴言)来获知怎样使用 IT 项目才能达成组织目标和目的,从而明确企业业务和 IT 项目在其中的使用情况。这些原理可以指导与 IT 相关的决定和投资。这个方法的目的是迫使企业战略以科技优先,更可以在高级管理者和技术专家之间架设起一座沟通的桥梁。

第十三章　以信息技术的投入带动公司价值增值

有趣的是,尽管科技在快速发展的同时也提供更多新能力,但是企业执行IT项目的主要理由却始终没有发生太大的改变(Grover等,1997),其内容包括:增长业绩、削减成本、改善管理决策和控制、增强客户服务、加快信息汇报和交流。尽管目的没有发生变化,但是商业环境的广泛性,使得在这一问题上始终没有一个最好的解决方案、过程或者用来评估IT投资选择的标准(Farbey等,1992)。

企业的IT技术应用会影响到企业的战略计划,所以必须采用投资组合的方式,以适当水平的风险和收益来平衡企业短期和长期的需求(Maizlish和Handler,2005;Applegate等,1996;McFarlan,1981;Thorp和DMR战略领导者中心,1998;Weill和Broadbent,1998;Weill,1991;Weill和Olson,1989)。这些投资组合的管理需要使用到企业基础的管理实践与概念,其宏观目标关注于通过现有和未来战略的支持,为企业创造价值(Weill和Broadbent,1998;Thorp和DMR战略领导者中心,1998)。就像所有财务投资组合一样,一个IT投资组合必须被持续监控并确保它处在一个恰当的投资水平以符合企业的目标和目的,同时在风险和收益之间保持平衡。值得注意的是,企业不能承担错误的接受一个给定的投资机会所引发的机会成本和战略意义。过分的自信是种错误,竞争对手可以通过他们自身的努力和主动出击来快速地转变竞争格局,因此,企业要避免这种行为。

除非它们是由规则、法律或其他政府要求所限制的,否则所有的IT投资决定都旨在改善战略价值、企业绩效和ROI。IT项目本身并不能带来利益,应意识到其应用所衍生出来的利益、企业其他方面和互补资源的改变需要些时间。然而,不正确的评估工具和方法以及对于IT的贡献值认定的不清晰及缺乏,会使得围绕IT项目所做的目标、决策和资源配置没有被严格的分析和执行。

以上的讨论表明,不是单一标准就可以测量或者获取IT项目的全部贡献。评估IT的影响不可以依赖单一标准,更要用复合的测量手段去测量,以提供更全局性的评估。复合测量方式的优点在于所获得的信息更加多元化。既然单一测量不能全面地评估IT项目的影响(例如,成本、利润、组织影响等),King和McAulay(1997)建议用多元和复合测量方法以满足企业利益相关人的多种需求,并提供用以排序的标准,更可以提供多种信息来源。为了达到这个目的,一种既能定性又能定量的IT项目投资测量方法应该被使用,以建立一种平衡计分卡方式(Semich,1994;Kaplan和Norton,1992,1996;Shein,1998;Madden,1998)。Weill和Broadbent(1998)认为:管理者作出有关IT投资的决定应该基于一组事实,包括现在及未来所必需的能力、技术在行业中所扮演的角色,投资水平,所投资技术的透明化,以及IT技术在企业中所扮演的角色和历史贡献。

Farbey 等人(1992)认为：组织如果希望提高 IT 投资决策能力，就必须首先认识到评估技术不同于 ROI。然后，再去寻找哪种技术最适合企业的 IT 投资。

为什么测量是困难的

IT 如果应用得当的话，可以对企业的服务水平和整体绩效起着相当大的正面影响，但是如果项目选择不当，则可能会给企业带来灾难性的影响（Bowen 等，2007；Maizlish 和 Handler，2005）。再者，如果在同一时间选择了过多的 IT 项目或者错误地组合这些项目，也会带来灾难性后果（Ross 和 Weill，2002）。因此，当考量任何 IT 投资时，必须要接受严格和正式测量过程，以确定项目之间以及项目与企业目标之间可以相互融合，并且可以与商业战略相一致。这些举措将会为企业带来预测的结果和创建企业价值（Holland 和 Skarke，2008；Chan 和 Reich，2007；Peak 等，2005）。根据 Diebold（1987）的研究，企业应当分析和定量全部的 IT 项目/投资，从而最大程度减少企业执行的不确定性和风险，并且可以平衡不同管理者对 IT 项目信心上的差别。Bacon（1992）和 Farbey 等(1992)都认为在评估和制定 IT 投资决定中所选择的标准是非常重要的，因为它们决定哪些项目将被企业接受，以及项目的投资水平和将获得的资源。之后，这些标准又可以用来衡量之前所做决策的成功性及有效性。标准就是用来确保只有正确的项目才可以被接纳，而其他的则被拒之门外。学者们认为，评估标准将带来以下几方面重要含义：

1. 企业使用(或不使用)的标准，以及使用(或不使用)的方式对决策或项目的投资或拒绝都有影响(从而明确了被采用的项目组合和评估速度)；

2. 评估标准提供了企业对项目的应用、系统或技术的定位和期望；

3. 当不同项目在有限的资源调配上有所冲突时，评估标准为企业决策提供了比较的依据；

4. 评估标准对企业获得 ROI 最大化和随之而来任何有关成本-利润的分析都有所影响；

5. 评估标准影响企业对多种利益相关人的要求和需求中的平衡关系；

6. 评估标准提供了一系列的测量，从而使得企业可以监视和控制项目，以及评价其完成情况；

7. 评估以及之后对于现实结果的测量和比较或者影响，提供了一个让企业

第十三章 以信息技术的投入带动公司价值增值

进行改进的基础——那些要素可以在未来的评估中应用。

与一个企业IT运行相关联的基础性问题是：(1)企业为IT项目投入是否过多。(2)企业是否从对IT的投入中获得了相应的回报(Kaplan, 2005；Ross和Weill, 2002)。Weill和Ross(2004)认为IT衍生价值的能力是与企业的IT管理方法直接挂钩的。而这种管理方法，根据Weill和Ross(2004)的定义，与决策怎样制定、谁来制定、所使用的评估标准以及监控和测量结果的严格性相关。既然提供给IT的资源是有限的，而且受到供给、需求和成本的制约，那么企业必须要有一套切实有效的管理方法(Lutchen, 2003；Weill和Ross, 2004)。已有关于IT管理的资料揭示了两个一般性的决策制定方法：属性基本法(强调与IT项目和决策制定过程相关的特征)和阶段基本法(强调了一个决策制定所必须经历的不同阶段、每个阶段的参与者和时间规划)(Sabherwal和King, 1995)。

IT项目带来了集约型资本、业务变化和风险，所以决策的制定和立项流程将是复杂的，多方面和指导性的，且需要一定的时间来解决各种难题(Xue等, 2008)。典型的IT投资的决策制定是一个从构思开始的很多阶段，然后以通过/不通过的决议来结束(Boonstra, 2003)。图13.1是一个典型从开始到获批的IT项目决策过程所必须经历的各个阶段。每一个步骤的启动内容都是在下一个步骤开始前就必须要解决掉的障碍。

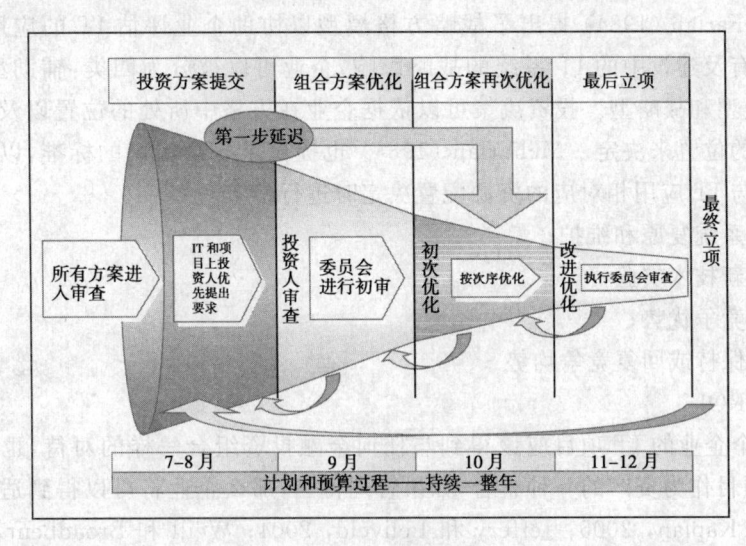

图13.1 IT项目必须历经的阶段

决策的分析方法和过程可以根据企业所使用的IT管理方法(过程和人员)、IT投资的特质(比如成本、风险、工艺复杂度和战略重要性)、外部因素(例如,环境威胁、法规和竞争对手的行为)、组织结构(包括正规化程度、集权化和层级化管理)以及 IT 功能强弱(尤其受到组织文化和权利、名誉及 IT 技术提供方的可信赖度的影响)的不同而不同(Xue 等,2008)。

评定 IT 项目的优先顺序和投资战略是非常困难的过程。因为没有太多的成熟方法可供使用,所以这一过程更像一个艺术行为而并非科学行为,这导致了很多企业的失败(Williamson,1997)。缺乏决定 IT 价值的方法也使得这个过程变得更加复杂。财务理论建议:用风险和收入现值为基础来测算财务收益(Hamel 和 Prahalad,1991)。在大多数的案例中,企业也使用其他的财务测算方法,例如 ROI、NPV 和内部收益率(IRR)。然而,财务测算的局限性太大,比如顾客满意、服务、品质、员工满意、生产率或者战略态势等方面常常会被忽略(Williamson,1997;Bharadwaj 和 Konsynski,1997)。

目前,有关 IT 的应用和价值,最常被使用的观点和理论来源于哈佛大学商学院的 Michael Porter 主导的一系列研究(Porter,1980,1985;Porter 和 Millar,1985)。Porter 的研究作为一种基础理论被频繁引用到很多与 IT 相关的研究文献中。过去用来测量 IT 项目的战略重要性的这个学派的框架是一组价值链分析,包括 Porter 的产业与竞争分析(ICA)的框架或者五力分析模型(例如,规模经济、进入门槛、转换成本、与顾客和供应商之间的联系等)和 Porter 的竞争战略(比如,成本领先战略、成本差异化战略和集中化战略)。

McFarlan(1984)提出了战略方格模型以协助企业评估 IT 的应用程度。根据已有及建设中的 IT 系统的战略影响,企业可以被分为四类:辅助型、工厂型、转换型和战略型。投资决策可以依据企业在方格中所处的位置以及企业希望进入的位置来决定。McFarlan(1984)也提供了 5 个实用的标准,以供企业在作出与 IT 应用相对应的资源配置决定时进行参考。

1. 系统复原和维护;
2. 新技术实验;
3. 竞争优势;
4. 保持或回复竞争均势
5. ROI

一个企业的 IT 项目应该得到与任何金融投资组合一样的对待,也就意味着 IT 项目作为资产的一种整合,如果管理得当,那么企业将可以得到适当的投资收益(Kaplan,2005;Jeffery 和 Leliveld,2004;Weill 和 Broadbent,1998;Weill,1991;Weill 和 Olson,1989)。就像任何金融投资组合一样,企业必须注意平衡利益相关人的短期和长期需求以及企业风险和收益,从而保持适当的投资水平以获得企业目标。McFarlan(1981)、Applegate 等(1996)和 Thorp 与

DMR's 战略领导中心（1998）也采用了这个金融组合的比喻,企业应创造一项技术,特别是针对新项目,以分散风险。尤其是进行新的 IT 项目方案时,企业应该从三个维度来考虑其他正在进行的项目情况及新项目的风险因素:项目规模（以预算、员工、范围、复杂性和开发时间为依据）、技术经验和项目结构。Clemons 和 Weber（1990）详细说明了企业投资的首要风险,并列举了 6 个与 IT 有关的风险类型:技术风险、项目风险、功能风险、内部政策风险、外部环境风险和系统风险。所以,这六个类别也应该添加至 McFarlan 的风险名录之中。

在当今这个知识经济时代,无形资产的价值和 IT 所创造出来的价值以及它的重要性日益受到重视。Bharadwaj 和 Konsynski（1997）建议当评估 IT 投资决策时,无形因素例如战略灵活性、风险规避和潜在增长将得到越来越多的考量。Williamson（1997）为 IT 投资决策提供了以下参考标准:

- 与战略进行相一致:考量怎样将 IT 项目与企业整体商业战略相配合;
- ROI:IT 投资的预期收益;
- 风险:项目应具有及时减低风险及满足多方面需求的能力。评估应该能够确定技术和组织两方面的风险;
- 业务准备:企业全面准备以适应和执行新技术甚至为此做出必要的改变;
- 管理或委托管理的改变:因为在商业环境中的需求发生了改变,所以管理或委托管理也必将发生改变;
- 商业价值:新 IT 应用所带来的预期改变将与企业价值系统相一致;
- 成本评估:项目总成本最好的评估方式;
- 拥护:项目要得到来自用户群和项目推广者的支持;
- 常识:项目在直觉上要有意义。

对于 IT 项目的经济寿命和收益的追寻是没有任何意义的（Hibbard,1998）,这就如同去寻找传说中的圣杯。Hildebrand（1997）认为测量 IT 项目价值的困难,在于其价值中包含了很多无形性变量。她认为最好的 IT 价值测量的方法不是客观的经济数据而是包含以下因素的企业经营方式的改变:与企业战略相结合、支付能力、灵活性、可扩展性、经济有效（例如,价格/绩效）、可依赖性、可靠性、对新技术的适应性、服务水平、对环境的适应性、按时按预算地交付任务、支持、组织信誉、创新和组织学习能力、财务状况（收入的增长、成本的降低和 ROI）。

Apostolopoulos 和 Pramataris（1997）、Bharadwaj 和 Konsynski（1997）、Grover 等（1997）、Brynjolfsson 和 Hitt（1996）、Semich（1994）、Saunders 和 Jones（1992）、Brady 等（1992）以及 Diebold（1987）等学者都支持 IT 项目会给

企业带来"软"性利润的观念,这些利润如:战略优势、服务、品质、效率、决策制定过程的改善、组织灵活性的加强、员工满意度等等。的确,组织在这些方面的转变是非常容易被获得的。比如,Thyfault等在1998年研究的结论认为,今天的很多企业,顾客忠诚度是由IT项目投资决策而不是由ROI推进的。

为IT项目构建一个商业案例

IT项目通常被认为与高成本和高风险相联系,所以它需要企业有一个正规、严谨的评估过程、审核和鉴别的过程是非常重要的。特别是萨班斯-奥克斯利法案(Sarbanes-Oxley Act)的出台大大地提高了政府对企业在审查和会计责任方面的要求,财务申报和财务责任更加严格。然而,每一个IT项目都有独一无二目标、规模和目的,故它们的审批过程不可相互复制,且决策需要使用专门的标准和方法进行具体事务的分析。

基于一系列跨行业的研究,Weill 和 Olson (1989)、Weill (1991)以及 Weill 和 Broadbent (1998)的研究,不是所有的IT投资决策都多种多样,但是大体上可以被定义成5个基本类型:战略、信息、交易、基础和强制型。这些学者建议企业应该在IT决策制定过程中应用权变理论,投资的类型和投资内容决定了投资评估所使用的标准(表13.2)。他们也认为每种类型都有一个较普遍的评估方式。但是另一些学者认为单一评估标准不能把握IT投资的复杂性,它将会导致评估失效。

Farbey等人(1992)为IT项目提供了一个多重评估方式,每一种方式都适用于一组情况。在一定条件和既定目标下,选择一个适合的方法和标准是对任何一家企业的挑战。一个企业必须能够平衡评价方法和标准的严格性及效率性。为了协助企业找到这种平衡,Farbey等(1992,1994)设计了一个很有效的评估过程,它可以决定评估内容的先后关系、得到相关的特征并找到一个最适合的评估方法。值得注意的是,时间可以改变技术所面对的技术本身和企业自身成熟生命周期相关联的前景,并改变一个人对技术的看法(从投资类别的角度)以及可以改变风险的等级(预期或现实)。

表 13.2　IT 投资分析简化方法

投资类型	描述	案例	适用性测量方法
战略型 IT 项目	此 IT 项目的投资目的是为了改变企业的产品和服务或者是为了改变企业在行业中的竞争地位以获得竞争优势和争取市场份额；总的目标是为了刺激销售	客户关系管理(CRM) 忠诚计划系统 中央预定系统(CRS)和集成收益管理系统(RMS) 网站 移动商务 客房设施	提升收入和市场份额的增加率以获得与竞争优势相关联的长期目标
信息型 IT 项目	此 IT 项目的投资目的是为了企业信息和交流设施的开发，为企业管理和控制获取更有利于企业决策制定的信息	会计 商务智能(BI) 平衡计分卡 数据挖掘技术和决策支持工具 数字标牌	确定资产收益率为改善决策制定和企业绩效测定中期目标
交易型 IT 项目	此 IT 项目的投资目的是为了支持企业运营，包括了重复性交易；主要任务是成本削减、生产率、效率和节约劳动力	销售点系统(POS) 饭店管理系统(PMS) 销售和餐饮 便利站 能源管理 采购 考勤管理系统	通过 IT 项目来减少直接人工；生产率及效率标准
基础型 IT 项目	此 IT 项目的投资目的是为了提供基础性和支持性设施来提高企业信息技术共享的服务和能力。评价标准是投资的实用性	操作系统升级 硬件升级 有线和无线网络 安全	强调 IT 基础设施的应用，成本降低和/或(战略)使能能力。传统会计测量(例如，NPV, IRR 和投资回收率)以及其与主观评价的结合测量方式都常常用来评测此项
强制型 IT 项目	此 IT 项目的投资目的是为了在行业中进行竞争，否则企业就面临倒闭；投资是被强制执行的或是竞争需要	萨班斯—奥克斯利法案 支付卡行业数据 支付卡行业数据安全标准(PCI DSS) 客房互联网接入	在这一项中，不存在对进入性企业、竞争性企业和市场维持性企业的建议测量标准。投资可以被计入沉淀成本

来源：整理自 Weill 和 Olson (1989)，Weill (1991)，以及 Weill 和 Broadbent (1998)

不管哪一种项目类型，企业的决策都应该是严格的、深思熟虑的，并且尽量客观，以确保企业可以恰当地调配它的资源，并可以将 IT 项目与企业战略相结合以及降低投资风险。新技术项目投资决议的启动，经常先从一些企业员工有关企业的想法、问题和需求之类的非正式讨论开始。当这些想法激发广泛的兴趣并成为一种动力时,它就进入了企业的预算处理过程。当这个特殊的项目寻求适合的投资时,它必须作为一个正式的商业案例被提送给执行委员会从而获得正式的投资。如果企业的管理者对这些议题很感兴趣的话,这个过程甚至可以编入企业管理条例。一个饭店业的主管描述这个曾经在他饭店里发生的过程为"在闲聊中发生的趣事"。最后,最好的项目必然拥有充分的理由和准确的定位以获得企业投资。

因为很多饭店企业在成功建立IT项目和实现获利之前,曾经有过投资失败的记录,所以企业的管理者已经学会了更加小心谨慎地处理IT投资议题,甚至预先考虑到在投资过程中可能出现的各种问题,并且对各种问题进行全面了解,以确保企业能够投资于最可行的项目。这个辨别过程就是一个典型的多步骤过程,包括了组织中各种人员、层级和部门。最终的决定能够尽可能地满足不同企业利益相关人的各方面需求(比如,顾客、员工、特许经营商和股东)。决定一般由委员会作出,但是这个过程将是相当艰难的,因为在此过程中包含了很多未知因素,比如,利益无法定量、未知风险与可靠性程度以及有限的可供参考的历史/标准等。

以下是一个使用传统的资本预算方法的案例,这个方法是从一个企业决策者概览或定位企业的形式开始的,它包括了需求/利益分析。这样的方法将确定项目的目标、范围和时间安排;为这个项目提供了基本的或合理的理由;以机会、威胁、风险和竞争者行为来评估市场;对财务利益和ROI进行讨论并提出相应的解决措施。表13.3描述了这个典型资本预算法的组成要素。

表13.3 建议的资本预算法内容/结构

1. 经营综合报告
2. 问题/机会的阐述
3. 项目的定义和范围
4. 需求分析和与企业战略相协调
5. 竞争者行为评估和行业趋势分析
6. 项目预算和投资需求
7. 关键要素评估
8. 成本-效益分析,包括财务分析、现金流和净现值(NPV)
9. 风险评估
10. 备选方案分析
11. 推荐
12. 项目工作计划和时间安排
13. 表决
14. 附录(如需要)

第十三章 以信息技术的投入带动公司价值增值

商业案例通过分析过程来引导企业决策者,它是启迪决策者进行判断的基础,从而做出最后的决定。它可以确保 IT 项目与企业战略进行适当的协调,以获得投资的成功。这个过程的准确程度和对有形资产测量的依赖度都是根据组织属性,比如规模、结构、文化、企业战略和行业地位的不同而不同。这些变量可以根据结构环境变量来定性,从而使得这些变量可以减轻 IT 项目投资决策和决策制定后的企业状况和经营环境的变化。环境变量是从企业运营环境中派生而来的,为投资决策过程制定步骤会使得评估过程和最终决定不过于急促。

环境变量也引出了另一类别的或结构的变量,被称之为过程变量。过程变量被定义为一个真实的评估和决策过程,它取决于大量因素,涵盖了过去所有用来评估备选和决策的方法及技术,包括评价实例和决策标准以及这个过程的规范程度、严谨度等等。过程变量可以根据 IT 项目的类型或分级的不同而不同,反之,过程变量也对包含在 IT 项目变量结构中的项目变量有所影响。项目变量也对过程变量有所影响,它同时也可以与 IT 项目或投资决策直接关联。一个项目的特别属性或特征定义了项目的强势、弱势、机遇、成本、利润和风险。项目变量由于为过程建立的标准所定义,关系到正在评估的决策能否通过。它包括定量和定性的、有形和无形的测量。例如,所有的企业都将 NPV、投资回收率和战略组合作为三个考量所有 IT 投资项目的重要指标来研究。

图 13.2 标出了内部环境、过程和项目建设之间的关系。外部环境推动了企业战略和环境的变化。这与战略管理文献相一致,这些文献认为企业就像一个生命体,必须对它所生存的环境有所反应。这也算是一种对协调一致性理论的反应。简单来说,协调一致性原理建议如果一个企业理解外部环境对于其企业业务的影响和对于行业未来的冲击,那么企业计划和发展它的战略将可以更好地利用环境机遇以及减小威胁,通过坚持投资以创建产品和提供服务(例如,竞争方式),企业可以更恰当地分配和配置企业资源(例如,人员、资本和技术等),从而超越其他竞争对手,获得竞争优势(Chandler, 1962; Thompson, 1967; Bourgeois, 1980; Venkatraman 和 Prescott, 1990; Olsen 等, 1998)。从协调一致性过程概念的表述可以看出,企业内部环境可以产生战略和过程,战略和过程也可以指导 IT 项目投资决策(Kearns 和 Sabherwal, 2006/2007)。事实上,过程和项目之间更像是二重或双向的关系,项目通常驱动过程(Farbery 等, 1992)。比如,当一个项目的利润是显而易见的,那么这个评估过程将是流程式和松懈的,而当一个项目是模糊或者具有较高风险时,过程将会更谨慎、更被仔细衡量。

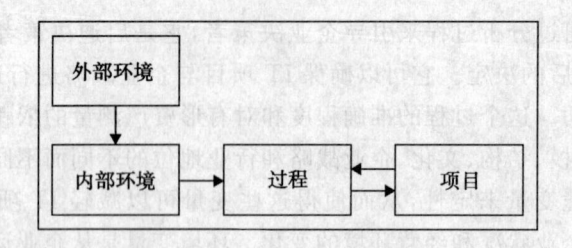

图 13.2　内部环境、过程和项目构建之间的关系

在弥补对于 IT 项目测量的差距中,对变量的重要性和合适性的确认是一个前提性步骤,很多著名的学者都认同这一点(例如,Mahmood 和 Mann,1993;Saunders 和 Jones,1992),且业内人士也在管理实践中进行借鉴。明确了测量的需求,企业就可以开始探索怎样最有效地测量变量;开发适合的工具、技术和仪器,以及拓展新知识——从理论到应用——包括所有的 IT 项目,不分类别(比如,战略、信息、交易、基础或者强制型)。

表 13.4 提供了一系列的关键性内部环境、过程和项目结构以及与 IT 投资决策制定相关的变量。根据权变理论,具体测量方式可依据企业的不同而不同,它依赖于项目本身的情况和企业的考量,变量列表代表着企业用平衡计分卡(Kaplan 和 Norton,1992,1996)来进行项目评估的起始点。

结论

IT 是一个重要的资源,对一个企业的成功与否有着决定性作用。它不再被视作一种简单的技术支持和战术应用工具,这仅仅希望通过 IT 项目的应用而获得效率、减低成本、节约劳动力以及改进生产力。事实上,IT 项目已经在企业战略中承担越来越重要的任务,它可以帮助企业创造竞争优势或赢得新的商业机会。现阶段,企业对 IT 能力的关注集中于开发有差别的产品和服务,制造新产品和服务,建立和维持核心能力。由此可见,企业必须将 IT 投资视为一种资本投资而不是一种期间费用,因为它可以在长时间内进行增值(Applegate 等,1996;Weill 和 Broadbent,1998)。IT 技术的应用和影响必须放在企业宏观背景下进行探讨。

对于功能强大的计算机、智能软件以及正在构建中的信息高速公路、全球远程通信网络的关注都成为一种全球性的商业行为。如果想要在长时间的商业竞争中生存及发展,未来的企业都要转型成为学习型组织,且必须永远可以进行自我更新从而创造价值。一个饭店企业怎样面对由 IT 技术带来的挑战和机遇,将是决定企业成功的关键所在。

表 13.4　企业内部环境、过程和项目构建以及变量

内部环境变量	过程变量	项目变量
企业战略	评估和批准过程：方法、技术和测量	商业考量
组织结构	关键成功因素	竞争优势
组织设施	过程程序	财务业绩
所有权分散程度	参与者和决策制定者	增长率
组织文化	分析层次	杠杆/规模经济
内部条例	严谨程度	战略组合
企业规模和地理分布	审批等级	必要的基本能力
组织发展阶段（生命周期阶段）	评估和决策标准	客户服务
行业地位	定量角色与定性数据的比较	客户满意度和忠诚度
资源、能力和核心能力	评估周期的长度	机会成本和成本规避的影响
产品与服务的组合	商业案例的设计和内容	改善信息质量
IT 组合和基础设备	排序过程	增强决策制定
对于环境不确定的感知水平		财务
竞争强度的感知水平		净现值（NPV）
对于风险的态度		净现值在现值投资所占的百分比
时间安排		投资回收率
补偿和奖励结构		成本—效益分析
		现金投资
		现金流
		对于每股收益（EPS）和股票乘数的影响
		价值创造和经济价值增加值（EVA）
		IT
		资源可利用性
		硬件的适宜性
		技术的生命周期
		功能和技术的要求
		可靠性
		响应时间
		易用性
		灵活、增长和移动途径
		项目
		感知需要
		项目分类
		测量和评估标准
		项目赞助者/拥护者
		组织准备
		员工
		成本
		利益
		使用寿命
		风险
		项目风险
		技术风险
		商业风险
		预期资本回报率
		外部
		备选方案
		竞争地位和市场份额
		竞争者行为和行业反应

为了支持今天经营所必需的复杂技术和基础设施,企业必须增加成本和投资资本,饭店业的管理者必须用合理的逻辑来分派企业资源,以确保他们的决策可以为企业带来效益。管理者的决策不再是一种"跟着感觉走"的行为,或者仅仅是为了应对竞争对手的行为而做出的一种反应。相反,管理者必须具有敏锐的辨别和分析能力,从而确定哪一种技术投资选择决定才可以真正为企业增值。只有那些能够被证明可以使企业增值的项目才会得到投资。今天,增值意味着每一个决策都可以为企业及其利益相关者带来超越投资成本、机会成本以及通货膨胀的回报,并且也意味着企业获得了与预估投资风险相适应的回报。

不是全部的技术性投资都容易计算投资回收率或者其他的经济数据。因为,评估工具的有限性以及对无形资产进行评估的困难性,使得估算信息和知识的价值基本上是不可能的。比如,顾客生命周期价值和企业战略定位,所以企业IT项目的投资决定不能仅仅依赖定量数据分析,但是这并不意味着项目评估的严谨性和责任心的缺失。反而,它意味着当企业评估和制定IT投资决定时,企业的执行者需要制定更加精确的标准或度量。

IT投资决策过程很少是完全理性的,也许添加一些感性因素要比完全理性更适合IT的投资决策。如果硬性要求一定要完美和精准地计算IT项目的财务收益和利益,那么项目投资决策过程将会是非常困难的,所以一些主观的因素会融入这个过程。在这个过程中,准确性如同理性一样,只是出现在某种程度或某种数量级上。它很能说明项目可行性,或者大致可以说明,它也可以改善每一个新项目评估的过程,它与过程、测量和严谨性水平密切相关。准确度最显著的优点是:(1)是一种培育理性决策制定的文化;(2)强调了价值创造,将企业投资行为和资源与战略目标相联系;(3)关注成本和利润。另外,结构、过程和严谨创造了企业责任。最后,作为评估过程的一个结果,企业为其之后的项目评估测量制定目标和基线,从而可以为企业带来更准确的项目聚焦,更好的项目管理、成本控制,最终将带来更成功的可能性。

决策制定和资源配置过程都不是完全理性的,它也像是一门艺术。财务计算和分析的确很重要,但是并不能说明全部问题。传统的、理性的、教科书式的方法并不能完全解决所有问题,因为实际工作中不可能出现与书中范本一模一样的成本—利益问题。对于很多在审查的项目来说,审批的过程如果太复杂和太消耗时间,将会使市场失去耐心和宽恕之心。所以,在某种程度上直觉将比那些硬性的数据更可以经济地解决问题并做出定论。企业管理者必须用某些确定的参数,尽最大可能去计算每一个项目/投资决策。这些参数包括了可利用信息、资源和时间,它(们)可以确定哪一个项目最有可能成功。其实,最终的决定只不过是一种集体性的、经过精密计算的猜测,类似于一场套购保值的赌注。最终，成功商业案例和正确的商业判断是获胜的那一方。换言之，测量、预测和商业案例为管理判断提供信息支持以期保证整个过程的合理性和完整性，转而为决策提供更大的信心。

参考文献

Adcock, K., Helms, M. M., and Jih, W.-J. K. (1993). Information technology: Can it provide a sustainable competitive advantage? *Information Strategy: The Executive's Journal*, Spring, 10-15.

Anderson, E. (1984). *The Sales Person as Outside Agent or Employee: A Transaction Cost Analysis (Report no. 84—107)*. Cambridge, MA: Marketing Sciences Institute.

Antonucci, Y. L., and Tucker, III. J. J., (1998). Responding to earnings-related pressure to reduce IT operating and capital expenditures. *Information Strategy: The Executive's Journal*, Spring, 6-14.

Apostolopoulos, T. K., and Pramataris, K. C. (1997). Information technology investment evaluation: Investments in telecommunication infrastructure. *International Journal of Information Management*, 17 (4), 287-296.

Applegate, L. M., McFarlan, F. W., and McKenney, J. L. (1996). *Corporate Information Systems Management: The Issues Facing Senior Executives* (4th ed.). Chicago, IL: Irwin.

Bacon, C. J. (1992). The use of decision criteria in selecting information system. *MIS Quarterly*, 16 (3), 335-354.

Bakos, J. Y. (1987). *Dependent Variables for the Study of Firm and Industry-level Impacts of Information Technology*. Proceedings of the Eighth International Conference on Information Systems, Pittsburgh, PA, pp. 10-23.

Benjamin, R. I., Rockart, J. F., Scott Morton, M. S., and Wyman, J. (1984). Information technology: A strategic opportunity. *Sloan Management Review*, Spring, 3-10.

Betz, C. T. (2006). *Architecture and Patterns for it Service Management, Resource Planning, and Governance: Making Shoes for the Cobbler's*

Children. San Francisco, CA: Morgan Kaufmann.

Bharadwaj, A., and Konsynski, B. R. (1997). Capturing the intangibles. *Information Week*, September 22, pp. 71-73, 75.

Boonstra, A. (2003). Structure and analysis of IS decision making process. *European Journal of Information Systems*, 12, 195-209.

Bourgeois, III. L. J., (1980). Strategy and environment: A conceptual integration. *Academy of Management Review*, 5 (1), 25-39.

Bowen, P. L., Cheung, M.-Y. D., and Rohde, F. H. (2007). Enhancing IT governance practices: A model and case study of an organization's efforts. *International Journal of Accounting Information Systems*, 8 (3), 191-221.

Boynton, A. C., and Zmud, R. W. (1984). An assessment of critical success factors. *Sloan Management Review*, Summer, 17-27.

Brady, T., Cameron, R., Targett, D., and Beaumont, C. (1992). Strategic IT issues: The views of some major IT investors. *Journal of Strategic Information Systems*, 1 (4), 183-189.

Brynjolfsson, E., and Hitt, L. (1996). The customer counts. *Information Week*, September 9, pp. 48, 50, 52, 54.

Caldwell, B. (1998). Executive briefing: Senior managers get IT enlightened. *Information Week*, March 23, pp. 2ER-3ER.

Carr, N. G. (2003). IT doesn't matter. *Harvard Business Review*, 81 (5), 41-49.

Chakravarthy, B. S. (1986). Measuring strategic performance. *Strategic Management Journal*, 7, 437-458.

Chan, Y. E., and Reich, B. H. (2007). IT alignment: What have we learned? *Journal of Information Technology*, 22 (4), 297-315.

Chandler, A. D. (1962). *Strategy and Structure: Chapters in the History of Industrial Enterprise*. Cambridge, MA: MIT Press.

Cho, W. (1996). *A Case Study: Creating and Sustaining Competitive Advantage Through an Information Technology Application in the Lodging Industry*. Unpublished doctoral dissertation, Virginia Polytechnic Institute and State University, VA.

Clemons, E. K., and Weber, B. W. (1990). Strategic information technology investments: Guidelines for decision making. *Journal of Management*

Information Systems, 7 (2), 9-28.

Cline, R. S., and Blatt, L. A. (1998). Creating enterprise value around the customer … Leveraging the customer asset in today's hospitality industry. *Arthur Andersen Hospitality and Leisure Executive Report*, 5 (1), 2-11.

Davenport, T. H., Hammer, M., and Metsisto, T. J. (1989). How executives can shape their company's information systems. *Harvard Business Review*, March-April, 130-134.

Diebold, J. (1987). Criteria for information technology investment. *International Journal of Technology Management*, 2 (5/6), 583-595.

Dreyfuss, J. (1995). Rethinking the customer. *Information Week*, January 30, p. 28.

Farbey, B., Land, F., and Targett, D. (1992). Evaluating investments in IT. *Journal of Information Technology*, 7, 109-122.

Farbey, B., Land, F., and Targett, D. (1994). Matching an IT project with an appropriate method of evaluation: A research note on ' Evaluating investments in IT '. *Journal of Information Technology*, 9, 239-243.

Geller, A. N. (1984). *Executive Information Needs in Hotel Companies*. Houston, TX: Peat, Marwick, Mitchell & Co.

Grover, V., Fiedler, K. D., and Teng, J. T. C. (1997). Corporate strategy and IT investments. *Business and Economic Review*, 43 (3), 17-22.

Hamel, G., and Prahalad, C. K. (1991). Corporate imagination and expeditionary marketing. *Harvard Business Review*, July-August, 81-92.

Hibbard, J. (with Violino, Bob, Caldwell, Bruce, and Johnston, Stuart J.). (1998). Software gains capital treatment. *Information Week*, January 12, pp. 18-20.

Hiebeler, R., Kelly, T. B., and Ketteman, C. (1998). *Best Practices: Building you Business with Customer-focused Solutions*. New York: Simon & Schuster.

Hildebrand, C. (1997, August 1). The nature of excellence. CIO [Online]. Available: http://www.cio.com/archive/080197_overview_content.html.

Holland, D., and Skarke, G. (2008). Business & IT alignment: Then & now, a striking improvement. *Strategic Finance*, 89 (10), 43-49.

Hubbard, D. (1999). The IT measurement inversion. *CIO Enterprise*,

April 15 (Section 2), 26-31.

Jeffery, M., and Leliveld, I. (2004). Best practices in IT portfolio management. *MIT Sloan Management Review*, 45 (3), 41-49.

Kaplan, J. D. (2005). *Strategic IT portfolio management*. Washington, DC: Pittiglio Rabin Todd & McGrath (PRTM), Inc.

Kaplan, R. S., and Norton, D. P. (1992). The balanced scorecard—Measures that drive performance. *Harvard Business Review*, January-February, 71-79.

Kaplan, R. S., and Norton, D. P. (1996). Using the balanced scorecard as a strategic management system. *Harvard Business Review*, January-February, 75-85.

Kearns, G. S., and Sabherwal, R. (2006/2007). Strategic alignment between business and information technology: A knowledge-based view of behaviors, outcome, and consequences. *Journal of Management Information Systems*, 23 (3), 129-162.

King, M., and McAulay, L. (1997). Information technology investment evaluation: Evidence and interpretations. *Journal of Information Technology*, 12, 131-143.

King, W. R. (1983). Evaluating strategic planning systems. *Strategic Management Journal*, 4, 263-277.

Laberis, B. (1994). Impossible dream: Linking information systems with corporate goals and the evolution of the chief information officer position. *Computerworld*, October 17, p. 24.

Liao, J. (1994). *A Theoretical Model of IS Planning and Business Strategy*. Proceedings of the Decision Sciences Institute, USA, 2, pp. 858-860.

Loveman, G. (1991). Cash drain, no gain. *Computerworld*, November 25, pp. 69-70, 72.

Lutchen, M. (2003). *Managing IT as a Business: A Survival Guide for CEOs*. Hoboken, NJ: Wiley.

Madden, J. (1998). Vendors help IT measure up with variations on the Balanced Scorecard. *PC Week*, September 28, p. 76.

Mahmood, M. A., and Mann, G. J. (1993). Measuring the organizational impact of information technology investment: An exploratory study.

Journal of Management Information Systems, 10 (1), 97-122.

Maizlish, B., and Handler, R. (2005). *IT Portfolio Management: Step-by-step Unlocking the Business Value of Technology*. Hoboken, NJ: Wiley.

Mata, F. J., Fuerst, W. L., and Barney, J. B. (1995). Information technology and sustained competitive advantage: A resource-based analysis. *MIS Quarterly*, 19 (4), 487-505.

McFarlan, F. W. (1981). Portfolio approach to information systems. *Harvard Business Review*, September-October, 142-150.

McFarlan, F. W. (1984). Information technology changes the way you compete. *Harvard Business Review*, May-June, 98-103.

Neelakantan, S. (1996). Tech goofs. *Forbes*, December 30, pp. 18-20.

O'Brien, T. (1997). Redefining IT value: Novel approaches help determine the right spending levels. *Information Week*, April 7, pp. 71-72, 76.

Olsen, M. D., West, J. J., and Tse, E. C. (1998). *Strategic Management in the Hospitality Industry* (2nd ed.). New York: Wiley.

Parker, M. M., Benson, R. J., and Trainor, H. E. (1988). *Information Economics: Linking Business Performance to Information Technology*. Englewood Cliffs, NJ: Prentice Hall.

Parsons, G. L. (1983). Information technology: A new competitive weapon. *Sloan Management Review*, Fall, 3-14.

Peak, D., Guynes, C. S., and Kroon, V. (2005). Information technology alignment planning: A case study. *Information & Management*, 42 (5), 635-649.

Piccoli, G. (2004). Making IT matter: A manager's guide to creating and sustaining competitive advantage with information systems. *CHR Reports*, 4 (9), 5-21.

Plimpton, G. (1990). *The X Factor*. Knoxville, TN: Whittle Direct Books.

Porter, M. E. (1980). *Competitive Strategy: Techniques for Analyzing Industries and Competitors*. New York: The Free Press.

Porter, M. E. (1985). *Competitive Advantage: Creating and Sustaining Superior Performance*. New York: The Free Press.

Porter, M. E., and Millar, V. E. (1985). How information gives you competitive advantage. *Harvard Business Review*, *July-August*, 149-160.

Post, G. V., Kagan, A., and Lau, K.-N. (1995). A modeling approach to evaluating strategic uses of information technology. *Journal of Management Information Systems*, 12 (2), 161-187.

Rockart, J. F. (1979). Chief executives define their own data needs. *Harvard Business Review*, *March-April*, 81-93.

Ross, J. W., and Weill, P. (2002). Six IT decisions your IT people should not make. *Harvard Business Review*, 80 (11), 85-91.

Sabherwal, R., and King, W. R. (1995). An empirical taxonomy of the decision-making processes concerning strategic applications of information systems. *Journal of Management Information Systems*, 11 (4), 177-214.

Saunders, C. S., and Jones, J. W. (1992). Measuring performance of the information systems function. *Journal of Management Information Systems*, 8 (4), 63-82.

Semich, J. W. (1994). Here's how to quantify IT investment benefits. *Datamation*, January 7, pp. 45-46, 48.

Shank, M. E., Boynton, A. C., and Zmud, R. W. (1985). Critical success factor analysis as a methodology for MIS planning. *MIS Quarterly*, 9 (2), 121-129.

Shein, E. (1998). Formula for ROI: IT is gauging project performance to produce tangible results for business. *PC Week*, September 28, pp. 73, 76, 79.

Sprague, R. H., Jr., and McNurlin, B. C. (Eds.). (1986). *Information Systems Management in Practice*. Englewood Cliffs, NJ: Prentice Hall.

Thompson, J. D. (1967). *Organizations in Action*. New York: McGraw-Hill.

Thorp, J. DMR's Center for Strategic Leadership (1998). *The Information Paradox: Realizing the Business Benefits of Information Technology*. Toronto: McGraw-Hill.

Thyfault, M. E., Johnston, S. J., and Sweat, J. (1998). Customer service: The service imperative. *Information Week*, October 5, pp. 44-46, 50, 52, 54-55.

Tobin, J. (2007, October 23). Presentation made at the University of Denver, Denver, CO.

Venkatraman, N., and Prescott, J. E. (1990). Environment-strategy coalignment: An empirical test of its performance implications. *Strategic Management Journal*, 11 (1), 1-23.

Weill, P. (1991). The information technology payoff: Implications for investment appraisal. *Australian Accounting Review*, 4, 2-11.

Weill, P., and Broadbent, M. (1998). *Leveraging the New Infrastructure: How Market Leaders Capitalize on Information Technology*. Boston, MA: Harvard Business School Press.

Weill, P., and Olson, M. H. (1989). Managing investment in information technology: Mini case examples and implications. *MIS Quarterly*, 13 (1), 3-18.

Weill, P., and Ross, J. (2004). *IT Governance: How Top Performers Manage IT Decision Rights for Superior Results*. Boston, MA: Harvard Business School Press.

Wiggins, R. R., and Ruefli, T. W. (2005). Schumpeter's ghost: Is hypercompetition making the best of times shorter? *Strategic Management Journal*, 26 (10), 887-911.

Williamson, M. (1997). Weighing the nos and cons. CIO [Online]. Available: http://www.cio.com/archive/041597_need_content.html.

Xue, Y., Liang, H., and Boulton, W. R. (2008). Information technology governance in information technology investment decision processes: The impact of investment characteristics, external environment, and internal context. *MIS Quarterly*, 32 (1), 67-96.

第十四章 战略执行和实施——通过运营实现战略目标

Peter Jones[①]和 Alan Parket[②]*

引言

在战略管理文献中有一个广泛的认同,企业战略、业务战略和运营战略有着相当大的差别。基本上来说,这三者之间存在着一个等级:大型企业设计其企业战略,目的是提供企业的全局计划;而一个企业中会具有一定数量的、有差别的业务,每个业务都有相应的业务战略。比如,雅高集团旗下的业务包括了饭店、旅行社和餐厅;一旦一个业务战略被设定,业务中的每一个功能范围——市场、人力资源、财务和运营都将启动其自身的运营战略,如图14.1所示。

```
┌──────────┐
│ 企业战略 │
└────┬─────┘
     │
┌────┴─────┐
│ 业务战略 │
└────┬─────┘
     │
┌────┴─────┐
│ 职能战略 │
└──────────┘
```

图14.1 企业计划和控制等级

在制造业企业的业务中,尽管各个功能性战略也需要彼此协作,但它们范围划定非常清晰,这在很大程度上是因为产品的生产是独立的,可以按照时间和地点,从货物的售卖到消费的过程进行划分。但是,在服务业,特别是饭店企业,生

---

① 英国萨里市吉尔福德郡,萨里大学,管理与法律系副系主任(国际)及产品及运营管理国际培训认证协会(ITCA)主席

② 小面包酒店管理公司首席执行长官

* Alan Parker 是萨里大学访问学者

产和消费是同步性的——饭店"生产"一个房间的同时客人也在"消费"这个房间。更重要的是,客人直接与服务的提供方——员工直接接触。因此,服务业的经营难点就是对各个运营战略的区分,如图14.2所示。本章将用小面包酒店管理公司的案例来说明两个理念:服务业企业各个运营战略之间的等级和重叠。

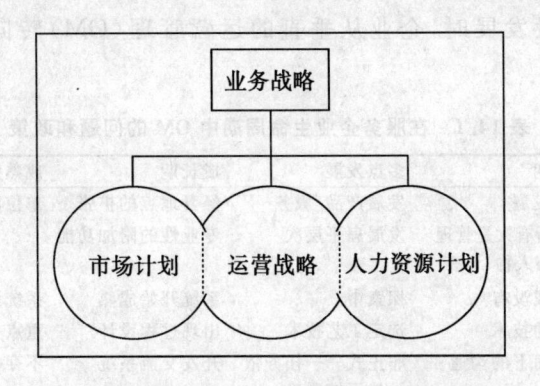

图 14.2　服务业企业功能计划之间的关系

在小、中、大型企业中的运营管理

图14.1解释了建立计划和控制的等级制度理念,我们需要考虑是否所有的业务都参与到计划的全部3个层次。Jones等(2004)在关于小型和中型企业(SMEs)研究中,对此问题得出的答案为"不需要"。SMEs不需要复杂的计划过程,因为它们仅仅在当地市场管理着相对较小的业务,其所有者也会常常直接参与到企业控制中。当企业规模变大之后,它们就会分离出层次,如图14.1所示。在饭店业,这种增长的一个独有的特征是,饭店的扩张是从地域上开始的,在不同的地点开设单体饭店。运营管理(OM)的一个关键特征和它与战略相协调的目的就是管理企业运营链。这就产生了多部门管理的理念(Jones,1999)。

一个服务业的成长模型就是一个服务企业的生命周期(SFLC)(Sasser等,1978)。它假定了服务企业按照一个与其产品相类似的S型生长曲线进行发展。Sasser等(1978)提出了这个周期的四个阶段:

1. 创业期
2. 多点发展
3. 成长
4. 成熟

这个模型暗示,某些企业应该持续性关注于一个单独的产品或品牌。麦当劳在北美的成长就是这类企业的代表。

这个周期的每一个阶段都要面临职能功能改变的问题(包括市场、人力资源、财务和管理)。在饭店业,最好的说明来自于 Olsen 等(1992)的研究,他们对每一个改变都做了一个摘要(表 14.1)。从表中可以清晰的看出,企业从最初的阶段向成熟阶段发展时,企业从垂直的运营管理(OM)转向战略运营管理(SOM)。

表 14.1 在服务企业生命周期中 OM 的问题和政策

	创业期	多点发展	成长期	成熟期
战略关注	理念发展	发展产品/服务	经营地点的扩张	单位成本降低
工作组织框架	企业所有人是管理核心人物	发展扁平层次	专业性的附加功能	
成本控制系统	很小或没有	探索中	系统开始成熟	系统设计完成并投入使用
生产系统	有限的技术	选定工艺技术	出现过程设计	重点关注生产率和效率
产品管理	自上而下的沟通	非正式——任务依然不够明确	开发交流系统	不存在任务不确定性
质量	不规范——输出变量	出现标准——执行单位变量	因地制宜	实施标准作业程序(SOPs)——连锁集团统一管理质量标准

资料来源:根据 Olsen 等(1992)的研究改变。

从规模经济和组织型学习的理论上来讲,单体饭店是完全可以走完整个 SFLC 过程的。但是,仍然有很多企业不能走完这个过程。首先,一些企业不能在始终保持 SMEs 的规模下跨越 SFLC 的第一个阶段,另一些虽然得到了增长但是却走错了方向。然而,一些企业遵循差异化战略——成为了多元产品连锁集团。比如"莴苣款待你"集团(LEYE),是一个起源于芝加哥的大型连锁餐饮集团,自从 2004 年开业以来共开设了 39 家 25 个不同种类的餐厅,从快餐厅到中等价位到高端餐厅应有尽有,还可以提供全球主要风味菜肴。很明显,这个企业的业务战略及运营战略与其他单一产品的连锁餐厅有相当大的差异。

在实践中的战略运营管理

企业做出战略选择的目的是在成本或差异化经营或两者兼备的角度上进行竞争。为了进行差异化,企业需要提供一些与众不同或比其竞争对手更好的产品性能指标。Slacks 等人(2007)确认了 5 个产品性能指标:品质、提供速度、可靠性、灵活性以及费用。也许还应该加入设计和/或功能的原创性,这些指标可以很好地结合在一起。在许多案例中,快餐厅连锁集团必须确保它们可以用很低的成本来提供快速的、可靠的食品和服务;然而,高档饭店的顾客期待的不仅是原创性设计,更是可靠的和高标准的产品和服务。

很少的企业只依靠单一产品进行竞争——企业都是将产品和服务进行捆绑以创造运营战略,它们相信这将为它们带来超越竞争对手的竞争优势。不同行业的政策和实践的不同组合反映了其市场、生产工艺和技术上的不同,企业的运营战略也就随着这样的不同而千差万别。然而,在某些案例中,战略被赋予通用性名称以反映其可以适用于不同部门。表 14.2 提供了一些这种通用性战略的案例,其中一个例子,在很多行业中都被称之为"大众化定制"。制造业企业也可以将此战略引申,即在大众化流水线上制造出来的产品也可以按客户的要求来定制产品。BMW 和 Swatch 都拥有这样的生产方式。这种方式需要顾客放弃一些小的利益来换得交货的速度和更大的灵活性。当然,这个战略也存在于饭店行业,甚至已被使用多年,1969 年和 1974 年 Dave Thomas 分别在温迪(Wendys)餐厅和汉堡王(Burger King)餐厅启用"我选我味"战略。这个战略也适用于咖啡厅,星巴克(Starbucks)就用一些基本的、少量的原材料合成大量的热饮以供不同的客人选择。

表 14.2 在不同行业中的运营战略

行业	运营战略	案例企业
纺织业	计划生产反应	克劳德尔女士内衣有限公司(Claudel Lingerie Inc.)
杂货业	高效率顾客反应	乐购(Tesco Stores)
手表/自行车业	大众定制	斯沃琪(Swatch),中华自行车集团(China Bicycle Co.)
电子商品	时机竞争	索尼(Sony),三菱(Matsushita)
汽车/食品制造业	适时生产	丰田汽车(Toyota)
服装/电子业	延迟战略	贝纳通(Benneton),戴尔电脑(Dell Computers)

资料来源:根据 Lowson(2002)的研究。

饭店业的运营战略

尽管大众化定制已经在这个行业应用已久,但表 14.2 中并没有饭店业的案例。部分的原因是因为,对于饭店业战略运营管理的研究并不多,另一部分原因是,这个行业的自身也没有意识到什么是它的运营战略。尽管如此,在某些部门一些运营战略已经被明确地应用到了。

地点、地点还是地点

　　康拉德·希尔顿先生的名言点明了一个饭店成功的三个最重要的要素,时至今日依旧适用。现在选址的重要性已经不再是个问题,问题是饭店是否将地点的选择纳入企业的运营战略。在饭店行业,业务、市场和运营战略具有重叠性,它们中的每一个都需要将选址纳入其考量因素。选址对于运营的重要性,在于它可以确保饭店的基础设施有效地利用以发挥其最大能力,从而获得最大投资回报和降低顾客需求的变化。因此,在此问题上饭店经营者和餐厅经营者都下足了功夫,以确保企业可以获得尽可能好的经营地点。特别是,在人流密集的地点(大量行人路过的地方),大量车辆通行的地点,在旅游季拥有大量游客的地点,或者其他类似的标准。

适时生产

　　在航空餐饮业中,自从20世纪90年代,一家较大的航空食品提供公司就使用了"适时战略"(Jones,2004)。根据日本在汽车装配厂已经成形的管理实践,现代的航空厨房在它们的运营中使用了现场改善法、看板管理法和防差错法。现场改善法的根据是持续性改进理念,特别是与运营过程相关联的理念改进。看板管理法掌控着精准的企业存货项目,使得企业可以快速地了解库存项目的流动情况。防差错法是一个"防错"系统或者说它是一个故障防护系统,其设计目的是为了保证所有进程都能达到期望的结果。总的来说,这些方法和其他相关联的政策就是为了保证航空餐饮企业降低循环时间(过程中所占据的时间)、减少浪费、削减库存、减少成本和更安全可靠。这样的运营战略是极其重要的,尤其在今天,世界主要的航空公司都在纷纷削减航空食品的预算,以应对来自低成本或者经济性航空企业的激烈竞争,另外这些航空公司也要面对经营环境的改变,因为近些年发生的例如"9·11"、SARS和海湾战争等因素使得顾客的需求越发充满不确定性。

流水线服务

　　快餐业是另一个具有清晰运营战略的行业,虽然这个行业的管理者们不再喜欢"快餐"这个名称而更喜欢被人称呼为"快速服务业"。但是本文坚持使用"快餐业"这个名称来说明这样的战略为这个行业带来的成功超乎想象。Ray Kroc认为麦当劳兄弟设计出了一种工作方法(一个运营战略)———一个竞争优势。他们两个设计的这套系统目的是将刚出锅的、热气腾腾的食物卖给顾客,就如同一个现货供应的零售商(这也是为什么最初的餐厅被称之为商店的原因)。这要求有一种热的食品可以预先按照顾客的需求被快速地生产和包装,更可以在适当条件下保存以供销售。这个产品还必须可以用手抓着吃以方便客人在室内或室外的任何地方享用,而汉堡包就是可以满足以上所有要求的完美食品。快餐之所以快就是因为以上的这些特征。高的销售速度也要求企业必须拥有较高的销售量,如果这些不易保存的食品已在橱窗等待销售,那对客流量的要求就更高了。为了吸引大量的客人,这些产品的价格要比较便宜,产品也必须可以快速和容易生产,因此餐厅的菜单只提供有限的种类以确保食物生产可以简单化。今天很多这种简单的任务都机械化处理了。在对服务行业的讨论中,Levitt(1972)就使用了快餐业作为首选的"流水线"案例——一种服务行业。

普及性战略

"快餐战略"作为一个运营战略是如此的成功,以至于创建了一个全新的行业部门。使用且成功执行这种战略的企业都获得了竞争优势进而成长为行业的领导者,在很多案例中,它们甚至获得了全球的市场份额。但是,这个战略毕竟从20世纪50年代就已开始使用,企业需要去探寻新的战略。20世纪90年代——快餐业已经全面开花的时代,另外一种被称之为"普及性"的战略开始出现。新的战略是在一种关于市场或产品销售的二选一想法中获得的。当商店或餐厅持续运营时,它也要作为一个中央工厂和/或其他销售渠道的产品集散中心而存在,例如家庭送餐、售货亭、购物车甚至是自动售货机。比顾客亲临餐厅购买食物更好的是,这些食物很快就能送到顾客手上。新技术的发展为这个战略的实施提供可能。更好的餐厅设备可以让热的食物在更好的条件下以更安全的方式被长时间保存,而且信息技术也允许餐厅的管理者可以远距离地追踪销售和监视员工操作。这个战略的一个特征是改善连锁企业的运营以更适合多元管理。餐厅主管变成了市场主管,同时对不同类型的销售渠道负责。他们被充分授权,他们的区域管理控制权也不断增加,在某些案例中,甚至可以从12个部门跨越到30个部门。这个案例几乎可以证明这样的一个理念——一个战略需要适合运营的所有要素。这个例子也说明,过程和技术的改变也需要市场和人力资源的相应转变。

自助服务

流水线技术针对的是服务人员,虽然自助服务采用的是类似的概念,但是它针对的却是顾客,也就是说,任务相对简单,过程自动执行,控制是行动的一部分。在饭店业有很多这方面的案例——自助入住和退房、自助餐厅酒水的取用、客房迷你吧、在线预订等。

Ⅳ篇 执行竞争力

革新

另一个运营战略就是革新,它是多产品餐饮连锁企业的基础战略。这些企业的强项和竞争优势,就在于开发新的理念并且成功运行它们。"莴苣款待你"公司(LEYE)不是仅有一种业务,它更提供企业服务、运营系统、服务和饭店、培训和发展、烹调、理念创新、产品发展和运营研究方面的咨询服务(LEYE Consulting, 2004)。例如,企业聘用了一位"艺术和创造总监",其首要的职责包括:理念构思、属性开发和食品风格(基于)概念板块的发展,历史和社会的研究、资料选择和菜单书写。

全面质量管理 (TQM)

如果没有提及 TQM,那么对于 SOM 的讨论就是不完整的。许多饭店业企业都认为它们的成功全都有赖于这样的一个战略,但是只有一家企业是这样做的——丽兹卡尔顿酒店集团。从 20 世纪 90 年代开始,丽兹卡尔顿就两次赢得久负盛名的波多里奇质量(Malcolm Baldridge)大奖。学术界有很多关于 TQM 的研究,在饭店行业它和庭院管理都是最重要的研究领域之一(Jones 和 Lockwood, 1998)。尽管如此,因为环境的复杂性,在服务行业中执行 TQM 是比较困难的。TQM 包括很多概念,比如,品质控制和品质保证是需要应用于整个企业的,从后台到前台和从会议室到工作间。对这个战略进行挑战的一个案例也是丽兹卡尔顿,它认为在客房部的运营中平均每 100 万次的工作就有 7 万个错误。所以,它的 TQM 目标已经转向了用"6 西格玛"将这些错误降低到每百万次工作仅出现 4.3 个错误,且提供 100%顾客满意的同时为企业节省大量成本。

产量控制

最后,我们必须考虑饭店收入管理是否属于战略范畴。服务企业所面临的主要挑战之一就是需求的不确定性。设计一套系统来管理顾客需求当然有其战略重要性。但是收入管理并不是一个战略,除非它作为产量控制战略的一个部分。运用这个战略并且获得成功的企业就是柏斯中心(Center Parcs)度假村连锁集团(Jones, 2002)。这是一个在欧洲运营度假村的企业,主要针对短期休闲市场,在其中的一个度假村只提供三种选择,三晚的别墅预订(从星期五到星期一)或者四晚工作日休假的预订(星期一到星期五),或者两者合并预订。通过严格限定预订天数,柏斯中心在这家度假村获得了每年 92%～95%的入住率,接待了超过 3 000 名顾客。支撑这个战略的是一个精准的预测和先进的预订系统,以及针对工作日(星期一到星期五)而设计的客房管理运营系统,可以随时为超过 600 间的客房预定而做好准备。

第十四章 战略执行和实施——通过运营实现战略目标

同时执行多个运营战略是一个很大的挑战,因为这些战略的战略目标必须是互容的。因此,应用产量控制战略的企业也会同时执行 TQM 战略;高市场渗透(普及性)的连锁企业也在寻求创新……。以下就以小面包酒店管理集团为例:

实践中的运营战略:小面包酒店管理集团

2005 年,小面包酒店管理集团成为英国最大的一间饭店企业,旗下拥有 60 000名员工,15 亿英镑的营业额。集团的一个特征就是,在饭店行业内拥有不同类别的众多知名品牌。这些品牌是[①]:

- 万豪酒店(Marriott)——小面包集团是万豪酒店在英国的特许经营商
- 最佳旅行酒店(Premier Travel Inn)——英国最大的经济饭店连锁品牌
- 星期五餐厅(TGIFridays)——另一个美国品牌,属休闲餐厅
- 必胜客(Pizza Hut)——一个国际快餐品牌
- 科斯塔咖啡(Costa Coffee)——英国第二大咖啡厅连锁品牌
- 大卫利奥德休闲中心(David Lloyd Leisure Centres)——由英国网球选手创立并命名的品牌

小面包集团的使命和战略是在每一个它所涉足的领域都可以成为"最好的"。这需要企业关注品质和品牌标准的传播,而支撑这个要求的是拥有"最好的"饭店员工和强有力企业文化的承诺。集团的企业文化是"小面包酒店管理集团的四个信念指导我们的行动":

- 我们相信我们的员工和团队
- 我们相信客人需要被殷勤地对待
- 我们相信我们会赢
- 我们相信我们每天都在进步

小面包的运营同样面临着其容量有限性的挑战。然而,它的另一个运营战略的关键特征就是进行可利用率最大化或各品牌运营的相互支持,支撑这个战略的方法就是企业营业地点的选择。另一个解决方案就是培育客人的忠诚度——发展"会员制",这个策略被各类品牌广泛采用。这些会员制有的是必须的(比如大卫利奥德休闲中心),有的是发放忠诚卡或奖励卡(比如万豪、必胜客

[①] 自从 2005 年底,小面包酒店管理集团为了更加关注两个核心品牌的增长——最佳旅行酒店和科斯塔咖啡,集团已经分离掉一些品牌。

和星期五餐厅)、还有一些则是使用充值卡(比如科斯塔咖啡)。这些方案,就像网络预订系统一样,为每一个品牌提供不断增长的、大量的消费者联系信息,特别是Email地址,这就可以允许品牌发展一对一市场。这些数据更可以用来测量顾客的满意度,以及对企业的服务质量及品牌标准进行监管。

  为了执行这个运营战略,集团要制定一些广泛适用所有品牌的政策和工作程序,这些政策和条例是以图14.3为参考模板的。此外,企业还必须要对使用者和他们的态度予以调查,从而确保为每个品牌量身制定出有针对性的战略,由此可以看出,战略的设计依赖于产品和服务的标准。小面包集团对其战略执行有个很浪漫的称呼叫作"作曲"。模板的要素可能包括产品改造和维护、顾客评价系统、顾客保证、员工招聘条例、品牌审计和员工培训。战略的执行是一种测量的方式和特殊的工具,它可以用来监视企业政策和工作程序的实施。

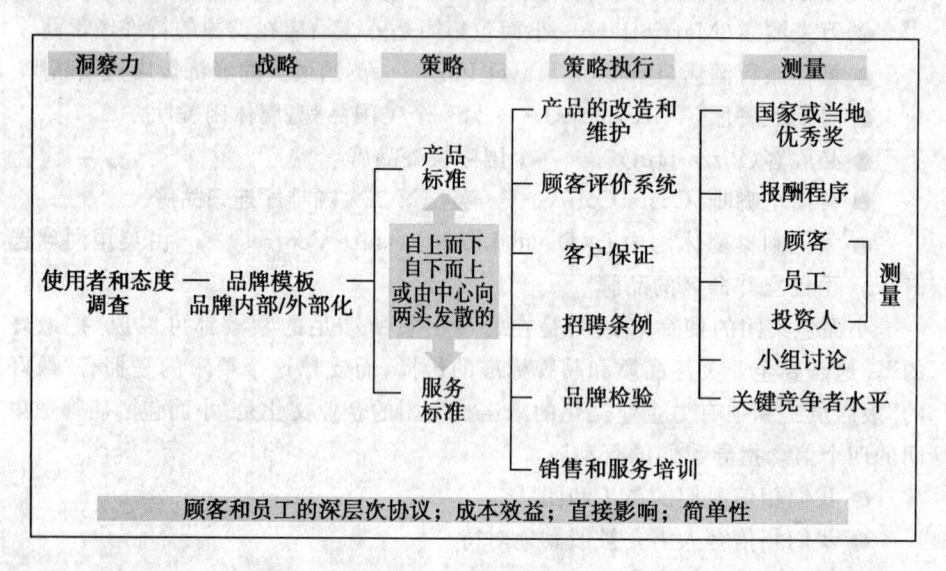

洞察力	战略	策略	策略执行	测量
使用者和态度调查	品牌模板 品牌内部/外部化	产品标准 自上而下 自下而上 或由中心向两头发散的 服务标准	产品的改造和维护 顾客评价系统 客户保证 招聘条例 品牌检验 销售和服务培训	国家或当地优秀奖 报酬程序 顾客 员工 } 测量 投资人 小组讨论 关键竞争者水平
顾客和员工的深层次协议;成本效益;直接影响;简单性				

图 14.3 小面包品牌模板

  测量的基础是平衡计分卡,由 Kaplan 和 Norton 在 1996 年发明。在小面包的案例中,有3个要素是为关键性利益相关人群体——投资人、顾客和员工而设立的。通常,7个项目需要被测量,它们中的6个应用于全部品牌,这6个项目分别为:收入、利润、顾客满意、健康和安全以及员工满意。剩下的一个则比较特别,它与某些常用的测量相关(入住率、座位周转率、每天的客人接待量等等),它就是基准测量——用来一对一的比较运营绩效单位。

第十四章 战略执行和实施——通过运营实现战略目标

万豪英国

2005年,依据集团与万豪酒店管理集团的特许协议,小面包运营了超过70家万豪酒店,大多数饭店设计为针对企业和商务市场的四星级标准,其中的7家为万豪万怡品牌(Courtyard)针对较万豪稍逊一些的市场。万豪英国的品质和服务战略基本上遵守由万豪美国总部制定的方针。在这里,员工被称之为"伙伴";在这里,企业文化是服务至上。该品牌使用收益管理系统来管理饭店容量,这点与其他的国际连锁饭店相似。

最佳旅行酒店

目前,这是英国最大的饭店连锁品牌,拥有超过470间分布在主要高速公路、市郊和小镇上的饭店。在它的市场部分,除了登记入住和退房,顾客不太甚至不需要与员工直接接触。饭店本身并不负责提供食品和饮料,但是在饭店附近会配备一个独立品牌餐厅。饭店的运营非常重视产品品质,也就是说,该品牌对于客房的清洁和设施标准非常重视。比如在饭店就有"晚安保证"计划——"我们保证您会拥有一个清洁、舒适的房间和友善、高效的服务——我们将为您的睡眠提供周全保障。如果我们不能实现我们的承诺,我们将退还您的金钱",饭店为所有的房间都制定了一个基本价格。2005年,市郊饭店的客房为每天45英镑,市中心或高配置客房的价格稍微高些。尽管饭店没有进行收益管理,但是它依然获得了较高的平均入住率和收入。

星期五餐厅

它是休闲餐厅中的国际品牌,在英国它就拥有46家分店。它是最早开发多种风味食品和快乐就餐氛围的美国主题连锁餐厅之一。餐厅员工为营造餐厅氛围做出了相当大的贡献,所以,餐厅总是拥有与众不同的、有力量的企业文化,而企业文化又增强了员工的服务意识,从而使得品牌走向世界。

必胜客

必胜客是全球知名的披萨快餐连锁品牌,在英国就拥有4种不同类型超过500间的餐厅。

- 全服务:正餐和外卖,这种餐厅提供正餐零点和外卖的完整菜单。
- 以餐厅为基础的外卖:正餐、外卖和送餐,这种餐厅提供全服务产品,同时也为居住在指定区域的顾客提供送餐服务。
- 快餐:堂食和外卖,这种餐厅使用简化菜单为英国一些拥有食堂和休闲广场的企业提供一种新颖的、非正式的、快速的餐饮服务。

● 家庭服务：快递和外卖，这种餐厅提供快递和外卖两种服务。它的菜单也是为这两种服务方式定制的。送餐服务也针对居住在特定区域内的顾客。

科斯塔咖啡

在英国这个品牌的竞争对手包括世界级的星巴克咖啡，英国本土的 AMT、Ritazza、和 Café Nero。就像必胜客一样，科斯塔是以"速度"和"可靠性"取胜的。在英国，科斯塔咖啡得到了飞速的发展，截止到 2007 年底已经拥有 750 家分店。

大卫利奥德休闲中心

它是英国体育与休闲市场中的领军企业，在英国拥有 69 家中心和超过 30 万的会员。整个品牌拥有 1 万台运动器材和 100 多个游泳池（一半为室内），拥有全英国休闲中心品牌中无可匹敌的 500 块网球场（超过一半是室内网球场）以及最先进的网球设施、100 块羽毛球场和 85 块壁球场。另外，该中心还拥有健康和美体 SPA 设施、提供免费上网接入的俱乐部、托儿所和专业体育用品商店。会员在接受完一对一教练指导或参加培训班（每个中心每周提供超过 40 种运动课程）之后，就可以使用所有设施了。大卫利奥德休闲中心 5 000 名雇员中包括了超过 500 名的专业健身美体专家和超过 200 名网球职业选手。

小面包的运营战略

本章已经介绍了很多的战略——选址、适时制造、流水线、普及性、自助服务、创新、TQM 和产量控制，其中的一些已经被小面包集团应用在管理实践中。

选址、普及性和创新是集团关键性战略。集团旗下的所有品牌都有其非常明确的标准来指导它们地址的选择。普及性是集团的另一个特征，特别是在大众化市场。最佳旅行酒店和科斯塔咖啡的快速拓展以确保它们在英国的市场份额。同样，必胜客 4 种不同类型餐厅的设计，就是为了向普通餐厅客人和外带及送餐客人提供个性化的服务。外卖市场对于科斯塔咖啡也非常重要。最后，为了保证品牌的新鲜和吸引力，创新也是重要的，新产品可以保持品牌的新鲜感，引发市场宣传活动以及促销，从而吸引顾客的眼球。必胜客和科斯塔就经常推出新品种和特别推荐。

适时、流水线和自助服务也同样适用于很多品牌——科斯塔和最佳旅行酒店——简化和加快服务速度，但是这更像是运营改善的结果而并不是关键性的战略行动。产量控制对所有品牌都很重要，但是小面包并没有制定专门的措施以管理这个战略去赢得竞争优势。当集团考虑如何保持品牌标准和提供可靠的产品和服务时,它也没有注意对 TQM 战略的运用。

最后,值得注意的是,运营只是企业获得竞争优势的一个方面。企业也可以在市场和人力资源基础之上进行竞争,小面包酒店管理集团就是其中的一个成功案例。在一些广受欢迎的品牌中,企业很明显的是通过市场来做竞争的,同时它也使用平衡计分卡来强调它对于人力资源和人力资源战略的高投入。有趣的是,管理者,特别是区域管理者,常常通过运营功能将所有的战略进行整合和管理。区域经理会特别重视确保其每一项工作都要符合品牌标准,比如,在他们进行质量检查时,会参考神秘顾客的意见以及研究顾客的投诉。他们也重视其部门人员招聘、人员选择以及员工培训。所以,很明显,企业的运营不能从市场以及人力资源中分离出去。

战略运营执行的关键要素

对小面包运营战略和它运营成效的检验证明了 SOM 和 OM 的区分是非常重要的。很多饭店企业去了解新政策、程序和了解预测、电子销售点系统、存货控制、流程再造、质量圈、授权和持续改进项目等等的运营方法,以上的每一个项目都对企业的运营有所帮助,但是它们单独的每一个都不能算作战略,除非将它们进行整合以及将其与企业商业战略结合。

战略的执行和战略的计划有着同等重要的地位,因为它可以有效地帮助企业管理者在特殊的政策及过程中发现更多细节,这些细节才是形成战略的关键点。这些关键点也许由关键性的战略行为、核心竞争力、过程、能力、资源和技巧构成(Lowson,2002)。在饭店企业,一个或多个运营战略的关键性和通用性要素为以下几点:

基准

就像我们从小面包集团的案例中看出来的一样,不管是在同一间企业进行绩效评估还是与其他企业进行绩效比照,基准的重要性得到越来越多的认识。基准有两种选择方法:以最后的绩效为基准,或者是在运营过程中以最好的工作实践作为标准。饭店在很多年内都使用平均房价和平均入住率的比较数据来评估客房绩效。近些年基于互联网系统的革新使得企业可以实时地进行这种比照。另一些系统,比如英国饭店协会的饭店保证(*Hospitality Assured*)计划更允许企业比照国家标准并且找出这个行业的最佳运营实践。

持续改进

顾客的喜好、期待和竞争行为的快速改变,以及科技的不断进步都需要企业的管理者持续地改进顾客体验。持续改进(CI)包括提高产品/服务的品质以及进行过程改进。前者需要持续研究顾客需求和他们的满意水平;而后者则需要将已有的过程精炼以获得更高的效率。一些工具可以帮助企业获得CI,包括菜单设计、客户满意调查、时间和行为研究、差异分析和神秘顾客。

缩短周期

从系统中剔除无用工作以获得周期的缩短。日本拥有大量全球领先的行业企业,比如摩托车以及电子产品,领袖级人物就是大野耐一(Taiichi Ohno)——丰田集团前任首席工程师。他认定了7项典型浪费时间的行为:

1. 做得过多
2. 等待
3. 运输
4. 能力缺乏灵活性或者缺乏过程的机动性
5. 没有必要的存货
6. 没有必要的讨论
7. 过失

有一个方法可以对改进进行识别,就是为运营设计一个蓝图或者流程程序图。这意味着要对过程中的每一个阶段进行辨别,从而寻找减少浪费的机会:剔除一些程序,简化或将某些程序自动化,或者同时做两个或更多事情。对于CI的关注就是对员工和顾客的关注,而循环时间的减少主要是依赖技术和系统的改善。

需求预测

绝大多数饭店企业的运营都是围绕顾客的多种需求开展起来的。高效、有效的运营追求的是对未来顾客需求的预测和相应系统的掌控。饭店和餐厅一般使用的是预订系统,而且绝大多数的饭店连锁集团都拥有收益管理系统(除经济饭店之外,因为这类饭店的房价浮动程度不大)。

跨功能过程设计

任何系统运营的薄弱点就是各子系统间的配合。典型的饭店顾客入住体验包括与大量属于不同部门员工进行接触——门童、前台、客房、客房服务等等。早在1948年,Whyte就指出餐厅服务人员和厨师的互动障碍重重。近些年,

第十四章　战略执行和实施——通过运营实现战略目标

Anthony Bourdain（2000）在他的书中提供了几个让两个团队员工变得疏远的案例。面对这种情况，一个解决方法就是改变过程设计以减少不同团队的接触，另一个就是雇佣拥有多种技能，可以在企业不同部门工作的员工。比如，一些航空餐饮企业聘用一些管理人员来负责其市场部分并对整个过程进行控制，也就是说，这些管理人员在对企业存货、冷热食品进行管理的同时也要对餐盘/送餐车进行调配。

信息和沟通技术（ICT）的整合

本章讨论了很多企业核心能力，比如需求预测、持续改善、物流以及弹性雇员制，它们都可以通过 ICT 实现，因为 ICT 可以提供瞬时而精准的数据交换或数据分享。就如我们在小面包案例中所看到的那样，这样的信息系统越来越多地为企业提供通用信息平台，而这些平台通常与互联网连接在一起。即使在其他行业，ICT 对于运营的影响也是非常明显的。比如，零售业已经在发展网上商店，就像我们熟知的 www.Amazon.com。在金融服务领域和旅游业也可以看到相似的影响。除了销售和市场之外，ICT 对饭店业的影响并没有那么显著，这是由饭店的特性决定的，饭店业所倚仗的是顾客和饭店设施的互动，也就是说，客人在饭店最重要的事项就是睡眠。

物流

这里是指高效、有效的运输，对于原材料的处理和储存，甚至有时不仅指企业内部还指整个供应链。通过 ICT 的使用，现代企业实现了电子销售点销售（EPOS），这使得企业可以与供应商直接联系，从而令企业可以精准地根据消费者需求来配置存货，降低存货量不足或者积压货品的风险。

多能力

多能力可以用来选择和培训员工使得他们可以胜任多个工作岗位。多能力不同于多任务，多能力是雇员在不需要培训的情况下就可以开展一系列的工作。多能力的应用包括了以下几个原因：
- 即使是在日常工作中，管理者也要非常有效地进行员工工作计划。
- 降低员工的流失率，特别是兼职员工。
- 增强团队合作。

绝大多数的快餐行业员工都是多能力的，但是其他行业对此类员工的需求也开始增加。有时，多能力也被称之为功能弹性化。

弹性雇员制

实行功能弹性化的企业或许也可以同时实行弹性雇员制。这个方法通过对员工工作时间上的计划和控制来实现,以尽可能地减少劳动力成本。弹性雇员制的形式多种多样,包括全职员工,兼职员工以及临时员工;员工拥有机动的工作时间,以及拥有加班和以小时计算的合同。

培训

员工通常接受到的是直接与他们的职能相联系的绩效任务培训——包括技术方面的培训或者对客户服务方面培训。然而,作为战略的一部分,培训应该走在这些的前面,更应该包括技能之类的培训,例如应该包括问题处理、决策制定和创新方面的培训。比如,哈雷摩托(Harley Davidson)的制造商就培训他们的员工技术方面的知识。

战略运营管理的未来

分析 OM 的新政策、实践和技术的未来走势相对比较容易,它可以为企业运营带来新的方式,但是对于新战略运营政策的预测则要难上许多。在许多行业中,网络已经成为影响战略的最主要因素,比如 www.Amazon.com 网站就给图书零售业带来革命性的改变。网络最关键的角色就是提供一个公共平台,从而对来自于各种资源的数据进行整合处理。饭店企业用这项功能对其员工进行更合理的工作时间安排。即使是在知名的饭店连锁集团,部门主管或者总监仅用简单的纸笔来安排员工的值班表。但是这样的人力成本计算方法已经太落伍了,改善劳动力成本永远不迟,网络可以为饭店的全部管理人员提供一个标准的工作时间安排的界面。另外,网络更可以为这些管理人员提供有关他们所作的决定、会对未来的劳动力成本和收益产生怎样影响的快速反馈。而且很多高级经理可以通过网络来检测综合数据或者他们自己的计划表,以分析他们的计划是否会带来超额成本。一个对于国际连锁集团的研究发现仅在客房部一个部门,以互联网为基础的劳动力工作时间安排,就可以为企业节省 25% 的劳动力成本。

在未来,另一些新的战略可能出现,企业会将现有的运营方法以一种新的方式来进行组合,从而形成一种新的运营战略。或者说,战略通过创造或应用新技术使得企业用一种从未使用过的方式来管理其运营。

结论

让人觉得有些遗憾的是，饭店业的 SOM 并没有得到应有的讨论和研究。其部分原因是因为饭店业在运营、市场和人力资源之间的功能分割并不十分清晰；另一部分原因是因为，很难将管理运营从战略管理运营中区分开来。尽管如此，本章依然作此尝试，很明显，企业已经开始开发和使用战略方式去管理它们的运营，这也为它们的成功做出了很大的贡献。小面包饭店管理集团的案例已经证明，一个企业怎样在多层面中赢得竞争——在企业层面，通过比如合并、收购和对于其他企业的重组来提高竞争力；在商业层次上，可以通过整合运营、人力资源和市场战略；特别是在运营层次，可以通过应用正确的选址战略、普及性战略或者其他运营战略来赢得市场竞争的成功。

参考文献

Bourdain, A. (2000). *Kitchen Confidential*. London: Bloomsbury.

Jones, P. (1999). Multi-unit management in the hospitality industry: A late twentieth century phenomenon. *International Journal of Contemporary Hospitality Management*, 12 (3), 155-164.

Jones, P. (2002). Center Parcs UK. *Tourism and Hospitality Research: Surrey Quarterly Review*, 4 (2), 174-182.

Jones, P. (2004). Flight Catering operations and organization. In P. Jones (Ed.), *Flight Catering* (pp. 148-165). Oxford: Elsevier.

Jones, P., and Lockwood, A. (1998). Hospitality operations management. *International Journal of Hospitality Management*, 17 (2), 183-202.

Jones, P., and Lockwood, A. (2000). Operating systems and products. In R. Brotherton (Ed.), *The UK Hospitality Industry: A Comparative Approach* (pp. 46-69). Oxford: Butterworth Heinemann.

Jones, P., Lockwood, A., and Bowen, A. (2004). UK hospitality and tourism SMEs: Differentiation by size, location, and owner style. *Tourism and Hospitality Planning & Development*, 1 (1), 7-11.

Kaplan, R. S., and Norton, D. P. (1996). *The Balanced Scorecard*. Boston, MA: Harvard Business School.

Levitt, T. (1972). Production line approach to service. *Harvard Business Review*, 50 (5), 20-31.

LEYE Consulting (2004). In: Jones, P. (2006) *Strategic Operations Management*, unpublished. Guildford: University of Surrey.

Lowson, R. H. (2002). *Strategic Operations Management: The New Competitive Advantage*. London: Routledge.

Olsen, M. D., Tse, E., and West, J. J. (1992). *Strategic Management in the Hospitality Industry*. New York: Van Nostrand Reinhold.

Sasser, W. E., Wyckoff, D. D., and Olsen, M. (1978). *The Management of Service Operations*. Boston: Allyn and Bacon.

Slack, N., Chambers, S., and Johnston, R. (2007). *Operations management* (5th ed.). Harlow: Prentice Hall.

Whyte, W. F. (1948). *Human Relations in the Restaurant Industry*. New York: McGraw-Hill.

Ⅴ篇
决策

第十五章 饭店业领导力

Joseph J. West[①] 和 Sabina Ronarelli-Frey[②]

本章将介绍有关领导力以及它对于饭店及旅游业的重要性,并对当今热点问题进行扫描,以理解领导力的重要性以及它对饭店企业的影响。其实在行业中,不成功的领导与成功的领导有着一样多的案例。相对于成功的 J. W. Marriott 来说,Steven J. Heyer——喜达屋(Starwood)被迫离任的前总裁就是一个十足的失败者。Marriott 先生本人从华盛顿的一家名为艾德熊的啤酒馆(A & W Root Beer Stand)起步,建造了一间世界上最大的饭店。与之相反,Heyer 先生及其下属不恰当的表现,结束了他作为一间世界上最大规模饭店的领导者的身份。而相对于 Ray Kroc 来说,Joe Micatrotto 的行为十分的可耻。布卡客股份有限公司(Buca Incorporated)的前总裁 Ray Kroc 是一个对未来充满憧憬的人,他领导一间小型的汉堡企业,并使它成为世界上最大的一间服务企业。而 Joe Micatrotto 曾管理着一间小型的意大利风味餐厅企业,带领它成长并使它被市场接受,他与其他几个管理者合谋从企业中挪用公款,他和其他两位企业执行人以诈骗罪被起诉,最终他以较轻的罪名获罪,被投入联邦法庭监狱并被施以重罚。这些领导者与另一些知名服务业领导者之间到底有什么差别?我们相信,所有的领导者都认为企业是"他们自己的企业",但是他们却有着截然相反的结局。Messer's Marriott 和 Kroc 都明白他们要对"他们企业"的利益相关人负责,但是 Heyer 和 Micatrotto 却不知道这个道理,这就是问题的关键。全球经济环境一直在飞速地改变,企业的领导者也在面对着前所未有的挑战。如果他们不能够彻底地理解他们的角色,他们将面临失败甚至人生的耻辱。

对于现代饭店行业经营状况的研究结论之一就是,今天的饭店的领导者与他们的前任相比已经有了很大的差别。在今天的领导岗位上,独裁行为不再奏效了,"我的方法或者唯一的方法"已经不可能获得生产率的增长。Harold Leavitt(2005)提出"今天,权力从来就不为高绩效管理提供保证书,当然它也不

[①] 佛罗里达国际大学,酒店与旅游管理学院院长
[②] STF 咨询有限公司总裁

足以帮助中层管理者处理日常工作。"Leavitt 同时也指出因为世界在快速改变,现在的管理者相比之前的管理者要拥有更多的技能和能力。管理者需要充满想象力、善于沟通、有梦想以及富有感染力——这些都曾只是领导的标签。Leavitt 认为,这个时代正是管理者成长为领导者并且开发他们领导能力的最好时机。

在今天的商业环境中,人力资本已经成为饭店行业中最重要的资产。由于饭店业的商业环境正变得越来越复杂,饭店企业需要它们的员工具有可以解决任何突然状况的能力,并且可以适应他们工作的复杂性。Red Lobster 餐厅和 Darden 餐厅的创始人 Bill Darden 曾经说过:"我很清楚,我们相对于我们竞争者唯一的优势,就在于我们员工将他们的高素质投入到每一天的工作之中。"他的话对未来具有更强的洞察力。员工(人力资本)的工作态度和方向是由企业的领导者引领的,因为领导者引领着员工、激励着员工以及支持他们为工作付出他们最大的热情和能力。管理者必须开发他们的领导力技能,包括高效执行新项目的能力,解决新的、没有前车之鉴的问题的能力,以及与下属沟通的能力,他们更能够将他们对于未来的创造力传递给他们的员工。今天和明天的管理者必须拥有激励下属的能力以共同构建他们企业的未来。是领导而并非其他因素能够将企业带向未来。领导为企业构建预想中的未来,创造企业超越未来的可能,并且将它们统统实现。

领导力是怎样获得的?领导力都包括怎样的技能?领导力技能是否真的可以被学习和掌握?领导力是否是一项先天的才能而并非后天习得?本章将一一解答这些问题。

什么是领导力?

领导力是一个世界性的社会现象,它与文化无关。从过去到现在,人们认为领导者是一个可以鼓舞他人的人。有迹象表明领导力是一个社会进程,它可以影响商业组织的经营结果。Day and Lord (1988)证明,领导者领导力的不同会引起企业高达 45% 的绩效差异。高效的领导者为企业带来了价值分享、信任和梦想。他们有能力将其下属的注意力集中在企业所面临的最重要的问题上,也可以使他们理解企业现在的发展状况。

很重要的一点是要明白,企业所有的层次都必须拥有领导力。领导力并不仅仅是企业 CEO 的一项功能,而是遍布于整个企业之中的。企业的管理者和领导者之间已经不再存在巨大的差异了。所有的管理者都必须先是领导者。曾经有这么一句话"管理者做事情正确,领导者做正确的事情",而这句话已经不再适用于现代企业了。在今天的饭店行业,对于前台员工的要求是可以根据现场的状况做出立即的反映。他们不可能等待管理者来解决问题。这样的环境要求前台员工具有正确决断的能力,他们都应该是知识型员工。Drucker对知识型员工的定义为:"知识型员工既不是老板也不是员工,他们更像是一种企业发展最重要资源——智力资源,他们对自己的职业有更强的控制力"(Edersheim,2007)。当我们站在知识型员工的角度上观察世界持续性改变时,我们认为饭店企业的领导者必须认识到饭店业员工的这种改变。知识革命所带来的变化甚至与历史上农业社会到工业社会的转变相当。行业革命改变了世界的面貌,知识革命也是如此。这意味着饭店员工对于饭店企业的奉献不仅因为他们做了什么,更是因为他们懂得什么。这类型的大部分员工并不需要来自于管理者的强制性管理。他们更需要来自于饭店企业各层次领导者的激励。在这个情况下,很多员工成为企业小组或团队的领导者,特别是在饭店企业结构变得更加灵活后,很多企业的决策就可以由企业低层组织做出了。

Peter Drucker认为领导力可以通过后天学习而得。他为领导力总结了四个基本要点:

1. 领导者拥有追随者——没有可以分享相同价值观和理想的追随者,就没有领导者。

2. 领导者都有显著的特征——他们为他们的追随者的表现树立榜样。领导者通过他们的行为建立企业文化,不管是象征性文化还是动态性文化。

3. 领导者的追随者也会做正确的事情——领导者不仅仅是一个名义上的称呼。成功的领导者是以结果为导向的,他将带领企业完成其使命。

4. 领导者有强烈的责任心——就像我们在前面讨论到的一样,成功的领导者如(Marriott与Kroc)和失败的领导者(如Heyer与Micatrotto)之间的差别,就在于他们对于领导者个人责任心的不同理解。糟糕的管理者可以迅速地陷入诱惑的陷阱之中,这将导致他最终的失败(Drucker,1996)。

在Peter Drucker生命的最后阶段,他意识到当今商业企业的领导者必须具有三种类型的领导力——战略领导力、道德领导力、人员领导力,他同时还要在这三者之中把握恰当的平衡(Edersheim,2007),而保持这种平衡需要一种勇气。Edersheim也指出,企业的领导者要有勇气去正确地做事情。饭店领导者面对许许多多的诱惑,怎样拒绝短期利益的诱惑,从而确保企业可以从成功的长期投资中获得更大的利润?唯一的答案是:勇气。怎样去打破一家墨守成规的企业的繁文缛节并且进行创新?答案还是:勇气(Edersheim,2007)。

在今天这个快速变化的环境中,什么样的特征才是一个成功的CEO所需要具备的？在 Peter Drucker 过世之前，Edersheim 曾与之有过一次简短的访谈。在访谈中，Drucker 认为一个成功的 CEO 有三个独一无二的领导力表现：

1. 有广博的视野，可以纵览全局——包括企业的内外部——领导者有能力为组织的现在和未来做出清晰的假定。Drucker 认为，绝大多数失败的商业案例不在于企业做了什么，而是由于领导者为企业建立起来的假设并不适合企业现在及未来的实际情况。企业的 CEO 应该去询问并且回答什么才是企业需要做的。

2. 企业领导者要有自发性的责任感，要在企业特质、价值观和个性中留有属于他们的印记。CEO 必须意识到他们为企业定下了基调。Drucker 经常为 CEO 被卷入丑闻而感到沮丧，比如 Enron 沉痛地发表声明，声称他们对企业所发生的一切均不知情。Drucker 认为这绝对是一个谎言——如果他们不为企业的行为负责，那企业设置 CEO 干什么？CEO 们除了接受喝彩之外，也要为企业的失败而负责。

3. 在 CEO 的影响中，个人和企业融为一体。Drucker 强调 CEO 必须理解他们在企业中所扮演的关键性的角色是英雄式的人物。他们要同时发展企业内外部人际关系，分享他们对于企业的信心，以及建立企业的社会关系网。这是 CEO 们所必须具备的特质（Edersheim，2007）。

领导力可以被定义为个人对于其下属产生影响，从而赢得一个或多个企业目标的过程。重要的是，绝大多数学者认为这些领导者必须视这种影响力为理所应当，也就是说在既定情况下，这种影响是合情合理的。根据 Howell 和 Costley 的意见，这个定义要求一个高效的领导者必须要具备 5 个核心特质：

1. 领导力是一个行为过程或一个行为模式，它直接与实现团队目标相关。它不是一个个体行为，甚至不是一系列在特定情况下发生的行为，而是持续性的，直到达成团队目标。

2. 领导的表现行为的目的就是为了影响其下属，以修正他们的行为。当下属的表现被组织目标所影响的时候，他们就成为团队的一员，而领导才能真正确立他们在团队中的地位。更重要的是没有下属就没有领导。一个成功领导者都曾经是优秀的下属。

3. 每一天领导都要与很多下属分享其行为，每个下属都会意识到领导将整个团队视为一个整体，并对其负责直到实现团队的目标。

4. 下属必须视领导的影响力为合法的。这种合法性可能是正式的，比如领导的职位所赋予他的职位力量。也可能是非正式的，这主要体现在领导者与团队的下属接触过程中所施加的影响。

5. 领导者对于实现团队目标有着直接的影响力。对于领导来说，团队目标有两种不同的情况：其一是领导在设定团队目标时扮演主要角色；另一种是领导继承了已有的团队目标。无论哪一种状况，目标都是最重要的内容，领导者的作用就是协助团队获得目标(Howell 和 Costley，2006)。

说到底，我们怎么才能评断出一个领导的成功与否，很多管理学家用以下两个标准来衡量一个领导的效能：

1. 下属的表现，比如工作绩效。这个方法经常可以利用由主管或者外部人员进行，例如员工生产率、绩效评估等方面检测的数据。另一些表现比如下属工作满意度、对于企业的态度和工作热情等等也可以用来评测领导效能。这些是用来测量领导的表现对于他的团队最直接的影响力很典型的方法。

2. 团队或组织的绩效也可以证明一个领导的表现对于整个团队或组织运营的作用。代表领导成功的评测指标可以包括收益率、市场份额的增加或是员工流失率的降低。

评价一个领导成功的最后一点就是，他带领组织完成的目标必须符合社会对于一个高绩效领导者的定义规范。如果组织目标没有实现，那么下属满意毫无意义。很多失败的组织确实拥有满意的员工，所以必须强调一点，领导的责任是为团队赢得目标。领导者领导着下属寻找必要的支持和资源以获得成功。

领导力特质

直到近些年，绝大多数人还是都相信领导是天生而并非后天学习而成的。成功的领导被认为天生拥有某些超越他人的必要特质。早期的研究人员主要关注研究这些被称之为特质的特征。这些特质被认为是永久的，不随着领导者所面对环境的变化而变化。在20世纪80年代之前，大多数的学术论文都是关于它们的。学者们列举出可以使领导者成功的一系列特征，包括，身高、社会地位、活力、进取心、决断能力和社交能力。然而，这些理论有如下瑕疵：

1. 绝大多数研究人员不同意领导力特质是使得领导者获得成功最关键的因素；

2. 绝大多数学术论文将领导者和下属进行对比，但是却没有对比成功和不成功领导者之间的差别；

3. 关于是否应该将个人特质或对于它们的测量进行学术上的定义，到如今也没有一个统一的结论；

4. 始终没有办法测量每一个特质对于领导者成功贡献率的大小(Howell 和 Costley，2006)。

虽然领导才能与生俱来的理论并不十分科学,但是成功的领导的确拥有一些共有的特质。绝大多数研究人员同意,成功的领导者的确拥有高智商和高认知力。智商是出色绩效的原动力,而认知力——有全局观、有创新精神以及长远的眼光——可以帮助领导者赢得团队目标。创新精神是一个超越性的概念。它很难描述,但是我们看见它时可以认出它来。很多人争辩说,这种精神非常难得,它就是一种与生俱来的特质。另一些人则认为,创新精神可以被学习到。本文同意后一种观点。如果一个人可以真正地拓展他们的感知能力,审视全局的变化,以及可以被发展中的新事物激励并感到兴奋,创新精神也就容易获得了。所以,饭店业的领导者拓展他们的认知和感知能力是十分重要的。明天的领导者需要在知识和经验中获得成长。我们正进入知识和信息时代,这样的要求已不再是一个想象中的目标,而是一个时代的需求。如果领导者们想要继续在企业中维持他们在精神上和职位上的领导地位,那么他们必须要利用他们的聪明才智去大胆创新。

当然,其他的个人特质也可以协助领导者完成目标。但是这些特质的有效性依赖于领导者所处的情境——也就是说,这些特质不是普遍适用的。可是,一些特质例如口齿清晰、自信、适应性强以及果断性,则可以在大多数环境下帮助领导者获得成功。如今,我们鉴别出来的大多数特质都可以通过后天的学习而得来。口齿清晰、果断性、社交能力都可以通过练习而精通,而智商则是一种难以通过后天学习得来的。对于个体来说,如果缺乏了基本的智商就根本不可能成为一个成功的领导者。

看起来一些特质可以在特定形势下协助领导者获得成功,它们的效能随着形势的变化而变化。它们恰巧支持我们关于领导力可以被学习到的观点。这使得领导者意识到特质的运用要与情境相适应。

领导力表现

既然领导力可以通过学习得来,而且大多数领导力特质并不通用,那么成功的和失败的领导者之间的差别到底在哪里?答案就是,领导力表现。领导者可以在成千上万个表现中作以选择。高绩效表现则取决于领导所处的情境和下属特征。再一次声明,高绩效领导力表现与高绩效劳动力特质非常相像,都有偶然性和与情境相关。事实上,成功的领导者必须根据形势或下属的改变而调整他们的表现行为。领导者拥有的智商要足够准确地评估形势,并且从众多领导力表现中做出最适合的选择。这再一次证明,成功的领导力可以通过学习而获得。

领导权变理论认为,情境决定最有效的领导表现。所以,对于领导者的领导力培训是非常重要的,也是帮助他们获得成功的关键。

今天饭店业的经营环境快速多变,大量的领导表现都可以帮助领导者成功地领导企业。本章将检验5个表现形式,这些表现可以适用于大部分今天的饭店业领导者可能会面对的情境。但是值得注意的是,这些表现行为并不互相排斥,而通常会相互结合着使用。当情境需要的时候,一个成功的领导可能在同一时间使用多种表现。这5种表现形式为:

1. 支持型——这个表现形式是,领导者关心下属的需要和发展,对下属广开言路。运用这类表现的企业领导的主要目标是,带领下属走向企业绩效最大化。另外,这类型领导必须培养他的继承人。如果在继任者交接上出现问题则会削弱企业绩效。

2. 指令型——这类型的领导将任务安排给下属,并且保证执行方法可以被下属完全理解。领导与下属的沟通是开放且清晰的,以确保特殊的绩效目标和预期能够被全体人员理解。这类型的表现与组织结构相关,它的任务是使得全体组织成员都明白组织对他们的期待,并且都有能力实现这种期待。

3. 参与型——下属与领导者共同参与到整个决策过程和目标制定中去。这个行为表现的范围可以从一对一的互动到整个团队的互动,从而可以使得团队成员更积极地参与决策制定。当知识被团队所共有时,这个表现形式是非常恰当的,因为这可以使领导更好地利用这些知识做出决策制定。这个表现也有一个隐含的理解,就是当领导者使用参与型领导表现时,意味着这种方法对他来说是非常有参考价值的。但是当领导只是象征性地使用这种方法时,也可以导致团队不满、士气低落以及绩效降低。

4. 奖励和惩罚型——此种表现是一种必须具备的领导力形式,因为领导者必须对于下属的积极或消极的表现发出明确的信号。当下属表现积极时,成功的领导者必须给与他们某种形式的奖励。这个奖励可以是一句赞美或者更多的有形奖励,比如奖金和提升。而下属出现消极行为时,则必须得到适当的处罚,以使他们或者及时修正他们的表现以重新获得团队的接受,或者被遣散。如果要使这种领导表现行为得到应有的效果,那么所有的奖惩行为都必须以员工绩效为唯一衡量标准。反之,如果它是基于领导者的喜好而做出的,企业的经营将陷入混乱。

5. 魅力型——这个表现是领导者传递他们对未来的梦想,以及为下属做出榜样的最好证明。根据 Max Weber 的定义,魅力是基于一种个人超常特征的影响。在 Weber 所处的19世纪,工业革命正在进行,他将大的政府组织和工业组织的管理者相提并论,并分别命名为官僚、英雄或解放者,后者成功地解决了社会危机，这就是 Weber(1947)所定义的魅力。这个特征一直传到了今天,魅力型领导力表现被定义为这种表现可以引发其下属热烈的忠诚、投入或信任等情感。领导者通过他们这种个性力量,去激发其下属追随着他们一起为企业的发展而努力。马丁·路德·金(Martin Luther King, Jr.)就是这样的一位领导者,他除了自己的灵魂和梦想外并没有更多的权利,但是他却可以让这个社会带来伟大的改变。

情商

20 世纪 90 年代中期,Daniel Coleman 在领导力文献中引入了"情商"这个概念。他对 200 家大型的全球性企业进行的研究表明,协助领导获得成功的传统品质——智力、毅力和视野——都是必要的,但是对有效的领导力来说还不够(Coleman, 1998)。

他认为在不同的情境下需要不同的领导力表现类型,领导者个性类型也是千差万别的。几乎所有的研究人员都认同,高绩效的领导者必须拥有高智商,但是这些研究人员在其领导者品质是否也是必要的这个问题上并没有达成一致性意见。Coleman 的研究认为,所有高绩效的领导者都拥有一项普遍性的特质——情商。这个模型是通过对公司的高级管理人员的访问来确认出他们所认为的企业出色领导者的共有特质而设计出来的。另外,该研究也使用客观性测量来确定这些领导者对于他们所在部门绩效的积极性影响,绩效突出的领导者将被访问和测试。其结果为,研究人员开发出一项拥有 15 项与企业高绩效领导者相关特质的列表。Coleman 将这些特质分为 3 个部分:智商、技术技能和情商。他发现尽管前两项——智商和技术技能——非常重要,但情商在高绩效领导者表现上的贡献却是前两者的两倍。他同时发现领导者的职位越高,其情商就比技术技能显得更为重要。Coleman (1998)还表示人的情商也是可以培养的。

既然情商对于一个领导者的成功如此重要,并且它可以被大多数聪明人学习到,那么本章将对它进行一些讨论。Coleman 的研究认定了情商的 5 个要素:

1. 自知之明——高绩效领导者对自我都有清晰的认识。他们知道他们的情感、强势和弱势、他们的需要以及他们自身工作的方向。他们对自己以及下属诚实。他们既不过分苛求也不抱有过分的希冀。他们理解他们的价值和目标。这种清晰的自我认识使他们可以就他们的价值和目标做出决定。自知之明使领导者坦诚地对待自己和他人,这是非常重要的,因为管理者必须制定决策,这要求他们可以正确地评价自己以及他们下属和企业的能力。

2. 自我控制——高绩效领导者可以较好地控制他们自己,这可以将他们从情绪和感情中释放出来。即使他们仍然有情绪波动时,他们也能够将这些情绪从工作中剥离,这一点非常重要,因为只有领导者可以控制自己的情绪才能创造一个有益于下属工作表现的环境。更何况,企业经营环境持续地改变甚至有些改变是不可预知的,领导者必须能够随时适应这种环境的变化。企业的大多数负面表现都源自部分领导者冲动的表现,就像我们在前面讨论过的一样,布卡客股份有限公司执行人并没有打算对企业进行诈骗,但是他们的冲动表现却使得企业和他们自己陷入泥潭。一旦企业业绩开始出现灾难性的急剧下滑,这些领导者们就变得愈发冲动。他们失去自我控制的结果就是,他们锒铛入狱而企业几近崩溃。

3. 积极——这是一个所有高绩效领导者都拥有的一项普遍性特质。它是领导者获得成功的原动力,因为他们天生拥有要去超越他人的渴望,他们渴望去施展他们的才能,他们与挑战交朋友,他们对于所做的任何尝试都充满激情,他们保持一个乐观的氛围,并且可以将其传递给他们的下属。他们不仅充满着积极乐观的心态,更以此回馈给他们的企业。积极的态度拥有两种属性——完成目标和对企业负责——都是高绩效领导者的基本要素。

4. 移情——领导者在他们的决策制定过程中要兼顾到下属的感受,但是这并不意味着下属的需要要摆在企业获得目标的需要之前。它只是意味着,当重要的决策被制定时,员工的需要应该被纳入决策层的考量之中。在今天的商业环境中,移情是非常重要的,因为全球化拓展了企业的经营,知识性员工越来越重要,对团队的奉献也越来越大,他们需要被保留。

5. 社交技能——企业的领导者有能力发展与企业内外部的关系。社交技能高的人擅长于多种重要的领导力表现行为——领导团队以获得目标,与其他企业建立必要的合作关系以发展企业,以及建立有效的网络以支撑企业的商业主动性。没有领导者是渴望孤独的,他们都需要他人的协助来完成他们的目标,他们的社交能力可以让他们走向成功(Coleman, 1998)。

就如同 Coleman 定义的那样,情商对于领导者的成功有非常大的助益。它的这些属性不仅是天生的,更可以通过学习而得到,这需要努力的工作和全身心的投入。一个人并不是特别容易从思想上关注自己社交能力的发展,但是它依然可以被掌握。很重要的是那些未来的领导者应该诚实地检验自己,并且评估自己的情商水平。

道德规范和领导力

　　道德规范被定义为"以道德的责任和义务来处理事物对与错的规范"(Dictionary,1996)。尽管哲学家对道德规范的研究已经开展了好几个世纪,可它在现代社会却演变成为了一个严肃的商业问题。尤其当我们审视近些年企业执行人的不良表现时,就会发现这样的转变并不令人惊奇。人力资源协会出版了"2003—2004 年度主要问题调查",在调查结果中列举了 120 项今天北美企业管理人员所面临的首要问题,根据各项问题对企业经营的冲击性,道德规范位列三个最重要的问题之首(American Management Association,2006)。美国管理协会报告,企业领导者认为,道德规范与顾客信赖度和投资者信心一样,对于他们的品牌和声誉有着极大的影响(American Management Association,2006)。饭店业的领导者对此有特别的兴趣也正是如此,因为在这个行业顾客的信赖度和投资者信心至关重要。在这个行业,品牌是一切,任何不利于饭店品牌联想的行为都要不惜代价地消除,因此,饭店的领导者对于商业道德规范的兴趣度应该更大。在饭店企业落实道德表现的第一个原因就是为了保护企业的名誉。企业的领导者,必须在企业道德表现问题上做出表率和支持,这将对企业道德规范的树立起到非常大的影响。

　　研究人员展开了一项针对世界各地 1 665 名企业执行人的调查,研究结果显示,95% 以上的被调查人表示,CEO 的道德规范在整个企业的商业行为中扮演了非常有意义的角色(Verschoor,2006)。他们的调查也显示,虽然个人道德很重要,但是企业文化才是道德准绳。被调查者的调查结果与人力资源协会的发现相吻合——今天,绝大部分的商业领导者都认同:有力的商业道德实践可以帮助企业树立品牌,赢得顾客以及节约长期运营成本。当我们讨论起企业的非道德行为,这不仅仅意味着如同 Cendant 和 Enron 一样影响恶劣的行为,也意味着如下的一些员工表现:

1. 对主管和投资人虚报销售预测数据;
2. 将办公用品夹带回家;
3. 为了赢得客户虚报企业销售数据;
4. 公费私用。

员工产生以上行为的原因包括:

1. 我为企业奉献了很多,但是他们没有同等地回报给我,这是他们欠我的;
2. 因为主管增加我的绩效压力;
3. 争取时间和保住工作。

很显然,在一个有道德规范企业的企业文化中,不会有上述这样的个人行为出现。在一份2005年的报告中指出,研究人员持续地研究美国商业、非商业以及政府部门员工的商业道德规范,道德规范资源中心(the Ethics Resource Center)(2005)发现,道德规范在11年间发生了极小的改变。这个中心调查了超过3 000名员工,他们发现尽管企业增加了正式的道德规范管理程序,但是积极的效果却保持不变甚至在降低。这个中心也报告了有52%的参与调查的员工都表示曾在工作场所目击过其他员工的工作负面表现,36%的人报告了多种负面表现的案例。而在这些人中,只有55%的人将这些工作负面表现汇报给管理层,这比2003年的数据降低了10%(Ethics Resource Center,2005)。在2005年,有10%的员工汇报了他们或者企业的道德标准都曾因压力而妥协。这个发现应该为饭店的领导者们敲响警钟。非道德规范表现对于企业的士气和绩效都有确实的影响。

富有洞察力的饭店领导者都应该明白,这个行业的领导者和员工都处在一个时刻检验他们道德表现的工作岗位上。员工处理着大量的现金和信用卡,控制着大量的食物和酒水库存、有条件进入客人的房间,同时他们也为客人和供货商提供复杂的服务交换。在这种情况下,饭店的领导者建立企业道德行为准则是非常重要的。然而,Stevens(2001)指出接近50%的饭店企业印制道德规范,但是其中的80%都是美国大中型企业。

所有的人都认为偷窃金钱的行为是违背道德规范的,但是另一些行为是否也违背道德却有着很大的争议,比如性骚扰、种族主义、窃取竞争对手商业信息等等。领导者所制定的企业道德行为规范,就是为员工和领导者自身的行为作出评判的标准。由领导者所建立的企业道德规范文化,将弥补由于企业基本规章条例的缺乏而带来的道德规范的缺失。研究发现,当员工认为将要发生的某件事情会对于非道德规范行为有所纠正时,他们会更愿意向管理当局进行汇报(Stevens,2001)。领导者必须确认其企业所处的状况是否影响了员工做正确的事情,或者是否阻碍了当员工发现他人行为不当时所采取的恰当行为。人们越来越多地认识到企业文化在企业及其员工道德规范行为上的重要影响力。刚刚从美国证券交易委员会(SEC)的执行部退休的Steven Cutler认为SEC对于CEO有关企业道德表现方面责任心的看法已经发生了改变。他说:"我们试图引导企业去确立它们的态度和文化规范……当我们对于一个CEO、CFO或企业法律顾问进行询问时,尽量避免问到过激的问题,例如企业的示威游行或者针对另一企业受理者的诉讼。但我们更希望他们能够看见企业文化的不足并及时予以修正,因为这样做的意义要远远超越减少所谓的"从业成本",这使得所有人能够理解什么是企业的道德底线。CEO、CFO和企业法律顾问们应该为企业员工工作环境投入更多的关注"(Gebler,2006)。

SEC 期待着在未来越来越多的 CEO,以及他们对于企业文化的影响力可以比他们在过去做得更好。企业文化的作用远远超过道德规范培训项目以及企业的基本规章。文化并不是由管理部门研制,并且通过人力资源部门推广执行出来的,它是企业共同价值观和全体企业员工、管理人员以及领导者行为的总和。只有当领导者意识到企业所有的价值观和表现必须符合企业的道德目标时,他们才可以使这个企业具有完整的道德规范。一个领导者必须清楚地知道他们的管理人员处理道德问题的方式,同时领导者也要知道自己的价值观会对这些管理者的行为起到怎样的表率作用。领导者更要知道他们企业所有人员所承担的压力以及这些人对待压力的反应。领导者必须理解整个企业工作汇报的方式,以及确定它们是否可以有效地激发管理者和员工对于企业的责任心和主人翁态度。对于今天的饭店领导者来说,这些都是非常大的挑战,所以当我们看见今天某些领导者正面临着失败时,我们并不感到惊讶。

Gebler(2006)表示,领导者必须清楚员工的多种表现以及企业与这些行为之间的相互关系,从而可以理解企业文化的全貌。他提供了一个文化风险评估模型以帮助企业的 CEO 们评估企业道德文化。他曾在 24 个国家超过 1 000 家企业使用过这个模型,麦肯锡公司(McKinsey & Co.)也采用这个模型来描绘企业文化和测量文化变化轨迹。这个模型是基于这样一个概念,即所有价值观都可以归入以下 7 大类中的一类。每个类别都有层次,而每个层次都有一个通用属性。第 1、2、3 层与企业基本需求相关,第 4 层与责任义务相关,而第 5、6、7 层则关注于企业的共同利益。各个层次的定义为:

1. 财务稳定性——如果一个企业没有财务稳定性,那么企业就会视非道德或非法的表现为合理。那些为了生存而苦苦挣扎的企业经常放弃对于自己道德行为的关注。这些企业里的 CEO 必须确保他们的管理人员知道并且遵守道德底线。

2. 沟通传递——对于信息清晰并正确地传递可以增强员工、顾客和供应商之间友好的关系。CEO 必须能够有效地传递他的观点,这可以在员工中创造忠诚的氛围,更可以在企业与顾客之间创造良好的沟通渠道,从而使得企业成功实现这一层次。

3. 系统和过程——CEO 必须确保他们已经执行了强有力的内部控制和建立了明确的行动标准,才能使得企业成功地运行这一个层次。内部控制非常重要,它被视为创造更大效益、更高效过程的一个机会。然而,领导者必须谨慎的是,过分地关注过程的行为可能导致官僚主义的形成,甚至企业机制可能出现退化。

4. 责任义务——CEO 必须关注对环境的创建,在这里每一个管理人员和员工都各负其责。为了创建一个具有道德规范的企业文化,这个环境必须让所有人都感觉到他们对企业的名誉负有个人的责任和义务。为了能让企业成功地完成这个层次,领导者必须邀请员工参与到企业的过程建设中,并且营造一个全体人员都可以相互信赖的氛围。

5. 定位——为了完成这一点,CEO 必须分享他们对于企业的共同愿景和企业的文化。这种共同愿景为员工提供了一个已被认可的企业目标,而共同价值观则提供给他们一个决策制定的导向。

6. 社会责任感——这个层次涉及到了企业的利益相关人,企业因为其产品和服务建立了各种社会关系,更何况企业本身就是这个社会的一分子。在这一层次上的企业运营专注的是如何成为一个可靠负责的企业公民。

7. 持续——要想在这个最高层次上获得成功,CEO 必须确保他们企业的员工在同其他员工、顾客、供应商和所有利益相关者的关系中都可以坚定地执行道德规范行为的最高标准(Gebler,2006)。

企业可能只会获得以上 7 个层次中的某些层次上的成功。例如,一个企业可能做到了第 5、6 和 7 层次,但是却缺乏第 1、2 和 3 层次。企业可能拥有充满梦想的领导者并且给社会足够的关注,但是企业却缺乏核心系统,而这种系统可以对每天的工作有着较强的约束力。这就需要领导者对第 1、2、3 层次进行必要的改变,从而确保企业每日的运营都可以支持企业的道德水平。

在这一部分,本书试图去传递并彰显道德规范在今天以及未来对于饭店企业的重要性。道德规范表现是一个不断移动的目标,它需要企业的承诺和领导者的关注。非常清楚的是,社会不再宽恕甚至奖励非道德的企业表现,而 CEO 的责任感也不会再局限在企业行为之内。

结论

本章介绍了领导力的概念以及有效领导力可以被学习到的这个观点。优秀的领导者非常引人注目,他们对自己的行为负责而且拥有可以做正确的事的下属。领导者是以目标为导向的,从其下属的表现中也可以对一个领导的领导力进行判断。领导会为其下属的突出表现而感到自豪,同时他们也不能容忍下属的糟糕表现。优秀的领导者都必须懂得如果要成功地实现绩效目标,他们的领导力必须随着情境的变化而变化,他们必须及时调整自己的表现或是情境。他们意识到如果想要在今天这种复杂的商业环境中获得成功,除了具有较高的智商和技术技能,他们还必须拥有情商。他们也知道如果想要领导今天和未来的知识型员工,情商是一个领导的基本素质。尤其是,成功的领导者必须清楚他们需要为他们企业的道德规范表现而负责。

参考文献

American Management Association. (2006). *The Ethical Enterprise*. New York: American Management Association.

Coleman, D. (1998). What makes a leader? Reprinted in: Inside the mind of the leader. *Harvard Business Review* (November and December).

Day, D. V., and Lord, R. G. (1988). Executive leadership and organizational performance: Suggestions for a new theory and methodology. *Journal of Management*, 14 (3), 453-464.

Dictionary, Merriam-Webster. (1996). Springfield, MA: Merriam-Webster.

Drucker, P. (1996). *The Leader of the Future* (p. xii). San Francisco, CA: Jossey-Bass.

Edersheim, E. H. (2007). Peter Drucker's 'Unfinished Chapter': The role of the CEO. *Leader to Leader*, 2007 (45), 40.

Ethics Resource Center. (2005). *How Employees View Ethics in their Organizations*. Washington, DC: Ethics Resource Center.

Gebler, D. (2006). Creating an ethical culture. *Strategic Finance*, 87 (11), 29.

Howell, J. P., and Costley, D. L. (2006). *Understanding Behaviors for Effective Leadership*. Upper Saddle River, NJ: Pearson/Prentice Hall.

Leavitt, H. J. (2005). Hierarchies, authority, and leadership. *Leader to Leader*, 2005 (37), 55.

Stevens, B. (2001). Hospitality ethics: Responses from human resource directors and students to seven ethical scenarios. *Journal of Business Ethics*, 30 (3), 233.

Verschoor, C. C. (2006). Strong ethics is a critical quality of leadership. *Strategic Finance*, 87 (7), 19.

Weber, M. (1947). *The Theory of Social and Economic Organization*. New York: Free Press. Ch15.

第十六章 组织文化及其在战略执行中的角色

Chris Roberts[①]

引言

领导一个组织在竞争环境中获得成功需要一个战略,它经过深思熟虑、精心筹划并具有特定目标。与战略设计同样重要的是,即使一个组织从内部理解并支持这个战略,也需要有足够的资源去执行它(Doz 和 Prahalad,1988)。这里的三个基本要素(理解、支持和资源)都是成功制定战略和使其获得预期效果的关键(Kotter 和 Cohen,2002)。

传统上,领导者关注于组织内部以决定怎样组织组织业务,谁该承担这项任务,以及这些行为发生的地点。对于创造一个组织运营的功能系统来讲,这类型的组织设计决策是非常必要的(Nadler 和 Tushman,1997)。然而,在创造对于领导者提出的战略性计划和行动的内部理解和支持中,关键性的一步是对于组织文化的检测以及决定应该怎样对文化进行重塑或改造。因此,组织的内部文化和设计形成了组织执行能力的基石。也就是说,谁与谁共事,谁向谁汇报(包括正式和非正式的),谁控制资源,谁所作的内部决策可以促使或压制他人精心设计的战略计划(Alexander,1985;Beckhard 和 Pritchard,1992)。

对于组织的战略影响

组织文化

对于组织文化简单的定义是对于信念和价值观的共享,其结果在于成员之间出现预期表现和行为规范。组织文化有三个层次:外部形象、组织制度和精神

[①] 马萨诸塞大学安姆斯特分校埃森博格管理学院酒店与旅游管理系,安姆斯特校园中心路90,弗林特 206,01003

层次(Artefacts, Stated Values, Assumptions)。

外部形象是标志、建筑、传说、榜样、惯例以及一种内部使用的语言。外部形象需要长时间的开发，这种信息在员工内部一代一代地流传。这个标志可以演变为组织的商标或者出现在员工的制服或者其他的衣着风格上，也可能出现在某些表彰徽章上。一些标志可能变成一种崇敬，而另外一些则恰恰相反。无论如何，由于标志都包含有特定的含义而受到组织的喜爱。

建筑也是文化的很典型的一个部分，因为它是员工工作时的"家"。组织坐落的位置常常可以传递组织的运营状况。临近的人会更易对社区里的一幢建筑产生熟悉感，一个建筑常常会随着时间的流逝改变不大，所以它在员工心中的影像就演变成为标示他们身份的核心部分。

不管是正式还是非正式的传说、榜样以及惯例，都是组织文化在组织员工中进行沟通传递的一个关键性方法。历史（传说）发生的时间早于目前为组织服务的成员之前，其作用是为现在的成员作表率或起到警戒作用。榜样，是一个对组织成员业绩进行认可的很有效的程序，它使得优秀成员的工作业绩被全体成员看见并激励他们效仿甚至超越。惯例，是一种行为表现方式，成员视它为一种已被组织认可的表现，它甚至还包括了成员之间相互的谈话或打招呼的方式，或者停车位的分配方法。不管这种"惯例"的范围有多大，它的角色都是让成员知道怎样的行为才是组织期待且会得到褒奖的行为。

语言是任何组织文化的关键表象，它是沟通价值观、理想和观念的基础模板。每一个行业都会为它的产品和过程发展一种独特的语言，比如组织的关键成员讨论产品时不会使用产品的真实名字，而会使用"密码"或者使用地点的缩写来代替(比如，LAX 就是洛杉矶国际机场)。某些行业里的企业为了适应当地的条件，甚至发展超越出普通行业行话的语言，就像贝尔电话公司在内部称普遍的、简单的家庭电话服务为 POTS 或者称为普通电话服务。

组织文化是一种组织的强大力量，它为成员提供认同感，它帮助组织在目标和战略之间创造桥梁，为成员提供一个理解组织内在发生什么的框架，它还起着控制机制的作用以指导成员的表现和态度。

组织设计

一个组织围绕着高绩效运营来组织其业务(Adler, 1999; Leavitt, 2003; Nadler 和 Tushman, 1997)。为决策制定和为沟通而设置的权利系统必须被清晰地规划从而使得所有的员工，从前台和支持部门的员工甚至到总裁办公室，都可以有效地知道每一个人的职责以及怎样调适自己才能适应组织需要。每个部门都有自己的功能，比如产品部、发货及收取部、销售和市场部等等。这可以帮助各种功能部门更好地理解彼此之间的合作方式。组织这样的构成形式可以为组织的竞争效力创造必要的效率。

然而，它却可能忽视了对于新战略应用的可能，特别是组织应急性的商业战略。权利和沟通系统过于完善的建立可能使得组织的管理系统具有强大的惯性从而令运营方式单一，甚至难以改变。这种情况的出现是因为组织的管理过程已经根植于它每日的运营之中。在很多组织中都有各种各样的工作形式、常规性工作和工作过程，这样的实践活动被分为各种流程化运作。高层管理人员应该拥有一个有关组织怎样在新战略指导之下运营的观点，但是了解组织所有的具体细节并将其进行改造，却常常超越了管理者本身的领导工作知识。因此，战略开发团队的成员必须是组织设计的专家，只有这样，他们才能够在开发一个战略执行计划中独当一面。更重要的是，战略制定团队的专家们也可以为决策制定者提供某些信息，比如组织应对改革的能力或者新政策落实的最恰当的时机。

领导力角色

领导力的定义有很多，最主要的是：它是一种为团队指引方向、获得成员信赖以及影响他们以获得目标的能力。领导者有能力去寻找团队成功所必须的行为并且有勇气去进行变革。从另一个角度来说，下属期待他们的领导者是能够胜任的、正直的、学识渊博的以及鼓舞人心的人。

领导者，对组织文化影响深远（Bridges，1991）。他们制定组织的政策与程序，他们构思组织的战略，他们的态度和价值观为其他成员的行为确定基调。组织的目标也影响文化，因为如果目标是受到认可以及具有价值的，成员会为是组织的一部分而感到骄傲。管理层对于战略的制定应该尊重根植于组织文化之中的组织价值观。不但战略应该遵守和支持已存在的文化，组织的计划也应该根据组织文化而制定，从而使得计划可以与新战略相适应。管理者有责任去充分理解组织文化，以预测它对组织的影响以及了解怎样控制文化的力量才能使其为组织战略提供支持。

管理变革

为了对组织进行变革而储备人才是一项艰巨的任务（Deal 和 Kennedy，1982；Jick，1993；Kilmann 等，1985）。管理层不会向员工披露组织所有的变革消息。因为，总的来说，人们更愿意做安全的和有保障的工作，或者任务明确及组织内部日常工作，这是他们可以掌控以及有信心完成的。这样的员工历来对任何变革都持反对意见，因为变革将会为现在他们认为是安全、有保障以及能力之内的工作带来风险。

变革可被分为递进式和激进式。递进式的变革通常为线性的,即它关注于对已有程序和过程的微小改进或调整。与之相反,激进式的变革常常是一种彻底的改革。它可以是多维的,是对基础的系统、结构、思想以及组织员工态度的变革。战略性的变革通常都属于这个类型。

为了使变革获得成功,必须挑选出关键团队的人选,因为他们可以为组织提供必要的支持。关键团队是由可能人选组成的最小的团队,正是他们去开展变革而且他们是最能影响他人忠于变革的。这些人是变革的带头人,他们接受开展变革的责任。他们不仅仅是高层管理人员,也应该从整个组织的其他层次的员工中挑选。因此,这个集体的影响力才可以教育并使组织内部的其他人信服,以适应和接受变革。

成功的变革很少源自于组织顶层管理者释放出的宽泛的概念。反而,一些变革的主张源自组织的边缘层,并拥有很多关注于资源改善的支持者。这些变革的过程经常要求已有成员放弃成见,聆听新的概念并将这种改善纳入到系统中去。Lewin(1947)为此提供了经典论述,这是一个"解冻,填入新鲜元素,再冷冻"的过程。

关键性的问题是,管理者希望员工意识到变革是一个过程,而不是一个事件或一个指令。这个过程包括:(1)确定变革的需要,(2)建立指导团队,(3)发展共同愿景,(4)创造执行计划,(5)确认可能的阻力以及怎样给参与者以保障,(6)在组织范围内进行有关变革的沟通,(7)开展变革,(8)评估变革。

在上述的这些步骤中需要牢记的是,在整个过程中变革会对组织文化产生影响,其重要性甚至要远远大于变革本身的成功。上述的第5步就是对这一概念的表述。组织的员工怎样彼此关联,他们是怎么看待他们的工作和他们的组织,这些都是重要的内部激励因素。管理者必须首先考虑到,任何变革都会给员工现有的工作感知带来可能的冲击。因为,如果这种有意识的变革不能培育或者增强员工的满意度,也不能为他们的损失提供可接受的补偿性替代方案,则反对的力量可能会非常强大从而导致变革失败(Olson和Eoyang, 2001)。

有一个反映此种情况的案例:一间公司宣布取消上午茶时间。在这个公司里,员工习惯早上8点到达公司,然后从8点45开始进行一个时长为30~45分钟的上午茶。但是这并不是一个公司规定的休息时间,也不是每一个员工每一天都会参与的活动,这主要取决于每个人每天早间的工作安排。然而,绝大多数员工是参与这个活动的。一个公司的新高层管理者发现了这个现象,并指示所有的部门主管要限制其员工对于这项活动的参与。这位管理者的目的是为了提高生产率,减少员工因休息而浪费工作时间,但是这个变革的结果并没有改善生产率反而使其降低,因为这种休息活动已经根深蒂固,它与工作品质成正比。

这位新到的高层管理人员制定这个方案时并没有意识到，这个非正式的上午茶休息时段正是企业员工建立大范围的非正式人际网络和人际关系的时机。从不同部门汇集的大量员工在这里消磨时间，畅聊有关工作状况和/或工作上的问题，这使得他们可以在一个舒适、没有危险的环境下建立友情。这样的关系可以使得员工更轻松地面对接下来的挑战，同事之间也会感到更亲切，他们会知道哪里可以找到帮助，因为他们知道他们有机会再一次地在早上相见。文化的变革使得组织从对于轻松的、相互支持的员工网络的关注转变成了对绩效的关注。内部网络的价值就这样被侵蚀了，员工感到失落，变革带走了他们的乐趣却没有任何替代方案，企业的内部文化变得更令人窒息和孤独。员工必须要依赖正式的沟通渠道和决策制定去解决问题，但是这却占用了更多的时间，员工丧失了对于相互之间以及彼此工作的熟悉感，因此员工需要为他们的工作花费更多的时间，整个企业的绩效变得比以前糟糕。像本案例中这样微小的变革都可以给组织文化带来如此深远的影响以至于对企业绩效带来巨大的冲击。

心理契约和承诺

进入任何一个组织和团队之前，员工都需要签署一份有关资格、责任以及权利的协议。很多协议里还会有附带条款，比如上班时间、工作时长、工作任务、向谁询问、接受谁的命令和指示。这种附带条款和协议的好处在于它们的规定非常明确，比如薪水和相关福利、工作地点和工具、补给等等。但是"非书面规则"总是存在的，它既不能说也不能写。新成员将随着时间的推移和经验的累积慢慢学习到这些规则。

同样，这些协议表格也被称之为心理契约。这意味着，当一个人初加入一个团队时，将通过最初与团队的互动产生一系列的预期。这是传递一些信息的关键时机，比如这个组织的战略，为新成员解释他/她在这个团队中所起的作用将怎样与组织战略相配合，也包括了新成员可以为组织作出怎样的贡献。

很多低层员工常常并不知道组织的战略，如果知道，他或她的个人行为会对组织达成战略产生不一样的影响。而当成员初入组织，正在形成的心理契约是去建立一个组织战略意识和为此设立一个积极工作的行为预期的第一个机会。

很多新员工最先关心的问题，例如，工作地点、工作报酬、合作伙伴、将接受到怎样的培训等。在这个阶段，员工会为是否能与其他老资格的工作伙伴合作愉快以及是否能够胜任工作而担忧。所以在进入组织的最初阶段，他们常常会忽略或遗忘有关这个组织战略的信息。然后，当他们在岗位上站稳脚跟之后，思考和表现的方式会成为一种日常活动，员工将意识到整体的行业环境和组织的市场竞争位置，而这些都已经超越了员工的工作职责。

因此，组织应该考虑规范内部信息传递活动，使组织可以在信息告知和更新方面占有战略的主动权。心理契约提供了组织对于员工行为和表现的预期，在最初的契约里就使员工对于相关战略角色有所认识，这可以很好地为每一个员工建立规范性的参与和保障制度。

使内部文化适应新战略的方法

组织的领导者可以使用很多管理工具去开展内部文化的革新。大部分工具可以使领导清晰地意识到其团队成员价值。对于组织文化构成的认识可以令管理者有机会做出或递进或激进的变革，从而使得新战略可以很好地融入组织文化中。对于书面和非书面规则、假设、榜样、惯例和可接受的行为模式的清楚认识也可以用来鉴别文化的特质从而施加影响。

组织结构可以用来开展一场对于文化的变革（Galbraith等，2002）。如果组织是以传统的多管理层次的方式进行设计的，跨部门小组渐进式的介入可以用来打破各个职能结构间的刚性分割。矩阵型组织也可以被偶尔的应用，在这样的组织中员工与其他部门的汇报方式有直线和点线两种，矩阵型组织的应用也可以从模糊正式的组织管理和沟通方式开始（Bartlett和Ghoshal，1990）。当组织结构开始有意识及缓慢地进行变革时，管理者应该将组织的命令感和控制感转变为柔和的合作与协助氛围，这样才能提高员工对于变革的接受度（Bryan和Joyce，2005；Sy和D'Annunzio，2005）。

但是当情况有所不同时，管理者的变革方法也需要有所变化。比如，一个组织的环境可能会对管理者预见中的未来和对于新战略的强烈需求表现出不确定感和无所谓的态度，而组织必须要有一个成熟的销售和生产方法以处理快速的市场增长。这时，对于管理品质控制考虑使得组织从关注员工绩效转到对于员工本身的关心。员工可能被要求更严格地执行工作时间安排和/或减少一些员工私下的交往。一份年度员工回顾报告的介绍部分包含了时间安排、错误发生率、目标完成情况等相关元素，这传递了一个信息，就是越来越多的细节需要被关注到。当然任何变革都会遇到阻力，但是就像本章之前所讨论到的一样，如果组织可以确定其中关键的、有影响力的人物的需求，获得他们的理解和支持，那么这将对变革的成功起到非常大的推进作用。

除了组织结构变革外，其他方面的努力也可以用来调整组织非正式的文化。员工休息区、工作区、办公室和公共区域的环境可以采用不同的装饰装修风格从而反映新战略所期待的员工态度。张贴于员工必经区域的海报可以真实、快速地传递管理层的新态度或新想法。领导者可以将一些重要观点不断地在他们与内外部利益相关群体的日常沟通中加以强调。价值观可以被公开地传递，强调企业独特价值观,因为它是组织最希望落实以及对新战略最有用的因素。当新的竞争态势需要执行既定的战略时,过去成功的事迹也可以被再次传扬。

被信仰所牢牢控制的假设也可以用来影响文化的变革。比如,一个大的州立大学对于组织文化的假设是员工拥有选择的权利。也就是说,看起来员工相信他们有权利选择他们工作的所有方面——特别是可以选择有误。这个选择的概念没有被写入文献或者在一个官方的场合进行说明,但是员工都知道它,知道自己拥有选择的权利并且可以在组织决策制定中拥有一席之地。因此,管理层不会武断地做决策并且将其进行落实。相反,所有的问题被带到公众场合(比如教师代表委员会或者学校每日新闻报),并被公开讨论征集意见。这个行为的背景是对于员工选择的信任,没有几个员工希望得到管理者支配式的命令。即使员工得不到正式的授权去真正地做出最终的决策,但是他们依旧期待自己的意见可以被决策者考虑甚至成为决策过程的一部分。

在这个氛围下,为该学校引入一个新战略导向需要先对文化进行改革。改革可能包括通知员工关于改革的需求;关于财务或竞争情况,它会影响到旧的组织管理模式并带来新的行为方式以及解释为什么旧的行为不再适用于未来。决策制定的时机可能变得更迫切,因为竞争压力需要学校比过去更快地制定决策,员工也需要一些明确的解释。在这种形势下,开展公共论坛式的讨论以及从全体部门收集建议的方式已经不再适用了。对于那个非书面性的假设进行解释推动了组织目前的文化选择,它也可以帮助成员理解为什么假设不再适用,为什么他们没有机会像过去一样进行选择,以及为什么需要执行新的过程和行为。

总结和结论

组织文化被认为是决定组织成功最重要的力量之一。阻碍组织赢得目标和执行战略计划的内部力量可以摧毁任何组织为获得成功而付出的努力。因此,理解组织文化的构成以及怎样影响它是有效制定和执行战略计划的关键因素。

正如本章讨论过的,有很多管理工具可以帮助领导者去引导和规范组织文化。一个关键性的起始点是追求对组织文化的深层次认识,这个行为为具有高附加值,因为它可以帮助领导者重塑员工的态度和表现。正式的文化管理工具,比如组织结构设计、管理和沟通系统都可以使用。非正式的工具比如传说、惯例、榜样和礼节仪式,也都可以用来开展改革。

然而,值得注意的是,对于组织成员来说某些文化要素非常重要,甚至视其为神圣的。比如,过去某个领导可能拥有很高的声誉,任何展示这个人的作为

（以及他或她曾经的事迹）并不适合今天组织情况的尝试都将引起成员的不满。成员可能对任何带有今天不同于过于的暗示而愤怒。因此,任何对于文化变革的努力都需要被小心检验以避免遭到抵抗,变革应该被逐渐引入组织。

新战略经常为组织带来重要的变革。成员不希望组织出现激进式的改变,因为这会形成一种充满不确定的威胁性环境。成员们会对那些已知的事物和已成型的可被组织接受的行为表现感到舒适。这种由快速变革带来的焦虑可以使任何为新战略计划而进行的努力失效。因此,在制定由战略引发的组织文化变革时应尤为谨慎,也应该放缓速度从而使得成员有时间去吸收变革和适应它。

案例

Steven Davis 为所有度假村的员工（包括管理人员和普通员工）的表现感到震惊。Davis 的震惊源自他了解到从没有一个员工习惯于做决策而且很显然他们也不喜欢做决策。他自己作为一个度假村的总裁所拥有的下属管理人员只是命令的接受者而不是思想者或是风险承担者。

坐落在塞舌尔希尔顿黑德岛上的莱斯顿酒店及度假村（Reston Hotel and Resort）是岛上首屈一指的度假胜地。作为一个高档度假村,其拥有的客人主要来自于美国上流社会从事经济和政治工作的人。度假村已经经营 30 多年了。其所有者 Robert "Bert" Tanner 的家族曾经帮助政府建造了希尔顿黑德镇,Bert 高中一毕业就成立了自己的公司,并利用家族拥有的部分滨海土地作为建造饭店的贷款抵押。在卖力推销、家族成员的支持、对于产品品质的关注和坚持之下,Bert 终于拥有了属于自己的共 250 个房间的度假村,在此后的经营中,该度假村拥有超过 420 名员工,每年的销售收入超过 40 亿美金。

Bert Tanner 被诊断换上帕金森症已经有 8 年了。起初的 5 年,他的健康状况尚可,所以他可以一如既往地组织事务。Bert 完全掌控企业并且制定企业的所有的决策,甚至不大重要的小事、新项目或是新广告的制定,一些员工形容他的领导方式为"铁腕统治手段"。然而,所有人都尊敬他,相信他的眼光和能力可以领导组织。对于这些员工来说,Bert 就是整个企业。

但是后 3 年,Bert 的情况就变得很艰难了,疾病击垮了他的身体,他不能再像从前一样工作了,但是 Bert 不是一个轻言放弃的人。他白手起家建立了度假村,他从未考虑过寻找接班人。对于他来说,启用接班人就如同让他卸任,而饭店是他的生命,他从不愿离去。事实上,他用他妈妈的名字来为饭店命名（Reston 是他妈妈娘家的姓氏）,这证明了他对这座饭店投入了多少的感情。

18个月之前,Bert停止了每天去办公室的惯例。最初,他尝试每天工作4个小时,但是事实证明这对他依然过于繁重。几个星期后,他每周到办公室2到3次,每次工作时间1到2个小时。Bert不与其他任何管理者分享他的权力,这导致他必须审查和审批每一个项目,做出决定和签支票等。文件积攒得越来越多,但是Bert却没有时间去及时处理,这导致整个组织的效率日益下滑。员工有时为了一个审批意见要等待数星期之久。尽管组织绩效深受影响,但是员工依然依赖Bert,信赖他非凡的领导力,没有一个人愿意取代Bert坐上总裁的位置以及要求新领导人出现。

当Bert终于不能再到办公室时,公司的董事会在Bert家里与他一起开了一次会,Bert终于承认他无力再管理度假村了,他们需要寻找一个新总裁。这是一个很困难的步骤,甚至是董事会从未面临过的最大挑战:怎样找到一个新的总裁。

在此之前,Bert的权力过大使得董事会的作用仅仅是一个传声筒和傀儡机构。董事会成员明白他们仅被邀请来提供一些无关痛痒的建议——与Bert相左的意见是从不会出现的。因此,这些成员不习惯于谈及改革的问题,在他们之中如果没有Bert就没有工作的推进。

董事会用了8个月才完成新人寻找工作。最初的3个月浪费掉了,因为各个成员都过于谨慎,没有一个人希望看见新领导快速即位,因为他们担心会因迫使Bert离开企业而受到惩罚。最终,组织被迫建立了一个寻找新总裁委员会。这个寻找委员会拜访了大量的猎头公司,终于找到了一个合适人选——Steven Davis。

在面试的过程中,Steven就了解了这个度假村的历史,当然他也听说过有关Bert的全部,这些在他参观组织和与员工交谈中得以证实。Steven拥有25年的饭店管理经验,且曾经带领过两间中等规模的度假村在国内其他地区进行扩张,他的经验显示出他将非常适合莱斯顿酒店和度假村。

工作的前3个月是繁忙且令人兴奋的,Steven需要立即完成两项关键性任务。第一项,他必须详细地了解度假村的运营状况,从而可以制定全面决策,这耗费了相当多的时间,他要与不同部门的员工进行大量细节性的交谈。第二项任务是,他必须处理已经积压许久的、来自各个部门上交的决策提议。这项任务非常困难,因为他还没有完全完成第一项任务。在两项任务间获得平衡是非常棘手且特别困难的事情,因为没有一个管理者会站出来为他提供意见或主动处理一些低层次的问题。每个人都在等待他给他们指示和决策。

Steven面对着进退两难的问题,怎样将组织文化从已经形成的对创建者的极端崇拜(这个创建者集中了组织所有决策权)转变为在组织中建立一种鼓励责任和权力分享的氛围。根据 Steven 的分析,这个度假村的运营将持续增长,但是其原因仅仅是因为其在业界长期累积的美誉度而不是因为任何其他新的业务或需求上的总增长。这使他意识到,如果所有的决策不必必须经过他的认可,那么度假村的运营将更有效率。改进效率可以使得销售和业务都得以壮大。Steven 的问题在于应该怎样去改变组织文化才能够使得那些对这个已经牢固的、长期存在的文化习惯了的员工愿意"承担责任",并且前提是不能损害 Bert Tanner 的名誉、地位以及成就,从而使得度假村可以继续在 Steven 的领导下延续这种成功。

问题和讨论

1. Steven Davis 应该邀请哪些人加入他对于组织文化的改革之中?为什么?而哪些人应该在改革初期被排除在外?为什么?

2. 当 Steven 与他的员工讨论这个问题时,他应该使用怎样的语气和语言?对于管理人员和普通员工,他是否应该使用不同的处理手段?

3. Steven 决定他需要一个行动计划来应对这次变革。请为他制定一个概念性的方案。记住此方案要包括一个时间表以及测量此过程进展的标准。

参考文献

Adler, P. S. (1999). Building better bureaucracies. *Academy of Management Executive*, 13 (4), 36.

Alexander, L. (1985). Successfully implementing strategic decisions. *Long Range Planning*, 18 (3), 91-97.

Bartlett, C. A., and Ghoshal, S. (1990). Matrix management: Not a structure, a frame of mind. *Harvard Business Review*, 68 (4), 45.

Beckhard, R., and Pritchard, W. (1992). *Changing the Essence*. San Francisco, CA: Jossey-Bass.

Bridges, W. (1991). *Managing Transitions: Making the Most of Change*. Reading, MA: Addison-Wesley Publishing Company.

Bryan, L., and Joyce, C. (2005). The 21st century organization. *McKinsey Quarterly*, 3, 24-33.

Deal, T., and Kennedy, A. (1982). *Corporate Cultures: The Rites and Rituals of Corporate Life*. Reading, MA: Addison-Wesley Publishing Company, Inc.

Doz, Y., and Prahalad, C. K. (1988). A process model of strategic redirection in large complex firms: The case of multinational corporations. In A. M. Pettigrew (Ed.), *In the Management of Strategic Change*. Oxford: Basil Blackwell.

Galbraith, J. R., Downey, D., and Kates, A. (2002). *Designing Dynamic Organizations*. New York: AMACOM.

Jick, T. D. (1993). *Implementing Change. Managing Change: Cases and Concepts*. Boston, MA: Irwin. p. 200 Kilmann, R., Saxton, M., Serpa, R. et al. (1985). *Gaining Control of the Corporate Culture*. San Francisco, CA: Jossey-Bass Publishers, Inc.

Kotter, J. P., and Cohen, D. S. (2002). *The Heart of Change: Real Life Stories About How People Change their Organizations*. Cambridge, MA: Harvard Business School Press.

Leavitt, H. (2003). Why hierarchies thrive. *Harvard Business Review*, 81 (3), 96-102.

Lewin, K. (1947). Frontiers in group dynamics. *Human Relations*, 1 (1), 5-41.

Nadler, D., and Tushman, M. (1997). *Competing by Design*. New York: Oxford University Press.

Olson, E. E., and Eoyang, G. H. (2001). *Facilitating Organization Change: Lessons from Complexity Science*. San Francisco, CA: Jossey-Bass/Pfeifer.

Sy, T., and D'Annunzio, L. (2005). Challenges and strategies of matrix organizations: Top-level and mid-level managers. *Human Resource Planning*, 28 (1), 39-48.

第十七章 战略适配性测评

Marcia H. Taylor[1] 和 Michael D. Olsen[2]

引言

传统上来讲,在战略管理领域,学者们研究的重点是分析企业怎样才可以超越它们的竞争对手(Barney,1991;Porter,1980,1985)。而在今天这个快速变化、充满未知数的环境中,战略更多地是关心获得可持续性的竞争优势(Olsen 等,1998)。而且,已有文献中并没有提供一个经实证验证的综合的商业模型,该模型可以为企业的管理者提供一个获得可持续性竞争优势的蓝图。以往文献仅提供了大量有关战略的各流派的观点,但很少论及综合商业模型的建设方法(Mintzberg 等,1998)。本研究将以战略适配性理论为基础,试图填补这一空白。

学者们将适应或适配性概念作为获取可持续性的方法,Fuchs 等(2000)、Powell(1992)和 Olsen 等(1998)视企业环境、战略选择、企业结构和企业绩效之间的适配关系是企业获得可持续性的根本方法。他们采用不同方法,在不同环境下,检测组织与行业市场份额、通用战略和战略会员小组的影响之间适配带来的经济效益。

适配性理论认为,为了获得竞争优势,企业必须能够辨别出那些可以使企业经营环境发生变化的力量所带来的机遇。企业应该对利用这些机遇的竞争方式进行投资,并且将资源和能力分配给这些竞争方式,因为它们可以帮助企业主和投资者创造他们期望的最大的价值和经济利润(Olsen 等,1998)。根据 Olsen 等(1998)的研究,由于饭店行业的复杂性和多变性,饭店企业所采用的竞争方式必须反映企业当前的环境力量。这些竞争方式是企业整体战略的增值维度(Olsen 等,1998)。

为了研究适配性理论,研究者面对很多挑战。第一,战略是一个动态的过

---

[1] 东卡罗来纳大学
[2] 弗吉尼亚理工学院暨州立大学

程,包括企业决策者们的决策,而决策者们对公司发展方向的决策受客观和主观的情感因素的影响。另外,企业也受到内外部环境力量的支配,这些力量可以使商业战略方向瞬间发生改变。因此,研究这四个结构之间关系必须反映不能使用代表性抽样的定量方法的条件。研究者必须进入企业内部展开深入研究,以了解企业形势的复杂性和细节,并且该研究必须建立在纵向研究基础上。这就需采用定性和阐释性的研究方法。

为了满足理论和方法上的需求,本文通过 5 个案例,研究了适配理论在牙买加饭店业的应用情况。本研究的目的是了解牙买加独立经营饭店(非连锁饭店)为了获得和持续其竞争优势所使用的竞争方式的类型,检验企业的环境、战略选择和企业结构之间是否适配以便能够改善企业绩效。本研究还提出了一些测量方法以评估各公司的适配程度。

文献综述

适配方法对于战略管理研究来讲并不是一个新内容。事实上,它的出现甚至早于 20 世纪 80 年代占统治地位的定位理念(Powell, 1992)。自 20 世纪 80 年代之后的 20 年间,战略研究的主要焦点集中在以市场为导向的定位理念(Porter, 1980, 1985),它关注的是企业对抗其竞争对手的外部定位和以运营为导向的资源基础观(RBV)(Barney, 1991),它关注于战略执行(Fuchs 等, 2000)。根据 Fuchs 等(2000)的研究,尽管企业采用以上一个或两个理论预期的结果都是获得竞争优势,但是每一个理论的发展其实是彼此独立的。

Fuchs 等(2000)、Olsen 等 (1998)和 Powell (1992)通过证明组织内特定因素之间的适配性可以成为持续性竞争优势,以试图解决持续性竞争优势 RBV 理论外部(市场营销和定位)和内部之间的差异。适配性的取得源自协调促使环境变化的力量。战略决策由企业、企业结构(如何分配资源)和企业绩效决定(图 17.1)。

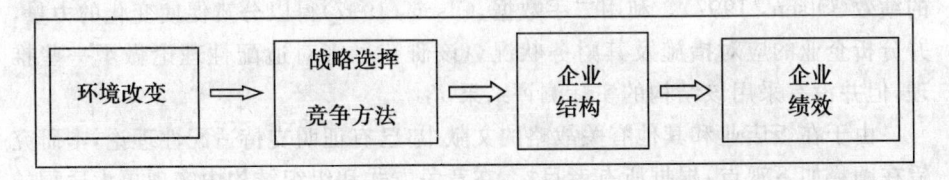

环境改变 ⇒ 战略选择 竞争方法 ⇒ 企业结构 ⇒ 企业绩效

图 17.1 适配原则

Olsen 等(1998)将适配性理论应用于饭店行业。他们开发的协调模型证明了与战略管理理论各要素适配的重要性。在解释适配性理论的重要性时,Olsen 等(1998)认为企业想要获得成功,必须将企业的竞争方式或者企业战略与促使变化的力量所产生的机会和威胁相结合,并且依此进行资源配置。

如此模型所示,第一个结构是企业环境。该环境总的来说可以分为两类——远程环境和任务环境。管理者需建立一套环境扫描系统以收集关于公司投资方向和领域的信息,从而利用环境外力所带来的机遇,避免可能引起的风险。

企业战略选择结构指企业为完成目标而投资的竞争方法。这种战略选择基于对环境的扫描。同样,所选择的竞争性方法将为企业带来最高水平的现金流(Olsen 等,1998)。Olsen 等认为(1998),在饭店业,竞争方式是由产品和服务组合而成,这种组合设计可为公司带来独特的资源和能力(核心能力)以获得竞争优势。

在协调模型中"企业结构"指企业有效执行战略的能力。Olsen 等(1998)认为战略执行力指"合理分配资源的过程,从而使得企业的产品和服务可以产生最高水平的现金流,而且将一直延续下去"。他们同时认为在资源分配之前,必须进行内部分析以确定企业的核心能力(这要与企业的 RBV 相一致)。

企业的绩效可以通过财务和行为评估来衡量,假设企业绩效的评估将反映最有价值的竞争方式。Snow 和 Hambrick(1980)认为企业绩效会因所采用的观点、评估的时间段和所使用的标准的不同而不同。然而,总的来说,现金测量可以较好地反映一家饭店的业绩(Murthy,1994)。使用现金测量可以计算每一个竞争方式为企业总的现金流所带来的附加价值。

在 1995 和 2000 年,国际饭店餐饮协会(the International Hotel and Restaurant Association)开展了饭店行业适配性理论的最广泛的研究,并将其研究成果汇编出版(Olsen,1997;Olsen and Zhao,2000)。该白皮书报告了在 20 世纪 90 年代的两个时段中跨国饭店企业所使用的竞争方式。他们根据二次研究,开展全行业范围内的研究,着重研究促使变化的常见环境力量和企业的应对措施。白皮书研究了环境中的关键事件,确认了企业所使用竞争方式,分析了企业的绩效(Olsen,1997)。利用二手数据,Olsen(1997)得以分辨促使变化的力量,并分析企业的应对措施及其财务状况。该研究尽管对适配性理论做了一些推理,但并没有采用该结构的实际测评结果。

由于在饭店业和其他有关战略的文献中,已有证明支持适配性理论,本研究旨在阐释如下观点:根据所有者目标,在竞争方式和组织结构中实现更大适配的企业要比没有这种适配性的企业效益更好。

本研究采用适配性的三个结构用以检验这个观点——战略选择、企业结构和企业绩效。适配性理论的第一个结构——环境——也纳入研究范围。这是因为牙买加是一个岛国,该国的饭店企业拥有着较相似的源自于企业远程和任务环境的环境力量,因此这种环境力具有稳定性。保持这种环境力的稳定性表明远程和任务环境的同一力将对所有饭店产生同样的影响。

研究方法

研究选取牙买加的5个不同旅游目的地的5个私营的度假村作为案例的一部分,以研究测量协调一致性的方法。这个设计是为了测试适配性模型是否适应用不同类型的企业。由于信息的缺乏使得现金流没有结合每一个竞争方式,矩阵用来测量度假村竞争方式和核心能力的适配性水平。

数据收集

在每一个度假村,我们采访了总经理/行政总监和其他关键部门管理者(餐饮总监、客房部经理、人力资源经理、市场和销售总监和财务总监)。每次访谈都会问同样的问题。另外,我们还辅之以直接观察,观察在岗管理者和员工以及他们在执行竞争方式时的行为和反应。

我们还向现场客人发放调查问卷,以了解客人对度假村的看法以及他们对于企业所应用的竞争方式的感知(表17.1)。根据访谈中管理者的回答提出了度假地竞争方法的具体问题,研究还从二手数据中搜集了资料以核实访谈中获得的信息。

表17.1 有关适配性的结构、观点和研究问题

设想	结构	次级观点	研究问题
根据所有者目标,在竞争方式和组织结构中实现更大协调一致性企业比没有这种协调性的企业效益更好	战略选择	环境力量促使企业行业发生的变化决定了企业的战略选择/竞争方式	1. 怎样选择竞争方式? 2. 哪些竞争方式能获得竞争优势? 3. 战略选择、企业结构和企业绩效三者之间的关系是什么?

续表

设想	结构	次级观点	研究问题
	组织结构	协调良好的企业,应该将资源分配到支持所选择的竞争方式的核心能力的执行和发展中去	4. 哪种投资可以最好地利用竞争方式? 5. 企业将哪种资源(人力或物质)分配到竞争方式中? 6. 哪种资源分配方式能够使得饭店可以完美地完成任务? 7. 核心能力有哪些? 8. 环境和过程变量将对竞争方式的执行和预期产生怎样的影响?
	企业绩效	企业在环境、战略选择和企业结构之间进行协调可以获得更高水平的绩效	9. 管理者怎样评估支持竞争方式的投资决策? 10. 怎样测量竞争方式的成功? 11. 每一个竞争方式可以带来怎样的现金流? 12. 饭店怎样利用投资回报? 13. 关于饭店采用的竞争方法,客人的看法如何?

矩阵

为了测试度假村在竞争方式和核心能力之间的协调一致性水平,通过访谈、直接观察、二手数据和客人调查意见等多种渠道搜集到的信息用矩阵图示以显示它们之间的关系,并评估协调性。每个单元格中的条目反映了研究过程中所搜集到的证据是否证明了适配性。如果有证据证明,将赋予点值"1",每一个单位有4分(以下情况下发现支持性证据得1分:访谈中、二手数据、客人调查意见和直接观察)。在每一个矩阵中,根据每个饭店确定的竞争方法和核心竞争力,所获得的分值由总的可能分值划分(表17.2就是本研究所使用的矩阵范例)。如果一个饭店拥有了完美的适配性,每一个单元格都将会有4分,每一分都来自于一种信息源。然后每一个单元内的可能分数除所获得的分数以获得总的百分比。最佳协调性的分数为百分之百。

在试图评估战略选择和企业结构之间的适配性之前,以往的文献几乎没有揭示需多大比例的适配性才能证明如果协调适当,企业绩效将更好。本研究采用四种相互独立的数据源以调查竞争方法和核心竞争力之间的适配性,保证了内容的效度,并为适配性的测量确立一个严格的标准。

表 17.2　竞争方式和核心能力矩阵的范例

核心能力	竞争方式		
	"绿色饭店"	有形产品	品质服务
客人意见卡	用于改善或修正环保政策(1)[b]	利用意见和建议以改善有形设施和景观设计(1)[b]	每一个月,每个部门都要轮流做评比。并在部门会议上讨论积极和消极的意见,且将其作为培训工具(1)
信息技术	与系统联合(1)[a]	在所有区域,接通电源设备以方便出入。(1)[a]	饭店可以有效地利用此技术来记录回头客、客人喜好和其他有助于识别回头客的特征(1)
培训和发展	持续培训全体员工要再循环、再利用和减少浪费 在每一个部门每个月都有一次环境管理体系的(EMS)培训课程(2)[b]	对直接与客人接触的员工同样进行培训(1)[b]	三个培训层次:新员工、一线员工和监督及管理人员。培训的目的是从内到外地管理客服过程 为全体员工提供每月一次的客服培训[b] 员工积极性高,能力强(3)[c]

a 直接观察。
b 二手数据。
c 客人意见。

饭店业适配性的测评

在饭店业中,测量协调一致性包括从内部、外部和客人三方收集信息。以下的方式可以用来测定企业已执行的核心能力和竞争方式之间的协调关系。

为了测量协调性,本章建议采取以下步骤:

在内部,收集企业向员工、客户及其利益相关者推销的信息。

1. 企业任务——该任务反映了你的目标吗?
2. 战略计划
3. 员工手册
4. 培训资料
5. 饭店宣传手册
6. 时事通讯
7. 广告
　a. 电视
　b. 报纸

c. 杂志

d. 网络

8. 在内部自我学习的成果,即平衡计分卡、六西格玛管理法和流程重组。

9. 网站

10. 监督观察

11. 质量控制系统

12. 内部局域网

13. 工作描述

14. 绩效评估系统

15. 决策制定程序

16. 薪酬系统

17. 预算和预算程序

18. 年度报告

19. 管理会议备忘录

20. 生产系统

此步骤旨在检验企业发送给所有利益相关人的信息是否与企业的竞争方式相一致,以及企业将配以资源的竞争方式是否可以为企业带来最大利益。

在外部,可以从媒体(二手信息)收集如下与企业相关的信息:

1. 旅游作家的文章

2. 新闻报道

3. 网络博客

4. 第三方评测,比如 TripAdvisor.com 和 J. D. Powers and Associates

5. 进入 Utube 或 Myspace

6. 客户指南,如 Michelin、Mobil 和 AAA

弄清楚其他人对你公司的看法,以及媒体如何看待你的公司。这些评价是否与企业竞争方式相一致。

客人愿意在酒店住宿时提供意见反馈,从以下渠道收集信息。

1. 客人意见卡

2. 客人投诉日志

3. 客人调查(如果有的话)

客人认为什么是最珍贵的?这与企业的竞争方式相一致吗?客人所认为的珍贵的东西应该与公司销售给他们的东西一致。意见卡可以反映出客人最喜欢什么,同时也反映出了他们的期望没有得以满足的地方。客人投诉日志帮助饭店鉴别出什么是饭店最大的挑战以及企业应该怎样分配资源。

在收集了以上信息后,使用矩阵来显示信息之间的相互关系,并评估协调一致性(表17.2)。矩阵的第一列列举出了企业的核心能力,而矩阵的第一行列举出了企业的竞争方式。第二步就是将信息放入到矩阵单元中,与确定的核心能力(横向)和竞争方式(纵向)相匹配。每一个信息赋值为1,每一个单元中的每一个信息都可以得到1分,包含了内部信息、外部信息以及客人信息。最后一个步骤是将每一个单元内的分值相加,并除以总分。其结果用百分数显示,为协调的程度,最完美的水平为100%。

表17.2展示了度假村的各个核心能力之间的协调一致。在这个矩阵中,总分为36分(9个单元格,每格4分,表示4种不同的信息渠道),而该例得分为12,协调的百分比为33.3%,显示饭店的核心能力和竞争方式之间的协调性程度低。

以上概要步骤的设计是为了协助管理人员测试企业竞争方式(战略)和核心能力之间的协调一致性关系。矩阵可以辨别企业在哪些地方做了协调以及企业的资源配置是否可以带来附加价值。它也可以体现出资源还需向哪些领域分配。

这套适配性的测验方法要求管理人员清楚他们告诉了员工什么事情,传递了有关企业的什么信息,以及别人如何看待他们。这个方法也会告诉管理人员他们所认为的价值是否与客人在意见卡上显示出来的价值相一致。

总结

本研究采用了5个度假地案例检测适配性水平,揭示了管理者在竞争激烈的环境中有待解决的几个重要问题:

1. 扫描受到管理者的概念性技能上的范围限制。扫描主要关注竞争(尽管不存在连贯性)和客人(通过意见卡获得客人的看法)。

2. 即使在绩效最好的饭店企业,协调的水平也是偏低的,仅有37%左右。这证明了饭店企业的复杂性,饭店提供的数百种产品和服务常常以独特的方式组合。这也可以证明达到完美的协调是一项重大的任务,而维持此水平则近乎不可能。因此,本章中度假村A、B、C的低绩效表明,管理者在谨记保持各方面的纵向协调的同时,也有适度的协调性目标。

3. 在度假村A、B、C存在一定协调性的地方,仅采用了基本的会计系统,没有考虑追踪对竞争方式的投资。因此,管理者只能使用直觉去分辨什么能够带来价值,他们甚至不能解释为什么能取得协调一致性。

4. 管理者对于竞争方式投资的评估过程知之甚少。因此，他们依赖会计数据，而这些数据并不能提供给他们直接的信息反馈。

建议

由于缺乏有效记录适配性的信息，根据投资渠道，可以采用矩阵法来测量适配性。根据管理者访谈、直接观察、客人问卷调查和二手资料等渠道收集信息，可以检测竞争方法之间的协调性。矩阵用来测量企业中的适配性，验证适配性与企业绩效之间的关系。然而，本章的案例研究表明，饭店业要取得协调还有很多方面有待进一步完善。

根据对5个度假村的研究，本章为管理者提出以下建议：

1. 希望获得持续的竞争优势的管理者在战略选择决策和资源配置时，不能再依赖于传统做法，而应努力研究对企业很可能有积极影响的外界环境变化倾向。

2. 即使达成完美的协调是一个重大的任务，尽管难以做到，管理者必须坚持不懈地监督自己的工作，确保客人和观察者能看到企业和竞争方法，同时他们也必须站在投资资源决定的前沿。

3. 为了确保企业通过竞争方式创造商业价值，折现现金流法可以作为评估价值的主要标准。这也使得企业可以利用其经营统计数据来获得更精确的测量。

使用矩阵方法将协助管理者辨别核心能力和竞争方式之间的适配性。

参考文献

Barney, J. B. (1991). Firm resources and sustained competitive advantage. *Journal of Management*, 17 (1), 99-120.

Fuchs, P. H., Mifflin, K. E., Miller, D., and Whitney, J. O. (2000). Strategic integration: Competing in the age of capabilities. *California Management Review*, 42 (30), 118-147.

Mintzberg, H., Ahlstrand, B., and Lampel, J. (1998). *Strategy Safari*. New York, NY: The Free Press.

Murthy, B. (1994). *Measurement of the Strategy Construct in the Lodg-*

ing Industry, and the Strategy Performance Relationship. Unpublished Dissertation, Virginia Polytechnic Institute and State University, Blacksburg, VA.

Olsen, M. D. (1997). *Hotel Industry Performance and Competitive Methods: A Decade in Review*, 1985-1994. Paris, France: International Hotel and Restaurant Association. pp. 27-49.

Olsen, M. D., Tse, E. C., and West, J. J. (1998). *Strategic Management in the Hospitality Industry* (2nd ed.). New York, NY: Wiley.

Olsen, M. D., and Zhao, J. L. (2000). *Competitive Methods of Multinational Hotel Companies—a Five Year Review*, 1995-99. Paris, France: International Hotel and Restaurant Association. pp. 31-45.

Powell, T. C. (1992). Organizational alignment as competitive advantage. *Strategic Management Journal*, 13, 119-134.

Porter, M. (1985). *Competitive Advantage: Creating and Sustaining Superior Performance*. New York, NY: The Free Press.

Porter, M. E. (1980). *Competitive Strategy: Techniques for Analyzing Industries and Competitors*. New York, NY: The Free Press.

Snow, C. C., and Hambrick, L. G. (1980). Measuring organizational strategies: Some theoretical and methodological problems. *Academy of Management Review*, 5 (4), 527-528.

Ⅵ篇
实施

IV 実装

第十八章 创新和战略实施:当前竞争环境下的主要挑战

Sander Allegro[①]和 Rob de Graaf[②]

引言

创新已经以摧枯拉朽之势控制了现代商业。任何一个自重的公司都会在其使命陈述、远景规划和其他战略文件中强调创新的重要性。在当今动荡的商业界,创新往往是不可避免的。如果不更新我们的产品或改进服务质量,不改变生产和发送产品的方式,我们将难以生存!在创新领域里,饭店行业享有的声誉不高。由于自身保守的特点,再加上其资本密集型结构,饭店需要超过25年的时间才能收回资金,这使得它一直没能推动创新。

饭店业的大多数创新是由外界引进的。用局外人的眼光看这一行业,不会受到该领域主导模式阻碍。

在本章中,我们将分析三个创新的概念,这有助于我们作出正确的创新决策:情景思维、创新者的窘境以及新服务的开发。这些概念用于这一行业已经有很多年了,它们帮助提高了产品及服务销售和利润。这些概念也适用于饭店业。

我们还会以奎比克饭店(Qbic Hotels)作为案例分析。这是欧洲饭店市场引进的真正意义上的创新理念。

创新和战略相关概念

长期以来,将战略创新理论引入实践一直是我们研究的主题。如 Hultink 等(1997)所评论,许多关于这些理论的书已经出版,以完善创新的所谓"毛茸茸的后部",即方案完成后需要引入市场和组织的这一部分。

---

① 荷兰海牙旅馆管理学校
② 荷兰格罗宁根大学

然而，饭店业可能不仅是这一"毛茸茸的后部"的问题，在整个创新过程中根本就是缺乏创新。根据 Dialogic(2005)的研究，饭店业特别缺乏更全面的或根本的创新。

在饭店行业，许多组织忙于日常业务，只有极少数饭店有专门的部门研究服务创新。把创新引入市场，要么是由大公司完成，如连锁饭店，要么是引进全新商业模式后起之秀，如快捷饭店(easyHotel)。

快捷饭店

快捷饭店是 easyGroup 集团的下属公司，总部设在伦敦，该集团还包括欧洲领先的低成本航空公司——易捷航空公司(easyget)。快捷饭店品牌下的第一家饭店于 2005 年 8 月在伦敦开张，第二家于 2005 年 9 月在瑞士开张。它给短期停留的旅客提供了安全和高质量的选择，在伦敦市中心的快捷饭店住宿一晚的价格大约是 40 英镑，这大约是其他经济型品牌饭店价格的一半。快捷饭店位于市中心，其目的就是为了建立品牌形象，为消费者提供一个标准化的高品质产品，靠顾客可以接受的小的房间获利(60 平方英尺)、无奢华装饰、客房的简单装修。所有快捷饭店的预订都在 www.easyHotel.com 网站上用信用卡支付。

当没有其他选择以保持业务时，饭店只有采取创新(例如，网上预订)，或从供应商那里购买创新方案，这些方案通常着重于提高饭店运行的效率和效益(Dialogic,2005)。而大多数饭店缺乏远见，不知前景会怎样，也不知如何找好自己的定位。

假如有了这样的远见，饭店也很难决定引进创新的时机，从而使得饭店与创新失之交臂。但是，即使明确了远见，设定创新引进的时机，创新也不会迅速在市场上大显身手，因为缺乏完成和引进创新项目的机制。

为了解决这一问题，需了解以下三个主要的创新理论应用于饭店业的情况。
● Van der Heijden(2005)提出的情景思维。
● Christensen(2006)提出的创新者的窘境理论。
● Johson 等(2000)提出的新服务开发理论

选择这三个理论是因为它们从不同的角度解决问题。情景思维从未来的环境着手，创新者的窘境从技术创新角度，新服务开发则从过程这一角度。这三个角度的结合提供了一套广泛而强有力的方法，使饭店业的管理人员能看到创新机会，知道应该在什么时候开始进行创新活动，最后为如何应对和执行创新进程提供启示。

此外，这些理论的建立都是通过分析日常实践创新而来的。许多案例被加以研究，成为理论的一部分，并不断在实践中得以应用和验证。每个理论都有自己的优势，例如，情景思维广泛应用于能源企业。创新者的窘境在电子产品方面流行。结构化的创新过程在软件和金融业比较普遍。将这些理论运用于饭店业还比较新，看到它们如何用于实施创新和战略是非常有趣的。

首先，本节会对每个理论进行简要描述，在下一节将会把这些理论应用于饭店业最新推出的创新模式：Qbic饭店。沿着下面的条目，本节将按如下各项对每个理论进行述评。

- 定义
- 过程
- 关注点
- 启示
- 结果
- 对饭店业的价值

情景思维

定义

情景是可能实现的未来。在情景思维里，各情景相差很大，表明未来可能出现不同的情况。情景是根据严重影响业务的市场和社会的不稳定性而建立的。情景并非是推断的结果或行动，而是独立于它们之外的。情景强调洞察企业目标得以实现的未来环境。

过程

Van der Heijden的这一情景思维理论过程具有很强的结构性。它首先关注于组织目前和过去的状况。在这一步，对组织目前存在的问题进行分析，并确定它们来自于组织内部还是外部。然后将关注的重点放在外部问题上，包括环境带来的机遇和威胁以及公司的市场。

接下来界定组织的目标。令人惊讶的是，许多组织为这一步而挣扎着。然后需要设定实现这些目标的时间段（从几年到半个世纪）。

根据确定的目标和时间表，再一次评述这些问题、机遇和威胁。选择很不确定在设定的时间将在哪里结束的项，然后对其进行分析以确定其对核心问题的影响。通常情况下，将选择对所定目标影响最大的两个不确定因素以描绘情景空间。现实生活中频繁使用的例子是经济繁荣和竞争的激烈性。

然后开始建立情景，首先从如图18.1所示的广泛意义上开始，接着详细地

Ⅵ篇 实施

展示情景故事,描绘关键发展脉络,定位演员,并指出对既定目标的影响。

设定好情景后,现在该确定如何达到既定目标。这既可以通过回顾每个情景和组织的目前状况,也可以通过群策群力设法想出达到既定目标的办法。然后将这些想法转变成不同的选项以供组织选择。

好的选项有助于实现各情景中至少50%的目标,对于剩下的50%不应产生消极影响,因此至少应是中立的。为了使这些选项发挥更大的作用。往往需要把这些备选方案组合在一起。最后这些选项可以转化为公司的创新计划。当然,这些备选方案或创新计划的可行性需要仔细评估。最可行的方案可选作企业的战略。

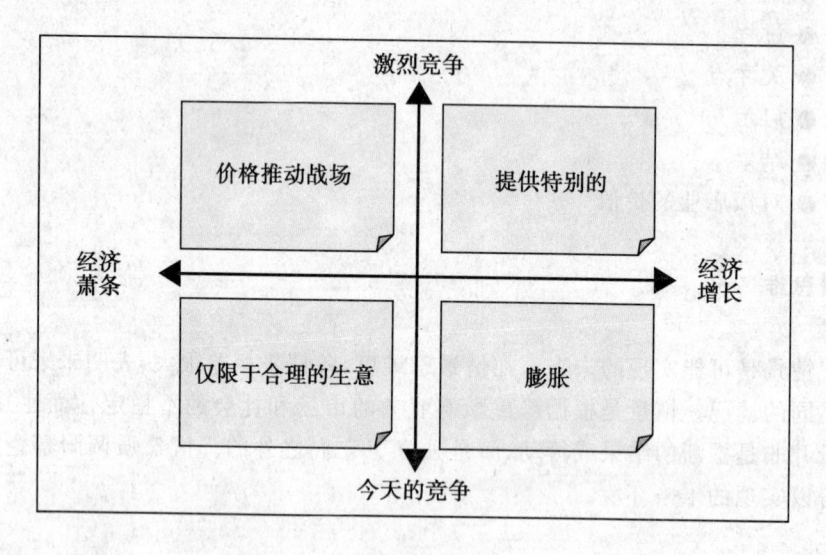

```
                    激烈竞争
                       ↑
       ┌──────────┐    ┌──────────┐
       │          │    │          │
       │ 价格推动 │    │ 提供特别的│
       │  战场    │    │          │
       └──────────┘    └──────────┘
  经济                                经济
  萧条 ←──────────────────────────→ 增长
       ┌──────────┐    ┌──────────┐
       │          │    │          │
       │仅限于合理│    │  膨胀    │
       │ 的生意   │    │          │
       └──────────┘    └──────────┘
                       ↓
                    今天的竞争
```

图18.1 不确定性与预测示例

最后,确定一个监控系统,以评估随着时间的推移不确定性因素的流向。经常审视主题以预测未来的情况。基于这些选择而制定的战略应该能够适应市场的发展和更广的环境或组织环境。

关注点

情景关注组织的未来前途。他们不是预测将来会发生什么事情,但为组织设计了不同类型的未来。这为创新想法(可选择的办法)的评估提供了背景,并确保只有正确的选择才是可以发展的。这样在饭店业领域更为罕见的创新稀有资源才能在创新中发挥作用,并在未来取得成功。

启示

情景思维为未来环境和追求新服务创新带来了启示。在本质上,情景思维是一个管理工具,以评估创新的需求和机会。而且,也可以评价我们过去常做的选择。这可能导致没有一个完美的选择,这意味着有必要为饭店提供更具有创新意义的战略。

结果

情景思维训练的结果是能更好地展望未来。为未来的成功制定检验并完善战略,使之更强大。这使组织能做好更充分的准备以应对未来的环境,并知道应该密切监控哪些发展。

对饭店业的价值

饭店业容易受到环境和市场因素如经济条件,市场上新的竞争者,好的人力资源等变化的影响。例如如果一个饭店能够吸引客人、员工等等,即使在经济低迷时期,取得成功的机会要高得多。更好地洞察未来机遇类别有助于确定所需要的创新类型以及这些创新是否真能促进饭店长期目标的实现。

创新者的窘境
定义

基本上,创新者的窘境指选择做小步创新(以成功的在职者为代表)或决定有必要转向一个全新的想法、技术、理念等(以成功的新手为代表)。当新技术出现使得能以不同的方式提供产品或服务,并也可以作为新理念而使用时(如同在本章案例研究中体现出来的)创新者的窘境尤其引人关注。

不同技术、理念的表现会随着时间的推移而改变。是否应继续开发某技术或理念?或者是否应把资源分配到新的技术理念?这是 Christensen 创新者窘境理论关注的主要问题。

要了解某种技术或理念进一步发展是否仍然可行,首先应该审视它的成熟性。成熟的技术或理念的发展相对缓慢,而随着时间的推移,新的技术或理念可能会超越现有的技术。以金钱为衡量标准,如果产品性能或服务质量可以大大提高,其背后的技术或理论就可能具有颠覆性影响。图 18.2 表明了这种颠覆性(Christensen,2006)。

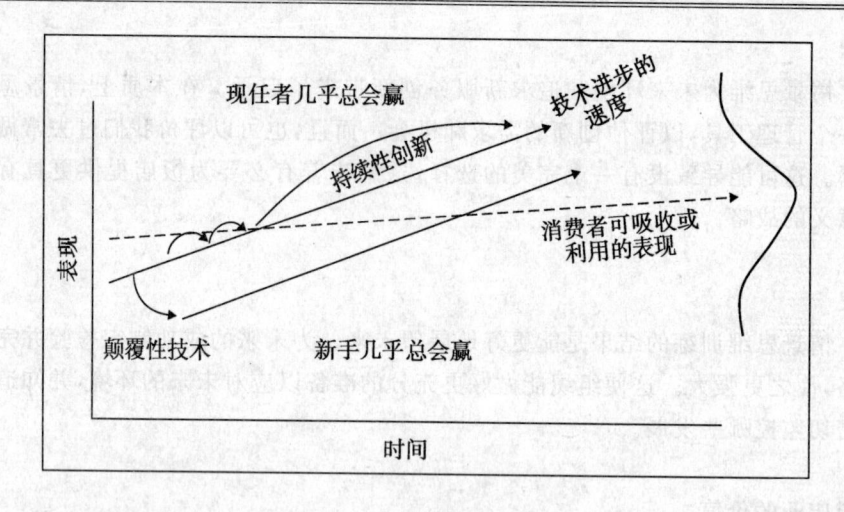

图 18.2 颠覆性技术的影响

一个很好的例子是易捷航空和其他低成本航空公司如何通过新的媒介想方设法吸引游客：互联网。业务流程可以从根本上重新设计并自动化，从而花更少的钱提供同样价值的服务（乘坐经济舱从 A 地到 B 地）。在这里，互联网可以被看作是一个成功的革命性技术，新创业者比传统的竞争对手更成功。传统的竞争对手失去市场份额，但更重要的是，新手瞄准了新的市场，以低廉的价格提供航班，从而吸引大众市场。

分析当前和竞争者的技术来确定其成熟性和增长潜力是创新者窘境理论的关键过程。Henderson（《产品创新管理杂志》，2006，23：5-11）认为，具有能确定可能有颠覆性的技术（或理念）并能做出适当的能力的人少之又少，并且这种能力很难在任职时得以发展。

对市场和潜在因素（如技术）保持开放的态度，是一个良好的开端。很多经营者每个季度都会开展调查，检测市场的发展，以预测未来的变化。教育方案也做了修改以适应这些新的需求，并经常聘请顾问提供帮助。要分析的最重要因素是如何让客户看到他们的需求被某个提案采纳，并得以满足，Christensen 称之为"吸收"。

关注点

创新者的窘境理念主要关注时机。对于现任者来说，这意味着什么时候变换一个新的理念，而不是进一步发展现有的想法。需重新设计业务流程，这比苦思冥想一个新的设计花费的时间更多。然而，错过创新可能导致收入和利润大幅度下降。对于新创业者来说这是一个大的机会，因为现任者通常需要更多的时间来适应一项新的技术。但是,他们应当认识到,过早引进新的技术或理念将不会带来所需的价值。因此,对两者来说时间是关键的。

启示

创新者的窘境理论可为新技术和理念如何改变我们做生意的方式提供启示。了解你担任什么样的角色(现任者或新手)以及你的业务流程可能会受到何种影响,这都会提供相对于竞争对手的竞争优势。

结果

如果创新者的窘境管理得当,某些大胆创新的时机将得到改善。现任者可以监督业务流程得到及时修改,市场中新手的成功几率将会更高。如果颠覆性技术占据市场,就连进入市场的门槛都可以降低或完全消失。

对饭店业的价值

饭店业以其创新层次低而出名。夸大、翻新是所尝试过的最彻底的创新。通常理念没有真正改变。因此,该行业很容易受到新手的冲击,新手抓住了很好的时机,转向新技术或新理念,给客户创造价值。年轻企业家可以通过这种方式真正进入市场,只要时机成熟,他们会令人惊讶地占领市场的一部分。培养现任者鉴别可能具有颠覆性技术或理论的技能,帮助他们开始更彻底的创新。

新服务的开发
定义

指为组织开发新服务的过程分为四个阶段:
1. 设计(服务背后的理念)
2. 分析(商业可行性)
3. 开发(源自理念的服务)
4. 全面启动(经过测试的服务)

这一过程是基于 Johnson 等(2000)的模型,由 Brackel(2006)进一步完善,见图 18.3:

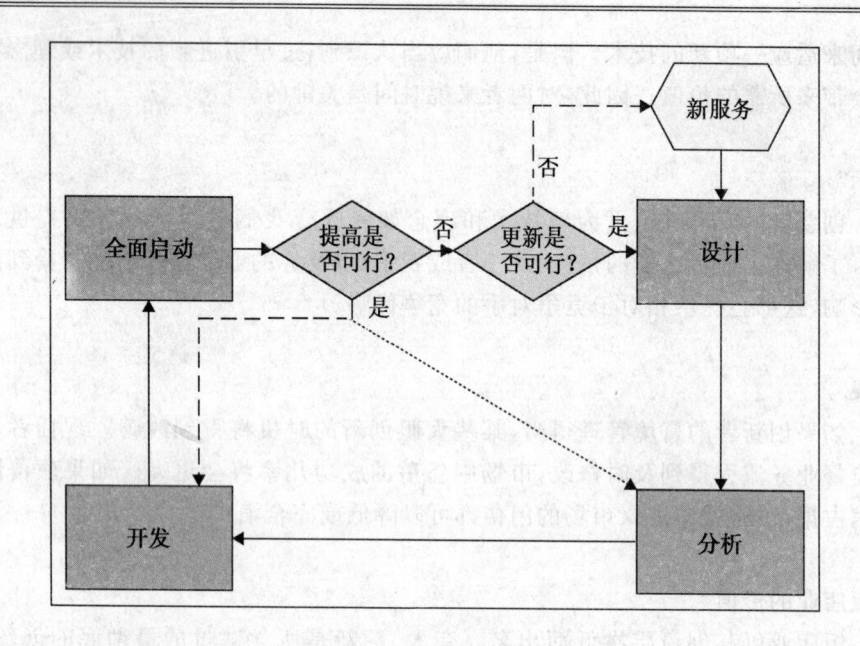

图 18.3 新服务开发示意图

过程

新服务开发的全过程可调整为逐步和全面创新。

- 渐进式的创新通常在图 18.3 模型左侧部分执行。如果启动的服务有完善的可能，要对其进行评估，然后通过小幅度的开发过程完成改变。有时还会正式分析改善情况，以免它不能随着目前操作任务来完成，并必须进行资源分配。

- 对于更全面的创新（新的服务）必须经过设计和分析阶段。如果使用与渐进式的创新同样的方法，这项新服务的成功只能靠机遇或运气。这里的问题是首先要建立新的服务概念，接着进行比较，并可能合并，然后进行测试，以形成一个合理的分析过程。许多服务企业可以确定的模型的左侧，而通常缺乏模型右侧，这意味着这些组织止步于渐进式的创新。

Brackel(2006)对所有阶段都进行了详细的阐述。由于本章的重点是该模型中更具有创新的一边（即模型的右边），以下为创新的设计阶段图示（图18.4）。

开始需要有好的战略，这是许多服务企业存在的主要问题，由于它们有牢固的运营重点。如前所述的情景思维可能会有助于确定一个强有力的战略。一旦有好的点子，就需要考虑颠覆性技术和理念。创意审查可再次用到情景，以评估这些创意的可靠性。创意的结合可带来大量的价值。然后，需要形成一个或多个理念。这意味着新服务的细节开始启动，同时也意味着正在设计提供这种服务的操作流程。最后,在检测理念阶段,给顾客(在饭店业需多次给客人)提供这种理念的服务,以找出这种理念是如何满足顾客需求的。顾客的参与对于评价新形成的理念是必不可少的,因为服务始终是在与顾客的互动中建立起来。这是新产品开发的基本特点,例如也可以采用模拟方式检验新产品在实践中的表现。

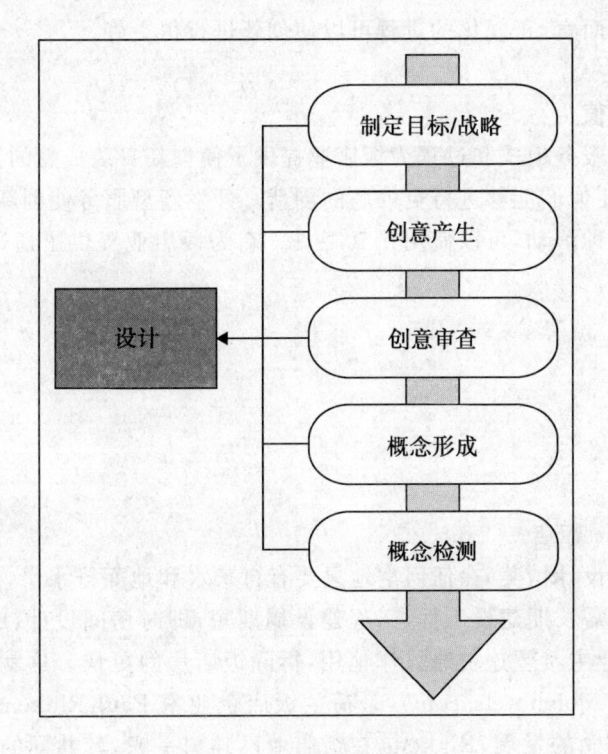

图 18.4 创新的设计阶段

关注点

发展新型服务的核心是要有一套精心组织的过程,该过程使公司或组织的一系列服务不断得到发展,并能全面创新。一个正规的发展进程能在大多数运营公司业务发展不好的领域提供支持:与日常实践并不直接相关的任务。然而,在此过程中工作人员、顾客、外部专家等可以使用知识和经验,比其他止步于模型中左边部分的企业更具优势,那些企业在特定形势下不知采用何种程序。

启示

在服务领域,发展新型服务为创新提供了一个完整的、全面的模式。产品开发的主要区别是过程中要求顾客的参与。这样才是验证这种新的创新理念是否

Ⅵ篇 实施

起作用,以及如何从顾客和公司的角度进行设计的唯一方法。

结果

新服务的开发过程一旦展开,意味着更加成熟的创新过程已经形成,成功引入新的服务也是能管理得更好的过程。从产品上市时间、客户满意度和运作所付出的努力度而言,正规化的进程可以使创新进行得更好。

对饭店业的价值

开发新型服务模式和过程为饭店业提供了使创新日臻成熟的方法。如果要实施战略,这使他们能够进行更彻底的创新。开发新型服务使创新制度化,明确了需要执行何种活动,可以使用什么工具。它为饭店业提供了通过创新获得更多成功的框架。

案例分析

创新案例:Qbic 饭店

饭店房间设计精美,在任何空地只要有自来水和地面排水口,4 小时内可以组装完成。不需长期建设工程,工程建设周期短,即时房间设计,成本极低。最棒的是:如果业主希望这块地另作他用,拆除饭店房间更快。这就是 Qbic 饭店(http://www.qbichotels.com),是荷兰饭店企业家 Paul Rinkens 的创举。随着一些成功理念的发展,Rinkens 在饭店业已独树一帜,其共同的一点就是:创新是关键。

第一点:立方间

Qbic 设计理念的关键因素包括立方体形居住空间,可被恰当地称作立方间(如图 18.5)。每个立方间占地 7m^2 配置非常实用,每间都是单独设计,并由美观优质的材料建造而成;客厅、加长 Hästens 牌床、Philip Starck 设计的精致浴室、电视、广播、安全无线上网服务,以及设计精巧的具有工作室风格的房间为客人提供了一个最具艺术品味的居住环境。

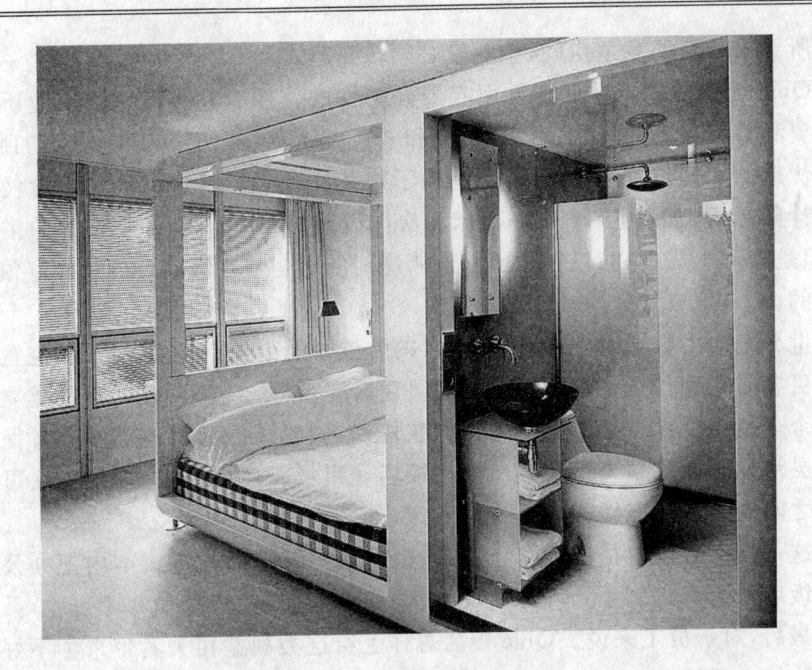

第十八章 创新和战略实施：当前竞争环境下的主要挑战

图 18.5　Qbic 饭店客房

创新和饭店业似乎是天敌。创新意味着冒险，打破"原则"，敢于挑战现状。饭店业运营的信条是避免风险，坚持原则，维持现状。许多连锁饭店正在经历 Clayton Christonsen 所证实了的"创新者的窘境"。Christensen 试图解释为什么与市场保持密切联系，倾听客户的意见，积极投资技术的优秀企业仍旧面临失败的可能。他指出，真正突破性的创新最初往往被顾客拒绝。这使在这一行业中已立足的公司感到恐慌。这也许可以解释为什么大多数饭店业创新是由外人发起的。企业家不一次受固有的行业范式的束缚，而应打破规则，创造新的创业空间。虽然 Qbic 的创始人 Rinkens 是饭店业的专业人士，但他仍坚持从局外人的角度来分析。

第二点：范式

范式，源于古希腊中的一个术语，指在某一特定的情景中使用的标准模型。《牛津英语词典》中的范式一词被定义为"一个模式或模型，一个典范"。Joel Barker 是将范式转变概念普及到企业界的第一人。Barker 把范式定义为"任何一套规则或条例，它确定界限，并告之如何在这界限内行事"。人们往往抵制改变，并无视或拒绝改变，这是由于人们往往以范式的眼光看待周围的世界。人们根据 Barker 定义的范式行事，于是饭店业充满着种种范式。"客户永远是对的"可能是最有说服力的范式。Barker 看来，范式就意味着变化。Barker 介绍了范式转变者（为新范式引入创意的人）和范式先锋（将范式进一步发展的人）。为了

Ⅵ篇 实施

创造所寻求的新的竞争空间,企业家必须转变范式。

Qbic饭店的理念在许多方面起着开拓性的作用。它打破了饭店业所有三个主要利益相关者的规则:客人、员工和老板。顾客习惯于饭店高成本的顶级设计和优越的地理位置。Qbic饭店挑战了这些原则。虽然这种创新理念使用顶尖设计师品牌,如瑞士Häestens床和法国设计师Philip Starck设计的浴室配件,但是该理念成本相对较低,因为饭店房间的组建是在饭店外的装配厂预先构建好的。

世界上大多数城市中,建立新饭店的位置已经很少了。另一方面,空置写字楼则更容易找到。在空置的写字楼内组建饭店客房的方案给新饭店的建立带来了一个全新的世界。且不需要昂贵的装修费,同时还能为房地产所有者保持很大的灵活性。如果哪天写字楼市场比饭店业市场发展更好,这个地方又可以在一夜之间恢复成写字楼。

这一特点对业主是非常有利的,他也喜欢在有限的投资成本内把办公楼改装成饭店。

最后,对于员工来说。Qbic饭店总体上给这类利益相关者带来了不好的消息。除了少数管家和主人外,饭店几乎不需要任何人力投入。顾客可以直接进入预约系统,在网上订房。可以在饭店大堂无人自助服务亭进行住宿登记。食品和饮料可通过投币式自动售货机或饭店内私营企业家经营的餐厅和酒吧等营业场所购买。

许多旅馆老板可以接受这一理念。饭店业的主导范式却不能接受,通过自助服务亭登记住宿。但是Qbic已证明它是成功的。其在阿姆斯特丹的第一家分店从第一天开始一直客满。众多连锁饭店试图吸引互联网旅行家,似乎非常欢迎这一理念,而且他们并不是唯一的爱好者。这一理念已吸引世界各地的人,包括像奥林匹克重大体育赛事的组织委员会。Qbic理念为在短时间内建造具有艺术品位的饭店提供了可能。

Qbic饭店这一案例告诉我们,饭店业的创新需要突破现有的模式并克服创新者窘境。旨在成功的公司和个人最好能为他们自己创建一个新的竞争空间,这样他们可以在短时间内成为市场的领导者。

信息技术和服务的可靠性、有效性和灵活性是企业创新背后至关重要的因素,Qbic的使命是不断提高系统和全球基础设施的发展水平。

分析

本节将情景思维、Christensen 提出的创新者的窘境和新服务的开发这三个概念应用于 Qbic 案例。关于情景思维，Qbic 案例清楚地表明彻底扫描环境能如何帮助企业创新。Qbic 的创建者把 16 岁和 17 岁的消费者作为重点，认为这群人将是未来的旅行者。此外，他们分析了房地产市场，并得出结论，大多数欧洲城市需要大量新的饭店，而这些饭店难以找到新的建造场地。面对这一挑战，开发商作出了反应，并自问何种类型的房地产能广泛使用。写字楼市场就此提供了答案，因为该市场出现了供过于求的局面。关于情景规划理念，Qbic 开发者把确定性——位置——变为一个不确定性元素。这有助于他们制定强有力的解决方案。最后一点，情景的灵活性——在较短的时间内以较低的成本改变一栋建筑物的用途——这一办法被证明是降低风险的至关重要的因素，极大地有助于获取所需资本。

用颠覆性技术的理念分析 Qbic 饭店案例，可以识别一些应用技术。饭店房间的建设用组装技术来代替，这在制造业中很常见。工厂生产的部件可以在饭店内轻松组装，节省了大量时间和金钱，这种生产方式还允许在海外生产部件。

在市场方法方面，Qbic 理念使用优化收入的管理系统。该系统奖励早期客房预订，与最常用的奖励最后预订者的系统相反，要求最后预订者缴纳额外费用。

设计饭店环境时，应用互联网及自助服务亭办理住宿登记手续是另一种创新，帮助降低了成本，因为即使在这个劳动力密集的环节也不需要任何工作人员。

从发展新型服务的角度来看 Qbic 案例，这一理念清楚地表明饭店采用了长远目光，把 16～17 岁的孩子作为焦点群，这样就省去了工作间和电话线，因为这些旅行者们很可能会使用自己的手提通讯设备，以便能够获得最大的自由度。

生产过程中使用的生产技术可以大大降低建设饭店所需的初期投资。同时，与在饭店业中一般使用的产品开发相比，这一方法的选择迫使开发商采取更有条理化的发展过程。最后一点，该理念通过了一群随意抽取的旅行家的简单检测。他们有助于饭店的最终设计。立方间的经济型设计本身也为进一步的完善提供了可能。

结论

创新来自于公司外部：机会、技术、新商业理念等。情景思维有助于为你提供实现战略目标的未来景象、分析阻碍因素并找到克服它们的机会（即这会在多个而不仅是一个情景中发挥作用）。这适用于饭店业和其他行业。Qbic 案例表明，许多机遇等着我们去抓住，实施的方式简单且有效。

颠覆性理念和技术亦可以运用于饭店业。它结合现有的技术，并摆脱传统的饭店设计，为 Qbic 带来了成功。39 英镑一晚，享用 Hästens 床和 Philip Starck 浴室，第二天只需步行 3 分钟就能到达商务会议地点。谁会拒绝这样优惠的饭店住宿条件？如果以青少年为出发点，可以不用提供类似在房间里安装电话这样的许多服务，无线互联网和移动电话已足以满足现代通信需求。

最后，有条理、有步骤的新服务开发过程为了解什么时候该做什么事提供了宝贵的框架，当创新还不像在其他行业中占据主流的时候，尤其如此。有条理的开发进程当然会给不按老一套方式参与创新的人以帮助。它还规定了潜在客人参与的时机。当然可以如 Qbic 饭店那样利用家庭成员和朋友检验理念，因为这能使我们在服务开发完成之前分析他们发现的问题。

总之，饭店业似乎被禁锢在某个地方，管理人员对他们的服务种类只做了小的改良。然而，案例表明，全面的创新是可能的，并且有时饭店业需要全面创新才能前进，现任者仍然占有很大一部分的市场，可能比较松散，在运营过程中他们无法运用本章陈述的理念。因此适当的时候，大学饭店管理专业的教师和学生应审视和应用上述理念。当然，这并不是唯一的成功之道，但或许能有助于他们发展。

参考文献：

Brackel, W. A. (2006). Towards improvements for new service development to gain competitive advantage, Master Thesis, University of Groningen.

Christensen, C. M. (2006). The ongoing process of building a theory of disruption. *Journal of Product Innovation Management*, 23, 39-55.

Dialogic (2005). *Innovatie in de horeca, onderzoek naar de innovativiteit van de Bedrijfstak*. Zoetermeer: Bedrijfschap Horeca en Catering (in Dutch).

Henderson (2006). The innovator's dilemma as a problem of organizational competence development performance. *Journal of Product Innovation Management*, 23, 5-11.

Hultink, E. J., Griffin, A., Hart, S., and Robben, H. S. J. (1997). Industrial new product launch strategies and product development performance. *Journal of Product Innovation Management*, 14, 243-257.

Johnson, S. P., Menor, L. J., Roth, A. V., and Chase, R. B. (2000). A critical evaluation of the new service development process: Integrating service innovation and service process design. In J. A. Fitzsimmons and M. J. Fitzsimmons (Eds.), *New Service Development: Creating Memorable Experiences*.

Van der Heijden, C. J. (2005). *Scenarios: The Art of Strategic Conversation*. Chichester: Wiley.

第十九章 战略模型及其在中小型企业中的应用

Amit Sharma[①]

引言

自从经济活动出现以来,小企业一直是各国社会和经济结构的一部分。尽管如此,目前现有的大多数企业战略文献都是从大企业的视角出发的。出现这种偏见的原因之一是 19 世纪大型企业的出现是经济进步的源泉。大规模生产要素的复杂性引起了经济学家和商业战略家的好奇。不过,人们最近又对创业,尤其是通过小型企业的创业重新产生了兴趣,因此,重新审视小型企业的战略过程以便了解现有理论如何能够应用于对小型企业的研究便显得至关重要了。

本章的目的是探讨为什么战略理论与模型没有普遍应用于小企业。鉴于上述理解,有关饭店小企业的研究文献是否能得到加强?本章通过运用最近研究的两个饭店小企业案例的数据,检验两个主要战略模型:Michael Porter(1985)的通用战略模型和 Olsen 等(1998)的适配原则的应用,以评估其对小企业的应用价值。作者认为大多数饭店战略文献的战略模型的侧重点不是小企业,尽管饭店业和旅游业本身包含更多的小企业,其研究重点却仍放在大企业上。因此,为了加强饭店战略文献和支持小企业的研究,研究人员需要扩大现有的模型和理论。这也将在方法论上有所启示。这就导致了如下的观点:早期的战略模式和理论可能(无意地)排除了小企业,所以急需主要专注于小企业研究的文献与之均衡发展。但是,由于小型企业和大型企业有着类似的目的,即:要尽可能使业主的财富最大化,我们因此也需要努力避免这种两极分化的做法。

最近的研究还表明,小企业(特别是餐饮业如饭店和餐馆)不仅能为国家的经济发展作贡献,而且也可以为企业活动作贡献(Sharma 和 Upneja,2005;Sharma,2006)。因此,加强对这些小企业的战略过程进行评估不仅有必要,而

[①] 宾州州立大学 Park 分校 Mateer 楼 223 号饭店管理学院(16802)

且也是饭店研究中的一个被大大忽略的方面。

文献综述

有关商业战略的模型和理论已逾150多种。有多少是针对小型企业新面临的特点及状况而做的？在本章中，对所有的理论和模型进行述评是不可能的,因此本章着重讨论两个主要模型(一个来源于主流战略文献,另一个来源于饭店业战略文献)并评估其是否适用于小型企业研究。战略文献在小型企业中的应用是分散的,也是有局限的。例如,主要管理研究数据库中可用的探讨战略的文章(超过115 000篇)中只有1%(1 034篇)专门论及小型企业(Proquest,2007)。其中,近50%的文章是在过去十年发表的。下面关于小型企业战略的主要研究的综述将进一步突出按主题对这类研究进行分类的困难。

早期的一些小型企业战略研究的成果已被广泛应用。例如,Van Auken 和Ireland(1980)给小型企业规划提出投入产出的方法。该论文的重要性在于为小型企业提出了具有前瞻性的战略方针。同样,Brasch(1981)为从业者提出了一种在营销出口项目上决定组织结构的模式。他提出的建议非常实用,给公司所有者提供了多种市场投资方法。日益普及的信息技术促使 Allaway(1988)等为小型零售商提供了一个框架,通过使用"离线个人电脑驱动软件"来作出促销组合决议。这项研究的一个有趣方面是通过个案研究的方法,使用了实际存储数据分析,并强调利用计算机技术来有效提高小企业的决策。

其他与信息技术有关的研究有 Drozdow 和 Carroll(1997)的研究。为了帮助家族企业长期发展,他们对实用工具,如以个人电脑为基础的驱动软件提出了建议。Hall 和 Mestler(1997)评估了小型企业可用的战略规划软件。Bassin(1990)以业务分析为例,提出了利用经济订货批量(经济批量)技术来对小型零售业进行库存管理,并强调库存是一个金融投资,以及如何利用这种有限业务假设技术和简单的方法来对它们进行管理。这种研究为小型企业研究定下了方向,即研究不仅在应用时非常有效,而且还以问题为导向。

然而,关注点从注重业务和技术的分析方面慢慢地转向企业的管理行为、人力资源,以及环境、组织结构和一致性等更传统的战略问题。Variyam 和 Kraybill(1993)调查小型企业的广泛战略选择及管理人力资本对企业战略的影响。该研究发现,企业规模影响某些战略选择,人力资本管理对战略选择也有重大的影响。为了评估关键因素如环境、战略、技术、任务、结构和个人的适配一致性与融合程度,Hatton 和 Raymond(1994)评价了小型企业范围内公司效能框架。

大约在同一时间,Nwachukwu(1994)调查了小饭店的战略联盟行为,并发现合作联盟是战略选择的一个重要方面。由于急剧的环境变化,饭店将需要考虑这些战略选择,特别是新出现的"电子市场"。Nwachukwu(1995)发现,在一个小企业,执行总监的控制核心关系到企业的结构性分化,这也与它的经济性能相关。研究结果强调,侧重点必须是首席执行官的判断力和小企业的业绩,而不是评估战略的过程。

一些研究还考察了小型企业与较大企业之间的关系。例如,Audretsch 等(1999)的调查解释了有关大型企业背景下小型企业生存方式的一些理论。该研究的主要结论是,小型企业不能直接与大公司竞争,特别是由于其较大的价格与成本差异。相反,不像大公司,小型企业往往开发产品商机策略。然而 Benrud(2002)探讨了小型企业如何在产品低价格与低质量的基础上与更大的企业抗衡。Darrow 等(2001)也对类似的问题进行了研究,由于环境变化迅速,大的五金店控制了市场,Darrow 运用通用战略框架为小五金店确定了战略选择。这项研究表明,即使面对这些环境变化,帮助小五金店保持竞争力是取得成功的关键因素。该研究是这方面唯一的研究,运用了 Porter(1985)提出的通用战略框架。最近,Hollenstein(2005)调查了小企业选择国际化战略的因素。小型企业与大型企业的不同在于小型企业主要依靠渐增的创新能力,而大型企业却依靠自己的资产。

战略是从盈利能力和生产力各方面影响小企业的。Roper(1999)评估小企业的业务增长和盈利情况,发现营业额增长和利润率没有太大关系。其他重要的研究发现是盈利能力与战略选择相关,同时增长速度和盈利能力并没有表现出任何长期的持续性。Gunasekaran 等(2000)通过小型企业的案例研究,评价它们生产力低下的原因,并提出如何加强这些企业的生产力。该文提出战略对提高小企业的生产力具有非常重要的意义。这些早期的论文为更完整地评估小企业的战略奠定了基础。

最近,有关小型企业的战略的研究不断发展,从不同的角度吸引了研究者的注意力。Beal(2000)探讨了环境扫描与小企业战略选择的相关性。该研究发现,具有广泛基础的环境扫描对战略选择的影响,但发现战略选择与环境扫描频率没有任何关系。Gelderen 等(2000)发现企业所有者的个人战略或初创的企业与性能和环境的不确定性有关系。某些战略被认为更有效,某些类型的战略与环境不确定性的程度也有关系。

Lopez-Gracia 和 Aybar-Arias(2000)从财务角度,使用信贷配给和优序理论的方法来表明中小企业的金融行为受其规模和所处产业部门的影响。该研究发现,企业规模的大小影响自筹资金战略,而所处产业部门对短期的财政政策有影响。同样，Reid 和 Smith（2000）调查了新企业成功的因素，并发现小型企业最重要的一个成功因素是企业家追求最高的投资回报。其他重要的成功因素包括企业家对其能力的现实评估和长期规划。对信息战略进行评估的研究数量有限。Levy 等（2002）的研究是其中的一个例子，他们调查了中小企业的信息系统投资战略过程。信息技术方面的投资取决于各种因素，包括增长阶段、企业家／公司所有者的价值观与经验，甚至企业所处的产业部门。Davies（2001）调查了制造业公司竞争力方面的有限性，并为这些企业提出了一个模型：通过加强南非企业间的联系以尽量减少资源的限制。Arasli（2002）评价了饭店中层管理人员对全面质量管理理念的看法，以及如何解决内部管理冲突，加强企业为实施全面质量管理战略所做的整体准备。Rasheed（2005）最近做的一项研究调查了环境结构对外资进入模式和中小企业的业绩的影响。研究结果表明，通过在"不断增长的国内环境"中使用无股份外资市场进入模式，公司拥有较高的国际收入增长率。另外，当国外市场风险较高时，采用股份进入模式的公司的国际收入增长更高。Gibbons 和 O'Connor（2005）研究了小型企业的特点及其在战略规划进程中的影响。该研究得出如下结论：创新型企业采用更为正式的战略规划进程，而保守公司则采取更增值的过程。Davis Wood（2005）通过开发一种能评估财务方面的战略决策的模型，表明了金融预测的重要性。该模型可以适用于如旅行社、粮食经纪人等许多行业。该研究强调它为不同企业利益相关者创造了价值。最近，Cressy（2006）研究了为什么大多数企业在最初几年容易倒闭。该研究的关键理论观点是，早期大多数企业倒闭是因为在商业早期的市场价值低于成本机会，而人力资源管理能力强的企业家往往比人力资源管理能力低的企业家有较高的绝对利润。

受企业家精神研究的影响，小型企业战略研究也转向调查企业主、管理者以及他们的决策方面的问题。Sonfield 等（2001）在企业战略矩阵的战略决策背景下，进行了性别比较研究。如同以往的研究，这项调查报告也显示了女性和男性企业家对企业业绩的满意度有着显著性差异，男性的满意度更高。Jocumsen（2004）研究了小型企业的营销战略决策过程。该研究总体要完成三项任务：资料的收集／研究、财务分析和评估以及内部事务。一个有趣的现象是，这些任务并非依次实施，在它们之前有决策发起，之后有最后的承诺。同样，Kickul 和 Gundry（2002）研究了小公司所有者的个性、战略方向与创新之间的关系。该研究发现，小企业主个人的前瞻性个性连接着战略方向，使该公司依据周边环境的变化而改变。Entrialgo（2002）调查发现战略选择与管理人员特征如部门经验与正规教育之间有关，而战略选择和年龄、任职年龄没有任何联系。该研究强调管理人员特征和战略选择的一致性保障了小企业的绩效。Chetty 和 Campbell-

Hunt（2003）通过结合国际化理论与中小型企业的特点,把商业特点与战略联系在一起,用概念化的理论模型来解释通往国际化的不同路径。该研究的作用在于强调了公司的特点,如人口问题、管理风格和能力。Rasheed（2005）调查了小型企业的企业家面临着要么增长要么裁员时的战略选择。结合之前的战略选择理论与企业家获得资源和过去盈利能力的理念,该研究指出企业家基本上保持着进取心并选择增长战略,不论他们对资源可及性和过去盈利的感知是高还是低。Payne等（2005）用实证研究分析了小企业主的认知地图,目的是了解这些地图对企业的属性和行动的影响。调查结果表明通过对组织的自我认同,全面评估外部利益相关者,及对环境的认知,小企业的领导人可以得出两个相反的取向。一个重要研究结论是,小企业的领导人应意识到自己的方向和偏见,因为这些可能影响企业的行为和业绩。

资源和能力开发的想法吸引了越来越多的研究者的注意。例如,Clarke 和 Turner（2004）扩大了资源基础理论,并为中小型企业发展提出知识管理战略,以发展其竞争优势。这项研究得出的结论是,除了知识管理战略,中小型生物技术公司还利用知识产权作为其竞争优势的补充来源。Gurau（2004）使用增值链方法来评估中小型企业在生物制药行业竞争的优势。这项研究提出了一个理论模型,用以描述影响中小企业在增值链中的战略定位的不同阶段和各种因素。Wilson 和 Stokes（2005）研究了企业家管理创造力和创新的区别,并指出了两者的重要性。该研究强调这两个方面的管理是不同的,并需要企业开发内部技能（如有效的沟通）,也强调有效的促销策略和外部关注。同样,Adewole（2005）运用 Porter（1985）的动力模型,分析供应链中的小制造公司所面临的挑战。Bretherton 和 Chaston（2005）运用战略联盟调查了小公司对资源的依赖性。研究结果发现,公司在价值链的不同阶段都在运用战略联盟来获取资源和能力。在应用研究中,Reynolds 和 Lancaster（2006）为小型创业公司提出了切实可行、低成本的营销方法,以帮助它们通过增加销售额和消费者满意度来最大限度地提高盈利。该研究的价值在于为小企业提出了一个在不进行大规模的研发投入的情况下,可以采用的以理论为基础的实用方法。Cooper 等（2005）调查了家族式企业的客户关系管理,并将它们与非家族企业相比较。他们的研究结果表明,家族企业与非家族企业相比不太可能建立一个受高度重视的客户关系管理,并有可能采用不太复杂、更为传统和低风险的战略。然而,他们无法判断家族和非家族企业采用不同的方法是否会导致客户关系管理战略有效性的不同。

有关小饭店企业,特别是业务动态环境下（Buick,2003）的研究仍是有限和零散的。用于分析制造业的模型表明饭店企业家采用以业务为导向的战略来优化经营活动,而这些战略与他们的个人背景密切相关（Glancey 和 Pettigrew,

1997)。其他研究涉及小饭店和餐馆的盈利和收入分析、定价政策以及固定资产投资水平，如 Kaufman 等（1996）以及 Poorani 和 Smith（1995）的研究。运营商以往的经验、营销资源、资本结构组合，以及经营者和员工的技能和教育水平等因素会影响这些企业的业绩（Romer，1986，1990）。即使在职培训在饭店和餐馆中很普遍，仍有证据表明，这种努力取得的成功具有不确定性（Worsfold 和 Griffith，2003；Zhang 等，2002）。最近的证据表明，除其他因素（如创业活动、创新等）之外，小型企业的经济增长可以从它们与其他经济部门的联系中获得（Sharma，2006a）。

从主流的战略管理研究和饭店服务策略文献研究两方面所做的简短而具有代表性的综述表明关于小企业的战略研究是局限的、分散的，在发展方向方面缺乏重点。一方面很明显缺乏研究重点，难于按照相似主题分类；另一方面，至少有证据表明小企业研究的常规视角在不断改变。

有关饭店业小企业战略的研究是特别局限和散乱的。相关研究仍处在新生阶段。与有关大企业的研究相比，可能有多种原因造成小企业战略文献在规模、内容和复杂性方面比较落后。一个可能的解释是主导战略模式和理论无法呈现小企业研究的视角的演变。考虑到战略管理的主流文献随这些主导理论发展，这可能导致人们忽视了把这些理论应用于小企业。如果这确实是一个可能的原因的话，那么就有必要了解这些主要模式应用于小企业是如何未达到预期效果的。掌握了这些知识，在研究公司的战略管理行为时，至少研究人员能够意识到这些理论的局限性。而且，对小企业研究特别感兴趣的研究人员也可以尝试将战略管理主流理论运用于小企业，使有关小企业的研究越来越成为主流研究，而不致被"主流研究者们"嗤之以鼻。

目的陈述

本章的目的是探讨部分主流战略模型和理论是否有助于研究相对薄弱、文献相对匮乏的小企业策略文献的丰富与发展。因此，本章对两种主要的策略模式进行评估，以检验它们是否适合研究小企业。本章重点在饭店业，如饭店和餐馆。通过近期两个项目的案例研究证据来评价所选的战略模型的适用性。

研究方法

本文的描述性研究方法由三个部分组成:两个主要战略模型、两个小企业的研究案例数据以及用于评价战略模型在案例研究中的应用的框架。用于进行评估的两个主要战略模型为 Porter（1985）的通用战略（图 19.1）和 Olsen 等（1998）的适配原则（图 19.2）。之所以选择 Porter（1985）的模型,是因为迄今为止,它是策略和管理文献中最有影响力的模型之一。同时也由于该模型极少被用于对小型企业的研究,那么评估一下它对小型企业研究的适应性也是一件重要且有意思的事情。

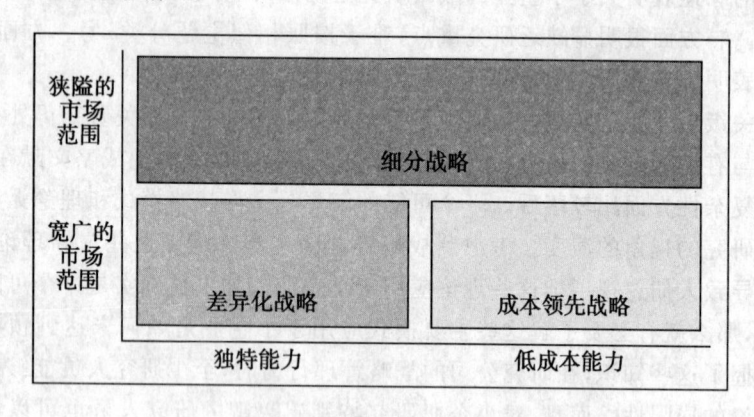

	独特能力	低成本能力
狭隘的市场范围	细分战略	细分战略
宽广的市场范围	差异化战略	成本领先战略

图 19.1　通用原则

适配原则（Olsen 等,1998）仍然是饭店业和旅游业领域唯一的战略构想,它的应用正日益得到认可。因此评估其是否适用于小型企业是适当的,因为它引导饭店战略领域未来的发展。

本研究中的两个案例分别是一家餐馆和一家饭店,都是小型和独立的个人企业。为了提高数据的覆盖度,其中小餐馆案例研究在北美进行（Sharma,2006）,小饭店个案研究在撒哈拉沙漠以南的非洲国家进行（Sharma 和 Sneed,2007）。这两个案例研究从先前开展的项目得到真实的数据。两个案例讨论的内容都与企业为提高竞争优势而实施的战略有关。

小餐馆位于北美洲中西部一个小镇上。其产品和服务组合可称得上是独一无二的,晚餐平均食物消费为 30～50 美元。厨师非常称职,曾受训于世界一流的烹饪机构,他拥有并管理这家餐馆,此外还有一个合作伙伴管理餐馆的服务。这家餐馆最终采取的竞争战略是使用当地种植的新鲜食品来吸引客户,并区别于其他档次较低的餐馆。该战略证明是成功的。本章所研究的饭店坐落在撒哈拉以南非洲国家的一个大城市中。由于运行管理不善和财产损失，老板退休后把财产交给了他的女儿，并且她已接管了饭店的日常管理。现在的所有者并没有接受过系统的饭店管理方面的培训，但她充满活力并决心让饭店在生意和财务方面取得成功。然而，考虑到激烈的市场竞争，她认为最好是把重点放在一些尚未开发的市场。最终她调整战略，把重点放在因开发项目而到访该城市和该国家的非营利和非政府机构的客户。因为目前并没有专门针对这类市场和这类人群需求的饭店，因此该战略已初显成效。

鉴于这两个案例研究及其环境战略的选择，这两个战略模型（Porter，1985；Olsen 等，1998）被用来描述最终导致相关战略选择的假设过程。然后研究者通过用一个框架来评估适用于小企业的问题是否被该模型所识别，来对这一过程进行描述，因为每一个企业采取了各自的战略。

用于评估两个战略模型的适用性的框架来自 D'Amboise 和 Muldowney（1988）。该框架建议，合适的模型应该包括特定的构思这一标准来评估小企业管理理论。根据这一框架，研究小企业的理论必须包括环境构想、组织结构、管理特点、成功与失败的标准、演变过程、特定环境中个人的经营行为以及问题取向。因此，这个框架用于每一个案例研究的描述性战略过程，以评估是否每个模型都拥有研究小企业的必要的理念。如果有适当的理念，评估结果编码为"有"；如果理念缺失，编码为"没有"；如果理念没有明确界定，但又在模型中有所体现，则编码为"不明显"。这种评估有助于确定研究小企业所缺失的每一个理念。笔者对结果进行了讨论，以评估本研究对小企业的战略结果，以及对这类研究发展合适的理论和模型的启示。

Porter(1985) 通用战略的应用

Porter(1985)提出了企业常用的三个通用战略：市场细分、差异化战略和成本领先。Porter 建议企业根据市场的战略范围和战略力量选择其中一个战略。战略范围为目标市场的规模和组成，战略力量包括企业拥有的核心竞争力（图19.1）。此模型适用于每一个小企业的个案研究。

首先，使用 Porter 的通用策略模型描述小餐馆的战略。餐厅策略范围涉及客户群的规模和组成。餐馆的目标客户群在地理区域上包括附近的大学城，日益增多的老年人群和婴儿。这一目标市场的组成将被描述为教育和可支配收入较高水平人群。特别是由于没有其他高价外出就餐场所，这家餐馆的目标市场规模很大。因此，该模型在战略层面的目标市场的范围是很广泛的。厨师和所有者的核心竞争能力也相当高,并且也很独特。同样,准备独家膳食的重要技能水平也相当高。因此,在战略力量方面,该餐馆也拥有独特的核心能力。基于该餐馆在矩阵中两个维度上所处的位置(图 19.1),我们可以从 Porter(1985)的模型得出如下结论:差异化战略最适合这家餐厅。把重点放在采用当地种植的蔬菜和新鲜的食品是一个差异化战略,餐厅最终也采用了这一战略。

第二,小饭店使用了 Porter 的通用战略模型。由于市场上的激烈竞争,饭店正面临着已经很窄的细分市场。价格昂贵的饭店已经抓住了高端市场,这使得其他饭店(包括小饭店),只能抓住对价格更敏感的客户。因此,本章所研究的小饭店的市场组成将被描述为有着高度价格敏感的客户群。由于市场竞争日益激烈,市场的规模也在缩小。因此,在战略范围方面,这家饭店的目标市场的范围在缩小。由于饭店最近已改变所有权,现任所有者正在试图利用财产获得金融成功。尽管管理像饭店这样的拥有多种业务的企业需要一定的能力,但现任所有者不具备任何经营和管理饭店的专业技能。因此,尽管她的战略能力的成本较低,但是成功地管理饭店需要一些独特的能力。根据战略范围和战略能力这两个标准,Porter 的战略模式可以得出结论:小饭店追求一种市场细分策略。

Olsen 等 (1998) 的适配原则的应用

适配原则(1998)提出得更早一些,其主要组成部分包括:环境扫描、战略选择、资源分配以及评估(图 19.2)。

图 19.2 适配原则

我们可以用适配模型中的各个组成部分来描述本研究中的餐厅案例。环境扫描阶段要求餐厅有效扫描环境以对其机遇、挑战和最终有助于他们形成策略选择的饭店业务、任务和外围环境的其他特点予以评估。这些环境的组成部分将有助于餐厅描述其目标市场、竞争环境、供应商的环境和可能影响其战略选择的环境的其他方面。由于先前已描述了餐厅的地理位置,所有者的特别技能,对目标市场的描述及其较高的教育和可支配收入水平也将包括在内。针对这一客户群体的餐厅的缺乏也将被指出。因此,从环境扫描阶段向战略选择阶段的过渡将引导店主考虑推出独家产品或服务组合以满足消费者。在战略选择阶段,企业所有者考虑将推出独家产品或服务组合作为创造竞争优势的竞争方法。如果实施这一战略,下一阶段的资源分配,将帮助店主对实施这一竞争方法所需的资源进行评估。所需的资源是开发独家产品和服务组合生产所需的生产和服务技能。假如这些技能已存在,并且其他的技能也已存在,店主可以在调配原则的最后一个阶段评估该竞争方法的资金运营表现。

通过运用适配原则的这些组成部分,我们可以对本章所研究的饭店提出一个类似的假设性描述。在环境扫描阶段,企业所有者扫描其业务、任务和外围环境,以确定发展有效竞争方法所面临的机遇和挑战。环境的最显著的特点是国际饭店会越来越多,该城市的低水平的游客市场,帮助城市发展的人群的相关市场增大,缺乏优质低价住宿。另一种看法是,在市场日益发展的推动下,虽然大多数援助机构为饭店提供了利润丰厚的合同,接近高额利率,较小的非营利机构和非政府机构(非政府组织)主要由志愿者维持。志愿者们无力支付这些高房价的国际标准饭店。这就可以被看作一个获得市场需求的合理的机会。假定小型饭店缺乏高质量的住宿,在短期到中期内,尤其是当政府对这些非政府组织的支持的需要预计不会减少时,企业所有者可认为寻求的这种竞争方法是可行的。该环境扫描假设可能会引导企业所有者做出为价格敏感的非政府组织旅游者提供优质的产品或服务组合的战略选择。如果最终选择这种竞争方法,资源分配阶段将帮助店主评价实施该竞争方法所需的资源。对于资源的两个明显的要求是开发吸引价格敏感的非政府组织旅客的优质产品/服务组合,并与有关非政府组织发展关系,使它们考虑把这家饭店确定为他们在该城市的首选饭店。鉴于与相关非政府组织发展关系不需要太多专业技能,以及可能雇用一名熟练的经理来开发产品或服务组合,店主可以着手进入下一阶段:评价该竞争方法的财务表现。

这就是假设的两大战略模型在两个所选的实际案例中的应用,以及两家企业最终实际运用的战略。下一步的任务是评价这些描述,以评估两个模型在描述小企业的战略过程时的表现。

战略模型评估小企业的合适性

本章所运用的评估框架表明小企业的战略模式包括环境构想、组织结构、管理特点、成功与失败的标准、演变过程、具体环境下的个人行为和问题定位。该框架常用来评估两个选定战略模型是否适用于不同的结构。如果构想出现在每一个模型中并在案例研究中得到应用,则观察结果编码为"有";如果构想没有出现在模型的有关应用的描述中,编码结果为"没有";如果没有明确定义,但隐藏于内,结果编码为"不明显"。

Porter 的通用战略

Porter 提出的通用战略模型适用于两个小企业的案例研究。上述假设性描述表明如何将这一战略模型运用于实际。可以对该描述进行评估,从而判断该模型是否包括环境构想、组织结构、管理的特点、演变过程,具体环境下的个人行为和问题定位。

作为战略范围两个层面,环境构想已包括在模式应用的描述中。同样,战略力量也总结在称为单一层面的组织结构里。似乎除了说明战略力量方面的需要以外,没有描述管理特点。在实施阶段也没包括成功与失败的标准。同样,在模型的执行阶段中也没有提及业务演变。该模型的执行阶段也没有包括店主/经理的行为。最后,该模型的定位是解决竞争优势形成过程中的一个内在问题。

适配原则

Olsen 等(1998)提出的适配原则适用于这两个小企业。上述假设性描述表明如何将这一战略模型运用于实际。我们可以对该描述进行评估,从而判断该模型是否包括环境构想、组织结构、管理的特点、演变过程,具体环境下的个人行为和问题定位。

该模型对环境有清晰和成熟的构想。资源分配阶段包括并突出了组织结构。该假设描述中不包括管理特点。该模型的最后阶段(业绩评价)明确提到了成功与失败的标准,业务演变却未被提及,也不能明确看出具体环境下的个人行为。然而,在环境扫描和战略选择阶段确实提供了能看得见的可感知的和供选择的管理特点。如果可以长期观察这种对环境和战略选择的看法,它们可能勾画个别管理人员和所有者的明显的行为模式。最后,有一个内在的问题定位,即发展竞争优势。

战略模型的不足

根据上述对两个战略模型的评价,我们发现了一些有趣的不足。Porter(1985)的通用战略模型虽然明确描述了战略过程中的多个方面,但不能确定管理特点、明确定义的成功与失败的标准、业务发展,具体环境下的个人行为。此外,发展竞争优势模型存在着内在的问题导向。Olsen 等(1998)的适配原则优于 Porter 的模型,因为它明确界定了成功和失败的标准,含蓄地描述了具体环境下的个人行为。然而,它也无法确定管理特点和业务发展。

总之,这两种模型包括了研究小企业的某些关键方面,它们在研究管理特点、个人行为和业务发展等方面有所不足,而这些方面对小型企业的战略评价是有用的(表 19.1)。

表 19.1 小型企业战略评估

标准	通用战略(Porter,1985)	适配原则(Olsen 等,1998)
环境构想	是	是
组织机构	是	是
管理特点	没有	没有
成功与失败的标准	没有	是
发展过程	没有	没有
特定环境下个人的行为	没有	不明显
问题定位	不明显	没有

案例研究信息不全面

如果确定了战略模型的不足,那么缺失的信息到底有多重要呢?让我们以北美餐厅和撒哈拉以南的饭店这两个公司为例对其管理特点和个人行为进行案例研究。这两家公司的所有者的管理特点明显不同,但他们在承担风险的决定上表现出了相似的个体行为。

餐馆所有者对其在厨房里工作的下属的管理技巧似乎"更放手",饭店所有者试图"忽视"饭店日常管理的方方面面。然而,两方都愿意冒险把资源投入在与竞争对手不同的战略上。该餐馆所有者投入时间和资源与当地农民建立关系,以开发可靠的各种食品供应链。由于发展这些关系的成功率不到100%,这一进程是持续不断的。此外,与当地农场发展关系的最初阶段包含一个滞后时间——农夫们对饭店老板的产品质量的要求反应总是慢一拍。同样,为了开发针对价格敏感的非政府组织游客的新市场,饭店所有者不得不推出优惠价格,尽管她在资金方面承受很大的压力,原因是在前任所有者任期内,饭店已濒临资金和市场破产,所以最近不得不对饭店进行翻修并将资源用于重塑饭店的形象。

两个模型对两家公司的战略实施演变的描述也不突出。例如,两位企业所有者在目标增长方面的观点表现不同。餐馆所有者对扩大目前的营业场所,甚至提高业务能力不感兴趣;而饭店所有者已扩大其住宿能力,并正在努力提高其会议和宴会服务能力。她还在考虑未来可能增加更多的营业场所,但实际上仍继续把重点放在搞好现有的饭店。

最后,虽然两种模型都具有隐含的问题导向,但是目前还不清楚是否两个模型已成功地发现两家公司选择各自战略的原因。也就是说,真正促使两位所有者选择各自战略的原因可能并没有被明确地发现。餐馆和饭店所有者都是新企业家,他们试图建立自己相对较新的工作环境。虽然餐馆所有者已经具备所需的专业技能,但缺乏拥有和管理企业的经验。另一方面,饭店的所有者不具备任何管理饭店的专业知识,但通过与其父亲(饭店前任所有者)的关系,她具有企业所有者的总体感觉。因此,虽然两位所有者都是新企业家,但是他们所面临的挑战却明显不同。

问题是在对这两个小企业的战略进程的理解中,对这些信息的忽略是否是至关重要的。回顾关于小企业的文献,小企业的关键要素是:创造、领导、管理和发展企业的所有者。两个模型对战略的描述中缺失的所有信息都与企业所有者以及他们的行为有关。因此,在没有对企业所有者进行深入了解的情况下就想去了解小企业的战略过程,只能对他们如何选择战略,以及这些战略为什么成功(或不成功)等问题产生有限的理解。

怎样研究小企业战略

显然,本研究评价的两个战略模型都不是非常适合分析小企业战略。然而,两者显示了研究小企业的一个很好的迹象。最重要的是,两者从战略管理思想的角度描述了一个演变过程。Porter(1985)的通用战略包括组织的构成要素,即组织结构和环境。最近有关小企业的研究试图探索组织结构的各个方面。要开启这个黑匣子,仍有更多的工作需要做,以了解如何使自己的企业整合关键资源以形成竞争优势。该模型的应用将明显提高我们对小企业的基本原则的认识。Olsen等(1998)的适配原则补充了成功与失败的标准、经营环境以及问题定位等要素,它们都是研究小企业的关键概念。其中的一些概念隐含在模型中,这使该模型用于研究小企业时有一定的弹性。作为一种理念,行为环境具备把管理特点以及这些特点之间的关系与战略过程的其他方面相联系的潜力。同样,如果我们可以对这一调配过程进行长期研究,那么我们就可以在对小企业的行为研究方面增加一个演进的维度。随着未来的模型会提高我们对前面的模型中忽略的现象的理解,这两个模型显示出战略管理思维的演进过程。未来小企业的战略管理模型将不仅通过吸收现有的理念而受益,而且还能扩展其概念外延并提高其操作能力,从而整合其他维度。

启示

那么,上述研究对于我们了解为什么饭店战略管理文献仍继续缺乏对小企业的关注有何帮助呢?本章的目的是了解为什么战略理论与模型并不普遍适用于小企业。为了回答这个问题,我们将两个主要战略模型应用于两个小企业的案例研究。

本研究评估了描述性战略实施过程,并用一个框架来评估战略模式是否适合小企业。研究发现:虽然这两个模式适合研究小企业的某些方面,但是这两个模式都不能有效地解释与企业主或企业家的特点相关的问题。具体而言,小企业需要进一步明确阐述的问题包括如下方面:管理特征、行为方面、企业发展和以问题为导向的战略进程。研究者评估了两个模型描述中可能丢失的信息的重要性。结果表明,这些信息对了解这些小企业的战略过程起着至关重要的作用。

当前的战略模型在有效研究小企业方面的不足可能是小企业(尤其是服务行业的)战略研究落后于其他主流研究的原因之一。显然,这使得小企业平行研究具有了迫切性。尽管这本身并不令人担忧,平行文献仍被认为是"非主流的"。这可能并继续打击研究人员研究小企业的积极性。虽然本章中分析的两个模型都不完全适合研究小企业,但是它们为如何扩展这些模型的概念外延以便研究小企业或发展延伸模型提供了启示。

另一个必须加以考虑的方面是:当前最先进的研究是否支持小企业研究?由于两个模型中发现的概念不足,与个人,尤其是所有者或企业家的特点相关的概念需要加以研究。这些特点将包括个人的管理和行为方面、企业的发展和特定研究的问题。基本上,需要针对具体样品,在具体环境、具体时间进行纵向研究。

其中一些研究所需的分析技术不一定要求是概率模型驱动的,而是非概率的、基于计算数学和统计模型的、甚至可能在很大程度上是说明性案例研究。这就突显了目前最先进的研究所面临的另一个挑战:可用来研究问题的本质和小企业所面临的挑战的研究方法有很多,但是实际应用的却很有限。这样就需要解决几个问题。首先,小企业研究可能不是大型数据驱动分析研究,而是对小样本的具体分析。纵向研究设计可能需要更多的时间和资金投入。这可能会限制研究者开展大型邮件调查以及长期、深入的研究。这些资源将不仅需要内部的承诺,而且还可能需要外部的研究经费。如果研究能获得外部的研究经费,这就自动表明该研究的目的不仅是提供解决具体问题的办法,而且也要适用于企业和社会。因此,在一个层面上讲,研究需要有明确的问题导向;在另一个层面上,研究仍要努力具有推广性。这类研究将对统计方法、研究设计,最重要的是,解决方案以及成果的报告和应用等方面的选择具有启示意义。

总之,本研究表明:小企业研究的战略文献数量有限、分散的一个可能原因是:要对小企业进行研究,主要的模型和理论可能需要增加构思和概念。如果发现本研究中的模型缺乏研究小企业的某些概念,那么其他的战略模型和理论有可能也只有关于小企业的有限的概念。相关的讨论结果是,可使用的方法很多,但用于小企业研究的仍然有限。研究者仍对描述性的、个案的和小样本数据不屑一顾。不幸的是,这些仍是进行小企业研究的主要方法。这一局限也可能成为深化小企业战略研究的障碍。最后,饭店小企业战略文献仍未成熟,特别是用于这些研究的主流应用模式是有限的。然而,调查发现,基于饭店环境的适配原则,只需对其概念范围稍作缩小,就可适合对小企业的战略进行研究。然而,如前所述,必须与之相匹配的是对小企业在研究方法上的更为灵活的多样性。至少,在研究可以给研究人员提供合理的认识和工具,用于评估主流战略的模型和理论对于小企业研究的适用性。如果可以确定其他模型的不足,研究人员可以弥补这些不足,并仍然会研究小企业。那么这不仅有希望增加小企业战略研究的数量,还可能使之更接近"主流战略文献"。

结 论

小企业对经济增长、创新和创业精神至关重要,然而,研究小企业战略的文献仍很有限。小饭店企业战略文献的零散状况令人关注。小饭店企业战略研究匮乏的一个原因可能是:要对小企业进行研究,主要的模型和理论可能需要增加构思和概念。另一种可能性是,方法的多样性受限。因此,如果要加强饭店战略文献以涵盖小企业研究,那么除了探索新的模式以外,在使用当前的模式和理论时要有意识地增加与小企业相关的概念。小企业的研究还面临特殊的挑战,还必须探讨方法的多样性。由于小企业在全球饭店业中占很大比例,努力加强这方面的研究将会极大地促进我们对饭店业的认识。

参考文献：

Adewole, A. (2005). Developing a strategic framework for efficient and effective optimisation of information in the supply chains of the UK clothing manufacture industry. *Supply Chain Management*, 10(5), 357-366.

Allaway, A., Mason, J. B., and Moore, T. D. (1988). A PC based approach to promotion mix analysis and planning for small retailers. *Journal of Small Business Management*, 26(3), 14.

Arasli, H. (2002), "Diagnosing whether northern Cyprus hotels are ready for TQM: an empirical analysis", *Total Quality Management*, 13(3), pp. 347-364.

Audretsch, D. B., Prince, Y. M., and Thurik, AR. (1999). Do small firms compete with large firms? *Atlantic Economic Journal*, 27(2), 201-209.

Bassin, W. M. (1990). A technique for applying EOQ models to retail cycle stock inventories. *Journal of Small Business Management*, 28(1), 48.

Beal, R. M. (2000). Competing effectively: Environmental scanning, competitive strategy, and organizational performance in small manufacturing firms. *Journal of Small Business Management*, 38(1), 27-47.

Benrud, E. (2002). Challenges of existing in a market as a small, low-quality producer. *Small Business Economics*, 18(4), 269-280.

Brasch, J. J. (1981). Deciding on an organizational structure for entry into export marketing. *Journal of Small Business Management (pre-1986)*, 19(000002), 7.

Bretherton, P., and Chaston, I. (2005). Resource dependency and SME strategy: An empirical study. *Journal of Small Business and Enterprise Development*, 12(2), 274-289.

Buick, I. (2003). Information technology in small Scottish hotels: Is it working? *International Journal of Contemporary Hospitality Management*, 15(4), 243-247.

Chetty, S., and Campbell-hunt, C. (2003). Paths to internationalization among small-to medium-sized firms: A global versus regional approach. *European Journal of Marketing*, 37(5/6), 796-820.

Clarke, J., and Turner, P. (2004). Global competition and the Australian biotechnology industry: Developing a model of SMEs knowledge management strategies. *Knowledge and Process Management*, 11(1), 38-46.

Cooper, M. J., Upton, N., and Seaman, S. (2005). Customer relationship management: A comparative analysis of family and nonfamily business practices. *Journal of Small Business Management*, 43(3), 242-256.

Cressy, R. (2006). Why do most firms die young? *Small Business Economics*, 26(2), 103.

D'Amboise, G., and Muldowney, M. (1988). Management theory for small business: Attempts and requirements. *The Academy of Management Review*, 13(2), 226-240.

Darrow, W. P., King, A. B., and Helleloid, D. (2001). David vs. Goliath in the hardware industry: Generic strategies and critical success factors as revealed by business practice. *The Mid-Atlantic Journal of Business*, 37(2/3), 97-109.

Davies, T. A. (2001). Enhancing competitiveness in the manufacturing sector: Key opportunities provided by inter firm clustering. *Competitiveness Review*, 11(2), 4-15.

Davis, H. M., and Wood, D. D. (2005). A commission-based management spreadsheet model: Strategies to increase stockholder returns for an insurance agency. *Journal of Education for Business*, 80(3), 139-144.

Drozdow, N., and Carroll, V. P. (1997). Tools for strategy development in family firms. *Sloan Management Review*, 39(1), 75-88.

Entrialgo, M. (2002). The impact of the alignment of strategy and managerial characteristics on Spanish SMEs. *Journal of Small Business Management*, 40(3), 260-270.

Gelderen, M. V., Frese, M., and Thurik, R. (2000). Strategies, uncertainty and performance of small business startups. *Small Business Economics*, 15(3), 165-181.

Gibbons, P. T., and O'Connor, T. (2005). Influences on strategic planning processes among Irish SMEs. *Journal of Small Business Management*, 43(2), 170-186.

Glancey, K., and Pettigrew, M. (1997). Entrepreneurship in the small hotel sector. *International Journal of Contemporary Hospitality Management*, 9(1), 21-24.

Gunasekaran, A., Forker, L., and Kobu, B. (2000). Improving operations performance in a small company: A case study. *International Journal of Operations & Production Management*, 20(3), 316-335.

Gurau, C. (2004). Positioning strategies in the value-added chain of the biopharmaceutical sector: The case of UK SMEs. *The Journal of Consumer Marketing*, 21(7), 476-485.

Hall, O. P., Jr., and Mestler, C. (1997). Putting business planning software to the test. *The Journal of Business Strategy*, 18(1), 42-45.

Hatton, L., and Raymond, B. (1994). Developing small business effectiveness in the context of congruence. *Journal of Small Business Management*, 32(3), 76.

Hollenstein, H. (2005). Determinants of international activities: Are SMEs different? *Small Business Economics*, 24(5), 431-450.

Huseyin, A. (2002). Gearing total quality into small-and medium-sized hotels in North Cyprus. *Journal of Small Business Management*, 40(4), 350-359.

Jocumsen, G. (2004). How do small business managers make strategic marketing decisions? A model of process. *European Journal of Marketing*, 38(5/6), 659-674.

Kaufman, T. J., Weaver, P. W., and Poynter, J. (1996). Success attributes of B&B operators. *Cornell Hotel and Restaurant Administration Quarterly*, 21-33.

Kickul, J., and Gundry, L. K. (2002). Prospecting for strategic advantage: The proactive entrepreneurial personality and small firm innovation. *Journal of Small Business Management*, 40(2), 85-97.

Levy, M., Powell, P., and Yetton, P. (2002). The dynamics of SME information stations. *Small Business Economics*, 19(4), 341.

Lopez-Gracia, J., and Aybar-Arias, C. (2000). An empirical approach to the financial behaviour of small and medium sized companies. *Small Business Economics*, 14(1), 55-63.

Morrison, A. J. (1994). Marketing strategic alliances: The small hotel firm. *International Journal of Contemporary Hospitality Management*, 6(3), 25.

Nwachukwu, O. C. (1995). CEO locus of control, strategic planning, differentiation, and small business performance: A test of a path analytic model. *Journal of Applied Business Research*, 11(4), 9.

Olsen, M. D., Tse, E. C. Y., and West, J. (1998). *Strategic Management in the Hospitality Industry*. New York: Wiley.

Payne, G. T., Kennedy, K. H., Blair, J. D., and Fottler, M. D. (2005). Strategic cognitive maps of small business leaders. *Journal of Small Business Strategy*, 16(1), 27-40.

Poorani, A. A., and Smith, D. R. (1995). Financial characteristics of bed-and-breakfast inns. *Cornell Hotel and Restaurant Administration Quarterly*, October, 57-63.

Porter, M. E. (1985). *Competitive Advantage*. New York: The Free Press.

ProQuest (2007). *Search of "Strategy" and "Strategy AND Small Business,"* retrieved in July 15, 2007.

Rasheed, H. S. (2005a). Foreign entry mode and performance: The moderating effects of environment. *Journal of Small Business Management*, 43(1), 41-54.

Rasheed, H. S. (2005b). Turnaround strategies for declining small business: The effects of performance and resources. *Journal of Developmental Entrepreneurship*, 10(3), 239-252.

Reid, G. C., and Smith, J. A. (2000). What makes a new business start-up successful? *Small Business Economics*, 14(3), 165-182.

Reynolds, P. L., and Lancaster, G. (2006). A scheme to increase profitability in entrepreneurial SMEs. *Journal of Small Business and Enterprise Development*, 13(3), 395-410.

Romer, P. M. (1986). Increasing returns and long-run growth. *Journal of Political Economy*, 5(94), 1002-1037.

Other-Ref: Romer, P. M. (1990). Endogenous technological change. In E. Mansfield and E. Mansfield (Eds.), *The Economics of Technical Change. Elgar Reference Collection. International Library of Critical Writings in Economics*, Vol. 31. Aldershot, UK: Elgar. (Distributed in the U. S. by Ashgate, Brookfield, VT, 1993; pp. 12-43. Previously published in 1990.)

Roper, S. (1999). Modeling small business growth and profitability. *Small Business Economics*, 13(3), 235-252.

Sharma, A. (2006a). Economic impact and institutional dynamics of small hotels and restaurants in Tanzania. *Journal of Hospitality and Tourism Research*, 30(1), 76-94.

Sharma, A. (2006b). Economic costs and benefits of marketing local foods for independent restaurants and growers/producers in Iowa. Submitted to *the Leopold Center for Sustainable Agriculture at Iowa State University*.

Sharma, A., and Sneed, J. (2007). Production efficiency analysis of small hotels in Tanzania. *Journal of Services Research* (accepted for publication).

Sharma, A., and Upneja, A. (2005). Factors influencing financial performance of small hotels in Tanzania. *International Journal of Contemporary Hospitality Management*, 17(6), 504-515.

Sonfield, M., Lussier, R., Corman, J., and McKinney, M. (2001). Gender comparisons in strategic decision-making: An empirical analysis of the entrepreneurial strategy matrix. *Journal of Small Business Management*, 39(2), 165-173.

Van Auken, P. M., and Ireland, R. D. (1980). An input-output approach to practical small business planning. *Journal of Small Business Management (pre-1986)*, 18(000001), 44.

Variyam, J. N., and Kraybill, D. S. (1993). Small firms' choice of business strategies. *Southern Economic Journal*, 60(1), 136.

Wilson, N. C., and Stokes, D. (2005). Managing creativity and innovation: The challenge for cultural entrepreneurs. *Journal of Small Business and Enterprise Development*, 12(3), 366-378.

Worsfold, D., and Griffith, C. J. (2003). A survey of food hygiene and safety training in the retail and catering industry. *Nutrition and Food Science*, 33(2), 68-79.

Zhang, L., Cai, L. A., Liu, W. H., Zhang, L., and Liu, W. H. (2002). On-job training-a critical human resources challenge in China's hotel industry. *Journal of Human Resources in Hospitality and Tourism*, 1(3), 91-100.

Ⅶ篇
战略和多元化问题

Ⅳ篇
故障和无损向题

第二十章 中小饭店企业发展方向的影响因素

Levent Altinay[①] 和 Fevzi Okumus[②]

引言

中小型企业(SMEs)占经济合作与发展组织(OECD)国家企业的 95% 以上，占劳动力就业 60%~70%，在绝大多数国家中提供了大量的新的工作岗位(OECD,2000)。例如，在 2005 年初英国估计有 430 万小型企业雇用了约 2200 万人(超过总就业率半数(58.7%))，年营业额约为 24 000 亿英镑(英国国家统计局,2006)。但是 SMEs 仍旧面临如下主要问题：缺乏资金、技术开发难、经营环境变化迅速、缺乏管理技能以及人力资源管理差等(OECD,2000)。或许由于面临这些挑战，据称只有少数新兴 SMEs 生存超过 5 年(OECD,2000)。

在许多发达国家，少数民族所有的 SMEs 占新建企业的很大比重。英国约占 9%。这些 SMEs 代表了企业公债总额的约 7%(英国中央银行,1999)。2004 年少数民族企业家新成立了 50 000 家公司——超过 2000 年(32 000 家)的 1/3——现在占所有新公司的 11%(Osborne,2005)。Nigel Griffiths 在 2002 年 11 月底的演讲中提到，英国小企业前部长声称，"少数民族企业在社会中最具企业家精神。在英国有 250 000 家少数民族企业，每年为英国经济创收 130 亿英镑"(Griffiths,2002)。据估计，在伦敦有 100 000 家少数民族企业，雇用了约 800 000 人(少数民族和劳动力市场,2003)。欧洲国家的其他城市、美国和加拿大少数民族企业情况同样如此。

少数民族 SMEs 不仅面临其他少数民族企业的竞争，同时也受到主流企业和名牌企业的挑战。在美国，许多大的零售商、食品店、银行和其他服务供应商已经调整经营策略，把目标对准了少数民族消费者，加剧了少数民族企业家的竞争(Gore,1998；Mummert,1995)。在英国，随着各民族消费者的增加，主流企

---

① 英国牛津 Headington 校区 Gipsy Lane 教学点，牛津布鲁克斯大学商学院
② 美国佛罗里达州奥兰多市环球大道，中佛罗里达大学罗森旅游管理学院

业的营销部门也随之改变其营销策略,把目标对准多样化的消费群(Jamal,2005)。过去,少数民族企业为生存只能与其他少数民族企业相竞争。但今天他们还要与主流企业抗衡,这些主流企业出售各民族产品,如中国食品、土耳其软糖、比亚尼鸡肉扣饭和日本寿司,他们也想尽办法吸引与东道国的年轻人有类似需求的"第二代移民"。而美国和欧洲的许多少数民族 SMEs 则把目标瞄向了来本国游览的游客。

个体经营者移民大多从事旅游饭店业(OECD,2000)。尤其是个体餐饮业,包括餐馆、外卖部和咖啡店,许多发达国家的少数民族企业都从事这一行业。这或许是由于该行业门槛低,如与其他行业相比它所要求的启动资金少(Basu 和 Altinay,2002),技能要求低(Basu 和 Goswami,1999),以及少数民族的文化商业传统(Basu,2004;Basu 和 Altinay,2002)。旅游饭店业的少数民族企业传统上都不能从战略的角度分配时间和资金来管理公司(Altinay 和 Altinay,2006)。然而,由于商业环境的迅速变化和激烈竞争,他们现在必须调整企业方向,不断地监控内外商业环境,寻找创新方法以求生存壮大。这不仅要求分析消费者的市场需求,还要求根据竞争对手的动向调整公司的策略,包括主流市场策略。

迄今为止,关于少数民族所有的 SMEs 在旅游饭店业的企业方向的研究极为有限。基于此,本章旨在探讨影响少数民族 SMEs 在该行业企业定位的因素。本章首先介绍企业定位概念,接着评价企业主的文化属性和公司创业定位的关系,还讨论了企业家的文化背景差异是否导致其民族资源依赖上的不同,即对民族资本使用、劳动力、意见和饭店业消费者的依赖上的不同。最后得出结论,并论述了对少数民族小型企业主和政策制定者的几点启示。

企业家和企业定位

企业家通常需要开创新的和/或购买已存在的公司。这一般要求投入资金和时间,具有冒险性。对于为什么有些人开创和经营企业更为成功,为什么人们选择当企业家等问题,原因各有不同。Basu(2004)、Basu 和 Altinay(2002)认为原因包括获取利润、愿意承担风险、有冒险精神、了解信息或知识、具有开发新产品的愿望、在别无他法的情况下选择自主创业等。人们成为企业家都基于以上一个或多个理由。

企业定位指管理者经营企业时采用的方法、惯例和决策风格(Lumpkin 和 Dess,1996)。作为战略选择,企业定位是一种内在的组织哲学,它驱动决策和行为致力于创造新商品、新的生产方法、新市场或多元化业务,以进军新的产业(Stevenson 和 Jarillo,1990)。这些释义表明,在对市场发展做出反应的同时,企业机构还需表现出企业行为倾向,即创新精神、主动性、冒险精神和自主权。创新指寻求有创意的新的问题解决方案和需求,以开发新产品和新市场(Covin 和 Slevin,1991)。例如,餐馆创新可指鼓励员工,尤其是主厨,开发新的菜肴以满足并超越现有和潜在顾客的期望。主动性指引进新产品、新技术、新的加工处理过程以及管理技术以营造良好氛围(Lumpkin 和 Dess,1996)。在旅游饭店业,我们到处可见主动性的例子,从美国西南航空公司提出的"去装饰、低成本"理念,到比萨小店老板方便顾客的送货上门服务。

承担风险指愿意提供大量资源用于开发可能失败的创新(Rugman 和 Hodgetts,2000)。从广义上来说,任何人做决策时都将产生风险,潜在的结果具有不稳定性(Thompson,1999)。对于企业来说,不稳定性来自政治、经济、法规和政府的法律行动,还包括全球的变化,这将威胁到公司制定并执行战略选择的能力(Covin 和 Slevin,1991)。竞争中同样有不稳定性。饮食业的 SMEs 尤其要定期变换他们的菜单,敢于承担风险降低部分菜肴的价格,并引进新品。例如,欧洲的快餐店引进墨西哥菜,这可能会导致大的亏损,因为与美国不同,在欧洲的墨西哥人不多,并且美国人可能比欧洲人更喜欢尝试墨西哥菜。但是,改变欧洲顾客的口味可能表明如果有人计划引进墨西哥食物或一道墨西哥菜,就有机会获得收益上的增长。这里面也有可能同时暗含着良好的商机。

自主权指企业愿意把责任托付给个人或团体,允许其采取独立行动,提出新的想法或预想,并付于实施直至完成(Lumpkin 和 Dess,1996)。在旅游饭店行业,自治权被普遍理解为一种技巧,一线的员工可以在没有管理层的批准或干预下即时处理解决问题(Lashley,2001)。这一点非常重要,因为在饭店、咖啡馆或餐馆,不可能让顾客的需求"搁置"时间太长。员工应该有权决定如何应对顾客的要求。例如,如果少数民族的 SMEs 企业主想要其员工对顾客提供个性化服务,员工应该有权根据顾客的感受解决问题,提供折扣或赠送食物和饮料。

对于少数民族 SMEs,创新可能要求利用公司不同民族的员工、供应商和信息,给顾客提供新产品和服务。向在东道国的家乡人提供家乡的产品或服务也被视为创新的一部分。主动性包括通过为其他少数民族顾客、本国人和游客提供服务提高市场份额。为了免付利息,少数族裔人士在创业初期资金来源主要依靠亲属和同人人(Basu 和 Goswami,1999)。少数民族企业承担的风险通常与不同水平的资源保障和融资模式如银行和其他金融机构有关(Altinay 和 Wang,2007)。另一个问题就是少数民族所有的 SMEs 是否赋权给家庭或家庭以外的成员。自主权包括将责任委托给非家庭成员或非同族人的能力,涉及决策、开销和资源的分配。

确定企业方向使其继续发展并增长更是涉及到多方面的问题。它要求有效管理公司及其环境之间的相互依赖性。许多因素影响公司的定位。Covin 和 Slevin (1991)认为企业行为包括三个层次的变量——环境、企业和个人。不同的外部环境条件包括政治、经济和社会文化因素会刺激或阻碍企业活动。例如，对健康不断增长的需求刺激了企业主要饮食部门的活动，触发了企业在这一领域的创新。企业战略、组织结构和文化、机构的资源和能力会影响企业的行动能力。例如，标准化的企业战略将限制有创新的解决方案及适应不断变化的环境的灵活性，从而导致企业错失良机(Hall, 1991)。

对环境变化做出反应要求中央机构把决策权下放。为了能够对动态环境变化做出充分的回应，机构常常下放决策权，将等级或结构级别减至最少，采用自由流动的沟通渠道(Caruana 等，2002)。这样有利于发挥灵活性，加快决策进程，从而对机构追求高效率产生积极的影响。此外，企业结构和文化应该支持鼓励新思想的产生。内部资源和能力也是企业发展非常重要的基础。这些资源包括管理技能、战略规划和人力资源。将这些宝贵而独特的资源进行战略组合将会形成竞争优势，在竞争中成功胜出(Barney, 1991)。

在 SMEs 中，企业定位基于个体主管的价值观、意图和行动。实际上，一个小的公司只是个体企业家的延伸，因而受企业家内在特征的影响(Lumpkin 和 Dess, 1996)。Bamberger (1982)认为企业主的价值观和背景是小公司文化和业务运作的重要决定因素。他指出："管理人的价值体系决定公司是否追求增长目标或独立，是否进军新的国外市场，在市场上是采用主动还是被动的行为。"少数民族所有的小型公司只是所有者的扩展，因而受企业主内在特征的影响。换句话说，企业主是关键的利益群。为了能够理解少数民族 SMEs 的企业定位，我们必须特别注意他们的背景。

影响少数民族企业定位的因素有很多。但是，相关的资料表明企业主的文化属性，包括种族、宗教信仰、语言、教育程度和经验等，在开发创业能力和为企业生存做贡献方面起着重要的作用(Altinay 和 Altinay, 2006；Basu 和 Altinay, 2002；Basu 和 Goswami, 1999；Ucbasaran 等，2003；Westhead 和 Cowling, 1995)。这些因素影响企业定位的四个构成要素，即创新、主动性、冒险和自主权，从而影响少数民族企业业务的增长。下文将讨论影响少数民族 SMEs 企业定位的主要因素。

影响少数民族 SMEs 企业定位的因素

如上所述,影响少数民族企业定位的因素有很多。但是,通过广泛的文献回顾,可以看出主要因素为种族、宗教信仰、语言能力、教育程度和前期经验。因此,本节我们将着重讨论这些因素。简而言之,这部分旨在回答文化背景(种族、宗教信仰、母语语言能力、教育程度和前期经验)如何影响企业定位,尤其是民族资本的使用(风险程度),对同族劳动力(创新和自主的程度)和建议(创新的程度)的依赖,以及以同族顾客为目标(主动程度)(见图 20.1)。

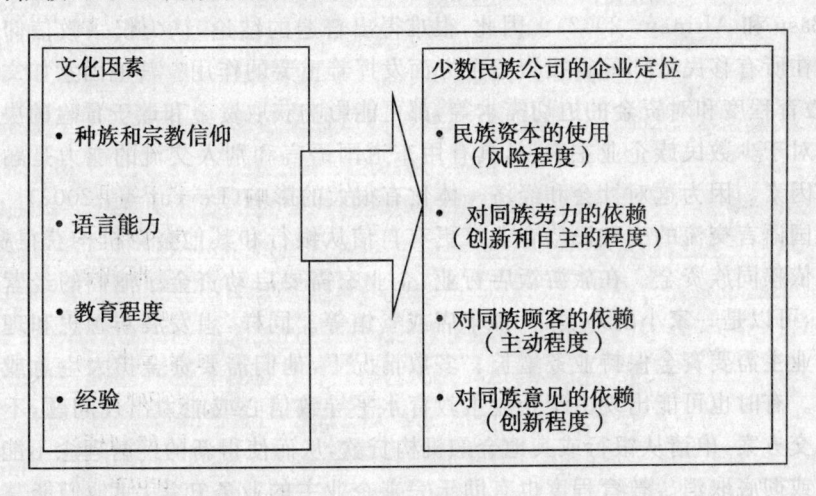

文化因素	少数民族公司的企业定位
• 种族和宗教信仰	• 民族资本的使用(风险程度)
• 语言能力	• 对同族劳力的依赖(创新和自主的程度)
• 教育程度	• 对同族顾客的依赖(主动程度)
• 经验	• 对同族意见的依赖(创新程度)

图 20.1　企业主的文化背景和少数民族公司的企业定位关系图

企业主的文化背景和资金的使用——风险承担

有关少数民族企业主的文献显示文化背景(尤其是种族)和企业主的宗教信仰能影响公司的企业定位。例如,Bonacich(1973)指出企业主中移民较当地居民多,因为他们努力工作并能相互支持。Bonacich 同时也发现,与其他社团如犹太人、亚美尼亚人、中国人和东非亚洲人相比,有些移民社团更具企业家的特征,一旦移民到其他国家,他们更可能成为企业家做生意。

韩国移民和在美国的其他欧洲和亚洲移民团体不同,主要表现在受教育程度高、从事的职业、宗教信仰、城市和中产阶级出身、强大的非正式网络(高度依靠家族劳力和同族雇员)和高度的部门集中,这使得他们移民美国后,加强民族团结,能获得大量的资本(Park 等,1990;Yoon,1997)。与美国的韩国企业主相比,中国的企业家在移民美国后缺少人力资本技能、劳动力市场信息和投资资金。因此与美国的其他移民社团相比,中国移民相对来说更不利(Kwong, 1997;Zhou,1992)。中国企业的成功率也比韩国企业低(Zhou,1992)。但是,关于旅游饭店行业不同少数民族企业的成功率的实证研究仍旧很少。

在英国,巴基斯坦移民由于文化因素,如宗教禁止对银行贷款支付利息,自主创业成功率较印度移民低。信奉伊斯兰价值观的巴基斯坦人不太愿意融入西方文化,因此生意不如非穆斯林移民成功(Rafiq,1992;Smallbone 等,1999)。企业主的宗教信仰也可能阻碍其从银行获得资金,穆斯林经营者依靠同族人资金创办企业并进行经营。与此相反,有些穆斯林企业主,如土耳其人和土族塞人,似乎非常务实。尤其当不能通过其他渠道筹得资金时,他们则向金融机构借钱(Basu 和 Altinay,2002)。因此,很难得出普遍的结论,认为仅宗教信仰这一因素在所有移民社团筹得投资资金方面发挥着重要的作用。其他因素如文化背景、教育程度和对资金的迫切需求等,都可能影响获取资金和敢于冒险的决策。

对于少数民族企业主来说,具有用东道国语言和别人交流的能力是融资的重要因素。因为这对社会和经济一体化有很大的影响(Levent 等,2003)。能用东道国语言交流的少数民族企业家更有自信从银行和其他金融机构获得资金,不太依赖同族资金。在旅游饭店行业,企业家需要启动资金。他们的经营理念各异,可以是一家小的外卖店、咖啡店或餐馆等。同样,想发展新思想和理念的小企业主需要资金保持业务增长。多数情况下,他们需要资金扩大生意或开设分店。有时也可能出现由于企业主教育水平导致信心或能力出现问题,不能成功提交方案,申请从银行或其他金融机构贷款,从而使得新的经营理念不能如期实施或彻底取消。教育程度也有助于完善企业主的业务知识,使他们能掌握技巧从银行申请资金,并对投资决策进行风险评估(Basu 和 Goswami,1999)。

企业主开始新的风险项目前,在该领域的工作经验也是一个重要的因素,这将影响到企业主如何启动业务并保持增长(Hatch 和 Dyer,2004)。例如,在饮食业,许多企业主在开始做生意前都曾经当过服务员或主厨。前期经验将大大降低风险,对个人创办企业的意向有积极的影响(Goedhuys 和 Sleuwaegen,2000)。以往的经验有利于建立网络,有助于筹资开创企业。非正式的网络,如朋友和亲戚,有可能以最低利息提供资金,同时也免去了金融机构的官僚障碍。即使他们向银行申请贷款,在放款人的眼里,以往的经验也给他们一定的可信度。

以最低成本筹集资金对于少数民族企业主在启动和保持业务增长阶段也是一个重要的因素。目前有关同族资金对少数民族企业的业务增长的影响没有达成共识。有些研究者认为依赖同族贷款将阻碍业务的增长。因为这样企业主的灵活性有限,从而将导致管理松散(Altinay 和 Altinay,2006)。与此相反,有些人认为少数民族企业主依靠廉价的家庭劳力和关系密切的社团网络，资金的成本低（Barrett 等，2002；Basu 和 Goswami，1999；Basu，1998）。在旅游饭店行业的少数民族 SMEs 企业中，在开办企业之初大家普遍依靠非正式网络获得贷款，以最大限度降低风险和借款成本。一旦生意走上正轨开始增长，企业主将申请银行贷款保持增长。这样旨在降低借款风险。

企业主背景和劳动力的使用

企业主的文化背景和宗教信仰可能会影响某些文化的少数民族企业对人力资源的管理（Gudmundson 和 Hartenian，2000）。少数民族的 SMEs 可能强烈希望雇用来自本宗教和文化背景的雇员，即使他们不能完全胜任某些工作。对来自本宗教和民族文化的雇员的依赖可能反映出企业主想努力加强自己社团的所谓"同胞之爱"。高度依赖同族劳力可能暗示了企业主有很强的文化认同，并想保护这一文化特征（Altinay 和 Wang，2007）。语言障碍也将影响少数民族企业主的人员招聘。不能熟练掌握东道国语言的企业主为了能管理公司，可能不得不主要依赖同族劳动力，将责任委托给他们（Levent 等，2003）。但是，这可能会引起更多的挑战和问题。

是否接受过该领域的教育和培训将影响招聘。教育程度高的企业主能跳出同族社团，聘用外族的优秀人才。反过来，这将有助于少数民族企业主融入更广泛的社区，并能利用他们的技能和思维观念。受过高等教育的企业主观念和技能不同，能聘用本社团外的人员，允许他们开拓思维和观念。从饭店行业的属性来看，很容易发现，饭店行业的企业需要接待来自不同国籍和文化的顾客。受过高等教育的企业主通常能够用分析和管理的眼光甄别申请者，招聘更优秀的人员以服务多样性的顾客，为来自不同文化的顾客提供个性化的服务和产品。因此，当我们看到在一个受过高等教育的希腊老板的餐馆有中国主厨以及不同国籍和背景的服务员为不同的顾客提供中餐服务时，也不应感到惊讶。

饮食业内中小型企业的竞争很大程度上依靠它们所提供的服务的质量（Altinay 和 Altinay，2006）。因此，他们需要员工具有本行业的知识和技能，能提供优质服务以满足并超出顾客的需求和期望。企业主以往的工作经验也有助于其找到独特的方式以区别于其他竞争对手，特别有助于评估潜在员工的服务质量和在具体职位的适合性。

劳务费用是旅游饭店行业经营中成本最高的部分（Burgess，2001；Harris，2003）。因此，该行业的少数民族 SMEs 倾向于雇用家庭成员和同族人，尤其在营业之初。这使得他们在同行中处于竞争优势地位，因为家庭成员和同族劳力的工资低于平均水平，使他们能降低劳动力成本。另外，移民企业家能找到由于缺乏证书而难以在主流就业市场找到工作，或者甚至由于非法身份，而处于不利经济条件下的愿意工作的同族劳动力（Waldinger 等，1990）。更重要的是，在少数民族旅游饭店行业的企业中，聘用了解民族产品的同族员工有助于向顾客介绍这些民族产品。这将使少数民族企业主在服务水平上更胜一筹。加大"同族劳动力"的比例能给顾客更多"民族特色"服务。这可视为是少数民族 SMEs 的一大创新和竞争优势。

在饮食服务业中，员工充分了解产品非常重要，这样就能把他们的体验告诉顾客（Seo 等，2001；Stephenson，1995）。在一个民族餐馆，提供"正宗的食物和酒水"或"真实的体验"必然要求聘用谙知食物文化内涵和食物服务体验的"同族员工"。不过话虽如此，还是有许多少数民族所有的饭店企业饱受聘用亲戚和同族人之苦，因为这助长了管理和提升方面的裙带关系。此外，由于严重依赖同族劳力，他们不可能打进主流旅游市场。聘用多国员工有助于在组织决策和更广泛的客户群方面拓展观念和思想。

在旅游饭店行业给员工和管理者授权是一个非常重要的问题，因为这样能达到更高的客户满意度，增加利润和销售额（Baum，2006；Lashley，2001；Nickson，2007）。赋予员工在服务过程中以自主和支配权，这将使其产生积极情绪，从而更加努力地投入到工作中去。这将带来更好的服务质量和更高的顾客满意度，利润和销售额也因此而增加。移民企业家最大限度地利用家庭劳动力，不仅因为家庭成员劳动力更廉价，而且因为他们认为这是他们自己家的生意，必须成功经营（Waldinger 等，1990）。因此，家庭成员会尽量降低成本，提供更好的服务，当老板（当家人）不在时，他们可以做主解决问题，抓住良机。

但是，在绝大多数小型少数民族旅游饭店企业中，老板/经理们喜欢采用"亲自管理"的办法，倾向于决策的集权化。这种管理方法既不能给员工以自主和支配权（尤其是非家庭成员），也不能刺激员工全力投入工作。反过来，这将瓦解员工的动力，使服务质量下降，从而导致销售额和利润的下降。授权给非家庭成员将帮助少数民族企业融入到更广泛的社区，包括顾客、供应商、企业和银行，也能利用这些外来者的技能和理念（Altinay and Altinay，2006）。

企业主的文化背景和以民族顾客为目标市场

民族企业和顾客都忠诚于民族和宗教（Levent 等，2003）。宗教信仰更是顾客和企业主之间信任和信心的源泉，这将在民族企业及其顾客间形成超越普通水平的忠诚。这种内部凝聚的民族忠诚对于民族企业来说是潜在的竞争优势，因为这种情感依恋将带来所有长期关系必需的相互信任（Altinay 和 Wang，2007）。但是，这种竞争优势也可能会给突破带来障碍，阻碍业务的拓展和非传统的新市场的开辟(Levent 等,2003)。尤其在饮食业,一些穆斯林企业主不愿突破其宗教领地,如即使有顾客要求,也不出售白酒或猪肉菜肴。这种行为可能使其销售产品的能力受限,从而在与其他提供多样化产品和服务以满足顾客需求的企业竞争时,处于不利的地位。然而,我们却经常可以看到世界上很多大城市的民族餐馆为穆斯林顾客提供清真食品。

精通东道国语言并熟悉东道国文化无疑为少数民族企业主进入更广泛的主流客户市场提供了机遇。一项英国的土耳其企业战略调查研究显示土耳其饮食企业的生存和发展高度依靠满足现存和未来顾客的期望(Altinay 和 Altinay,2006)。但是,有语言障碍的企业主除了同族人,不能和其他顾客沟通。因此,他们只能依靠子女来促进与顾客的交流,这些子女大多是第二代移民。该研究清楚地表明与不同利益相关群体(尤其是顾客)进行交流,是饮食企业成功经营的关键。为了成功打入主流市场,少数民族企业主需要具备良好的语言沟通技巧。

旅游饭店行业的少数民族企业主和管理者需要搜集市场情报以应对不断变化的顾客需求。高等教育水平既有助于企业主掌握分析能力和计算技巧,以获取市场情报并打入主流市场,也有助于其掌握沟通技能以瞄准更广泛的客户群。至于教育水平,移民团体间各有差异。例如,在英国,25%达到工作年龄的印度人接受过高等教育,而巴基斯坦人和孟加拉人比率为12%,中国人为29%。同样,印度人的失业率为7.6%,巴基斯坦人和孟加拉人的比率为17.1%(国家统计局,2001)。有人认为第一代和第二代少数民族移民间的教育水平差异可能也会很大。

至于业务拓展,近来的研究发现,一个人的教育水平对感知创业机会的可能性有积极的影响(Clercq 和 Arenius,2006)。例如,希腊的 Kailis 兄弟是成功的龙虾和其他海鲜出口商,他们把成功归因于中学/大专学历教育,认为这使他们对市场的力量和机遇能持有灵活和开放的态度(Peters,2002)。以往的经验也能帮助企业主寻找新的市场机遇(Perez 和 Pablos,2003)并使他们的产品和服务多样化。如果新业务和企业主以前做过的工作类似,他/她或许能利用以前和客户及供应商在业务上的关系(Haber 和 Reichel,2007)。

少数民族企业主要依靠向同族市场销售民族产品,尤其在业务初级阶段,这是一个额外的优势(Ram 和 Hillin,1994;Waldinger 等,1990)。在接待同族顾客影响到业务增长的饮食业尤其如此,因为企业主始终监管着餐馆运营,特别在解决顾客问题时。但是,严重依靠同族人而未吸引主流市场的顾客是业务增长的主要障碍(Basu,1998;Jamal,2005;Smallbone 等,1999)。例如,如果一个印度人开的餐馆仅限制在本社团内,只向印度顾客销售鸡肉饭,那么其业务增长将受到限制。换句话说,不能通过产品多样化来吸引印度市场外的顾客将是限制业务增长的主要障碍。因此,为了业务增长,需要采取战略,打入当地居民的主流市场。另外,许多城市和城市旅游地如伦敦、柏林、巴黎、纽约、奥兰多和多伦多等的少数民族 SMEs 目标不仅是他们的民族市场和当地居民,而且还包括到这些城市来旅游的游客。这意味着这些 SMEs 的企业主不仅需很好地了解主流市场游客的需求和期望,还需学会不同语言中的关键词汇和表达,并准备多种语言的菜单。

企业主的背景和民族意见的作用

来自同一宗教和民族背景的人们之间的关系最有可能通过金融贷款和提出中肯的意见得以体现(Feld,1984;McPherson 等,2001)。人们与朋友、亲戚和同事联系交往,向他们这些属于同一宗教和民族背景的人征求意见。例如,在美国和英国,有许多印度、中国、韩国和土耳其人开办的饮食企业,他们都通过社会/非正式"网络"联系以搜集信息。而很少从如行业协会、商会和其他商业渠道等"正规"的互助机构获取意见。即使存在这种协会,意见的获得也是由于该组织或个人与来自印度、中国、韩国或土耳其的企业主/经理有着相似的宗教和民族背景,从而对该企业的经营有种亲和力。

是否精通东道国语言,会影响到他们利用主流企业互助机构的程度。少数民族所有的 SMEs 往往依赖自助和同族建议,因为他们没有很好地掌握东道国语言,从而不能有效地和互助机构沟通。由于语言障碍,他们甚至可能不知道有行业协会和互助机构。在英国,地方议会和企业互助机构会为少数民族餐馆和咖啡馆老板举办学习班和短期培训课程,讲解食品卫生、环境的可持续性和管理培训知识(威尔德食品安全简报,2005)。但是,绝大多数议会和主流企业支援机构不用少数民族语言与其交流,对于使用东道国语言感到别扭的企业主来说,这将阻碍了企业援助问题的信息传播。

关于企业规划和发展,企业主会与银行和风险资本家定期举行会议,听取贷款申请的反馈意见(Richbell 等,2005)。良好的教育程度能促进和信贷人员(银行家)良好关系的发展,正如有助于掌握良好的人际关系技巧一样(Basu 和 Goswami,1999;Storey 等,1989)。受过良好教育的企业主也可能更有信心向银行家、金融机构和主流商业顾问征求意见(Coleman,2005;Rogers 等,2001;Young,2002)。以往的工作经验进一步形成了促进模式识别的"认知框架",因此便于确认意见和信息的来源。曾有过从金融机构、银行和其他顾问公司获取意见经验的少数民族企业主可能会发现,从这些地方搜集信息或获取意见更为容易。与此相反,仅通过非正式网络从家庭成员和朋友那里等获得意见与经验的企业主倾向于只依靠这些渠道(Altinay 和 Altinay,2006)。

在每一个行业,信息对业务的增长都非常重要(Storey 等,1987)。少数民族企业主很少依靠银行、财务人员、企业顾问和援助服务供应商提供的主流机构信息(Fadahunsi 等,2000;Marlow,1992;Ram 和 Sparrow,1993)。相反,更多地依靠非正式社会网络如家庭成员和朋友(Basu,1998;Fadahunsi 等,2000)。从业务增长角度来说,本研究认为市场信息对于业务增长非常重要,与竞争对手相比,保持牢固关系和非正式网络的企业有很多优势(Basu 和 Altinay,2002;Werbner,1990;Waldinger 等,1990)。例如,有些少数民族旅游饭店行业的小企业主向商业顾问征询意见,尤其在经营之初。不过,这提高了其经营成本,对业务增长有消极影响。相比而言,依靠非正式网络获取意见和信息的企业主更有优势,因为他们在运营之初就省去了价值链中的意见/信息因素。但是,值得一提的是,为了在企业增长阶段完善企业的营销、人力资源、财政和运转等,这些公司可能需要从银行、财务人员、企业顾问和援助服务机构获得主流机构信息。

结论和建议

本章旨在讨论和评估影响旅游饭店行业少数民族 SMEs 的企业定位的因素。通过以上讨论,得出如下几个结论,并论述了给从业者和政策制定者带来的意义。

第一,少数民族 SMEs 企业主在确定公司方向和影响公司的文化和管理方面发挥了关键的作用。因此,我们在为少数民族公司提出建议前,需要了解并评估这些企业主的文化背景和技能。企业主的背景和能力很大程度上决定了少数民族 SMEs 积极运作、沟通、创新、承担风险以及赋权给雇员和经理的程度。

第二,SMEs 的增长包括两个主要阶段,即初期和增长阶段。显而易见,企业主的文化背景、宗教信仰、语言技能、教育程度和工作经验对这两个阶段都有影响。因此,少数民族 SMEs 的企业主甚至在创办企业前就需要考虑并评价自己的文化属性和技能。这是企业主在创业前就应该考虑的要素。例如,文化和宗教背景对不断变化的全球经济状况的适应性有助于进一步利用其多样化的文化遗产,并有助于具有广泛基础的社区的经济和社会的发展。

第三,在相关领域从事雇员、经理或企业家工作而积累起来的经验有助于其通过借鉴便于识别模式和确定解决方案和机遇的"认知框架",避免或解决顾客和员工管理问题。第四,熟练掌握东道国语言,教育程度更高的企业主更能与银行家、员工、供应商和顾客沟通和理解,搜集市场情报,并采取适当的策略。作为回报,这些技能将导致企业更好的运转,业务更快增长。教育程度更高(即高等商业学位)的企业主具备的思维形态和技能使他们在人力资源、营销、财政和战略开发方面能采用更专业的方法。具体地说,他们投入更多的资金用于员工培训、推行奖励机制以挽留员工、使用不同营销渠道(不仅是民族报刊或广播)以吸引多样化顾客群、在经营和营销方面更注重现代科技创新等。用东道国语言与顾客、员工、银行家和其他利益相关者交流的能力非常重要,反过来,这对企业主吸引顾客和获得必要的资源如商业意见和业务启动所需的银行贷款的能力也有极大的影响。

最后,对于旅游饭店行业的少数民族 SMEs 来说,竞争已不再仅仅是赢取并增大市场份额,而且是寻求训练有素的、敬业的、渴望成为公司一分子的优秀员工和企业战略性方向。一方面,顾客的期望整体上在提高,赢取市场份额的竞争越来越激烈;另一方面,旅游饭店行业在熟练员工普遍短缺的情况下艰难发展(Baum, 2006;Hospitality 和 Catering Industry Report, 2003)。在劳动力密集型产业中,竞争优势要求员工具备必需的技能和能力,使他们能提供最佳的服务质量。但是,对于 SMEs 来说,招聘有技能的员工却是一项艰巨的任务,因为该行业面临技能短缺。此外,技能娴熟的员工都愿意去更大的公司上班,因为那里能提供更好的工资福利、员工奖励机制和就业机会(Small Business Research Trust, 2001)。

关于对企业主和政策制定者的建议,我们认为少数民族 SMEs 企业主应该不断地重新考虑企业在竞争激烈的市场中的战略位置。这必然要求企业对本公司进行定位,这种定位将允许变化,保证公司活动与动态的环境保持一致。这一战略举措要求对新思想有开放的观念。局限在本社团内经营,通过与同族供应商密切合作把目标仅仅对准同族顾客,只依靠同族资金、员工和意见,这些可能给他们提供了"安全"的商机环境,特别是在业务发展的初级阶段。他们更有可能由于其本身的社会文化属性(包括教育程度、语言、宗教和经验)而生存下来。但是,为了在竞争中取胜,他们需保持企业定位与更广泛环境变化的一致。而这只有通过结合他们的文化属性,东道国的社会、经济、文化现实和全球市场才能得以实现。过去不愿投入资金和时间用于个人发展的企业主现在应该开始注重业务和沟通技能的发展。在鼓励问责制的同时,他们还应该进一步投入资金用于招纳人才,培训员工,以及权力下放。另外,他们还需为文化上已和东道国融为一体的孩子们制定接班计划,为他们的教育投资。

政策制定者和地方议员应该建立适当的机制以帮助少数民族企业主,以便他们能完善沟通、谈判、财政、营销和战略规划等技能。对于少数民族企业主,尤其是第一代移民企业主,在异国他乡做生意意味着商业思维模式上彻底的文化转变。举办具体的学习班如营销、领导才能培养、沟通技巧、金融与财务、战略规划等对现有和潜在的少数民族企业主都很有帮助。当然,根据他们的少数民族背景和语言水平,学习班可以采用多种语言。这些培训班可以在地方电视台播出。不过,有些少数民族 SMEs 企业主可能仍处在文化冲击的初级阶段,因此在参加以上各培训项目前需要更好地了解东道国文化和商业环境。毫无疑问,他们企业的生存和成功将对所在国的经济和社会福祉做出贡献。

政府应该支持以社区为基础的组织机构和少数民族财务人员,帮助这些企业主融入到东道国商业环境中去。在诸多不同的途径中,少数民族财务人员或许是其中最合适的人选,因为由于"时间限制",少数民族企业主不愿意参加当地议会和商业开发部门组织的学习班。不过,他们似乎大量时间(社会和正式的场合)都与财务人员在一起。以社区为基础的组合和政府政策制定者都应对准有增长潜力的少数民族 SMEs,帮助他们制定接班人计划和适当的人力资源、营销、经营、金融和战略管理实践,以改变公司价值体系,确保长期增长。

如前所述,目前针对少数民族 SMEs 的理论和实证研究都非常有限。基于此,该课题仍有很大的研究空间。例如,研究者可以从实证的角度调查企业主的文化背景在多大程度上影响了旅游饭店行业少数民族 SMEs 的企业定位,也可以比较研究同一国家或多个国家不同文化背景的 SMEs 存在的问题和成功因素,还可以从旅游饭店行业不同部门的少数民族 SMEs 的营销、人力资源管理、财务和战略规划实践等角度进行研究,为什么来自某些文化的企业主在某些部门经营得更成功?他们成功或失败的原因有哪些?针对这些问题进行实证研究,对学术界、从业者、政府官员和政策制定者都大有裨益。

参考文献:

Altinay, L., and Altinay, E. (2006). Determinants of ethnic minority entrepreneurial growth in the catering sector. *The Service Industries Journal*, 26, 203-221.

Altinay, L., and Wang, C. (2007). *Socio-cultural Background, Entrepreneurial Behavior of the Firm and its Growth*. Paper presented at the First International Colloquium on Ethnic Entrepreneurship: Changing Faces of Ethnic Entrepreneurship, Bradford University School of Management. 22nd-23rd March, pp. 230-250.

Bamberger, I. (1982). Value systems, strategies and the performance of small and medium-sized firms. *European Small Business Journal*, 1, 25-37.

Bank of England. (1999). *The Financing of Ethnic Minority Firms in the United Kingdom. A Special Report*, London: Bank of England.

Barney, J. (1991). Social theory forum: The resource based model of the firm: origins, implications and prospects. *Journal of Management*, 17, 97-114.

Barrett, G., Jones, T., McEvoy, D., and McGoldrick, C. (2002). The economic embeddedness of immigrant enterprise in Britain. *International Journal of Entrepreneurial Behavior and Research*, 8, 11-31.

Basu, A. (1998). The role of institutional support in Asian entrepreneurial expansion in Britain. *Journal of Small Business and Enterprise Development*, 5, 317-326.

Basu, A. (2004). Entrepreneurial aspirations amongst family business owners: An analysis of ethnic business owners in the UK. *International Journal of Entrepreneurial Behavior and Research*, 10, 12-33.

Basu, A., and Altinay, E. (2002). The interaction between culture and entrepreneurship in London's immigrant business. *International Small Business Journal*, 20, 371-394.

Basu, A., and Goswami, A. (1999). Determinants of South Asian entrepreneurial growth in Britain: A multivariate analysis. *Small Business Economics*, 13, 57-70.

Baum, T. (2006). *Human Resource Management for Tourism, Hospitality and Leisure: An International Perspective*. London: Thomson Learning.

Bonacich, E. (1973). A theory of middleman minorities. *American Sociological Review*, 38, 583-594.

Burgess, C. (2001). *Guide to Money Matters for Hospitality Managers*. Oxford, UK: Butterworth Heinemann.

Caruana, A., Ewing, T., and Ramaseshan, B. (2002). Effects of some environmental challenges and centralisation on the entrepreneurial orientation and performance of public sector entities. *The Service Industries Journal*, 22, 43-58.

Clercq, D., and Arenius, P. (2006). The role of knowledge in business start-up activity. *International Small Business Journal*, 24, 339-358.

Coleman, S. (2005). Is there a liquidity crisis for small, black-owned firms? *Journal of Developmental Entrepreneurship*, 10, 29-47.

Covin, J., and Slevin, D. (1991). A conceptual model of entrepreneurship as firm behavior. *Entrepreneurship: Theory and Practice*, 16, 51-67.

Cox, T. (1991). The multicultural organization. *Executive*, 5, 34-47.

Ethnic minorities and the labor market. (2003). *Cabinet Office Strategy Unit Report*. March. Strategy Unit, Admiralty Arch, The Mall London.

Fadahunsi, A., Smallbone, D., and Supri, S. (2000). Networking and ethnic minority enterprise development: Insights from a north London study. *Journal of Small Business and Enterprise Development*, 7 (3), 228-240.

Feld, L. (1984). The structured use of personal associates. *Social Forces*, 62, 640-652.

Goedhuys, M., and Sleuwaegen, L. (2000). Entrepreneurship and growth of entrepreneurial firms in Cote D'Avoire. *Journal of Development Studies*, 36, 123-146.

Gore, J. P. (1998). Ethnic marketing may become the norm. *Bank Marketing*, 30, 12-15.

Griffiths, N. (2002). Engaging ethnic enterprise conference February 13, *Department of Trade and Industry*, from http://www.dti.gov.uk/ministers/speeches/griffiths

Gudmundson, D., and Hartenian, S. (2000). Workforce diversity in small business: An empirical investigation. *Journal of Small Business Management*, *July*, 27-36.

Haber, S., and Reichel, A. (2007). The cumulative nature of the entrepreneurial process: The contribution of human capital, planning and environment resources to small venture performance. *Journal of Business Venturing*, 22, 119-145.

Hall, H. R. (1991). *Organisations: Structures, Processes and Outcomes*. London: Prentice Hall International Editions.

Harris, P. (2003). *Profit Planning*. Oxford, UK: Butterworth Heinemann.

Hatch, N., and Dyer, J. (2004). Human capital and learning as a source of sustainable competitive advantage. *Strategic Management Journal*, 25, 1155-1178.

Hospitality and Catering Industry Report. (2003). *Qualifications and Curriculum Authority*. Retrieved April 15, 2004, from http://www.qca.ork.uk

Jamal, A. (2005). Playing to win: An explorative study of marketing strategies of small ethnic retail entrepreneurs in the UK. *Journal of Retailing and Consumer Services*, 12, 1-13.

Kwong, P. (1997). *Forbidden Workers: Illegal Chinese Immigrants and American Labor*. New York: The New Press.

Lashley, C. (2001). *Empowerment: HR Strategies for Service Excellence*. Oxford, UK: Butterworth Heinemann.

Levent, B., Masurel, E., and Nijkamp, P. (2003). Diversity in entrepreneurship: Ethnic and female roles in urban economic life. *International Journal of Social Economics*, 30, 1131-1161.

Lumpkin, G., and Dess, G. (1996). Clarifying the entrepreneurial orientation construct and linking it to performance. *Academy of Management Review*, 21, 135-172.

Marlow, S. (1992). Take-up of business growth training schemes by ethnic minority-owned small firms. *International Small Business Journal*, 10, 34-46.

McPherson, M., Smith-Lovin, L., and Cook, M. (2001). Birds of a feather: Homophily in social networks. *Annual Review of Sociology*, 27, 415-444.

Mummert, H. (1995). Reaching ethnic markets. *Target Marketing*, 18, 14-17.

National Statistics (2006). *National Statistics Press Release*, DTI. Small Business Service Analytical Unit, UK.

Nickson, D. (2007). *Human Resource Management for the Hospitality and Tourism Industries*. Oxford, UK: Butterworth Heinemann.

OECD. (2000). Small and medium-sized enterprises: Local strength, global reach, Policy Brief, OECD. Retrieved July 15, 2007, from http://www.oecd.org/dataoecd/3/30/1918307.pdf

Office for National Statistics (2001). *Labor Market Trends*. London: Office for National Statistics. 109(1)

Osborne, H. (2005). Ethnic minority businesses surge ahead. Retrieved

January 24, 2006, from http://money.guardian.co.uk/work/story/0,1456,1491828,00.html

Park, I., Fawcett, J., Arnold, F., and Gardner, R. (1990). *Korean Immigrants and U.S. Immigration Policy: A Predeparture Perspective*. Hawaii, East-West Center Occasional Papers, Population Series, No. 114.

Perez, J., and Pablos, P. (2003). Knowledge management and organizational competitiveness: A framework for human capital analysis. *Journal of Knowledge Management*, 7, 82-91.

Peters, N. (2002). Mixed embeddedness: Does it really explain immigrant enterprise in Western Australia? *International Journal of Entrepreneurial Behavior and Research*, 8, 32-53.

Rafiq, M. (1992). Ethnicity and enterprise: A comparison of Muslim and non-Muslim owned Asian businesses in Britain. *New Community*, 19, 43-60.

Ram, M., and Hillin, G. (1994). Achieving 'break-out': Developing mainstream ethnic minority businesses. *Small Business and Enterprise Development*, 1, 15-21.

Ram, M., and Sparrow, J. (1993). Minority firms. *Racism and Economic Development*, 8, 117-129.

Richbell, M., Watts, D., and Wardle, P. (2005). Owner-manager and business planning in the small firm. *International Small Business Journal*, 24, 496-514.

Rogers, C., Gent, M., Palumbo, G., and Wall, R. (2001). Understanding the growth and viability of inner city businesses. *Journal of Developmental Entrepreneurship*, 6, 237-254.

Rugman, M., and Hodgetts, M. (2000). *International Business: A Strategic Management Approach*. London: Prentice Hall.

Seo, W., Wildes, J., and DeMicco, J. (2001). Understanding mature customers in the restaurant business: Inferences from a nationwide survey. *Journal of Restaurant and Foodservice Marketing*, 4, 81.

Smallbone, D., Fadahunsi, A., Supri, S., and Paddison, A. (1999). *The Diversity of Ethnic Minority Enterprises*. Paper presented at the RENT XIII, London, November 25-26.

Small Business Research Trust. (2001). *Natwest SBRT Quarterly Survey of Small Business in Britain*. Retrieved February 10, 2005, from http://

www. natwest. com/global_options. asp? id= GLOBAL/MEDIA

Stephenson, S. (1995). Training your staff to sell the menu. *Restaurants and Institutions*, 105 (6), 140-142.

Stevenson, H. H. , and Jarillo, J. C. (1990). A paradigm of entrepreneurship: Entrepreneurial management. *Strategic Management Journal*, 11 (5), 17-27.

Storey, D. , Watson, R. , and Wynarczyk, P. (1989). *Fast Growth Small Businesses: Case Studies of 40 Small Firms in Northern England*. Research Paper 67, Department of Employment, London.

Thompson, J. (1999). The world of entrepreneur—A new perspective. *Journal of Workplace Learning*, 11, 209-224.

Ucbasaran, D. , Wright, M. , and Westhead, P. (2003). A longitudinal study of habitual entrepreneurs: Starters and acquirers. *Entrepreneurship and Regional Development*, 15, 207-228.

Waldinger, R. , Aldrich, H. , Ward, R. et al. (1990). *Ethnic Entrepreneurs*. London: Sage.

Wealden Food and Safety Bulletin (2005). *All Change …. For the Better*. A Newsletter from the Food and Safety Team of Wealden District Council 17.

Werbner, P. (1990). Renewing an industrial past: British Pakistani entrepreneurship in Manchester. *Migration*, 8, 7-41.

Westhead, P. , and Cowling, M. (1995). Employment change in independent owner-managed high-technology firms in Great Britain. *Small Business Economics*, 7, 111-140.

Yoon, J. (1997). *On my Own: Korean Businesses and Race Relations in America*. Chicago, IL: University of Chicago Press.

Young, M. (2002). An examination of information sources and assistance programs available to minority-owned small businesses. *Journal of Developmental Entrepreneurship*, 7, 429-444.

Zhou, M. (1992). *Chinatown: The Socioeconomic Potential of an Urban Enclave*. Philadelphia, PA: Temple University Press.

结　语

本书的作者们对饭店业战略管理提出明确的批评性观点。他们对2015年的饭店和旅游业进行了前瞻,并讨论了饭店和旅游业的驱动力量。他们解释了服务接待公司需要配备的环境扫描系统,该系统可以让公司领导们带领公司通过充满活力的、发展变化的复杂环境,以便发现机遇、用有竞争力的方式投资、给这些有竞争力的方式分配资源以使战略得到合理的执行,并为公司所有的利益相关人创造最大的长期价值。他们主张资源分配过程包括公司如何实际实施和执行其战略。为了准确地将资源分配给其战略重点领域或所选竞争方式,一家公司需要明确地分析其人力资源系统、信息技术系统、经营管理系统、营销管理系统及其企业文化等功能能力。该公司也必须理解品牌、人才、管理知识、创新、以及战略管理和创业精神等无形资产的关键作用。作者们相信随着饭店与旅游业的全球化,战略联盟和伙伴关系以及业务外包可以帮助缓解资源短缺的问题,并为公司提供向世界其他地区扩展业务的机会。

当今的商业环境非常复杂,而且不断变化。饭店与旅游业的经理们面临诸多挑战。经济正在全球化。中国和印度等新兴市场正在吸引大量的外国直接投资。来自这些新兴市场的前往西方世界的以及在国内进行商务和休闲旅游的游客洪流为跨国饭店和旅游公司以及中小公司提供了巨大的商机。另一方面,这些公司也面临着一些问题,如,如何更好地为这些拥有不同文化、语言和行为习惯的知识渊博的顾客提供更好的服务。与此同时,该产业也正在遭受劳动力短缺的困扰,拥有高科技知识的高级员工则更为稀缺。经理们必须知道如何应对高速变化的技术革新,如何承担企业公民和环境保护的责任,如何为应对将来可能的恐怖袭击做好准备。不确定性的加速要求公司领导们能预测未来事件并做出更加准确的战略决策。未来的经理人需要理解导致变化的各种力量,能展望未来,将对未来的展望转化成正确的战略,合理地为战略分配资源,并带领公司走向成功。

译后记

我国经济的加速腾飞为我国酒店业带来了空前的发展机遇和挑战,从1984年6月北京长城饭店作为新中国第一家五星级酒店正式营业而呈现"一枝独秀、一房难求"的景象,到今天的国内品牌与国际品牌、商务型与度假型、经济型与豪华型等各类特色酒店占据着各种细分市场,毫无疑问,酒店业的竞争在日趋激烈。在这种竞争形势下,酒店企业要想做到稳定的发展、持续的成长就必须关注其经营战略。南开大学出版社决定引进出版由 Michael Olsen 和 Jinlin Zhao 编写的《饭店业战略管理》,正是顺应了我国酒店业发展的需要。本书所选文章的作者不仅有世界著名饭店管理专业的学者,也包括知名服务业企业的高层管理者,他们从饭店业的特征出发详细地论述了与战略管理至关重要的方方面面,并有针对性地给出案例及分析。故本书在理论和工作实践两方面双管齐下,为学生、研究人员、业界专家以及对饭店管理感兴趣的人士提供可借鉴的参考依据。

本书翻译人员来自海南大学旅游学院,该学院是伴随着海南省旅游业的发展而成长起来的高等教育专业学院,作为旅游教育和研究的从业人员,我们也密切关注着目前为中国最具发展潜力的国际旅游目的地——中国海南国际旅游岛现代酒店业的发展,并且在翻译过程中也更深切地感到本书对于酒店业的研究人员和管理人员所具备的参考价值。同时,翻译的过程对译者们来说也是一个不断学习和成长的过程,虽然从事酒店业的工作和教学多年,但是仍然深感我们的理论及实践水准依然与国际领先水平有着相当的差距。好在本书原作者的文字清晰明了、言简意赅,较全面地体现出欧美等发达国家的饭店业在战略管理的科研和实施方面所取得的宝贵成果,使我们能够在此基础上交出一份内容较为丰富的译稿。不过,书中涉及到的一些概念和专业术语在我国已有的研究成果中还很少涉及,某些国外知名的企业及其管理实践方法在我国也仍鲜为人知,因此,如何既保证翻译的准确性和流畅性,论述上符合饭店业的表达范式同时在语言上又要符合汉语的结构和表达规范,都是译者们在工作中不断要考量的问题。尽管每一个关键词汇都经过严格推敲和集体讨论,但是由于译者水平有限,译文

译后记

中仍难免有所纰漏，在本书即将出版之际，仍恳切希望各位读者和专家学者能不吝赐教，给予批评指正。

　　考虑到本书翻译工作中涉及到的专业和语言的双重要求，为保证翻译质量，本书的翻译小组由外语翻译专业和酒店管理专业背景的人员共同组成，这也是海南大学旅游学院师资队伍组成的一个重要特色。翻译小组主要成员内容及其分工如下：王琳负责原序、第1~2章的翻译及全书的统稿和校对，施光负责第2~6以及第18章的翻译及部分校对，付迎负责第7~10章的翻译及部分校对，杜肖寒负责第12~16章的翻译，李枚珍负责第12、17、19章的翻译及部分校对。冯艳昌完成了第20章的翻译，张颖超完成了第11章的翻译，许彬完成了贡献者和结语部分的翻译，学院信管系的莫春俊老师负责全书图表的转换和翻译。在此一并对他们的付出表示衷心地感谢。需要特别感谢的还有参与本书校对工作的南开大学出版社的策划和责任编辑们，虽然和他们的交往大都是借助于译稿内容的推敲，他们认真负责的态度早已让译者产生了深深的敬意，他们的幕后工作是本书出版质量不可或缺的保证。在此也一并向他们致以崇高的敬意和感谢。

王　琳

2011年3月20日于海南大学旅游学院

饭店业战略管理

Handbook of Hospitality Strategic Management, 1st ed.
Michael Olsen & Jinlin Zhao
ISBN: 9780080450797
Copy © 2008 by Elsevier. All rights reserved.

Authorized Simplified Chinese translation edition published by the Proprietor.
ISBN: 9789812724717
Copyright © 2011 by Elsevier (Singapore) Pte Ltd. All rights reserved.

Printed in China by Nankai University Press under special arrangement with Elsevier (Singapore) Pte Ltd.. This edition is authorized for sale in China only, excluding Hong Kong SAR and Taiwan. Unauthorized export of this edition is a violation of the Copyright Act. Violation of this Law is subject to Civil and Criminal Penalties.

本书简体中文版由 Elsevier (Singapore) Pte Ltd.授予南开大学出版社在中华人民共和国境内（不包括香港、澳门特别行政区以及台湾地区）发行与销售。未经许可之出口，视为违反著作权法，将受法律之制裁。
本书封底贴有 Elsevier 防伪标签，无标签者不得销售。
天津市出版局著作权合同登记号：图字 02-2010-238